中华当代学术著作辑要

汉语描写词汇学

（重排本）

刘叔新 著

商务印书馆
创于1897 The Commercial Press

图书在版编目(CIP)数据

汉语描写词汇学:重排本/刘叔新著. —北京:商务印书馆,2021(2023.4重印)
(中华当代学术著作辑要)
ISBN 978-7-100-20139-1

Ⅰ.①汉… Ⅱ.①刘… Ⅲ.①汉语—描写词汇学 Ⅳ.①H13

中国版本图书馆CIP数据核字(2021)第144327号

中华当代学术著作辑要

汉语描写词汇学

(重排本)

刘叔新 著

商 务 印 书 馆 出 版
(北京王府井大街36号 邮政编码100710)
商 务 印 书 馆 发 行
北京虎彩文化传播有限公司印刷
ISBN 978-7-100-20139-1

2021年9月第1版 开本710×1000 1/16
2023年4月北京第2次印刷 印张24¾
定价:159.00元

中华当代学术著作辑要

出 版 说 明

学术升降，代有沉浮。中华学术，继近现代大量吸纳西学、涤荡本土体系以来，至上世纪八十年代，因重开国门，迎来了学术发展的又一个高峰期。在中西文化的相互激荡之下，中华大地集中迸发出学术创新、思想创新、文化创新的强大力量，产生了一大批卓有影响的学术成果。这些出自新一代学人的著作，充分体现了当代学术精神，不仅与中国近现代学术成就先后辉映，也成为激荡未来社会发展的文化力量。

为展现改革开放以来中国学术所取得的标志性成就，我馆组织出版"中华当代学术著作辑要"，旨在系统整理当代学人的学术成果，展现当代中国学术的演进与突破，更立足于向世界展示中华学人立足本土、独立思考的思想结晶与学术智慧，使其不仅并立于世界学术之林，更成为滋养中国乃至人类文明的宝贵资源。

"中华当代学术著作辑要"主要收录改革开放以来中国大陆学者、兼及港澳台地区和海外华人学者的原创名著，涵盖文学、历史、哲学、政治、经济、法律、社会学和文艺理论等众多学科。丛书选目遵循优中选精的原则，所收须为立意高远、见解独到，在相关学科领域具有重要影响的专著或论文集；须经历时间的积淀，具有定评，且侧重于首次出版十年以上的著作；须在当时具有广泛的学术影响，并至今仍富于生命力。

自 1897 年始创起，本馆以"昌明教育、开启民智"为己任，近年又确立了"服务教育，引领学术，担当文化，激动潮流"的出版宗旨，继上世纪八十年代以来系统出版“汉译世界学术名著丛书”后，近期又有“中华现代学术名著丛书”等大型学术经典丛书陆续推出，“中华当代学术著作辑要”为又一重要接续，冀彼此间相互辉映，促成域外经典、中华现代与当代经典的聚首，全景式展示世界学术发展的整体脉络。尤其寄望于这套丛书的出版，不仅仅服务于当下学术，更成为引领未来学术的基础，并让经典激发思想，激荡社会，推动文明滚滚向前。

商务印书馆编辑部

2016年1月

目　录

重排本序

《汉语描写词汇学》1990年出版时，正赶上祖国经济迅猛发展、科学文化日益繁荣兴旺的时期。这是很幸运的！伴随着我们语言学的振起，《汉描》（借用别人定的一个简称）得以流布开来，推动汉语词汇学阔步向前。此书出版后时隔五年，第二次印刷，又越五载，第三次印刷：读者市场对它似乎不断提出需索。如今，竟又有重新排版的客观要求。社会如此不弃，着实令人欣慰。

社会对初版《汉描》的回报，还不止于此。20世纪90年代，它在首届全国高校人文社会科学研究优秀成果评奖中获奖，也获天津市社会科学优秀成果奖。另外，国内最高级学刊有专文给予肯定评价，远方有素不相识者来函热情评赞，同行友好的褒扬鼓励则纷至沓来。这些都比获得嘉奖更让我鼓舞。回想起来，有一位同行有些特别的积极评价，最为感人，很值得在这里略记一笔。那是已故语法学者龚千炎先生，当时从北京赐信说：细读《汉描》一遍，深觉其好，见到同行相识，无不向对方推介。那种热心劲儿，真到了“逢人说项斯”的地步！

从那时到现在，已过去十多年。回头检视初版《汉描》，虽然觉得内容整体上依然允当、有力，作用似乎未被岁月所磨损，但是心头已难有当年受到好评时的满足感。我发现在好几个问题上，从今天的眼光来看，分析论述的深度和广度都是不够的。另外，在内容的安排顺序等方面，也存在缺点。

但是如今若要动大手术，改写书中许多章节，实在也力不从心，是做不到的。阿Q式地自我安慰来想，这样大改恐怕也不必要吧，基本上保持内容原样可能反倒好些。因为原样子毕竟是多年来经受过行家们和学人们的检验的。

故而这次重新排版，内容基本上不作改动。只是调整了“单位类集”章与“范围”章的顺序，在复合词结构和成语定性部分增加了一些解释，添加和更换几个词语实例，订正了初版一些失校之处。看来，只算符合重新排版的要求，对于期待从新版中看到大量新内容的读者，只好表示歉意了。

舒 辛

2004年初秋写于南开大学

龙兴里教师住宅小区

第一版序

自共时语言学兴起以来，对语言的研究大多注重于语音和语法，词汇则似乎被漠视。以现代汉语来说，语法方面不仅有一支人数颇为可观的研究队伍，而且研究得比较深入，成果相当显著。但是词汇方面却很少有人专门研究或深入探讨，显得十分冷清。汉语词汇中的许多现象和问题，大率只有泛泛的一般观察，只有比较简单和表面的认识。

有感于这种情况，从七八年前起，笔者逐渐分出较多精力用来探索现代汉语词汇中的一系列问题。经一个时期的探索，由于续有所得，就进而产生了对现代汉语词汇作一全面共时描写的想法。虽然未必力能从心，但是深信这一工作很有意义，无论对于加强词汇研究的薄弱环节来说，还是促进词汇学与语文工作实际及邻近学科的关联来说，都能起一点帮助作用。另外，正如汉语语法研究区分出汉语史和现代共同语的语法描写，笔者又确信，汉语词汇研究除改造和发展训诂学，开展词汇史的研究之外，建立现代共同语的描写词汇学自然是很有必要的。

1985 年给研究生讲一门小课“现代汉语词汇学及词汇语义学问题”，其中词汇学部分的讲稿经以后较大幅度的扩充和改造加工，就写成了本书。应该说，由于成书的时间仓促，不少问题来不及作更深入全面的观察和细致的推敲，部分内容的考虑和分析显得有点儿粗枝大叶。好在抛砖引玉，本来就是以引出更多更好的研究探索为目的，因而就不怕把不够理想的书稿拿出来发表。

本书的写作和出版,承商务印书馆编审赵克勤先生给予热情鼓励和支持并提出许多宝贵意见;稿成时,硕士学位研究生葛向列和国怀林帮助抄写和校读了部分篇章。谨在此一并向他们表示深切的谢意!

刘叔新

一九八八年九月于南开园

1. 导论

1.1 词汇学的作用及其在语言学中的地位

1.1.1 对语言的研究,最早是从探讨词与现实的关系开始的。远在公元前 6 世纪,道家创始人李耳在其《道德经》中就提出了关于名(相当于词)的来源和性质问题,掀起了此后二三百年间在不同派别的学者之间进行的名实问题的讨论。约莫同时,古希腊学者也展开了关于名称如何产生的论争。以后,由于中国先秦到汉初的时期,了解词的含义在教育中已很受重视,一部汇释同义、近义词的词典《尔雅》就应运问世。这不仅是世界上最早的一部词典,第一部对具体语言词汇某个部分作专门搜集、研究的著作,也是世界上最早的语言研究的辉煌成果。

中国从此不断有学者对经书的词语进行意义解释的研究,形成独特的训诂学。这个语文学的传统部门,甚至一直发展到现代而不衰。西方学者对语言的研究兴趣虽然长期以来主要集中在语法上,但是 18 世纪 80 年代起陆续产生的《全球语言比较词典》(1787)、《语文目录》(1800)、《米色雷德或普通语言研究》(1806—1817)等比较词汇的巨著,不但使词汇的研究向现代科学推进一大步,而且给历史比较语言学的产生提供了必要基础,显示了词汇研究在语言学中占有不可忽视的地位。

上述情况说明,自古以来,随着语言研究的发生、发展,就有词汇研究的发生和发展。词汇既是语言的必要组成部分之一，在语言的使用中又起着明显的材料作用，它引起人们的重视和研究，是十分自然、合理的。从这里，可以进一步看出，在现代语言科学中，也理应有词汇学的一席位置，不但要建立这一部门，而且要发展它。

1.1.2　可是从20世纪初叶起，在德·索绪尔（Ferdinand de Saussure）的语言学说的影响下，语言学共时的、结构形式的研究成为潮流；语言学中的几个结构主义学派都摒弃意义，将德·索绪尔所提出的成为语言符号一个方面的"所指"排除出符号，认为概念、意义属于实体范畴，而实体不是语言结构系统本身的东西。于是体现着"实体"的词汇，被置于研究观察的视野之外。结构主义者们感兴趣的是音位系统、语言形式类别和语法结构。在他们看来，词汇不是结构主义语言学的研究对象，词汇的研究是词典编纂者的事情，词典的编纂就是词汇学。心理主义的转换生成语法学派，虽然逐步强调意义分析对于句子生成规则的重要性，甚至将"词汇"的分析作为一种基本规则列入生成语法规则系统之中，但是实际上只是临时零碎地对个别的词作义素分析，以便在词语搭配上为句子语法规则提供语义选择的必要补充，并没有对整个词汇作全面的、系统的分析。因此，转换生成语法学派及由它衍生出来的"生成语义学""格的语法""关系语法"等学派，同结构主义学派一样，仍然漠视词汇学，不承认语言学中应该有词汇学这个部门。不同的地方在于，他们极度扩大了"语法"的范围，把语音、词义——或某种词汇现象，都包容在语法之内。或者说，是以语法为中心，语音和词义不过是附随于和服务于语法的附庸。正如一位语言学者所指出，"50年代以后，尤其是Chomsky的学说出现以后，不少人认为语言的内部结构是语义←—语法—→语音"①。因而现代西方的语言学者，一般

---

① 赵世开：《现代语言学》，第20页，1983年，知识出版社。

都明显地或含蓄地采取了把语义学置于一端,语音学是另一端,而语法学则置于中间的语言学模式①。很清楚,在现代西方的语言学模式中,词汇学完全被排除掉。

这样的观点和处理方式,是片面的,至少不符合语言系统真实的组织情况,不符合语言在社会中如何起作用的实际功能情况,也不符合历来词汇研究的存在及其发展要求的事实。

1.1.3　传统上认为语言由语音、词汇、语法三个要素所组成的观点,虽然在层次上有些问题,但是肯定词汇是语言要素之一却并无错误。词汇是作为语言的建筑材料部分而存在的,没有它,语言便空空洞洞,不能成立。语言研究实践越来越清楚地表明,语法同词汇不仅互相作用,而且互为条件。语法不外是词汇成员之间发生意义组合的规则的总和。脱离了词汇,语法便失去其存在的基础,便无所谓语法。因此,词汇和语法两相对待而又密切关联,它们在语言中很难说哪一个是中心或更重要一些,两者是对等的,整个语言可以说就是词汇—语法系统。语音和语义处于语言的另一种组织层次。语音系统既存在于词汇,也存在于语法;同样,词汇里面寓存着语义,语法之中也有语义。

人们研究语音,也越来越注意研究语义;而在建立起了音位学和语义学的同时,语法依样须要研究下去。既然这种情况是完全合理的,那就毫无理由不可以和不须要去研究词汇,不承认词汇学是语言学中应该确立的"合法"部门。问题在于,词汇、语法、语音、语义都各有个性,各有不同的性质、特点和功能,虽然彼此间有情况不一的密切关联,但是都不能互相从属,不能互相代替。正是由于这种原因,苏联著名语言学家阿赫曼诺娃(О. С. Ахманова)、维诺格拉多夫(В. В. Виноградов)、伊万诺夫(В. В. Иванов)在他们合写的论文中指出,"苏

① 参见 F. R. Plamer:*Semantics*, p. 5, 1976 年,剑桥大学出版社。

联语言学认为词汇学是一种特殊的知识和语言研究领域,……并认为词汇学的发展有巨大的意义”①。

1.1.4 应该说,词汇的历时研究——历史比较词汇学或历史词汇学,是早在19世纪就已经产生了的。因而承认不承认词汇学是语言学中应有的部门,实际上是承认不承认描写词汇学(词汇的共时研究)的问题。关于这个问题,早已不是仅仅停留在理论的争议上:苏联已经用具体的研究成果作出了肯定的、有力的回答。从20世纪50年代开始,苏联不仅逐步建立起普通词汇学,而且也开展了具体语言词汇的共时研究,出版了俄语词汇学和英语词汇学的一系列著作。苏联语言学家领头开拓出了词汇学的新园地,而且使这园中的幼苗茁壮成长。在这个领域里的许多成果,已对语言学知识、理论的开发和发展,对社会的语言实践和语言教学,起了积极的作用。

因此,现在不是还要怀疑建立词汇学是否合理,词汇学是否站得住的问题;而是应该面向更多的具体语言词汇,开展共时的研究,并且吸收语言学其他领域有益的经验、方法,使词汇学更好地发展、壮大起来。当然,对于阉割词汇、抹杀词汇学的形式主义倾向,还要继续作不可调和的斗争;对于大力开拓和发展词汇学,还须要作理论上的推动。

1.1.5 任何一门学科的建立和发展,都由于现实的需要,由于它能对科学文化的发展和社会的进步起积极的作用。词汇学也是如此。词汇的历时研究,直接有助于语言史问题的阐释、语言内部发展规律的揭示和语言亲属关系的确定,这已为许多事实所证明。词汇历时研究的成果为历史学、考古学、人类学等学科所吸收,从而对这些学科的发展起了有益的作用,也是很明显的。至于现代语言词汇的共时研究,首

① 《论描写词汇学、历史词汇学及历史比较词汇学的任务和几个问题》,汉译文;见《语言学译丛》创刊号第3页,1958年。

先是能给社会在语言运用、语言教学、语言规范化等方面提供知识基础和指导的理论，这是有重要的现实意义的。

人们在说话和书写中要求造出正确的、有效地表达思想感情的语句。只掌握了语法规则和语音规则或文字书写规则，往往还不能实现这个要求。这里存在着词语的使用是否恰当的问题。用词不当的语病，在青少年的话语和文句中通常是泛滥着的，在成年人的文句中也很常见，其普遍程度和出现的频率，比语法方面的毛病要高。这类语病如此常见，词语掌握得不够多是一个因素，但主要还是由于缺乏词语的知识，对某些词语理解得不准确，不知道某些词语相互之间的关系，从而不会对词语作出恰当的选择。比如不说“对他们这种做法表示愤慨”，而说“对他们这种做法表示气愤”；不说“错误常常是正确的先导”，而说“过失常常是正确的先导”。这类语病，不是语法上有问题，而是纯然由于不懂得所用的词可以有同义的单位，而且相互有意味上或色彩上的细微差别，各适宜于用在不同的上下文中（如“气愤”——“愤慨”）；或者由于不知道词的对比不等于词的反义关系（如“过失——正确”只是词的对比，“错误——正确”才存在反义关系），前者表达不出鲜明的反义对立。

关于词与词的同义关系、反义关系等词语方面的知识，是由词汇学提供的。这些知识用于指导人们如何正确理解和使用词语①，显然有重大意义。作为词汇研究的某种成果、反映着词语知识一个方面的语文词典，在语言学习和语言运用上对人们的巨大指导作用，怎样形容也不过分。小学语文课本、成年教育语文课本和外语教材的编写，不依据词汇学提供的关于基本词、常用词语的知识，就难以作出词语的合理选

① 在使词汇学知识同词语的运用问题紧相联结方面，李行健、刘叔新《词语的知识和运用》（修订版，1979 年，天津人民出版社）就作过初步的尝试。

收，难以体现由简而繁、循序渐进的教学原则，也无从实现语言基础教学的要求。词汇学知识已开始在不同程度上成为高等学校语言教学和中等学校语文课、外语课教学的内容组成部分。这部分教学内容的日渐充实、扩展，必然有利于提高有关课程的教学质量，提高人民的语言素养。

词汇的研究为开展语言规范化工作所必需，这也是毫无疑问的。语言规范化，除了确立语音规范、语法规范之外，还须有词汇的规范。这个方面的问题比语音规范、语法规范都复杂得多，困难得多。一般地说，"词汇规范化工作的阶段性的总结是一部规范性的词典，使人们对词的理解和用法有所依据"①。而编纂规范性的词典，就须要以对词汇多方面研究的成果为基础。此外，词汇规范化所涉及的如何吸收方言词语、古代词语、外语词语，如何对待词语的缩略及生造等问题，都无一不是只有词汇学对相应的词语领域或相应现象进行研究，才有可能合理解决的。

1.1.6　现代语言词汇的共时研究，还能对语法学、修辞学、风格学、社会语言学等语言学部门起一定的调节作用或促进作用，甚至对语言学之外的某些学科也能起有益的作用。

语法分析不论如何形式化，都不能不顾及词这种语言单位。虽然句法结构分析或词法分析中实际上只是以词的大大小小语法类别作为"构件"或分析论断的对象，但是这些类别毕竟是一个个具体的词的概括，语法研究所面对的素材中基本的、大量的单位仍是具体的词。而词的单位的确定，词的含义和构造特征，词同词的可能有的种种关系等方面，是要由现代语言共时词汇学（即描写词汇学，下文改用这简略一点

---

①　郑奠：《现代汉语词汇规范化问题》；见《现代汉语规范问题学术会议文件汇编》第73页，1956年，科学出版社。

的术语)的研究提供有关的认识、观念或解释的。描写词汇学对习用语、社会习惯语、委婉语、情态词语以及同义词等方面的研究成果,也很有助于语法结构的分析做到细致、全面、深入。

修辞学和风格学的研究,在更大的程度上依赖于描写词汇学的研究成果。许多修辞方法和修辞格式,是建立在利用词语的意义色彩特征、利用词与词的对比或近同的基础上的。而风格学要确定各种功能风格,确定语言在一定时期的各种风格手段,就需要描写词汇学揭示出语言在该时期的同义词语的面貌,提供关于词语的风格分化的情况。

描写词汇学在词语的阶级色彩、委婉语、敬辞、谦辞、专门词语以及同义词语等方面的研究成果,对于着重研究语言在不同社会集团、阶层中的分化情况的社会语言学来说,是一个重要的参考方面。这是十分明显的。描写词汇学关于普通词语及其组织状态的一般观点、结论,自然也成为社会语言学观察分析词语现象的一种必要的依据。

描写词汇学同现代心理学、民俗学、社会学都很有关联,可以同这些学科互相吸取营养,互相丰富。心理学、民俗学、社会学三个学科虽然彼此差别很大,但都从一定的需要和角度出发,分析有关的词语现象。词语(或某部分词语)成为这些学科分析和揭示研究对象的性质、特点的一种重要资料和手段。因此,描写词汇学在词语方面的研究成果,能对这三个学科的发展作出贡献。

1.1.7 概括上述,可以说,词汇学不仅具有很大的社会作用,而且还有不可忽视的对于其他学科部门的影响作用。这就决定了它在语言学中占有一定的地位——同语法学平行的,或者同音位学、语义学平行的地位。

近代随着语言的共时研究成为主流和结构主义学派的兴起,音位学和语法学是语言学中研究得最多、最深入的部门,尤其是语法学越来越吸引语言研究者们的注意。重视语法学的研究,是对的,对这个部门无疑须投入较大的研究力量。但是不能因此而将词汇学置于无足轻重的地位。如果说,词汇的历时研究开始得比较早,已作出过比较明显的贡献而在语言学中站稳了脚跟,那么描写词汇学产生的时间还不长,研究工作还没有大量开展起来,在语言学中是相当薄弱的、地位不巩固的。但是它的社会作用比词汇的历时研究强,促进其他学科部门发展的作用也不容轻视。因此,应该大力扶植描写词汇学,发展、加强这个部门。从苏联近三十年描写词汇学已逐步成长而取得一系列成果来看,可以肯定,这个部门有着广阔的发展前景,必定能够壮大起来。

1.2 词汇学的分科和范围

1.2.1 上面已经提到,词汇的历时研究形成历史比较词汇学和历史词汇学,共时研究则形成描写词汇学;这前两个部门和后一部门在研究的角度、方法和任务上固然不一样,所研究的对象在时间范围上也有很大差异。历史比较词汇学和历史词汇学之间的差别较少。它们都从词汇自身绵长的历史过程中来观察、分析词汇,研究其发展规律。差别只在于:历史比较词汇学须运用历史比较方法,研究有亲属关系的多种语言、方言的词汇,侧重于考察不同词汇的词语间的共源关系及各自不同的发展过程;历史词汇学则主要运用较多依靠文字记录材料的一般历史方法,研究个别语言的词汇,以揭示其发展规律为主要任务。

描写词汇学研究的是一种语言词汇在一定时期——一般是现代——相对稳定的状态,要考察、分析它的构成和组织情况,揭示其中组织成员间互相制约、对立、对比、因应等各种关系。这个部门基本上还没有建立起自己专门的研究方法体系,但是“语言学也应具有描写语言词汇财富的简洁而公式化的方法"①。目前,有的词汇学者正尝试着从其他部门吸收一些适宜的方法,兼容并蓄,同时也摸索前进。在研究实践中,合理的、新的研究方法将会逐渐创造出来。

1.2.2 描写词汇学虽然同历史比较词汇学及历史词汇学性质迥异,各有分工,但是相互间并没有使两者割裂开的鸿沟。德·索绪尔当年在正确地提出历时语言学与共时语言学的区分时,把这两个部门绝对对立起来,是不正确的。现代对形式主义语言学保持着清醒头脑的语言学者,大都承认,语言结构的共时研究不能脱离"实体"或现实,不能拒绝联系历史;有人甚至主张共时语言学只有汇合了"历时地回顾"的解释,才能解决问题②。描写词汇学不是同历史不相干的,它要把历时研究的成果适当地吸收到对某些共时现象的解释中去。当然,描写词汇学的成果对历史比较词汇学或历史词汇学都会有所贡献——它们会成为词汇历时研究的出发点或基础。没有对不同历史时期(比如近代和现代)的词汇作共时描写,要揭示词汇从早先时期到晚近时期在组织、构成等方面的发展情况和规律,是不可能的。

1.2.3 在词汇历时研究中,可以分出一个特殊的部门——词源学。词源学就一个一个词专门探讨其历史来源,考察其意义与声音形式的衍变过程。这个部门可以从属于历史比较词汇学,也可以从属于历史词汇学,视采用什么研究方法和提出什么研究任务而定。

描写词汇学之下,也能分出较小的部门。其一是成语研究,有的学者定之为熟语学。这是一个迄今不很定型的、性质和范围不很明确的部门,它往往要追溯成语的历史来源。另一部门是专名学;其下又分出

---

① A. A. Уфимцева: *Опыт Изучения Лексики как Системы*, стр. 7 – стр. 8, 1962 年, 苏联科学院出版社。

② 参见 Joseph H. Greenberg 的 Rethinking linguistics diachronically, 载美国语言学会期刊 *Language*, V. 55, No. 2, 1979 年。

对历史文化研究有特殊作用的地名学,也往往要作历史的考源。

1.2.4 上述各词汇学部门,都是具体语言词汇的研究。同具体语言词汇学相对,还有普通词汇学这个学科。普通词汇学是词汇学的一般理论部分,对具体语言词汇学在方法和理论上起指导的作用;但是它建立在综合、概括具体语言词汇学成果的基础上,须得不断从具体语言词汇学的新成果中吸取养分来发展和丰富自己。

1.2.5 传统上,不少学者认为既然词汇学以研究词为一项主要内容,甚至基本的任务就是研究词①,词义学便理所当然地是词汇学所包括的一个部门,另外,词典学或词典编纂法也应属于词汇学②。这种认识已不见得合理。问题在于,对于词汇学的范围及与此相关的一些新的学科,应从科学发展与分工的原则出发来看待。

词义学现在一般已改称为语义学,符合于它研究的对象已远不限于词义的事实。20 世纪 70 年代以来,语法结构分析中产生了句法语义学这一特殊部门。说明以语义作为研究对象的"语义学"的提法,是大势所趋。传统的语义学扩展了研究的范围,广泛地涉及词义、语素义、固定语义,既全面研究词汇意义,也研究到语法意义。不仅如此,它要深入研究语义相互间的各种关系及由之形成的语义系统。显然,语义学在研究对象和相应的研究内容上已大大越出了词汇学的范围,它的特殊而艰巨的研究任务不是词汇学所能够承受的。因此语义学应是从词汇学中发展出来的独立部门,同词汇学处于平行的地位。

---

① 如 И. В. Арнольд 的 *Лексикология Современного Английского Языка*(《现代英语词汇学》)一书(1959 年,莫斯科),就反映了这种认识。该词汇学著作除了开首的引论和个别章节谈词的分化和分类及英语词典学之外,绝大部分章节都是论述词的问题。

② 例如,张永言《词汇学简论》(1982 年,华中工学院出版社)里明显地说:"主要的词汇学学科有语义学、词源学……词典编纂法等。"(第 41 页)这代表了传统上一般的看法。

同样，词典学须要研究词典的体制类型，词典的编纂原则和编纂方法，甚至要扩展开去，研究一切辞书的编纂问题（所以在中国，还有“辞书学”的提法），这样的研究内容和研究任务若归入词汇学之内，也势必严重影响词汇学对于词汇本身的集中研究，至少会造成漫无中心或尾大不掉的后果。因而词典学也不是词汇学范围内的科目，而是同词汇学平行的、实用性较强的独立部门。

对于词汇学范围的宽泛、广义的理解，让位于较为严谨的、狭义的理解，是符合于语言科学日益精严而且分工日益精细的发展趋势的。

1.3 汉语描写词汇学的研究对象和任务

1.3.1 汉语描写词汇学虽然可以汉语任何一个历史时期的词汇作为研究对象，但是目前应首先把目标集中在现代时期的汉语词汇上。这“现代时期的汉语词汇”，是指代表了现代汉语的汉民族共同语的词汇，即普通话词汇或通常所说的现代汉语词汇；现代各汉语方言的词汇并不包括在内。这是合理的。描写词汇学只能就某时期一个语言符号系统的词汇来作分析和归纳、概括；兼合不同语言符号系统的词汇，以这种混合体作为描写的对象，根本不可能描写出词汇内部真实的组织情况来。而各方言的词汇，都是分别属于各自的方言系统的，和民族共同语的词汇当然也不是一个语言符号系统内的东西。因此，尽管普通话的“抽屉”、沈阳话的“抽匣儿”、温州话的“柜格”、广州话的“柜桶”同指桌子或大柜中可以抽出来、放进去的盛物器，可是各属于不同语言符号系统的词汇，要把它们归为一个同义词组，那就荒谬不经，不符合语言实际，不符合同义词组须得成员之间确实存在对照制约关系的要求。

某个汉语方言的词汇也可以作共时的描写；不过这种描写只能成

为方言描写词汇学，如苏州方言描写词汇学，长沙方言描写词汇学等等。方言词汇的描写不能说是“汉语描写词汇学”，因为现代任何一种汉语方言都不能作汉语的代表。

1.3.2　有些人对普通话词汇到底以什么方式而存在，提出了疑问。有人甚至怀疑普通话词汇的现实存在。诚然，普通话在各方言区人民的使用中被涂上不同方言的色彩；所谓形形色色的蓝青官话，不仅在语音方面表现各异，各带地方方言影响的特点，在词汇方面也同样各有不一致的不纯表现。但是，这里面仍然有极大的共同之处。为各方言地区的人们所共同理解和以大体一致的读音和方式来使用的词语，是大量地存在的，它们就构成普通话的词汇。国内的电视、电影、中央电台广播和报刊书籍所用的十分丰富的普通话词语，在各地区通行无阻，是这个词汇活跃在广大社会中的最好证明。

从另一方面来说，普通话的语音以北京话音系为规范的标本，语法以现代典范的白话文著作为规范（即现代典范白话文著作中的语法就是普通话规范语法的现实存在形式），惟独词汇的规范依据没有明确提出来。普通话词汇的规范状态似乎不清楚。于是很自然地产生普通话词汇以什么式样存在或是否存在规范状态的疑问。其实，既然普通话以一定的方式存在着是不容否认的现象，那么作为普通话一个重要组成要素的词汇以确定的形式存在着，就也是客观事实。普通话“以北方话为基础方言”①，这意味着北方话的或官话的词汇成为普通话词汇择取词语的基础。换言之，各地官话词汇中占了大部分的共同性的词语，构成普通话词汇的主体或基础部分。这里，“北京话作为各地方言相互比较时候参考的共同标准”，其词汇“基本上有首先选用的需要

① 陈望道：《现行汉语规范问题学术会议总结》；见《现代汉语规范问题学术会议文件汇编》第219页，1956年，科学出版社。

和可能"[1]。各地官话中比较土的——只流行于当地或小范围地区的词语,不能纳入普通话词汇里来。普通话词汇还适当地吸收非官话系的各南方方言里已在广大地域范围内使用开来和将逐渐推广使用的词语。这样,普通话词汇大体上以各地官话词汇共同部分为基础,以北京话词语作为这基础共同性的参考标准,同时适当吸收各地方言的少量词语,这就是它现实存在的方式。换一个说法,只从词的方面看,它"包括汉民族已经共同使用和逐渐发展为共同使用的词"[2],这可以说是它的基本的规范状态。至于什么具体的词语符合普通话词汇规范,什么不符合规范,那是局部性和细节性的、经常产生的问题,需要汉语规范化工作随时不断去研究解决;但是,并不因此就可以否定普通话词汇的现实存在,不能因此怀疑它有个大体上确定的、基本上规范而统一的存在方式。

因此,汉语描写词汇学的研究对象——普通话词汇,并不抽象、悬空或难以捉摸,而是具体确定地现实存在着的。由于只有普通话才能代表现代汉语,现代汉语和普通话在概念上通常相等同,因而说汉语描写词汇学的研究对象是现代汉语词汇,也完全可以,而且似乎更正式、更得体。

1.3.3 在词汇学分科和各自的研究对象都一一明确的情况下,可以合理地确定汉语描写词汇学的研究任务。汉语语言学的这个部门,应当确定和描写现代汉语词汇的构成单位,描写它们在意义和形式上的一般特征,对它们的各种类集从性质、内涵等方面作出分析,还要确定现代汉语词汇的范围,揭示词汇内部的组织结构关系,即词语之间可能有的各种关联组织的情况。各项研究任务都有重要性。从现代语言

① 郑奠:《现代汉语词汇规范化问题》;见《现代汉语规范问题学术会议文件汇编》第73页。

② 同上。

学的基本要求来看，最后一项任务是特别富于时代感的。

词汇的变动相对来说比较快，变动的情况通常也较为多见。汉语描写词汇学不仅要揭示现代汉语词汇在六七十年间的变动发展，而且应当研究向未来演变的趋势，鉴别出能产的、富有发展潜力的成分。

词汇成千上万构成单位的意义、语音形式和具体用法，汉语描写词汇学不可能、也不必要都一一加以描写。这是编纂一般汉语详解词典可能做到的工作。虽然编纂语文词典，也可以算词汇学的一种特殊研究工作，但是它的实用性极强，应是词汇学的一个应用部门，和描写词汇学是互相区别开而各有分工的，尽管彼此关系密切。

2. 词汇的构成单位(上)

2.1 词汇和语汇

2.1.1 世界上公认,具有悠久文化历史背景的现代汉语,是人类高度发展的最丰富的语言之一。语言的丰富性体现在它拥有极其众多的词语上,也就是词汇的含量极大。现代汉语词汇包含的词语究竟是多少,虽然缺乏精确的统计(这种统计又须以进行艰巨的鉴别、研究为前提),但是数量的巨大足以同世界上任何一种最发达丰富的语言词汇相媲美,则是无可怀疑的。以收常用和较常用的普通词语为主而只具中等规模的《现代汉语词典》(中国社会科学院语言研究所词典编辑室编,商务印书馆,1979 年),有条目56 000多个;以收一般使用的、进入了或将进入普通话的专名词语和专门词语为主的《辞海》(辞海编辑委员会编,上海辞书出版社,1979),有条目91 706个。根据这两个数字,把它们加在一起作为估计的出发点,就可以推知,现代汉语词汇包含的词语数量会接近二十万甚至超过这个数字。

2.1.2 但是,如果把"词汇"理解为只是具体语言的词的总汇①,对现代汉语词汇的这种丰富性的估计就会不同。"词汇"不好只从字

---

① 如孙常叙《汉语词汇》(1956 年,吉林人民出版社)就说:"每种语言所蕴藏的词的总汇叫做'词汇'。"(第 161 页)

面上来理解。各种语言除了具有大量的词，又都具有很多成语之类的词的固定组合体。斯大林在其语言哲学著作中曾写道：“工业和农业的不断发展，商业和运输业的不断发展，技术和科学的不断发展，要求语言用进行这些工作所必需的新词新语来充实它的词汇。”①这里所说的“语”，就是词的固定组合体。它是词的等价物：在作为语言建筑材料来构造句子的作用上相当于词。比如“他们聚精会神地听着”同“他们专心地听着”相当，“这个人居心叵测”同“这个人阴险”相当。重要的是，某些“语”包含着不能离开固定组合而独立地来造句的词，如“居心叵测”的“叵”，“聚精会神”的“精”。这说明语言中词的固定组合体虽然比词大，却并不等于是由独立的词相加的、在词的上一层的单位（关于这一点，在本书别的部分还要细论）。它们的地位同词相当。因此，把词汇理解为一种语言（一个语言符号系统）全部词语的总和，方才合理。这种观点，已为越来越多的语言学者所承认和采纳。

2.1.3 在一般文化生活和日常生活中，“词汇”一词常用来指一部文学作品所用的词语总和，或者用来指某个人在某种语言（通常是第一语言）上所掌握的词语总和。这种用法或对“词汇”的这样一种理解，既然已成为社会习惯，是无可厚非的。但是，在语言学领域，尤其在词汇学当中，“词汇”应该只作为一个语言学术语而用在术语的单一含义上：“一种语言全部词语的总和”。

至于一部文学作品所用的词语总和，或个人在某种语言上所掌握的词语总和，在语言学中加以表述时，可以采用“语汇”这个说法。本书所用“语汇”一词，都是用在这种意义上，同“词汇”不相混。

---

① 斯大林：《马克思主义和语言学问题》，第7—8页，1971，人民出版社。同一著作里，作者说“语言中所有的词构成所谓语言的词汇”（第17页）；这同把（新）词和（新）语并举为词汇成分的说法有不一致之处。

2.1.4　可是,有的汉语教材或论著把语言要素之一、语言有机组成部分之一的词汇称为“语汇”①。语言学中指同一种对象的术语人为地增多,是有害无益的,徒然带来术语使用上的混乱,增加术语规范的负担。术语“词汇”早已使用开来,成了中国语言学界的“常用词”,要用“语汇”来替换它,改变学术界惯用的术语,似无必要;何况“语汇”不见得能比“词汇”优胜。虽然“语汇”可以同“语音、语法”取得名称表面上的一致,但是它当中的“语”和“语音、语法”的“语”实际上含义并非一致:后者指“语言”,而前者指“用语”或词语的“语”。再说,“语汇”突出了“语”,而不是数量上多得多的词,这一点就使它比“词汇”逊色。

2.2　确定词汇构成单位的原则

2.2.1　了解和描写现代汉语词汇,第一步需要知道它是由什么样的单位构成的。乍一看,确定词汇构成单位是什么,好像最简单不过:一个一个的词不就是词汇赖以构成的单位吗?但是,除了词,还有同词相接近的单位,如词的固定组合体,还有比词小的语素,它们是否都算词汇的构成单位?问题要给予合理的回答,显然并不是简单的。

2.2.2　词,毫无疑问,是现代汉语词汇的构成单位。词的固定组合体,虽然由若干个词组合而成,在造句功能上却和词一致(见2.1.2),又以本身常含有不能离开组合体单独使用的词,而可同词处于同一个平面上。这就是说,词的固定组合体具有同词平行的地位;作为语言建筑材料,它同词一样,也是建造“语言建筑物”的直接单位。因此,不能不承认,词的固定组合体是同词一起直接构成词汇的单位。

2.2.3　词汇的构造成分是多种多样的。除了词和词的固定组合体,还可以有词中出现的语素、义位、语音形式等等。这其中,只有直接

① 如张志公主编教材《现代汉语》(试用本,1982年,人民教育出版社)。

构成词汇的，即成为词汇直接成分的构造成分，才能是词汇的构造单位。这个原则的合理性是毋庸置疑的；因为词汇的构造单位总不应是词汇直接成分之下的层次上的成分，即不可能是构造词汇直接成分的单位。

有的研究者把语素列为词汇的构成单位，甚至是词汇的基本单位。这就不够妥当，至少是看待现象过于笼统，没有分清语素内部的不同情况。在现代汉语里，有一部分语素是作为单纯词出现的，如“蝙蝠”“麒麟”“蜈蚣”“蚰蜒”“蟋蟀”“蝌蚪”“妯娌”“踌躇”“啰唆”“娓娓”“龌龊”“篱笆”“尼龙”“派力斯”“霹雳”“哆嗦”“呢”“嘛”等等。这类语素，无疑是词汇的构成单位。但是也有一部分语素，只充作词的构造成分，不能成为词，如“鲤—”“鲩—”“鱿—”“韭—”“荞—”“荆—”“辗—”“漩—”“蠕—”“恢—”“翱—”“潇—”“倜—”“—跹”“—啬”“—葸”“—峭”“—娜”“—耘”“—嘘”“—稼”等等。它们显然不能取得词汇构成单位的资格。另外，有相当多的语素既可独立为词，又可成为词的构造成分，如“天”“地”“人”“马”“水”“气”“油”“白”“高”“长”“平”“直”“大”“走”“打”“指”“笑”“伤”“飞”“就”“从”等等。这一类语素在充当词的成分（如“天空”“土地”“人民”）时，也不可能是词汇构成单位。不应忽略的是，还有一类作为句法结构因素的特殊语素——各种语气的语调①，它们纯属于语法，根本不能进入词汇。

---

① 如果语素指的是语言中最小的音义结合体，那么语调作为最小的有一定意义和语音形式的成分，自然应是语素。Charles F. Hockett 在其语言学著作中，就很明显地把语调作为结构直接成分的语素来处理，如下图（A Course in Modern Linguistics, p. 161, 1959 年，美国版）：

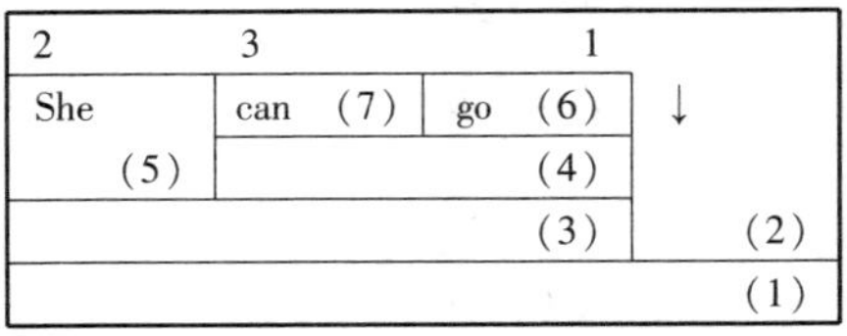

因此,把语素看做词汇的构成单位,原则上是不正确的。现代汉语全部的词都是词汇构成单位这一点,就已把语素中能够实际上充作词汇构成单位(因为它们是单纯词)的部分肯定了下来。

至于义位、语音形式等,只是词语的构造成分。按照上述原则,它们都不可能是词汇的构成单位,道理不言自明。

2.3 现代汉语的两类词汇单位

2.3.1 现代汉语的词汇单位(词汇构成单位的简称,下同)①,仅仅有两类,就是词和词的固定组合体。

关于词的固定组合体,存在着它的性质和特征究竟如何,同词及常用的语句如何划分清楚,本身可以划分出多少不同的种类等等复杂的问题。下面将在第4章进行分析和详细论述。

这里先只把名称确定一下。"词的固定组合体"字数多,用做专名是不适宜的。有人提出"固定结构"的称法②;比较多的人采用"固定词组"来指比词大的词汇单位。"结构"一般用于指由不同的项及其相互间一定的组织关联所形成的抽象格式或框架;结构中的项须是(或至少部分的项须是)事物抽象的类,而可以不管表现为什么个别具体的事物。因而,拿"结构"来称说包含着若干个特定的词而以具体性或个别性为重要特征的组合体,显然不够贴切。当然这种组合体总是寓存着一定的结构,但结构只是组合体的一个方面的成分罢了。至于"固定词组",是个大家熟习的术语,没有很大的毛病,但

① "词汇单位"的说法,可同国际术语 lexical item 一致起来。有人把这一术语译为"词项",不够确切。

② 符淮青:《现代汉语词汇》,第5页,1985年,北京大学出版社。

是也有两个缺陷：不能同熟语、成语、惯用语、俚语、俗语、歇后语等等密切相关的术语统一起来，也不能同作为词汇单位的词语的“语”取得一致；相反，却容易同语法上所说的“词组”在概念上发生混淆或纠缠。

把词的固定组合体称为“固定语”，可以完全避免术语“固定词组”的弊病，比较妥善。别外，它还比“固定词组”简洁些。这一术语已在出版物中出现过①；尽管还没有“固定词组”那样流行，但是既然好一些，本书就采用它。

2.3.2 关于词这类词汇单位，存在的问题比固定语更多、更复杂。比如有：词作为词汇单位的性质与作为语法单位的性质是否相同？相互有何关联？词有多少种不同的变体？如何确定词的单位？词的结构方式和构造方法各是怎样的？多义词与同音词如何划分？等等。

词在数量上远比固定语多，又是固定语赖以构成的基础单位（虽然相当一部分固定语不是现代构成的而是古代历史地产生的），它在词汇中所占的地位就比固定语重要些。词在起构造语句的作用上，也比固定语更为普遍，是构造任何语句所必不可缺的材料单位，同语音尤其是同语法相关联的广泛、紧密程度比固定语大得多。因而在各种语言中，词都是基本的词汇单位②。现代汉语的词，自然也是如此。

可知，对词的种种问题加以研究，对于现代汉语词汇的全面描写来说，具有特殊的重要性。这种研究，成为固定语研究及词汇学其他领域研究的必要基础。

---

① 如《语言研究论丛》（1980 年，天津人民出版社）所收《词目的确定和词汇的范围》一文和该论丛第二辑（1982 年，天津人民出版社）所收《固定语及其类别》一文，使用了它。

② А. И. Смирницкий 已正确地指出，“词是语汇或词汇的基本单位”，见其所著 К вопросу о слове 一文前半部分；Вопросы Теорин и Истории Языка в Свете Трудов И. В. Сталина IIО Языкознанию，стр. 182，1952 年，苏联科学出版局。

2.4　词和词位

2.4.1　语言系统内有种种单位。这其中,词可以说是居于中心地位的、作用最突出的一种。词是一个完整而表意清晰的最小语言符号。如同每个电码可单独明确表示某个字或字母,彼此联合起来可表示一个语句或一个词,而本身又可析离为若干个不成其为电码的数字那样:词一个个都有明晰的意义,可以被人们分别加以认识和记忆;互相组合起来能构成语句、自由词组或固定语:分析开来则一方面既含有意义和语音形式及构成语音形式的若干音位,另一方面自身又往往由若干含意一般不很明晰的成分所构成。例如:

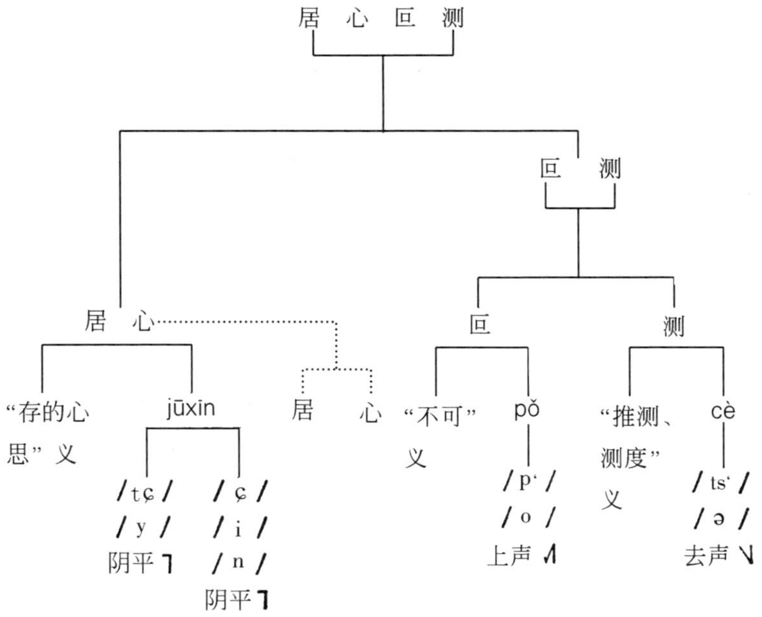

可以看到,词"汽轮""即将""启碇""居心""叵""测",本身都完整、明确,

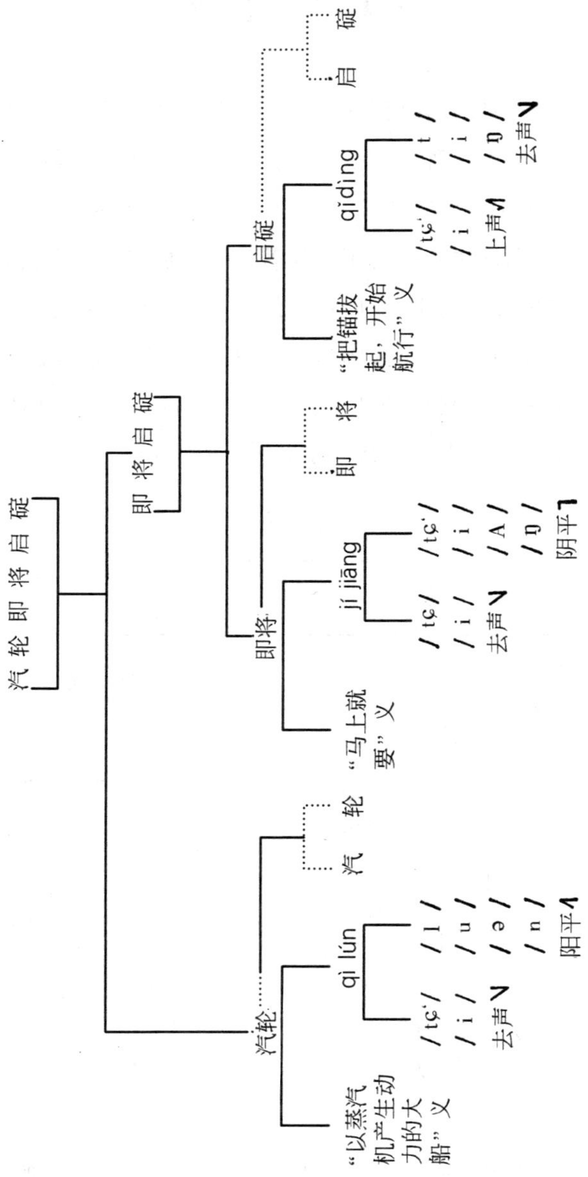

汽轮即将启碇
即将启碇
汽轮
即将
启碇
"以蒸汽机产生动力的大船"义
qì lún
/tɕ'/ /i/ 去声
/l/ /u/ /ə/ /n/ 阳平
汽
轮
"马上就要"义
jí jiāng
/tɕ/ /i/ 去声
/tɕ'/ /i/ /A/ /ŋ/ 阴平
即
将
"把锚拔起，开始航行"义
qǐdìng
/tɕ'/ /i/ 上声
/t/ /i/ /ŋ/ 去声
启
碇

上生复杂的意义组合,下分一般人不大能清楚划分出来的单位,从而展现汉语各层构造的一般图景。所有的词都大体是这样地在语言中居于枢纽地位,很自然地成为语言的中心成分。有声语言有时之所以被称为"词的语言",正是依据于词在语言中无可比拟的突出地位的。

2.4.2 词的重要性,从另一个侧面来说,就表现在它不仅是基本的词汇单位,而且也成为语法的基本单位①。语法中无论句法和词法,都以词为必要的基础;语法结构不凭靠着词,就不可能存在,这同没有词就无所谓词汇是一样的。因此,不仅词汇的描写、分析,而且整个语言学的研究都在接触和运用词的单位,须要十分明确词的单位。

2.4.3 正像同一个音位往往有变体,同一个形态往往有变异一样,同一个词也常出现不同的状态。比如"荒谬",其语音形式有时表现为 huāngmiù,更多的时候表现为 huāngniù;"勃发"在"英姿勃发""生机勃发"中表示的是"焕发、旺盛"义,在"战争勃发"中则表示"突然发生"义;"高兴"有时表现为"高高兴兴",有时又表现为"高兴高兴"。词的这些不同变异状态,须统合为一个单位来认识(它们为什么应这样统合,下面在 2.7 节里再谈),就是所谓词位(lexeme)。

"词位"在使用上和一般认识上可以等同于"词";但是在严格的概念内涵上,它表明了是一个可能包含有不同变异状态的、统合的单位,这是"词"并不表明的。因此"词位"这个术语仍然有用。在一定场合,用"词位"比用"词"较能表明或弄清问题的性质。

西方有的语言学者把词位看做词汇单位,即可以是词的单位,也可

---

① 词作为语法的单位,同作为词汇单位有不同的表现。下面 2.5 节里再详细说明。

以是固定语的单位①。这样地使词位同 lexical units 混淆起来，是不可取的。词汇单位在概念上包括词位，大于词位，当然也就不等于词位。词位是同音位相类似的。音位作为语音系统的基本单位，不包括音节；词位作为词汇的基本单位，也不能包括固定语。不过，词位和固定语的单位平行地互相对待(不像音节包括了除句调中的音位之外的所有音位)。固定语的单位未尝不可以称“固定语位”，只是由于固定语变异的情形较少，没有必要使用这样一个术语罢了。

2.5 如何确定现代汉语的词位

2.5.1 如果不是从严格的意义来理解什么是一个词，不是把词作为词位来看待，而只是按照一般泛泛的或普通人的观点来理解它，那么，要确定现代汉语一个一个词，似乎就没有多大困难，断然不会成为令人头痛的问题。比如，一般人认为词就是话语中可以分开来的、明显地含有意义的较小单位。这样的单位当然可以很容易地划分出来。比如从“朋友们参观了百货公司”“她的朋友热泪盈眶地听着老师傅的讲述”这两句话里，会很快分出一些单位并判断它们是词：

a. 朋友们｜参观了｜百货公司。

b. 她的｜朋友｜热泪盈眶地｜听着｜老师傅的｜讲述。

可是稍加推敲，把“朋友们”“她的”“百货公司”“热泪盈眶地”“参观了”“读着”“听着”“老师傅的”等确定为一个词，是很有疑问的。a 句的“朋友们”即使是词，同 b 句的“朋友”是不同的词呢，还是同一个词，

① 如 John Lyons 在其 *Semantics*(1977 年，剑桥大学出版社)中认为有“复合的词位”，它大体上就相当于固定语。在他看来，复合的词位同其他词位的差别不像同“句法的复合”(syntactic compounds)的差别那样重要，因为“句法的复合”(按：相当于自由词组)数目不定，“无须列入词汇”。见该书 p. 534—535。

也存在问题。

2.5.2　现代汉语基本上属于孤立语,缺乏印欧语所具有的词尾、元辅音屈折等形态,绝大部分的词都是根词或词根的相加,因而词的明显标志相当少。印欧语大体上根据词的形态标志,可以很容易地确定一个一个词。现代汉语不可能达到这么便捷的程度。

如果就着现代汉语差不多所有单纯的根词都是单音节的——书写下来是一个方块字的——这个特点,是否可以利用字来确定词呢?也行不通。如果说,根据字来辨识词的办法,对于基本上一字一词的上古汉语还适用的话,对于现代汉语来说就完全无用。现代汉语中,单音节的根词只占全部词的较小一部分,数量比例上占很大优势的是利用两个单音根词结合而成的词,另外又有不少其他类别的多音节词。字同词已经不能一一对应。问题还在于,只就含两个或两个以上的语素的词来说,凭着字的记写情况,是无法把它们与同样写成两个或更多个字的词组区分清楚的。比如"敬礼""吃饭""握手""红花""猫肉""热带鱼""青萝卜""石板桥""百货公司""多快好省"等等,是一个词,还是词组(词的组合体),根本不能依凭字数来确定。

2.5.3　由于词也是语法的基本单位,明确一种语言中什么是词,就成为语法描写的一种必要的"手续"。许多现代汉语语法学的教本和著作都对什么是现代汉语的词作了说明或加以讨论。一般说来,正面回答这个问题的努力是应该肯定的,而且确实能逐步提高对这个问题的认识。但是语法学者大概只从语法的角度来看词,即只把词作为语法结构中的单位来给词下定义。姑且不说这方面的结论如何,至少把词仅仅看做语法的单位,在认识上就不能不是片面的。例如,汉语语法学界中有个比较流行的看法:词是语言中最小的能独立运用的单位。这就基本上是词的句法定义,完全没有涉及词的词汇方面:它在意义上和语音形式上的特点。因而,不能认为这个定义全面概括了词的本质特点，至少不能用于说明词怎样作为词汇的单位，而且何以是词汇的基本单位。

2.5.4 词的这个句法定义本身，又有相当模糊的、不精确的地方。在语法范围内，它未必能用来妥善地解决如何鉴别词的单位问题；对于词汇范围内区分词和邻近单位的问题来说，它更谈不上起什么作用。

所谓“能独立运用”，指一种什么情况，是不大清楚、明确的。凡可不依赖于同特定成分的组合或搭配而单独进入句子的，就是能独立运用，这是一种理解；凡可单说而构成句子或可充作谓语的，是一种更严格的独立运用。两种理解都讲得通。究竟是哪一种意思，并不清楚。即便两种意思都包含在内（它们彼此会产生一些矛盾），用上“最小的”这个条件，按照前一种理解，像“眼帘”“风发”“昂扬”“飒爽”等就不是词（因为总须说“映入眼帘”“意气风发”“斗志昂扬”“英姿飒爽〔或飒爽英姿〕”），而“居心叵测”“岂有此理”“多快好省”“胸有成竹”等却都成为词；按照后一种理解，所有的连词、介词、量词以及绝大部分副词都不能是词。这样的结论，显然说不过去，同人们的语感完全相悖，是很不合理的。

再从另一方面看，“能独立运用”和“最小”的限定，是只管个别语句范围内的情形的，某个单位在不同语句中出现一些差别算不算同一个词的问题就完全管不上。比如：

a. 他｜喝喝｜牛奶，｜又｜喝喝｜汽水。

b. 他｜正在｜喝｜牛奶。

c. 让｜我们｜去｜喝｜西北风｜吗？

按照“能独立运用”而又“最小”的要求，是可以像上面所表示的那样，在 a、b、c 各句内把“词”划定下来的。定义“语言中最小的能独立运用的单位”也仅只在上列这类不含固定语的单一语句的分析平面上有效用。但如果进一步问：a 句中的“喝喝”和 b 句中的“喝”是不同的词，还是同一个词? b 句的"喝"和 c 句的"喝"又是否同一个词? 这定义就不可能给予回答。

俄国语言学家波铁布尼亚(A. A. Потебня)把词的形态变化的每个变体看做个别的词①;布龙菲尔德(Leonard Bloomfield)根据他的"词是最小的自由形式"这一定义,也认为这样互有不同的形式(如 do——did——done)各别成为互异的词②。他们都是仅仅从单一语句的句法分析平面上来确定词的,因而很自然地把词的不同变化形式错误地归结为不同的词。这种观点早已为语法学的研究实践所否定,连布龙菲尔德的一些信徒也摒弃了它或大大改造了它。

在词汇范围内,要鉴定"他们是老朋友了"中的"朋友"和"她的朋友决定同她结婚"中的"朋友"是同一个词,还是两个不同的词,要鉴定"鞠躬""灯火""红花""菜花""牛肉""热带鱼""石板桥"等等是不是一个词,"最小的能独立运用的"准则就完全无用,因为按照这个准则,回答都一律会是"两个不同的词",显然离奇而不合理。至于要鉴定"躬逢其盛""窈窈冥冥""运筹帷幄""万籁俱寂""敝帚自珍"等类单位是词还是固定语,按照这个准则,只能通通定为词,而这样下结论并不能分辨实质,而且完全不符合实际和人们的语感,是没有意义的。

2.5.5　从单一语句的句法分析平面得出的词的定义,之所以并不妥善,不能解决问题,根本原因就在于只片面地把词理解为语法结构的单位,没有看到词作为词汇单位的一系列重要的本质特征。

词首先是词汇单位。它是以词汇单位的资格互相发生意义的组合才成为语法所支配和概括的单位。因此词的词汇性比之于词的语法

① 见波铁布尼亚 *Из Записок по Русской Грамматик*,第 4 卷,стр. 96。

② 见布龙菲尔德:*Language*,p. 178,1955 年伦敦重版。

性，不能不占优势。作为词汇单位才是词最根本的性质所在。而词最根本的性质，或者说充作词汇单位的实质，就表现在它是完整、定型的最小语言建筑材料单位。

2.5.6　语言建筑材料单位的“完整”，意味着它能独立地作为一个整体而被人们所理解，独立地同别的建筑材料单位组合，并且这个单位可能有的各个变体都被统合起来而成为一体。例如，“荒谬”能独立地被人们理解其含义，可以作为独立的单位同“透顶”“非常”“十分”等组合（～透顶，非常～，十分～）；另外，它包括了读音为 huāngmiù 和说成 huāngniù 这样两个变体，它们被人们看成统合为一个单位，这单位缺少其中任何一个变体就不完全。如此情况，便表明了“荒谬”的完整性。“荒谬”中的“荒—”和“—谬”则都不能是完整的。因为它们在这种彼此结合的情况下都不是独立的整体——这时都一般不单独地被人们所理解和掌握。但是如果处于另外的不同情况，“谬”有可能是完整的。如在“他说的话太谬”“结论表面似乎正确，其实大谬不然”等说法里，“谬”都无可怀疑地完整。现代汉语有相当一部分语素，属于这类既可以完整又可能处于不完整地位的单位。如：

骄——〔完整〕骄兵必败；胜勿骄‖〔不完整〕他并不骄傲；毫无骄矜之态。

娇——〔完整〕这小姑娘太娇；从小娇生惯养‖〔不完整〕瞧她娇气十足；江山分外娇娆；娇嫩的海棠花不堪风吹雨打。

佳——〔完整〕色味俱佳；身体欠佳；文句颇佳‖〔不完整〕一时传为佳话；写的无非是才子佳人之类。

劣——〔完整〕优胜劣败；文劣，难以卒读‖〔不完整〕这个人太恶劣；仓库堆积着拙劣产品；其上画一劣孤。

迟——〔完整〕现改过自新不迟；病重就医已迟‖〔不完整〕颇有迟暮之感；他反应比较迟钝。

非——〔完整〕非此即彼；非事前所能预料‖〔不完整〕这是一桩非常事件；不能答应，除非满足我们的要求。

极——〔完整〕景色极好；妙极了‖〔不完整〕极力怂恿他参加；极目四

野;这个人爱走极端。

头——〔完整〕头上戴着鸭舌帽;做事要有头有尾‖〔不完整〕事情还没有一点儿头绪;他的头衔不小。

客——〔完整〕主客对饮;来了个不速之客‖〔不完整〕这个商港有不少掮客;他操一口客家话。

冬——〔完整〕入冬气温骤降;冬去春来,万象更新‖〔不完整〕园中有几列冬青;蛇一般须冬眠。

现代汉语另有一部分语素,只处于不完整的地位而并无完整性的表现,即它们只能是词的构成部分(参见2.2.3),不能以自身同样的形式和含义而独立开来。如:

鲤—	韭—	枸—	隧—	骁—	雍—	璀—	吆—
捭—	孳—	恢—	嫣—	黧—	—痹	—颥	—谲
—惘	—煦	—秽	—珑	—娜	—稼	—宙	—疽

当然,如果它们同必须联结的语素结合起来,这结合体会成为完整的、能单独为人们所理解和掌握的单位:

鲤鱼	韭菜	枸杞	隧道	骁勇	雍容	璀璨	吆喝
捭阖	孳生	恢复	嫣红	黧黑	麻痹	颞颥	诡谲
怅惘	和煦	污秽	玲珑	袅娜	庄稼	宇宙	痈疽

因而,一个组合单位若含有作为直接构成部分而不能在同样条件下独立开来的语素,那么就充分表明它必然是完整的材料整体——词。

2.5.7　语言建筑材料单位的定型,意味着它有稳定的语音形式和意义,两个方面都不是随意的、不定的。这里的"稳定",是就在社会集体中成为一定的习惯而不轻易改变来说的,因此"稳定"具有重要的社会客观性而排斥个人的主观性。据此可以看出,凡若干语素自由的而非固定的组合体,或者自由的词语组合体或语段(utterance),都没有稳定的形式和意义,因而没有语言建筑材料单位的定型性。比如:

a. 大洞|新书|吃好|喂猪

b. 美好景色｜真愉快｜凿隧道｜吆喝谁｜接连碰钉子

c. 工程兵不大一会功夫就凿通了隧道｜后勤人员能保证大家吃得好，睡得好

a 组的例子都是两个语素的自由组合体，比如“大洞”可以改成“小洞”“深洞”“浅洞”“暗洞”“长洞”“曲洞”“大坑”“大冈”“大山”“大岭”“大房”“大屋”“大窝”“大店”等等；“新书”可以改成“旧书”“好书”“坏书”“奇书”“怪书”“淫书”“小书”“残书”“破书”“新著”“新作”“新册”“新论”“新品”“新意”“新货”等等。b 组的例子是自由的词语组合体，即一般所说的自由词组，其直接构成成分以及整个结构都没有固定性，是显而易见的。如“美好景色”可改成“美好姿态”“美好容貌”“美好风格”“美好品质”“美好环境”“美好回忆”“美丽景色”“优美景色”“明丽景色”“新奇景色”“醉人景色”“美好而奇丽的景色”“美好得令人赞叹的景色”“景色确实美好”“景色美好宜人”等等。a 组的例子从其以词为直接构成成分的角度来看，也一样是自由词组。至于 c 组的两个例子，属于所谓语段，即自由组合的语句；b 组有时也可划入这个范畴。语段的语音形式和意义上的随意性或不固定性是更为明显的；c 组的例子即使不改变太多原来的意思，能换成多少种不同的说法也几乎难以尽举。因此，可以说，a、b、c 三组例子，全是不定型的单位，都不具备作为一个词的条件。

但是，a、b、c 三组例中的“大”“好”“吃”“凿”“隧道”“得”，既然以同样的语音形式和意义重现，就表明了它们具有稳定性。它们还可以不走样地出现在许许多多别的词组或语句之中。因此，它们是定型的单位。同样，a、b、c 三组例中的“洞”“新”“书”“吃”“喂”“猪”“景色”“真”“愉快”“吆喝”“谁”“接连”“碰钉子”“工程兵”“不”“一会”“功夫”“就”“通”“了”“后勤”“人员”“能”“保证”“大家”“睡”等，也能以一样的语音形式和意义出现在许许多多词组或语句之中，无可置疑地

具有稳定性,是定型的单位。

可见,定型性必同时带来复呈性,或者说,与复呈性互为因果。“复呈”是普遍地、大量地在言辞中呈现,是自然涌现或几乎无意识地用到言辞中的,不是有意识的搬借①。具有复呈性,是语言中不仅词汇单位,而且所有语法单位都具有的特征。

2.5.8 具有了完整定型性的语言建筑材料单位,未必就是词,而可能是固定语。如“居心叵测”“囫囵吞枣”“杯弓蛇影”“一问三不知”“风马牛不相及”“有过之而无不及”,都各自独立地作为一个单位整体而为人们所理解和掌握,并独立出现在语句组合中,又都具有十分稳定的语音形式和意义,即这里每一个单位都是充分完整、定型的。但是它们并不成其为词,而是无可置疑地是若干个词所构成的组合体,是十足的固定语。对这种判断,未必有谁能持异议。因此,词还必须是一种最小的完整定型的材料单位。所谓“最小”,就是本身不能再分出两个或更多个完整定型的语言建筑材料单位。“居心叵测”可以分出“居心”“叵”“测”三个完整、定型的材料单位,“囫囵吞枣”可以分出“囫囵”“吞”“枣”三个这样的单位;“杯弓蛇影”“一问三不知”“风马牛不相及”等都可各分出若干这类单位来。因此,它们都不是最小的完整定型的材料单位,不可能是词,而只能是大于词的固定语。“居心”“叵”“测”“囫囵”“吞”“枣”等等,才是最小的完整、定型的材料单位,是词;它们不可能再从本身分出更小的完整、定型的材料单位来。

2.5.9 根据“最小的完整定型的语言建筑材料单位”所鉴别出来的词,虽然是就词作为词汇单位的性质来看的,但是同时也符合于词作

① 参考 А. И. Смирницкий 的 К вопросу о слове 一文后一部分(Тождество слова)汉译(《词的同一性问题》),载《语言学译丛》第 1 期,1959 年,商务印书馆。

为语法单位这种性质的要求。只有完整定型的单位,才能充作句法结构中的一个被组合的项,才能以同一单位整体的资格出现在不同的组合结构中,这是显而易见的道理。又只有最小的完整定型的材料单位,才可以体现出形态变化及其相应的语法范畴,而被看成词法的基本单位。这同样是清楚无误的。

不过,作为语法单位的词,除去纯粹起语法作用的虚词——连词、介词、助词、形态词等之外,实际上指的是词的某种类别,是具体的词的抽象概括,而具体的个别的词只是充作这种抽象类别的代表罢了。如:

a. 猫吃老鼠。

b. 蛇吞象。

从句法结构看,a、b 的句子结构都是"名——动(及物)——名"。这里,"名"是个具体指什么动物的词,并没有关系,[①]"猫""老鼠""蛇""象"都不过作为"名"这类词的代表出现在句子结构中罢了。同样,"吃""吞"也只是作为"动(及物)"的代表。即语法上,并非一个具体语句就是一种语法结构;"猫吃老鼠"和"蛇吞象"以及"牛喝水""羊吃草""狗咬人"等等语句,都只表明同一种"名——动(及物)——名"结构。"语法的特点在于,它得出词的变化的规则,而这不是指具体的词,而是指没有任何具体性的一般的词;它得出造句的规则,而这不是指某些具体的句子……不管某个句子的具体形式如何。"[②]可见,无论词法中的词还是句法中的词,都是一般性的、经过抽象概括而得出的语法类别单位。因此,一个个作为词汇单位而有着音义个性的词,同作为语法单位的词互相统一,却并不是一回事。两者有着个别与一

---

① 如"蛇吞象",只是在逻辑上不合理,并不因前面的名词是"蛇"、后面是"象"而不合语法。现实上可以有"蛇吞象,你信吗?""人心不足蛇吞象"这样的语句,证明"蛇吞象"是合语法的。

② 斯大林:《马克思主义和语言学问题》,第 17 页,1971 年,人民出版社。

般、具体与抽象的关系。个别的、具体的词是一般、抽象的词的基础;具备了词的根本性质,便能够体现并代表一般、抽象的词。正是由于这种客观的事实,按照词作为词汇单位的性质来确定现代汉语的词位,就合理地解决了问题,不必也不能按照语法单位的性质来确定它;虽然语法方面的准则可以起一定的参考作用(关于这一点,下面再详论)。

2.5.10　但是,"最小的完整定型的语言建筑材料单位"毕竟只是个概括性的、原则性的说明,还不能据此就能把现代汉语的词一个个确定下来。须要进一步明确,怎样鉴别某个语言建筑材料单位是完整还是不完整?即怎样判定它是否独立地作为一个整体而被人们所理解,独立地同别的建筑材料单位相组合?它的可能有的各个变体是否统合为一个单位?同时又需要知道,怎样鉴定某个语言建筑材料单位的定型性?即如何确定它的语音形式和意义是否稳定?最后,又还要有可靠的根据来判断,怎样的完整、定型的语言建筑材料才是"最小的"。因此须要有具体的方法和进一步的细致的理论原则,才能实现"最小的完整定型的语言建筑材料单位"这个总的原则,把现代汉语的词位确定下来。

这样的方法和细致的理论原则,表现为如何把词从语流中切分出来的"分离性"和如何确定词出现于不同语流的不同状态可以合为一个单位的"同一性"上①。词的"分离性"问题,集中到一点上,是要弄清词如何同词的构成部分区别开来,又如何同固定语及自由词组区别

---

①　参考 А. И. Смирницкий 的 К вопросу о слове 一文前后两部分(Отдель ность слова, Тождество слова)汉译,分别见陆志韦等著《汉语的构词法》(1957 年,科学出版社)附录和《语言学译丛》第 1 期(1959 年,商务印书馆)。又参考刘叔新《论词的单位的确定——兼谈以词为词目的问题》对于"分离性"和"同一性"问题的进一步论述,见《语言研究论丛》第二辑,1982 年,天津人民出版社。

开来,即要保证从语流中切分出来的片段真正属于词的单位。词的“同一性”问题,则要弄清词在不同语流中可能有的变体,这些变体是否统一为一个词位。

下面分别以不同节段来展开现代汉语词位确定上的这两个方面的问题。

2.6 现代汉语的词同构词成分、固定语及自由词组的区别

2.6.1 词是现实地存在于语流之中的,通常若干个接连着在语流里出现,被组织为语句。要把现代汉语的词确定出来,就必须对运用现代汉语的产物——普通话的语流加以分析,具体一点说,是要从切分这些语流入手,看切分线划在哪里才合适,切分出的片段要具有什么条件或特质才是一个词(严密地说,是词的代表,为叙述省便,只说“词”)。

从语流切分出的片段,要能够断定是现代汉语的词,它就必须符合“最小的完整定型的语言建筑材料单位”这一原则的要求,同时它也必须既不是小于词的构词成分,也不是固定语或自由词组。这是一个问题的两面,几乎是二而一的。解决问题的关键,在于要抓住可作为客观依据的现象,据以看出划出的片段是否独立地被理解和掌握及独立地同别的材料单位组合,是否本身不能再划分出具备这种特点的片段来。

2.6.2 客观依据的现象,无非是语音形式的情况和意义的情况。

词的语音形式不仅必须是连贯成一个整体的声音,而且其间不能有停顿,总是一气呵成,而其开首之前和紧挨着结尾后面则必有停顿——这停顿虽然往往很短暂而不很明显,但只要语流以正常的速度

或缓慢的速度进行，便能觉察出来①。根据这个特征，大体上就可以鉴定从语流切分出的片段是词还是构词成分、固定语或自由词组。因为构词成分的起止处，或者它的起处（前），要不就是止处（后），不可能出现任何停顿；而固定语或自由词组当中却可以出现停顿（尽管这两类片段的起止处也有停顿）。比如：

a. 世界∧并非∧感觉∧的∧复合

b. 从∧农村∧迁∧到∧大∧城市∧他∧才∧看∧到∧复杂∧的∧大千∧世界

a、b 两句话中由停顿∧所隔开的片段，每一个内中都没有也不可能再有停顿。因此这些片段可以看做词。换一个角度来观察，在这两个语流中，“世—”“并—”“感—”“复—”、“农—”“城—”“复—”“大—”“世—”等，是止处（后）没有停顿的；“—界”“—非”“—觉”“—合”、“—村”“—市”“—杂”“—千”“—界”等，则起处（前）没有停顿。所有这些小片段就都是构词成分。如若按下面的方式来切分两个语流：

a_1. 世界｜并非｜感觉的复合

b_1. 从农村｜迁到｜大城市｜他｜才看到｜复杂的大千世界

a_1 中的“感觉的复合”、b_1 中的“从农村”“迁到”“大城市”“才看到”“复杂的大千世界”，只要说得缓慢些，其中会含有或可以有小小的停顿，尽管它们的起止处也都有停顿。这样的片段就不可能是词，而是词的组合体——自由词组或固定语。特别值得注意，“大城市”及“复杂的大千世界”中的“大千世界”，其语音形式不仅起止处有停顿，甚至和词一样地是稳定的，它们也是完整定型的材料单位，是固定语，但是形

---

① 参考 Charles F. Hockett 的见解：“词是句子中由可以中断的连续点为界的任何语段”，这中断不是“做作的”。见其所著 *A Course in Modern Linguistics*，p. 167，1958 年纽约版。

式上和词的区别,就在于当中存在着或可以出现语音停顿。

因此,现代汉语语流中的词,以其语音形式起止处,都有停顿而区别于构词成分,又以其语音形式当中没有停顿而同固定语区别开来。至于自由词组,不仅语音形式当中出现停顿而不同于词,而且整个语音形式又是随意构成而不稳定的,和词迥然有别。就是说,自由词组在语音形式上明显地体现出它的不定型性,同词较易区分开。

2.6.3 语音形式方面的特征,无疑是把词同构词成分、固定语及自由词组区别开来的有效标志,但是只看形式并不能完全解决问题。比如,只看这个方面就无法检验和排除语音形式中"做作"的——不真实的、没有社会普遍性的——中断。从理论上说,只看形式也是不妥当的。事物的本质主要由它的内容方面来决定,而不是形式方面。意义的情况,必然在区别词和相近于它的单位上起一定的重要作用;何况,这些单位的基本功能又都在于表意,而且它们本身总是意义(或意思)同语音形式的结合。因此,还有必要考察意义方面的情况。

词因为明确地指明某种对象,它的意义就是明晰的,同组合的单位发生的意义关系也是明晰的。另外,词的意义一般来说又具有单纯而非并合的特点。当然,这是就词的一个义项来说的(下同)。如:

别 | 大意, | 孩子 | 感冒 | 更 | 要 | 照料 | 好

切分开的每个单位,意义都足够清楚,同相邻单位的意义组合关系也都很清楚,而且每一个意义又是单纯的,即指明某一种事物或体现着一个单纯的概念,本身不会使人感到是两个或多个意义的混合或组合。因而这样切分出的单位,在含义上正是最小地完整定型的,同语音形式上起止处都有停顿而当中却无停顿的情形相因应。这说明了它们在形式上作为最小而独立、完备和稳定的单位是正确的,特别是证明了各片段之间的停顿并非做作的中断,证明了"大意""孩子""感冒""照料"等片段内中确实没有停顿——因为表示单纯意义这一点必要

求形式浑然一体。可见,这里切分开的片段,从意义方面看,符合于词的要求。

“大意”中的“大—”“—意”,“孩子”中的“孩—”“—子”,“感冒”中的“感—”“—冒”,“照料”中的“照—”“—料”等,也含某种单纯的意义,但却是不明晰的,是一般人不清楚的,至少是说或听这个语段时并不清楚地意识到的;相应地,它们同相组合的单位的意义之间所存在的关系也不明晰。这样的单位就不可能是词,而只能是构词成分。

相反,“别大意”“孩子感冒”或“照料好”,表示的意思很明晰,同邻近单位的意义组合关系也极清楚,但表示的意思本身却是明显地组合加联而成的,并非单纯的意义。这样的片段,在意义方面并不符合词的要求,加上语音形式当中可出现停顿,它们不是词,而成为比词大的单位,是无可置疑的。在这里,片段内为停顿分隔开的单位都可以换为一系列其他同类的单位,片段当中停顿处也可以插入其他单位,因而每片段都是自由词组。

固定语在意义上,也具有和自由词组一样的区别于词的特点。如:

　　他的演说有声有色,人们聚精会神谛听着。

语流中的“有声有色”和“聚精会神”,也明显地具有组合加联而成的意义,这意义的并合性质和词义的单纯性是大不相同的。只是作为固定语,其意义的凝固性,正如其语音形式的稳定性那样,有别于自由词组的松散性、随意性。

2.6.4　如果说,结合起意义和语音形式两方面的观察,在切分一个语流当中把自由词组同词区别开来还比较好办一些的话,要把固定语同词区别开来就棘手得多。因为自由词组无论意义和语音形式都没有定型性;而也具有完整定型性的固定语,同某些包含若干构词成分的词就往往不易划分清楚。问题实质上也等于这类“词”的构词成分同一个词之间的区别界线不易划定;因为如果某个单位是词的组合体,其直接成分会是词，而如果这单位是词，其直接成分当然只能成为构词成分。比如"鞠躬""推到""老虎肉""石板桥""山羊胡子""老花眼镜"之类，是词的组合体而包含着两个词呢，还是词而包含着两个直接的构词成分？要加以鉴别不很容易，而且不同的人作鉴别也往往会有观点的分歧。

所以会产生这个困难的问题，主要原因在于现代汉语比较缺乏形态。形态，无论是构形的还是构词的，都是词的形式标志，是把词切分出来的很好的依据。"鞠躬""老虎肉"没有任何形态，因而说它们是词或固定语似乎都说得通，构词成分互相组合的层面同词与词互相组合的层面在一定的结构形式上混淆了起来，不容易分清楚。

但是，不容易并不等于不可能。结合一个语流片段的意义方面和语音形式方面的情况，作细致的观察和客观的分析，是可以解决上述困难问题的。

2.6.5　现代汉语中引起分辨困难的语流片段，实际上是既接近于词又接近于固定语或自由词组的单位或过渡性的单位。对于这样的单位，可在一般讨论到或争议较大的范围内，区分开几类情形来分析。

2.6.6　第一类情形：语感上比较像词，但是单位中的直接成分（直接组成成分的省称，下同）都能单独理解，同分开来没有差别。如：

（a）油桶　饭碗　茶杯　马车　铁路　沙池　眼球
手笔　法官　金表　火炮　伴郎　戒尺　粮饷
电镀　桃红　鹅黄　脆弱　平和　珍贵　羞愤
驱除　奔腾　飞扬　嫌弃　出洋　教书
驱逐舰　机关枪

（b）暗箭　大刀　清汤　紫菜　菜花　羊肉　牛肉
落后　奇异　收养　镀金　热水　冻肉　老人
好意　树叶　树苗　泉水　牛角　娇嫩　粗浅
伪善　流动　钦羡　痛恨　自来水笔　青萝卜
热带鱼　催泪弹　红墨水

考察这些单位,可以发现,单位直接成分之间不存在停顿,也不能有停顿,意义的联结关系却还比较明晰。这里存在着两种不同的情况。

(a)组单位,其意义联结关系的明晰感其实是词义的表现形式被明白感知;即这个表现形式的两个关键点——或者说,词义的两个关键成素——恰好凭借两个直接成分的意义暗示出来。整个单位的意义并不等于两个直接成分意义的相加联。如“油桶”并不等于“油和桶”或“油的桶”;“伴郎”不等于“陪伴新郎”或“陪伴的男子”:“鹅黄”不等于“鹅的黄色”或“鹅,黄色”。因此,(a)组单位存在着一个单纯意义,它本身内部并没有直接成分意义互相加联的并合性,即在某种程度上它成了化合物而不是混合物,它内部真正的联结关系并不完全(或不直接)表现于单位直接成分的意义之间,因而它实际上并不明晰。足见这类单位是作为一个词——所谓“复合词”——来构造的,确定为词并无问题;只不过直接成分能同样独立开来,因而表面上和固定语有点接近。

(b)组单位,其意义联结关系的明晰性是单位直接成分的意义相互组合的表现,整个单位的意义大体相当于直接成分意义的加联,或者形成在这加联的基础上。不过,这类单位在语音形式上已构成一个紧密结合的整体;在此情形下,业已形成单纯意义的,就应当认为是一个词,没有形成单纯意义的,则是自由词组在向词发展过渡中的中间状态①,可以说是个“准词”(当然,看做准自由词组也未尝不可,但这不符合词化的发展趋势)。如“暗箭”“自来水笔”,已有个不等于直接成分意义相加联的单纯意义(虽然也存在字面意义的相加联),取得词的资格是不应有疑问的。“大刀”“清汤”“紫菜”“菜花”“催泪弹”“羊

---

① 之所以说“向词发展过渡”而不是向固定语发展过渡,因为它已具备词内没有停顿的语音形式,而不是固定语的内中可有停顿的语音形式,这说明它的发展趋向所在。

肉”“牛肉”“落后”“奇异”“镀金”等，也都有了单纯意义，虽然不那么清楚；这单纯意义是在直接成分的意义互相加联这个基础上的改造物，已不等于所来自的基础（如：“大刀”不就是“大的刀”，而指一种特殊的、长柄的刀；“清汤”不就是“单纯的汤〔没有肉、菜的汤〕”，通常指的却是放进葱花、韭菜或豌豆苗的汤；“羊肉”“牛肉”，都既指生的，也可指熟的，包括其中可能带有的筋、骨头等东西，因此不分别等于“羊的肉”“牛的肉”；“落后”不就是“落在后面”，而是指行进中落在同行者的后面〔或指工作落在原定计划的后面；发展落在先进的水平的后面，落在客观形势要求的后面〕；其余“紫菜”“菜花”“催泪弹”“奇异”“收养”“镀金”等，情况类此）。因而这些单位应算作词。“热水”“冻肉”“热带鱼”，更使人感到意义上的单纯性不那么明显，但是无论如何，它们的意义总还是不完全等于直接成分意义的相加联（“热水”所指的对象一般不包括沸腾的和温度更高的水，虽然100℃和超过100℃的水也是热的；“冻肉”并不指冰冻的鱼肉、鸡肉、兔肉；“热带鱼”只指产于热带的能供观赏的鱼，并非热带所生存的所有的鱼），它们就也有理由算做词。不同于此，“老人”“好意”“树叶”“树苗”“泉水”“牛角”“青萝卜”“红墨水”“娇嫩”“粗浅”“伪善”“流动”“钦羡”“痛恨”等，每一个的意义都等于该单位直接成分的意思之和，就是说，虽然语音形式方面已具有词的特征，意义方面却还保留着自由词组的性质，表明还处于向词过渡的半途；其中“粗浅”“伪善”“钦羡”还由于结构上有固定性，词化的程度高一些。因此，这些已经进入而尚未结束词化阶段的单位，算作一般的成熟的词，还不够资格，但又显然不应保留在词的组合体的范围内；从实际和发展的观点来看，它们都是准词。

2.6.7　第二类情形：结构固定，每个单位内中都具有、也可以有小的停顿，语感上像固定语；但或者个别的甚至所有的直接成分不能单独成立，或者形成了不同于字面意义的另一非并合性的单纯意义，或者兼

有这样两种情况。如:

(c)	彬彬∧有∧礼	文质∧彬彬	春∧寒∧料峭
	映∧入∧眼帘	居心∧叵∧测	道貌∧岸然
	怙∧恶∧不∧悛	喷薄∧欲∧出	朋比∧为∧奸
	刚∧愎∧自用	彰∧善∧瘅∧恶	惩∧前∧毖∧后
	航空∧母舰	绰绰∧有∧余	春风∧骀荡
(d)	兔子∧尾巴	竹筒∧倒∧豆子	随∧风而∧倒
	宝贝∧疙瘩	五∧湖∧四∧海	挖∧空∧心思
	望∧梅∧止∧渴	闭∧门∧造∧车	鞭∧长∧莫∧及
	晴∧天∧霹雳	捕∧风∧捉∧影	含∧沙∧射∧影
	并∧驾∧齐∧驱	玩∧火∧自∧焚	盲人∧摸∧象
(e)	一∧蹴∧而∧就	金∧科∧玉∧律	唯唯∧诺诺
	南柯∧一∧梦	司空∧见∧惯	铤∧而∧走∧险
	杯∧弓∧蛇∧影	明∧火∧执∧杖	亡∧羊∧补∧牢
	甚∧嚣∧尘∧上	淋漓∧尽致	箪∧食∧壶∧浆
	筚∧路∧蓝缕	囫囵∧吞∧枣	虎∧视∧眈眈

(c)组单位有着不能单独成立的直接成分(由﹏﹏﹏表示;可单独成立的直接成分由____表示),从完整性看,不无接近于一般的词的特点:但是直接成分之间有语音停顿(∧表示语音停顿),并且存在着明晰的意义组合、加联的关系,此外又还没有形成非字面的另一个意义。因此,主要性质决定了应是固定语,不是词。(d)组单位都含有非字面的意义,但是字面的意义并没有消失,仍可清楚地感到为停顿所隔开的直接成分之间有着意义组合、加联的关系,并且各直接成分又都可单独成立。从主要性质看,(e)组单位既有不能单独成立的直接成分,又有非字面的意义,这是它们很接近于一般的词的因素;仍然存在的字面意义并不单纯,直接成分之间的加联组合的关系依然明晰,且其间有停顿的表征,这些特点又使它们很接近固定语。把两方面权衡一下,符合于固定语的特点毕竟比符合于词的多些,而且重要得多。因此,可以把(d) (e)两组单位都确定为固定语。

其实,(d)(e)两组单位都是严格意义下的成语,至少(d)组全部、(e)组的大部分是一般所说的成语。这说明,确定(d)(e)两组单位为固定语,是合理的;不然,把它们看做词的话,就等于取消了汉语的成语,而这是无论如何站不住脚的。

2.6.8　第三类情形:既作为一个溶接为一体的单位而出现,又可当中破开来,插入别的成分;在这两种情形下,是不是一个词,语感上不同。如:

(f) 收回——收得回　收不回
推翻——／　推不翻
拿起——拿得起　拿不起
打倒——／　打不倒
看破——／　看不破
看透——看得透　看不透
叫醒——叫得醒　叫不醒
弄清——弄得清　弄不清
说好——／　说不好
干裂——／　干不裂①

(g) 洗澡——洗完澡　洗一个澡　洗一次澡　……
鞠躬——鞠完躬　鞠一个躬　鞠一次躬　……
害人——害什么人　害多少人　害了不少人　害死人　……
丢脸——丢够了脸　丢大家的脸　丢一次脸　……
上当——上谁的当　上了大当　上过几次当　上你的当　……
作文——作完文　作什么文　作篇文　作一次文　……
吃苦——吃大苦　吃了很多苦　吃两年苦　吃一点苦　……

(h) 敬礼——敬完礼　敬一个礼　敬两次礼　敬什么礼　……
吃斋——吃长斋　吃两年斋　吃多久的斋　……

---

①　“推翻”“打倒”“看破”“干裂”当中插“得”的说法是别扭的,实际上绝少这么说。“说好”是“说定”的意思,当中不能插“得”;“说得好”是另外一种意思——“说得漂亮得体”。

上课——上完课　上一堂课　上几次课　上什么课　……
下课——下这堂课　下十点的课　下第一节课　……
开炮——开一通炮　开两回炮　开过各种各样的炮　……
收工——收不了工　收两次工　收的挺晚的工　……
扫地——扫完地　扫一回地　扫一大屋子的地　……

(f)组单位,没有插入成分时形成汉语构词学上的所谓后补式,当中没有也不可能有停顿,虽然直接成分能单独成立,互相间意义加联、组合的关系有某种程度的明晰性,却毕竟具有了浑然一体的意义,因此这时基本上是个词;当插入了成分而破开时,自然意味着直接成分彼此被分隔开的程度远比停顿为甚,而意义加联、组合的关系也变得完全明晰,浑然一体的意义已随之而消失,这些直接成分就不再合成为一个词。简单地说,合时是词,被成分分离开则大于词。作为词时,称为"离合词"①,是恰当的。不过,由于能够插入的成分只是个别特定的词,表明两个直接成分的接合有一定的稳定性,因而这里"合"的性质比"离"要强些。(g)组和(h)组单位,没有插入成分时形成汉语构词学上的所谓动宾式,当中也不存在停顿,是同样有理由看做离合词的;只不过插入的成分可以多种多样,表明"离"的性质较强,两个直接成分的接合不够稳定,可说是半离半合。但是(g)组单位在"合"的情况下,不但排斥当中的停顿,而且意义的加联、组合关系大多已不明晰,甚至程度不等地形成了单纯的意义,所以较充分地具备词的基本条件。而(h)组单位,"合"的时候,直接成分能各自单独理解,相互之间的意义加联、组合关系很明晰,只有内中不停顿这种词的形式标志,因而,可以说它们是离合式准词。

现代汉语的离合词,是自由词组向词转化而未能成熟的明显表现。把合起来便取得词的整体形式的不同单位看做构词成分(如"收·回"

---

① "离合词"的说法,是陆志韦先生提出来的;见其所著《汉语的构词法》,第79页,1957年,科学出版社。

“推·翻”“洗·澡”“鞠·躬”“敬·礼”“吃·斋”)，当它们各自完全分离开来使用时，则把它们每一个看做词（如“收”——“回”，“推”——“翻”，“洗”——“澡”，“鞠”——“躬”，“敬”——“礼”，“吃”——“斋”)，这同人们的语感大体上能取得一致。

2.6.9　第四类情形：每个单位内中都具有或可以有小的停顿，在字面意义的基础上形成了另一非并合性的单纯意义，字面意义内部则有明晰的意义加联、组合的关系，语感上像固定语；但是结构不很固定，当中可以插入别的成分。如：

(i)　穿∧小鞋——穿谁的小鞋　穿过不少小鞋　穿过几次小鞋……
走∧后门——走什么后门　走过几次后门　走哪家商店的后门……
抓∧小辫子——抓谁的小辫子　抓了我们的小辫子　抓过人家的小辫子……
捞∧稻草——捞几根稻草　捞两回稻草　捞到什么稻草……
赶∧浪头——赶什么浪头　赶过几次浪头　赶不完的浪头……
咬∧耳朵——咬完耳朵　咬了一阵耳朵　咬过几次耳朵……
出∧洋相——出够洋相　出了什么洋相　出过多少回洋相……
拖∧后腿——拖了他的后腿　拖儿女们的后腿　拖过人家多少次后腿……

这组单位似乎很像离合词，但是和离合词有重要的区别，两者应该划分开来。这重要的区别表现在：第一，(i)组单位内中存在着停顿或可以有停顿，而这不是词的特征，却是词的组合体所具有的标志；第二，(i)组单位直接成分之间在字面意义上有着比离合词明晰得多的意义组合、加联的关系，这也不是词的一般具有的特点，而恰是词的组合体必有的表现。因此，(i)组单位不能看做任何种类的词，只能是词的组合体。从结构不很稳定，当中可以插入多种成分的情况来看，似乎像自由词组，但这是表面现象。这种单位在字面意义的基础上形成了真实的意义，它是单纯的，与字面意义相去极远；它是定型的、比较稳定的，甚至在当中插入各种成分的情况下仍能保持住意义原有的内涵。这个真实意义的牢固性质，自然说明了相应单位有一定的固定性，它内部的组合已形成某种程度的凝聚。因此，(i)组单位应属于固定语的范畴，是一种特殊的离合式的固定语成员——离合成语。当它当中插入了成分时，由于原来深层的真实意义一样保持着，而且分开的部分性质不变(照样是词或词组)，因而仍可看做一个成语的单位，只不过形式上被拆开，分散为两个隔着一定成分而不紧合为一体的部分，而同其他的词语的组合功能和方式也随之有较大变化罢了。

2.6.10　上述表明，依据从形式和意义的特点来区别词和构词成分，词和固定语及自由词组这一词汇性的原则，对停顿情况和意义联结情况统一进行考察，能够把临界的和过渡性的单位分析妥帖。上面四类情形的分析结果，可以简要地综合归纳如下表：

<table>
<tr><th rowspan="2" colspan="2"></th><th rowspan="2">实　例</th><th colspan="5">特　点</th></tr>
<tr><th>内有语音停顿</th><th>有单纯意义</th><th>加联、组合的关系明晰</th><th>直接成分能独立开来</th><th>结构的固定性很　强</th></tr>
<tr><td rowspan="2">词</td><td>离合词</td><td>收回 ⋮ 推翻 打倒
弄清 ⋮ 洗澡 鞠躬
丢脸 ⋮ 上当 作文</td><td>−</td><td>+</td><td>+ ⋮ ±</td><td>+</td><td>−</td></tr>
<tr><td>离合式准词</td><td>敬礼 吃斋 上课
下课 扫地 收工</td><td>−</td><td>−</td><td>+</td><td>+</td><td>−</td></tr>
<tr><td rowspan="2">词</td><td>准词</td><td>老人 好意 树苗
牛角 青萝卜 娇嫩
痛恨 粗浅 钦羡</td><td>−</td><td>−</td><td>+</td><td>+</td><td>+</td></tr>
<tr><td>普通的复合词</td><td>油桶 ⋮ 铁路 鹅黄
平和 ⋮ 自来水笔 暗箭
大刀 ⋮ 羊肉 落后
收养 热水 冻肉</td><td>−</td><td>+</td><td>− ⋮ +</td><td>+</td><td>+</td></tr>
</table>

（续表）

固定语	较近于词的	一蹴而就　杯弓蛇影 南柯一梦　司空见惯 唯唯诺诺　明火执仗	+	+	+	±	+
	一般的	映入眼帘 ⋮ 居心叵测 绰绰有余 ⋮ 随风而倒 兔子尾巴 ⋮ 望梅止渴	+	− ⋮ +	+	± ⋮ +	+
	离合成语	穿小鞋　走后门 抓小辫子　捞稻草 赶浪头　咬耳朵	+	+	+	−	−

无疑，在现代汉语的词和固定语及自由词组之间，在词和词的构造成分之间，可以划出一条明确的界线。在许许多多的语流中划分出现代汉语全部的词，是可以做到的。当然，没有必要把这种全面彻底的划分在这里铺展开；本书的篇幅也不可能容纳下这成千上万的语流及由此划分出的数以万计的词。好在这样的划分，在某种接近的程度上，已实际被某些词典编者们作过：不少汉语词典所列出的词的条目，即是类似划分工作的成果的记录。只不过，这些词的条目划分得是否都很确当，是否完美无缺，那却需要运用上述合理的划分原则和方法，加以订正、调整和补充。

2.6.11　应该指出，要在语流中切分出词来，单凭词汇的方法，有时会显得笨拙，而且往往不易做到精确、严密。要弥补这方面的不足，可以同时作语法方面的观察。这种观察是协助性的，能起到便利的作用，或者还可以充实判断的理据。

2.6.12　首先，现代汉语中的构形法成分和构词词缀，是词的明显标志。它们虽然为数有限，在语流中判定词时还是可以利用的。构形法成分和构词词缀都是语法不同程度地支配词的手段。不言而喻，构形法成分所在的或作用所及的语流片段,必然是词。形态丰富的印欧系语言,其大部分实词,能只凭这些成分而轻易地从语流中识辨出来,无须费力地作词汇方面较为复杂的鉴别。这是走捷径。现代汉语中,凡是重叠着而其间又无停顿的单位,就可以断定是词。如:

a. 请你过来看看
b. 不妨跟他们较量较量
c. 地面打扫得干干净净
d. 她穿着雪白雪白的短大衣
e. 这里家家都在欢度春节
f. 人人都有一份礼物
g. 不料个个一齐摇头不同意
h. 墙上挂的幅幅都是肖像画

这些加着重号的片段之所以是词,因为重叠是现代汉语动词(如 a、b 例中的)、形容词(如 c、d 例中的)、部分单音名词(如 e、f 例中的)和量词(如 g、h 例中的)的一种形态变化方式。轻声的"了""着""过""起""来""去""上""下""起来""下去""过来""过去"以及表示集合体的"们"等,都是作用上同印欧系语言的形态相当的构形法成分:尽管它们本身能单独被理解和运用,从而可以看做一种词①,却是依附于一定的实词之后,表明这实词的某种语法含义或语法面貌的,是一种特殊的"形态词"②。因而利用它们,能迅速看出,所依附的单位是个词。如:

i. 吃着饭不能说话
j. 说完,不禁叹了一口气
k. 他不承认收过别人的钱
l. 只要提起这件事,她就伤心

---

① 吕叔湘先生主编的《现代汉语八百词》(1980 年,商务印书馆),把它们绝大多数(除去"们""去")列为词目。

② 参见拙文《关于助词的性质和类别问题》,载《南开学报》哲学社会科学版,1981 年第 3 期。

m. 那本书,可以借来读读
n. 把书拿去给谁看呢
o. 总算能看上一眼
p. 一口气跑下二十里是平常事儿
q. 忽然大声笑起来
r. 病人终于睁开眼睛苏醒过来
s. 他晕倒在地,死过去半个时辰

构词词缀,是词的一个组成部分,往往实际上规定了所在的词的词性,因而凭着它们总是处于词的开头或结尾的地位,并结合着词性来考虑,也能为判定一个词提供有力的根据。如:

t. 老二不像老大干得那么欢
u. 这台风扇的样子不错
v. 她左手拿面镜子,右手拿着梳子梳头发
w. 弄到包白面儿想害人
x. 一定要大量植树绿化祖国

t 例语流中,“老二”和“老大”肯定都是个词,而且是名词;u、v、w 三例语流中的“样子”“镜子”“梳子”“白面儿”,也必定都是名词。x 例语流里的“绿化”,以后缀“—化”为依据,也可断定是个动词。由于有的包含着词缀的词,还可以再结合上另外的构词成分形成新的词(如“鸭子儿”“冰棍儿”),因而词缀在判别词的作用时有一定的局限,情形不那么简单一律,须要同停顿情况的考察结合起来才能有效。

2.6.13　对语流中切分出的片段作语法方面的考察,以确定它是不是词,这种考察在现代汉语里较有普遍意义的是句法关系的检验。两个发生意义组合关系的单位如果是词,其间一般就存在一定的句法关系,两者的联结会表现出某种句法结构。但是,句法的关系和结构,在像汉语这样的语言里,往往同构词成分之间的结合关系及结构形式表现得一样。因此,对于已初步肯定内中有停顿的、由两个词联结成的片段,可试在其间插入虚词或实词而保持原来的结构关系及意义联结

关系,如果这能行得通,就证明原片段中联结的两个单位确实是分隔得开的组合单位,是彼此间存在句法关系的词。如“我手”──➤“我的手”,“绿叶”──➤“绿的叶”,“吃糖”──➤“吃很少的糖”“吃一点糖”,“走远”──➤“走相当远”“走得太远”。由此可以证明,“我手”中的“我”和“手”,“绿叶”中的“绿”和“叶”,“吃糖”中的“吃”和“糖”,“走远”中的“走”和“远”,都是词。这里用的办法,是所谓扩展法(插入法)。50年代中期,陆志韦等著的《汉语构词法》一书(1957年,科学出版社)所提出的扩展法,是被该书的作者看做确定汉语的词的惟一有效的方法和依据的,但实际上有许多时候行不通,不能解决问题①。这里,运用扩展法,有新的理解和运用原则:第一,它不是区别词和非词的决定性准则,而只是协助证明一个语段是不是词的手段,须得以词汇方面的考察,特别是有无停顿的情形,作为前提。内中无停顿的语段(如“好心”“痛哭”“树根”“推倒”),一般不能扩展;在可以扩展时,不能证明不是词,而只能说明是个准词和离合词。第二,扩展施之于内中存在停顿或可有停顿的语段,也有一定的限制:遇到固定语(如“胸有成竹”“风和日丽”“中华人民共和国”),就不能加以扩展;这不能扩展由人民的语言习惯所决定,同语段中有无句法关系并不相涉,因而丝毫无助于说明这个语段是不是词。

2.7　词的语法变体、词汇变体和词汇—语法变体

2.7.1　上面2.6节所确定的词,只是从分离性方面在一个语流里划分出来的。这还不能完全解决词位的确定问题。因为还没有考虑

① 关于扩展法的较详细的分析评价,见拙文《论词的单位的确定——兼谈以词为词目的问题》,载《语言研究论丛》第二辑,1982年,天津人民出版社。

到，在单个语流里，划分出的词若出现在别的语流里而有某种差异时，是否区别为不同的词？或者说，还没有考虑到，那些在不同的语流里表现出差异而又有很大共同性的单位是否是同一个词的问题。

要考察词的同一，即从同一性方面来确定词位，当然是由于存在着属于同一个词的不同表现。这不同的表现是词的变体①。同一个词的不同变异表现在哪些方面？不同变体之间的差异有什么样的限度，以便在越出限度的情形下看出不属于同一个词？这是须要明确回答的。

2.7.2　同一个词的不同变异，可能表现在语音形式方面、语义方面，或者可能表现在语法方面、词汇方面。这里面包含着两个层面，不应该混淆。就是说，从语音形式方面和语义方面看变异的表现，是一个层面，从语法方面和词汇方面来看变异的表现，是另一个层面。语法或词汇方面都具有语音形式和语义；语音形式和语义都不外属于语法现象和词汇现象。因此只需要取一个层面进行观察。为便于结合意义和形式来看问题，取语法、词汇的层面较好些。

2.7.3　形态变化是词的一种较明显的语法变异。现代汉语的形态变化只有重叠的情形。重叠式与不重叠的原式，如果确实只有语法上的差异，就都是同一个词的不同语法变体。如：

a. 屋子打扫得很干净
b. 屋子打扫得干干净净
c. 孩子一张又圆又红的小脸，她见了觉得挺可爱
d. 见孩子一张红红的小圆脸，不禁心里喜欢
e. 你还没有尝过我做的菜
f. 请你尝尝我做的菜
g. 家中房顶、院子都晒着玉米
h. 村里家家都晒玉米

---

①　严格来说，“词的变体”这个术语不很确切，因为难以说明词的哪个状态是同变体相对待的“本体”。但是“词的变体”已经用开了，再另创一个术语似无必要。

a、b 两个语流中的“干净”和“干干净净”,c、d 语流中的“红”与“红红”,彼此表示的都只是语法上原级与比较级的差异,因而都是语法变体,同属一个词。在 2.6.12 小节里,曾指出“干干净净”是词,这只是就切分“地面打扫得干干净净”这单个语流的分离性角度来说的;显然还应该补充说,“干干净净”和出现在别的语流里的“干净”是同一个词。同样,单切分 f 语流、h 语流,“尝尝”和“家家”都是词;但是“尝尝”与 e 语流的“尝”只有语法上稍行体与普通体的差异,“家家”与 g 语流的“家”只在是否表示语法含义“每一”上有别,因而应都是同一个词。

但是,后头的构词成分取叠音形式的形容词,却不能视作语法变体。可同上述词的重叠式语法变体放在一起对比:

A	B	C	D
红	红红(的)	红彤彤	红艳艳
绿	绿绿(的)	绿油油	
白	白白(的)	白皑皑	白茫茫
黑	黑黑(的)	黑森森	黑魆魆
香	香香(的)	香喷喷	
甜	甜甜(的)	甜丝丝	
软	软软(的)	软绵绵	
慢	慢慢(的)	慢腾腾	慢悠悠
急	急急(的)	急匆匆	
沉	沉沉(的)	沉甸甸	
暖	暖暖(的)	暖洋洋	

A 项和 B 项是同一个词的变体,但是 C 项、D 项都并不同相应的 A 项或 B 项共为同一个词;因为 C 项或 D 项在概念意义(指体现着概念的意义;并非意义就等同于概念。下同)上而非语法上不同于 A 项或 B 项,而且形式上又已有明显区别。“红彤彤”表示“很红的样子(的)”,

不就是“红”或“很红”;“红艳艳”表示的意思差距更大:“红得鲜艳夺目的样子(的)”。“白皑皑”表示“(霜、雪等)洁白的样子(的)”,“白茫茫”表示“一望无边的白”,都不就是“白”或“很白”。“香喷喷”表示“扑鼻而来的香”,不同于“香”或“很香”。“慢腾腾”表示“缓慢的样子(的)”,“慢悠悠”的意思是“从容、自得地慢”,同“慢”或“很慢”都并不一样。其他各例,情形类此。这里,C 项或 D 项,重叠的都并不是与 A 项相同的那一成分,因而概念意义及词的形式都不可能一致。而且也决定了不可能有什么语法变异的关联。另外,C 项或 D 项又都不可能作为语法变体而分别同另一无重叠的变体合为同一个词,因为现代汉语不存在“红彤”“红艳”“白皑”“白茫”“黑森”“黑魆”“香喷”“慢腾”“慢悠”等等单位。

形成词的语法变体的重叠,还须与其他四种表面近似而实质有别的叠置现象区别开来。

a. 对,咱们走,太晚了

a_1. 好吧,咱们走,走!不在这儿停留了

b. 柳絮随风飘起

b_1. 窗外大雪飘飘

c. 瞧他像是病了,歪倒在沙发上

c_1. 瞧他病病歪歪的,走也走不稳

d. 水边两岸都长着草木

d_1. 碧草长满了河渠的边边岸岸

a_1、b_1、c_1、d_1 四个语流里加直线的片段和相应的 a、b、c、d 语流里加着重号的片段,都不能合为同一个词。a_1 的“走,走”是说话人连着重复使用某个词,只表示强调,是一种修辞现象,并非词的语法变异。b_1 的“飘飘”表示“不断连续飘动的状态(的)”,概念意义以及整个形式和 b 的“飘”都不同,而且并不存在单音动词语法变异的轻声重叠形式,因而它是不同于“飘”的另一个词。c_1 的“病病歪歪”也是不同于“病”

"歪"的另一个词;它当中不能有语音停顿,形成了单纯意义,整个单位固然不是某个词的重叠变异(因为不存在"病歪"),其中的"病病""歪歪"也不可能分别地是词"病""歪"的重叠变异(因为它们是构词成分)。d_1 的"边边岸岸"是词"边""岸"分别重用而再彼此联结起来的组合,因而整体来看,谈不上是某个词的重叠变体(也不存在"边岸"这样的词);分开来看,"边边""岸岸"表示的意思是"一边一边一边……""一岸一岸一岸……",并不含单音名词语法重叠所表示的"每一",形式上又不同于名词语法重叠的轻声形式,因而它们也不是词"边""岸"的语法变异,而是两个词重用的特殊组合体①。

可见,重叠的形态变化虽然为考察词的语法变体提供确实和明白的材料,虽然在词的同一性的确定工作中是一个比较有利于入手考察的方面,它却不是很容易掌握的,本身的范围界限并不很容易看准确,考察时必得细心,特别须将所有类似的而非真正形态重叠的现象排除出去。

2.7.4　现代汉语中,还有一种词的语法变体,不那么明显,也不那么重要,易被人忽略。这是同一个词在不同的语流中表现出不同词性的情形。如:

a. 他想说明这个道理
a_1. 这种说明不能完全消除她的疑惧
b. 不必顾虑那么多
b_1. 我没有任何顾虑
c. 这孩子红红的脸蛋很讨人喜欢
c_1. 她的脸一红,羞羞地低头不语
d. 当时心里真慌,不知道怎么样是好
d_1. 我心里一慌,拉开房门就跑出去

① 参看拙文《现代汉语句法中的继续范畴》,载《南开学报》哲学社会科学版,1983年第6期。

e. 这个班的同学很傲慢

e_1. 他的风度中有一种隐含的傲慢

f. 老师几天来心情烦闷

f_1. 姑娘心中产生一种不明其所以的烦闷

a、b 语流中的“说明”“顾虑”是动词，a_1、b_1 语流中的“说明”“顾虑”则表现为动名词。两处的“说明”或“顾虑”几乎没有差异，惟独词性不同，因而也成了同一个词的两个语法变体。同样，c 语流的“红红”和 c_1 语流的“红”，d 语流的“慌”和 d_1 语流的“慌”，构成同一个词的形容词变体——形动词变体；e 语流的“傲慢”和 e_1 语流的“傲慢”，f 语流的“烦闷”和 f_1 语流的“烦闷”，构成同一个词的形容词变体——形名词变体①。

有的单音词，存在写法上相同而词性不同的另一形式，彼此意义相关而声调不同。这不能算同一个词的不同语法变体。如：

瓦(wǎ)：名词。指用泥土烧成或用水泥等制成的、铺屋顶用的块状建筑材料。

瓦(wà)：动词。表示铺盖(瓦〔wǎ〕)。

泥(ní)：名词。指含带着水的半固体状的土。

泥(nì)：动词。表示用土、灰等涂抹(墙壁或器物)。

处(chù)：名词。指地方、所在。

处(chǔ)：动词。表示居住，存在。

凉(liáng)：形容词。表示温度低而近于冷。

凉(liàng)：动词。表示把热的东西放一会儿，使温度降低到不热。

好(hǎo)：形容词。表示性质、作用等优点突出，使人满意的。

好(hào)：动词。表示喜爱。

每一对写法相同、声调不一致的单位，彼此在概念意义和语音形式上都

---

① 现代汉语词类划分上的“依句定品、离句无品”说以及建立在此说基础上的“名物化”说，是不正确的。这里依据词的词法特点和句法特点——在语流中与何种词组合(包括潜在地能作这种组合)及搭配何种成分——来确定词性。由此，应该承认存在着动名词、形动词、形名词等类别。

已有差别,因而各是不同的词,不能对它们作词的同一性的归纳。

有的词出现在不同的语流中时词性可能不同,而语音形式方面虽然没有差异,在概念意义方面却随之而有区别,如"用耙来平整地"——"地已经耙过一遍","借盘磨来"——"这作坊专门磨面","门上了锁"——"把门锁上",等等,当然应算同一词出现语法变异的现象;但是由于同时也有概念意义的不同,这里出现的词的变体就不单是语法性质的。关于这类变体,下面在适当的地方再详作分析。

2.7.5　从上述词的语法变异情形可以看出,考察词在形态变化和词性差异上的同一,必须依靠对于词的词汇性质方面的考察,以它作为基础和条件。因为,很清楚,形态变化或词性差异之所以能形成词的变体而不越出同一个词的范围,是由于保持着作为同一词汇单位的形式和意义的固有形态——词的词汇性质的稳定表现。换言之,词的同一性在形态变化和词性差异方面的分析和判断,须得有同一的、词的词汇性表现的不变部分——词干(词除去形态变化的部分)或性质一样的干词(无形态变化的词)——作为中心依据,以看出围绕着它有哪些形态的或词性的变异,并据以确定这些变异所造成的语法变体在词汇性质上是同一的单位。因此,词干或干词的同一,是判定不同的语法变体属于同一个词的根本前提。当然,这种同一本身,首先意味着作为词汇单位的词的同一。词干或干词在同一性上的种种情形,是词的同一性在词汇方面的表现;要确定词干或干词的同一,必须从词汇的角度加以考察。

2.7.6　现代汉语的词干或干词什么情况下是同一,什么情况下不是同一,其间的合理界线是须要明确的。就是说,明确同一词干或干词表现上的歧异所应有的限度,即明确词干或干词的同一以什么为条件依据,能够容许的歧异只能是什么性质的。

词干或干词的歧异,有的表现在语音形式上,有的表现在意义上;

也存在语音形式和意义同时出现歧异的情形。根据词作为语言建筑材料单位须得完整而定型的要求,词干或干词的歧异只要没有影响到材料单位的完整性和定型性,即不至于破坏构造面貌上的一致,那么这就只是形成若干词汇性的变体,可以归纳为同一词干或干词。反之,如果由于出现的差别而不能形成一个构造上一致的材料单位,就不能视做同一。歧异只表现在语音形式上的情形,如若歧异较大,造成词(词干)的材料构造的差异(如"和谐——谐和"),那就不能形成同一;如果歧异较小(如"波 bō——波 bē"),不致造成整个材料构造的不同,性质上却是同一词(词干)的词汇变体。歧异若只表现在意义上,须看这互有区别的意义彼此有无源生上和联想上的关联;存在这种关联(如"射击、攻击或寻求的对象"义的"目标":"想要达到的境地或标准"义的"目标"),是同一词(词干)的词汇变体,否则(如"内行的人,行家"义的"里手":"赶车或操纵器械时,车或器械的左边"义的"里手")是不同的词(词干)。歧义同时出现在语音形式和意义上的情形,比较复杂一些。一般,这形成两个材料构造不同的词,因为语音形式不同之处把意义的区别巩固下来而成为整个形式的必要组成部分,从而形成材料构造上的个性特点。但是若语音形式及意义所出现的差别比较轻微及有某些特殊条件时,就可以是同一个词(词干)的变异。

下面再具体考察和分析现代汉语上述三种歧异表现的不同情形。

2.7.7 第一种歧异表现:义同音不同。不外乎两类情形:一类是自由的异读,另一类是两个单位含义相等而在语音形式上大不一样。自由的异读是语音形式在不同人的诵读或说话中出现差异,不因条件而形成,大率是方言影响的结果或语音形式处于变化过程的自然表现。如:

帆船:fānchuán——fánchuán
期望:qīwàng——qíwàng

澄清:chéngqīng——dèngqīng
波浪:bōlàng——buōlàng,bēlàng
坡度:pōdù——puōdù,pēdù
蓓蕾:bèilěi——bèiléi
似的:shìde——sìde

这种自由异读,是语音形式规范的说法和不规范说法的差异,不同的地方一般只表现在个别音位上,整个形式仍然很接近,其大部分或绝大多数成分都无区别;加上意义方面完全相同,异读的单位彼此在构造材料上就显然是一致的。因此,自由的异读应是同一个词分化为不同的词汇变体。

两个单位含义相等而在语音形式上大不一样,是所谓等义词的现象。如"门径"——"门路","路"——"道","教室"——"课室","差别"——"差异"等,语音形式的不同已是材料构成上的互异;即使仅只构词成分顺序有别的等义词,如"讲演"——"演讲","和谐"——"谐和","伤感"——"感伤","察觉"——"觉察"之类,也是整个构造形式有很大的不同。两种情形都造成了材料构造上的差异。因此称之为"等义词"是合理的——这里,歧异表明了是两个不同的词。

2.7.8　第二种歧异表现是:音同义不同。在语音形式相一致的情况下,意义上不同,或者会是两个不同的词(同音词,同音词干),或者会是同一个词(多义词,多义词干)。这里区分的依据——意义相互间有无源生上的关联和联想上的关联——是一个整体,不能缺少其中任何一个方面。例如,同是"日"rì的音,在不同的语流里可能是下列几种意义之一:(一)指太阳("日出东方");(二)指白天("日夜不息地工作");(三)指一昼夜二十四小时("大月有三十一日");(四)指日本国,"日本"的略称("中日两国人民永远友好")。第二个"日"的意义源生自第一个"日",第三个"日"的意义则来自第二个"日"。在语感上,这种源生关系又相伴随地存在着某种联想的关联。因此三者应是同一个词的意义变异——同一个多义词的不同词汇变体；每个变体只具有词的意义综合体中某个意义的方面，但都是这个词在实际存在中的状态。第四个“日”的意义，同第一个“日”的意义有历史上的渊源关系（古代以为日本为日出之地），但是现代一般汉族人民在语感上很少会由“日本国”的“日”联想到太阳的“日”，当然反过来的联想可能性更小。至于第四个“日”的意义同第二个、第三个“日”的意义之间，既没有源生的关系，也谈不上有语感上的联想关联。由此可以确定，指日本国的“日”是另一个词，是（一）（二）（三）义的“日”的同音词。

不少语音形式相同而意义不同的单位，意义之间不但没有联想关系，而且也没有源生关系，可以说毫不相干，如“坚韧”——“兼任”，“交游”——“郊游”——“焦油”，“指示”——“只是”，“简洁”——“简捷”之类。这只能形成互为同音的不同的词，是同音词的一般表现情形。

有的音同义异的单位，虽然意义之间差异微小，互相间甚至有联想的关联，但是却没有源生的关系，那就仍不能看做同一词的变体，例如“界限”——“界线”，“联接”——“连接”，“冲激”——“冲击”。这样的成对的单位，毫无疑义地应看做互相同义的词（尽管它们的意义只是基本一致而不是完全等同），因为两个意义之间并没有源生的关系，特别是由于两个意义的细微差异是不同的构词材料所决定的（“界限”“界线”的“限”和“线”；“联接”“连接”的“联”和“连”；“冲激”“冲击”的“激”和“击”），即这成对的单位在材料构造上存在着差异，尽管它们语音形式相同。这是两个同音同义词①。

大量音同义异的歧异，不同意义之间的源生关系和联想的关联都

① 一般关于词汇的教材或著作里，都把语音形式不同作为同义词的一个条件。这至少不符合现代汉语的实际，因此理论上是不能成立的。两个同义词可以同音，也可以不同音（这是常见的情形），但在任何情况下，词的构造材料须得有别。现代汉语的同音同义词，是有可能发展为同一个词的。

同时存在,而且较为明显。这是由意义作比喻或引申而形成的多义词不同变体间的歧异。如:

队伍$_1$　指排成行列的军事人员:军容颇为壮观,～威武整齐。

队伍$_2$　指有组织的群众行列:加入游行～中去。

标兵$_1$　指阅兵场中站立着标志方位界线的士兵:几十个～,使整个师的战士整齐地排成几个方阵。

标兵$_2$　指群众露天集会中用来标志方位界线的人:挑选了一高大、强壮的小伙子做大会会场的～。

标兵$_3$　指可以作为先进榜样或行动良好标准的人或单位:他一直是我们全厂职工的～。

报纸$_1$　指以新闻为主要内容的散页的定期出版物:他订阅两种～。

报纸$_2$　指一种用来印报或印一般书刊的纸:这本书的精装本用道林纸印,不用～印。

后门$_1$　指房子、院子等后面的门:可以让他们从剧院～进来。

后门$_2$　指通融而不正当的或舞弊的途径:不要以为走走～是小节而可以原谅。

2.7.9　第三种歧异表现是:音义都有不同。不言而喻,这里的歧异现象仍然是以不同单位间有某种共同性为前提的。由于异中有同,才有是否同一个词的不同变体的问题;如果毫无共同性,差别很大(如"毛笔"——"墨水","才能"——"材料"之类),那就是一般两个互相区别、无必然联系的词,不在这里所要考察的歧异现象的范围之内。依共同性程度的大小,音、义都有不同的歧异现象可分为三类:

(一)条件的异读。一般是某个有一确定写法的单位,在书面语里是一种语音形式,在口语里则是另一种有所不同的语音形式,而意义上随着显出语体①色彩上的差异。如:

	书面语音	口语音
谬	miù	niù

① 这里的"语体"指语言因交际条件不同而产生的交际形式——口语和书面语。

壳	ké	qiào
雀	què	qiǎo
跃	yuè	yào
角色	juésè	jiǎosè

由于书面语音和口语音是一定条件下的变异，彼此形成互相补充的关系，而两种语音形式又表示着几乎一致的意义——仅止在语体色彩上有差异，这细微的、一般人不易察觉的差异也为一定条件所决定，因而这种异读下的不同单位在构造材料上还是基本一致的。人们的语感也不把它们看做不同的词。和自由异读（参见 2.7.7）一样，条件异读下的不同单位，应是同一词的词汇变体。

（二）两个或两个以上写法一部分或完全不一样、语音形式不同而意义互有细微差异的单位。彼此整个材料构造上不同（虽然有的局部构成成分一致），意义之间虽差别微小却没有源生的关系，因此不是同一个词的变异。如：

新鲜…………着重于表示事物刚出现的性状的新，往往还强调不普遍，和陈旧相反。
——都表示新出现的，有新的内容或形式的。
新颖…………含有“新得别致、不平凡”的意味，与平常而老旧相反。

草率…………强调马虎敷衍，主观上不想认真。
——都表示粗枝大叶，随便了事。
粗率…………强调粗略，不细致，没有仔细考虑。

帮凶…………强调给坏人出力行凶或作恶。
爪牙…………有比喻为猛禽的爪和猛兽的牙的形象色彩。
——都指帮助行凶和作恶的人。
鹰犬…………强调甘心供坏人遣用；有比喻为打猎用的鹰和犬的形象色彩，又带书面语色彩。

散步…………强调放松活动，以行走作为休息。
漫步…………强调行走得随意、悠闲；有书面语色彩。
——都指悠闲、随便地行走。
溜达…………强调行走得随便；有口语色彩。

这类成组成组的单位，是不同的词——互相成为一般的、较多见的同义词。

(三)两个有一致或部分一致的构造成分、相同或部分相同的写法而意义方面有明显差别的单位。语音形式只是互相局部一致或整个相近,并不相同;意义虽然由于有一致的或部分一致的构造成分而有某种共性,但体现的概念互不相同。语音形式的不同成了意义不同的标志。如:

男人——nánrén,指男性成年人:~一般体格高大一些。

男人——nánren,指丈夫:我的~到苏州办货去了。

女人——nǚrén,指女性成年人:~一般嗓门高些。

女人——nǚren,指妻子:他一直不让他的~出来工作。

摩挲——mósuō,表示用手抚摩:他~着病人的手背。

摩挲——mā · sā,表示用手轻按着而一下一下移动:姑娘~身上弄皱了的上衣左前幅。

魔掌——mózhǎng,指凶恶势力的控制:好不容易逃出了~。

魔杖——mózhàng,指魔术师所用的棍儿:他~一挥,红布里飞出两只鸽子。

起疑——qǐyí,表示发生怀疑,犯疑心:理发师觉得事情有点蹊跷,便对妻子~。

起意——qǐyì,表示动念头(多是坏的):这家伙见财~。

可以看出,这类成对的单位,虽然表面形式上和意义上有一定的共同性,却同样有不小的差别,在材料构造上是并不一样的。因此它们是不同的词,不能作同一性的归纳。

2.7.10　词的变体,有时并不单纯是词汇性的或语法性的,而是兼有两方面的性质。对于这种单位,就须要同时从词汇和语法的角度作同一性的归纳。如:

A. 谋$_1$——名词:指主意、计谋、计策:此人足智多~。

谋$_2$——动词:表示想法求得:应该为人类~福利。

明了$_1$——动词:表示清楚地了解或懂得:我~你的意思。

明了$_2$——形容词:表示明白而清晰:这段话写得简单~。

秘密$_1$——形容词:表示隐蔽的、不让人知道的:~文件都锁在保险箱里。

秘密$_2$——名词:指不让人知道的或不公开的事情:这个人容易说漏嘴,不能保守~。

B. 漂亮$_1$——表示美观、好看;可以重叠而加强程度:新房布置得漂漂亮亮。

漂亮$_2$——表示出色;一般不能重叠:这件事他干得真漂亮。

薄$_1$——表示(扁平物)上下两面之间的距离小;能重叠(再加"的")而加强程度:桌面是一块薄薄的板。

薄$_2$——表示(感情)冷淡、不深厚;不能重叠:他待你情分不薄。

圆$_1$——表示像球的形状的;可以重叠(再加上"的")而加强程度:篮子里装满淡红的、圆圆的西红柿。

圆$_2$——表示周全;一般不能重叠:他说话、做事总是那么圆。

A 组每一对分 1、2 的单位,语音形式和写法都一致,彼此不同的意义有源生的和联想的关联,无疑它们是一个多义词在词汇性质上的不同变异;但是谋$_1$ 是名词;谋$_2$ 是动词;明了$_1$ 是动词;明了$_2$ 是形容词;秘密$_1$ 是形容词,秘密$_2$ 是名词,在词性上每一对单位都彼此有区别,它们就又是同一个多义词在语法性质上的变异。因此,综合起来,A 组的每个单位都是词的词汇—语法变体。B 组的情形也基本上一致,只是稍有不同:每对分 1、2 的单位,从词汇性质——材料构造上看,音相同,意义彼此有源生和联想的关联,成为同一个多义词的不同词汇变异,这些也是没有疑问的;另外,漂亮$_1$、薄$_1$、圆$_1$ 都可以出现形容词级变化的重叠,漂亮$_2$、薄$_2$、圆$_2$ 却没有这种情形,而级变化的重叠式及其相对的原级非重叠式都是词的语法变异,因此漂亮$_1$、薄$_1$、圆$_1$ 和它们的重叠式也是词的词汇—语法变体。

2.7.11 上面着重从词的各种不同变体的角度,考察了如何作现代汉语的词的同一性归纳。须要强调的是,在词的不同变异中,词汇性的变异更为重要,因为它成为鉴别语法变异的基础,而本身又直接体现词的作为词汇单位的本质。但是也要强调,在对词可能有的变体的考察中,词的词汇性方面和语法方面须有机地结合起来;另外,还须善于将不同的词与词的不同变体区别开来。

再进一层,词的同一性方面的考察,应同分离性方面的考察密切配合。分离性的分析结果是同一性考察的基础;而同一性的归纳则验证、补充和进一步完善分离性的分析结果。比如,从不同语流里,分别切分出表示很漂亮的"漂漂亮亮"和表示出色的"漂亮",确定它们都是词;这成为对它们作同一性考察的出发点。而进行同一性的考察,固然可以证实把词的重叠式"漂漂亮亮"确定为"词"没有错误,重要的是,这考察的结果表明了,意义和形式都不同的"漂漂亮亮"和"漂亮"原来各以词的变体的身份属于同一个词位,而不仅仅都是"词"。

把分离性的分析和同一性的归纳很好地统一起来,就可以全面而正确地确定出现代汉语的全部词位。

3. 词汇的构成单位(中)

3.1 词素和语素

3.1.1 为了明了词本身的构造材料和结构方式,以及弄清在这些方面词与词如何彼此关联,须要将词的结构加以分析,找出它们的构造成分和可能有的结构项来。

词的构造成分,一般提出的就是词素或语素。这两个说法,本来是morpheme先后不同的译名,传统语言学采用"词素",结构主义语言学兴起之后较多采用"语素"。在选择了"语素"之后,"词素"仍可留下而派以新的用场。可以使"语素"和"词素"各适用于不同的场合,具有不完全相同的含义,作为两个不一样的术语而同时并存①。

3.1.2 词素应就词的构造成素、即一个词能够划分出的小于词的构成单位而言。它是词或词干的直接组成成分。语素的含义则广阔得多:指的是语言中一切最小的(本身不能再分成两个的)音义结合单位,包括最简单的、不能划分出不同构造成分来的词(如"狗""脚""葡萄""尴尬""布拉吉"等)、词内可以划分出的最小音义结合单位(如"明天"中的"明—""—天","阴霾"中的"阴—""—霾","吉普车"中

① 李行健、刘叔新合著的《词语的知识和运用》(修订版)一书中已提出了这种思想。见该书15页,1979年,天津人民出版社。

的“吉普—”“—车”等),以及句子结构中有一定语气和音调形式的句调和有一定关系意义的特定词序(如“动——名”的关系意义就不等于“名——动”)。因此,语素包括了词素,但是很多语素却并非词素。

一个词,要是本身不能划分出不同的构造成分来,是个最小的音义结合单位,那么它当然是个语素,却不能说是个词素——那样说在逻辑上或公理上显然通不过去。词素是比词小的、构造词或词干的直接成分,一个词不能够同时说它是词素。所谓“单词素词”的说法,当然也很不合逻辑。

3.1.3　定出“语素”这样的单位和术语,无论对于语法还是词汇的分析来说,都十分必要,极为有用,这自不待言。但是如果只有“语素”,而不用含义有所不同的“词素”,或者把“语素”和“词素”完全混同起来,却大大不利于词汇的分析。因为在这种情形下,词同词内的构造成分这两种不同层次的单位会混淆不清,相应地词与词的组合结构的层次同构词成分之间的组合结构层次也就界线不明。

结构主义语言学或一切形式主义语言学,都只侧重分析句法的形式结构,而轻视“词”的单位,漠视词的和词汇的分析,因此很自然地突出了“语素”的重要性,认为语法主要就是语素的排列组合。这里且撇开在研究方向上和理论上是否妥当的问题;无论如何,把语素置于比词大为突出的地位,使词和语素的界线混而不清,是无助于词的分析研究,无从弄清词汇内部的不同组织层次的。要建立词汇学,要分析词的构造,就完全有必要采用有别于“语素”的术语“词素”。

3.1.4　现代汉语中单语素的词很不少,如名词“地”“云”“风”“雨”“水”“火”“田”“车”“船”“笔”“纸”“墨”“猫”“菜”“蛤蟆”“麒麟”“犰狳”“茉莉”“苜蓿”“喇嘛”“基督”等等;动词“泅”“泳”“渡”“咒”“思”“祝”“怨”“祈”“呕”“设”“嗫嚅”“叮咛”“邂逅”“踌躇”“徜徉”等等;形容词“繁”“荣”“敏”“俭”“孤”“伟”“丽”“劣”“玲珑”“忐忑”“旖旎”“葳蕤”“崔嵬”“蹉跎”等等。这些词,既不包含两个或更多的词素,本身也不可能是个词素。它们大多是从古代沿用下来的。

包含着不止一个语素的词,数量上比单语素词多得多,尤其是双语素的词占居优势。如:

a. 昨—日　后—天　山—冈　岩—石　桌—子　苦—头
答—应　攻—击　遭—受　接—待　怯—懦　软—弱
坚—强　灿—烂　红—彤彤　绿—油油　懒—洋洋
泪—汪汪　甜—丝丝　呱呱—叫　蒙蒙—亮　蝲蝲—蛄
期期—艾艾　兢兢—业业　大大—咧咧　袅袅—婷婷

b. 青—年—团　儿—童—节　桃—花—源　大—白—菜
概—念—化　够—瞧—的　小—汽—车　鸭—子—儿
影—影—绰绰　满—满—登登　浑—浑—噩噩①

c.　c_1. 清—清白—白　累—累赘—赘　简—简单—单
高—兴—高兴　游—逛—游逛　活—动—活动
c_2. 怪—里—怪—气　小—里—小—气　糊—里—糊—涂
c_3. 死—心—眼—儿　开—心—丸—儿　山—顶—洞—人
南—回—归—线

a 组词是双语素的;b 组词有三个语素;c 组词中 c_1 小组是三个语素,c_2 小组和 c_3 小组是四个语素。c_1 小组 AABB 的重叠形式(如“清清白白”),是分别重叠 A 和 B 才起到加强性质程度的语法作用的,每个重叠的部分(因没有意义)不能单独成为语素,而是两者合起来(-A+-B)构成一个语素(-AB);ABAB 的重叠形式(如“高兴高兴”),其重叠的部分——两个音节的整体(-AB)就是这样的语素,它明显地构成一个语法单位,一个表明“活动稍为进行一下”义的语法成分。因此,像 c_1

① AABB 重叠式是个复杂的、异质的格式。像“山山水水”“盆盆罐罐”“坑坑洼洼”“花花绿绿”“纷纷扬扬”“形形色色”之类,已不是一个词,而是个含有“继续”的语法意义的特殊词组。参看拙文《现代汉语句法的继续范畴》,《南开学报》哲学社会科学版,1983年,第6期。

小组一类的词,都只有三个语素,不能误解为四个。一个词包含四个语素,这数目在汉语里是到了极限。四个语素的词很少,因为汉族人民习惯上喜欢让词保持简短的形式,一般不超过三个音节,超过这长度的,通常成了词组①。c_2、c_3 小组拥有四个语素的词,就显得比较特殊。它们或者是一些术语,如 c_3 小组的"山顶洞人""南回归线";或者是直接成分之一含有语素"—儿"的词,如 c_3 小组的"死心眼儿""开心丸儿";或者是词的特殊语法变体,其中含有不止一个起语法作用的语素,如"怪里怪气""小里小气"中的"里",表明后面出现重叠形式,同时加重了语气和贬义的色彩,两个词后头重出的"怪"和"小"则加强了性质的程度。

上面三组词,从包含多少词素的角度来看,情形就会和语素角度的分析不尽相同。分析词的词素,要从词的结构角度出发,同时也要达到弄清词的结构的目的(而分析词的语素,只需看是否有一个以上或有多少个最小的音义结合成分),因而就必须遵循结构层次性的原则,从不同的层次来确定结构项的性质。

对上面三组词作词素的分析,a 组得出的结论同语素分析是一致的:也是包含两个词素。但是 b 组就不可能一样。b 组的词其实都只由两个词素直接构成:

青年团　儿童节　桃花源　大白菜　小汽车　够瞧的

满满登登　浑浑噩噩　影影绰绰　鸭子儿　概念化

"青年团"中的"青年",本身却包含两个语素"青"和"年",但它们都不是"青年团"的直接成分,所以并非"青年团"的词素;只是当"青年"独立成词时,"青"和"年"才成为"青年"的词素。其他"儿童节"中的"儿

① 参考吕叔湘先生在《汉语语法分析问题》(1979 年,商务印书馆)一书中的说法:"四个语素的组合多半可以算两个词,即使其中有一个不能单说",如"无轨电车""人造纤维""耐火材料""高压电线"等等;"在这里,语素组合的长短这个因素起了很大的作用"。(第 22 页)

童—”,“桃花源”中的“桃花—”,“大白菜”中的“—白菜”,“小汽车”中的“—汽车”,“满满登登”中的“满满—”,“鸭子儿”中的“—子儿”,“概念化”中的“概念—”等,也都是包含着两个并非词素的语素。

c 组的词素并不同语素完全对应。c_1 小组的词,其词素是刚好同语素一一对应的,数目也是三个:

清清白白　　累累赘赘　　简简单单

高兴高兴　　游逛游逛　　活动活动

词内被重叠的那部分为什么是两个词素而不是一个词素,后面在 3.3.4 小节里再作说明,这里先简单举出一个理由:词的不作重叠的原式(即相当于此处被重叠的那部分)是所谓词干,是词的词汇性的部分,也就是词的本体部分,其直接成分应和词的直接成分相当。至于 c_2 小组的词,其词素就不像语素那样表现为四个,而是三个:

怪里怪气　　小里小气　　糊里糊涂

分别都是两个语素的“—里—怪—”“—里—小—”“—里—糊—”,各成了一个词素,因为它们都是作为词的语法变化部分的整体而对词的主体部分起语法作用的。c_3 小组四个语素的词,都只含两个词素:

死心眼儿　　开心丸儿　　山顶洞人　　南回归线

可见,现代汉语的语素和词素之间,说前者包括了后者,即后者是前者的一种,这只是个大体的、很粗略的关系表现,并不精确。细致地加以观察,就应当作一些必要的补充:词素是从词或词干的直接成分的角度来确定的音义结合体,它不一定是最小的音义结合成分;而词内的语素只从是否最小的音义结合成分来确定。因此,有时一个词素并不就是一个语素,而是不止一个语素的组合体。

总之,词或词干首先能分出词素这样的直接构造成分;而词素内部若有不同的构造成分,这构造成分就不能还是词素。

3.2 现代汉语的词的基本结构方式

3.2.1 汉语的词，在结构上同印欧语的词比较起来，有三个突出的特点：（一）比较整齐统一；（二）很少单纯起语法作用的结构项；（三）整个结构一般较为简短。

汉语的词的结构问题，一般是在“构词法”的科目内提出来分析的。而“构词法”不仅常常被理解为语法学中词法研究的一个方面，而且就是在词汇学的范围内，也有时用来说明词的结构方式，有时又用于新词的构造方法。语法方面的应用暂且不说，在词汇学中，“构词法”观念上的模糊、混乱现象，是应该消除的。上面提出的汉语的词在结构上的特点，只是词的结构方式现象，不是新词构造方法的问题。本节（3.2）以及下面一节（3.3）要描述的也不是新词的构造方法。

词的结构方式，是单纯就词的结构平面来观察其结构组合的项以及项与项之间的联结形式和层次；而新词的构造方法，自然只是要看造出或发展出新词都有哪些途径。两者显然不是一回事。只不过，构造新词采取某种方法的结果，会造出有某种结构方式的词来罢了。因此，词的结构方式与构造新词的方法虽然有一定的关联，却毕竟是不同平面上的现象，不同角度上的问题。为了避免在“构词法”这一术语下混淆两者，词的结构方式可称为词式，而构造新词的方法可称之为造词法。

3.2.2 要了解汉语有多少种不同的词式，首先可以看到有好些词，本身并无不同成分相联结的结构，如“地”“猫”“菜”“文”“墨”“泅”“泳”“繁”“敏”等等单语素词。在印欧系语言里，单语素词也是存在的，一般零零星星地，比较稀少。但是现代汉语中，这类词的数量却比较可观。从词式的角度来说，它们应是无结构的重要一格。可以称之为单项式。用这种词式来说相应的词,可以称之为单项词,或更简化为单词。

单项式在汉语上古时期,几乎占着绝对的优势。但是随着社会的发展和人们思维、认识的进步,需要不断产生大量表现复杂多样的意思、色彩的词,这种词式就日益不适应于要求。到了现代,它早已退居于次要地位。现代汉语中的单词,由于大多数表示的是一些基本的、很常见的事物,或者是在文言的书面格式中被“凝固”着而不易为书面表达所扬弃,因而始终保持着生命力。这部分词在形式上又大多是单音节的,这更加强了它们的“单一”的性质。但是,单词今天绝不是现代汉语的词的主体部分,它也并不等于是单音节词(如“蛤蟆”“麒麟”“茉莉”“布拉吉”“布尔什维克”等等当然不是单音节的),因而有的学者把现代汉语看作单音节语,根本上并不正确。

3.2.2　汉语的民族共同语,发展到现代,占优势的词式是合成式,尤其是由两个含“概念意义”(见2.7.3小节的说明)的词素结合起来的构造方式。

合成式总有两个直接组成成分,形成的词必含两个词素。如:

a. 岩石　木船　命令　开始　学习　写生　作文
柔和　明亮　高兴　酒吧　吉普车　葡萄酒
红彤彤　硬邦邦

b. 桌子　样子　甜头　势头　面儿　棍儿　学者
老鼠　第一　教员　绿化　美化　老虎
工作者　女人家

传统上把这类词称为合成词。合成词既是内部一律有着成对的词素,这词素又大多数是单音节的,因而合成词相当短小、划一。由于合成词是现代汉语的词的主要部分,现代汉语的词从全体来看,自然就有形式简短而结构比较整齐、统一的特点。

合成词中,两个词素都表示概念意义的,传统上称为复合词。这就是上举的 a 组单位。所谓“复合”,意指仿佛由两个单词或两个表示概念意义的词合在一起而构成。合成词的两个词素中,若一个只含概念意义,而另一个却兼有概念意义和语法的含义,传统上就称之为派生词,如上面 b 组的单位。所谓“派生”,指的是以一个原有的单词或复合词为基础,加上另一个兼带语法意义的语素,使产生某种语法性质的表现(如词性),并往往改变原来的概念意义,从而成为另一个词。如:

桌:桌子(桌+子)
甜:甜头(甜+头)
棍:棍儿(棍+儿)
工作:工作者(工作+者)
绿:绿化(绿+化)
虎:老虎(老+虎)
一:第一(第+一)

“桌”有书面语色彩,而“桌子”则变为口语色彩的词,而且明显地带上名词的标志(—子);“甜头”的意义(“好吃的味道”或“使人喜欢的好处、利益”)明显地不等于“甜”,而词性也由形容词变为名词(由“—头”标明)。其余各对词的差别及后一词对于前一词的改变和关联,情形大体都和“桌——桌子”例或“甜——甜头”例相类似,不必一一赘说。

只体现概念意义的词素是所谓词根(root),而既有改变概念意义的作用、又有语法作用的词素是所谓词缀(affix)。词根若本身包含两个彼此连接着而各含概念意义的语素(如“工作者”、“革命化”),则是复合的①。复合词根是现代汉语很常见的一类词根。

① 复合词根与一个词内连接着出现的两个词根,并无实质的差异。两者的区别是词的不同结构层次所决定的。在作为一个词素的情形下,只能是个复合词根;两个连接出现的词根,则应是两个词素。比如“工作者”的“工作”是个复合词根,而“他在工作”中的“工作”则是个词,包含两个词根“工—”和“—作”。

现代汉语的词根,数量极多,可以千百计;词缀则很少,只有二十多个。而且用上词缀来构造的词,比起单词和复合词来,都要少得多。因而合成式中,复合式应用广,频率高,是主要的;而派生式相比之下处于较次要的地位。

3.2.4 复合式的词素不一定是最小的音义结合体,而可能大于语素,即可能是若干个语素的组合体(参见 3.1.4)。因而复合式可能分出不同的结构层次,这是分析复合词的结构时必须特别注意的。如:

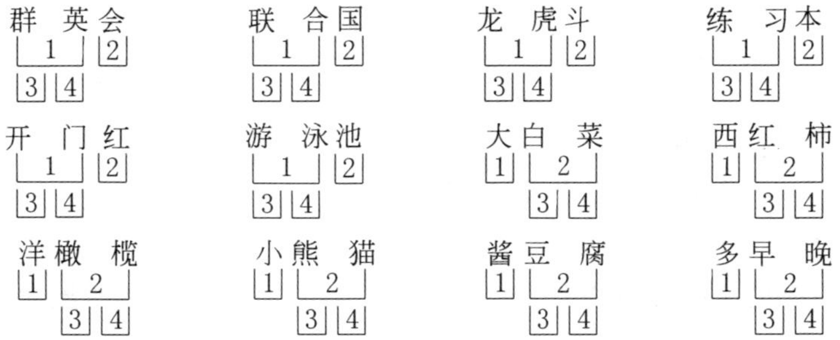

例中的 1、2 是复合式第一个结构层次的直接成分,是词素;3、4 则是第二个结构层次的直接成分,是语素而不是所在的那个词的词素。这类含有两个结构层次的复合式,也可以分出来,把它叫做重复合式,相应形成的词是重复合词。重复合词相当多,因而重复合式并不特殊。一般把重复合词也称为复合词;在强调结构层次的特点时,最好使两者区分开来。

不从词的构造结构的角度,特别是不从词的结构层次来确定词素,其结果不可能是正确的,不仅混淆词素和语素,而且更重要的是,会认识不清词内部的结构状况。比如有的学者认为"落花生"有三个词素——"落""花""生"①,这就看不出甚至歪曲"落花生"的内部结构关

① 孙常叙:《汉语词汇》,第 19 页,1956 年,吉林人民出版社。

系。其实“落花生”的词素只是“落花”和“生”，这两个部分结合起来构成整个词。当然，“落花”又由两个语素组合而成。

3.2.5　复合式的两个结构项之间的结合关系，往往像是句法成分之间的结构关系。如：

a.

博物馆
大自然
专修科
报纸 ——仿佛是“定语——中心词”的定中关系

b.

追加
徒劳
耳语
彩排 ——仿佛是“状语——中心词”的状中关系

c.

司机
交手
跳水
司令 ——仿佛是“动词——宾语”的动宾关系

d.

说服
制止
冻结
黄灿灿 ——仿佛是“动词/形容词——补语”的述补关系

e.

日蚀 / 肺积水 / 脑溢血 / 目击 —仿佛是“被说明语——说明语”的主谓关系

f.

解剖 / 贡献 / 混乱 / 国家 —仿佛是两个词语成分地位相当地相联结的联合关系

这里说“仿佛是”,意味着并不就是。在一个词的内部存在词与词的句法关系,这是荒谬的,逻辑上绝对讲不通。复合词的结构成分是词素,而不是词,词素之间的结构关联当然不能是句法现象。像“徒劳”中的“徒”,“司令”中的“司”,“贡献”中的“贡”等,在现代汉语中就根本不成其为词,不能单用,也就是说,“徒”和“劳”之间,“司”和“令”之间,“贡”和“献”之间,不可能是词同词的句法关联。而像“彩排”“耳语”“追加”“报纸”等,每个当中的结构成分,表面上像是单用着的词,其实并不是,不能认为它们两个两个地构成有句法关系的词组。因为这样的“词组”并不符合为表达相应意思而联词成语的组合习惯;若要用词组来表达同样的意思,只能分别采用合于习惯的说法“化装涂彩地排演”“(口贴近在)耳朵边说话”“追补地加上”“报道(新闻)的散页读物”。还可以举出同样情形的一些实例。如仿佛由两个“词”构成的“蚕蚁”“牛黄”“潮白”“肉桂”“肉芙蓉”“肉畜”“碧血”“种牛”“肉搏”“棒喝”“谱写”“木立”等等,每个单位内部前后两成分之间的关系,其实不是词与词的组合——那样的组合不符合人们用词造语的习惯,不可能成立;要用词与词组合的方式来表示这里每个单位所表示的意思,只能说成一种把原单位扩展开来的、真正是词组的组合体(例如“蚕蚁”──→“〔细小如〕蚂蚁般的幼蚕”;“牛黄”──→“病牛〔胆汁凝结成〕的黄色粒状物或块状物”;“潮白”──→“潮州〔出产〕的白糖”)。这些都充分表明,复合词并非词与词组合关联的结构,其中不存在句法关系。

那么,复合词两个词素之间存在的是否是词法关系呢?也不可能是。词法总要以一定的语法成分表现一个实词的语法性质(词性;有什么样的语法范畴或具有语法范畴中的什么语法意义),从而能表明一个实词以什么样的语法身份(面貌)来同其他的词发生组合关系。因此词法无非是以屈折、重叠、外部形态等成分实现的构形法,或者是以词缀如何派生出新词及词缀与新词词性的关系为内容的构词法。复合词两词素的关联现象固然同构形法相去万里,同词法的构词法也显然毫不相干。在复合词中,不仅没有词缀,而且没有任何可以表示词性的语法成分。两个词素的顺序并不是一定词性的标志或表现手段。如“专修科”的词素序是“活动义词素——事物义词素”,“交手”的词素序”也是“活动义词素——事物义词素”,但“专修科”是名词,而“交手”是动词。“耳语”的词素序是“事物义词素——活动义词素”,“跳水”的刚好同这相反,是“活动义词素——事物义词素”,而两个复合词却同是不及物动词。可见复合词两词素的联结不存在词法的表现手段和语法意义。

根本问题在于,有可能表示复合词内词素间的语法关系的形式手段,只有两词素的联结顺序,而它却事实上同语法的词序(或语序)并没有共同的功能和特性,并不是表示一定语法意义的语法形式。词序,作为词或句法结构成分在组合中的排列顺序,在一定条件配合下,可由变换等方法检验出,它表现某种句法关系,而且成为一种特定的句法结构的构成因素。作为词素在词内构造层面上的顺序，词素序却不能如此。例如，"名词——动词"或"名词——动词——名词"的词序，表现出主谓关系，形成一种可以独立成句的主谓结构；而"事物义词素——活动义词素"的词素序，却既可因应于类似主谓关联的陈说关系（如"日蚀""肺积水"）而形成名词，又可因应于类似状中关联的状态修饰关系（如"耳语""彩排"）而形成动词。又如"动词——名词"的词序，总是形成动宾结构，一个动词性的短语；但是"活动义词素——事物义词素"的词素序，却既可形成动词（如"交手""跳水"），又可形成名词（如"司机""司令"）。可见复合词的词素序，不仅不能和词序相比拟和混同起来，而且根本不成其为必须只同某种特定的组合结构关系及语法功能相因应的语法形式。重要的是，这种顺序所表现的词素之间的关系，既不可能是句法的组合，又不可能是词法上的语法意义、语法范畴，不可能是词缀对词根意义的影响和改造及在词性上的任何表示，而只是词素意义彼此一般不很明晰的结合所形成的关联类型，就是说，它完全不是语法意义。不表现语法意义的词素顺序，自然不可能是语法形式。

据此，可以完全肯定，不存在语法形式和语法意义的复合词两个词素的关联，从性质上说，纯是词汇的现象，是两个词素的概念意义相结合而造成的词汇性的结构关系。只不过这类词素意义的关系经概括得出的一些最抽象的类型，大部分表面上和句法所概括的词语意义关系的基本类型（成了句法的语法意义）——词语组合关系意义相似；而同词素意义关系类型相因应的词素序，和表现词语组合关系意义的词序也有部分近同之处。因而容易使人把复合词两个词素的关系误解为语法现象。其实，汉语复合词作为词汇的一种基本单位，有自身词汇性的、不同于语法的内部结构关系。如有一部分复合词，其内部的词素结构关系，无论在意义关系上还是在表现形式上，都无从看出同什么语法

结构关系有相近之处,实在不可能存在任何语法关系的痕迹。举一些实例:

g. 财迷(两个词素的意义如此结合:“对于钱财入迷”或“入迷于钱财”)
球迷(“对于球类运动入迷”或“入迷于球类运动”)
开锅(“锅里沸腾”或“锅中〔液体〕煮沸”)
落伍(“落在队伍后面”或“落后于队伍”)
落选(“落在选上〔的范围〕之外”)

h. 捣鬼(两个词素的意义:“捣—”——搅扰;“—鬼”——不可告人的打算或勾当)
狼狈(“狼—”——一种凶恶残忍的野兽;“—狈”——一种传说中前腿短、走路时须爬在狼身上的野兽。“狼狈”的字面意义并不是“狼和狈”)
亏累(“亏—”——亏空;“—累”——一次又一次)
木耳(“木—”——木头〔上〕;“—耳”——〔像〕耳朵形)

g 组词,要找寻词中两个词素之间存在状中关系、动宾关系或述补关系,会是捕风捉影,完全缺乏实际根据,因为词内并不存在这些句法结构关系的任何形式标志。h 组词中,要判定存有某种语法关系的印迹都不可能,词内两个成分的意义如何组合、如何与词义相关联甚至都不那么清楚。像 g 组、h 组这样的复合词的存在,表明汉语复合式是两个、两个表概念意义的语素以词汇的组织方式相结合的结构形式,是词汇的事实,本身并没有语法结构关系,不存在也不须依赖语法结构的因素。无疑,这类从语法角度无法解释和归类的复合词的存在,也进一步证明了从汉语复合词两个词素的关联中看不出任何语法形式和语法意义来的确实性①。

自然,复合式大部分同语法结构的某种近似,也是不容否认的。可

① 参考拙文《复合词结构的词汇属性——兼论语法学、词汇学同构词法的关系》,《中国语文》,1990 年第 4 期。

以说，彼此之间有一定程度的因应关联。有些复合词是先前的词组逐渐凝固、词化的结果（如“用饭”“进餐”“即刻”“及时”“几经”“正果”等等）；另一方面，人们往往很自然地会大体仿照某类句法结构格式来构造一定格式的复合词（如构造“心态”“个体户”“收视率”“健美操”等词）。反过来，也可能先有某种复合词结构格式，人们以它为小样本，照着扩展开而造成句式（这种情形较少；“耳语”换为“〔口贴近在〕耳朵边说话”之类，可能是个例子。还缺乏足够的材料来证实。不过，这种情形理论上说，应是存在的）。但是无论如何，不能把复合式的结构和句式结构混同起来。一般词汇教本和语法书，把上面 a、b 组复合词的结构称为偏正式，c 组的称为动宾式，d 组的称为述补式，e 组的称为主谓式，f 组的称为联合式，这样完全使用句法结构的术语来命名本质上是词汇现象的结构方式，是欠妥的，至少也有混淆词汇性的复合式结构和语法的句式结构之嫌。如果真的按照句法结构的观念来理解用于词式中的这些术语，那是很成问题的。句法结构充其量只在复合词的大部分结构格式中有个模糊的投影，绝不应把这比喻性的模糊影子看做实质①。

为了避免发生不必要的混淆，可以把复合式划分为下列各格，每个格的名称只切合于相应的词素意义相互关系的概括的类型，尽量避免雷同于语法术语：

质限格（性质限定格）——如 a 组词；
态饰格（状态修饰格）——如 b 组词；
支配格——如 c 组词；
补足格——如 d 组词；
陈说格——如 e 组词；

---

① 参考拙文《复合词结构的词汇属性——兼论语法学、词汇学同构词法的关系》，《中国语文》，1990 年第 4 期。

并联格——如 f 组词;
重述格——如“框框、茫茫”;
统量格——如“人次、架次”;
表单位格——如“书本、布匹”;
杂合格——如 g 组词和 h 组词。

这绝非只为了有称名形式的区别。有人只看表面形式,不看实质,认为大多数复合词结构和句法结构没有不同,改换结构名称不能说明什么,是并无必要之举。这种认识,浅拙而违理,至少没有实事求是。深入到实质看问题,弄清复合词结构与句法结构存在根本上的性质差异,就自然有改变复合词结构的句法名称的必要。名实一致,对于正确了解和区辨两类表面近似而实质大异的语言结构,是很有好处的。

3.2.6　派生式的词缀,依其置于词根的前后而有前缀、后缀两类。前缀只有“老”“阿”“第”“初”“小”“见”;后缀有轻声的“子”“头”“家”“价”“着”“乎”“得”,儿化韵尾的“儿”,一般重读的“者”“家”(限于“掌握某种专门知识、技巧或从事某种专门活动的人”义)“员”(限于“从事某种职业的人或工作、学习的人”义)“士”“手”(限于“擅长某种技能的人或做某种事的人”义)“生”“性”“热”“化”(限于“变成具有某种性质或状态”义)“然”“其”“地”。

这样,派生式依所含的是前缀还是后缀而分为前衍格和后衍格。如:

前衍格:

老九	老乡	老王	老张
阿姨	阿飞	阿 Q	阿斗
第二	第五	第九	第十四
初一	初三	初七	初九
小何	小张	小二	小三
见笑	见怪	见谅	见示

后衍格:

成天价(jia)　　震天价(jia)

姑娘家(jia)	男人家(jia)	孩子家(jia)	
本着(zhe)	朝着(zhe)	沿着(zhe)	
热乎(hu)	近乎(hu)	似乎(hu)	
作家(jiā)	画家(jiā)	哲学家(jiā)	
值得(de)	免得(de)	乐得(de)	
椅子(zi)	房子(zi)	本子(zi)	姑子(zi)
奔头(tou)	想头(tou)	苦头(tou)	滑头(tou)
味儿	信儿	明儿	个儿
作者	读者	患者	学者
护士	战士	传教士	辩护士
好手	老手	多面手	吹鼓手
医生	研究生	书生	练习生
快餐热	减肥热	手机热	汉语热
丑化	毒化	自由化	大众化
陡然	突然	泰然	悠然
尤其	极其	何其	更其
蓦地	霍地	忽地	特地
反动性	稳定性	连贯性	两面性
炊事员	通讯员	学员	宇航员

3.2.7 依照词缀起的改变词根概念意义的作用和语法作用的大小不同,派生式又可分为三类:

(一)词汇性强的。词缀突出地起了大大改变词根概念意义的作用;标明一定词性的作用,相比之下不突出。这类派生式,包含"～者""～家(jiā)""～员""～手""～家(jia)""～士""～生""阿～"等格式。"作者"和"作","画家"和"画","炊事员"和"炊事","姑娘家(jia)"和"姑娘","护士"和"护","书生"和"书","阿姨"和"姨"等,两个词相互间在意义上是相差很大的。可见得用"—者""—家(jiā)""—手""—家(jia)""—士""—员""—生"等词缀的派生式,主要作用是派生出词义很不一样的另一个词。

(二)语法性强的。词缀主要起了标明词性的作用;对于词根的概念意义,只有轻微的改变作用;甚至仅仅是添加些色彩。这些派生式包含“～子”“～价(jie)”“～其”“～性”“～儿”“～着(zhe)”“～地”。“椅子”和“椅”,“成天价”和“成天”,“尤其”和“尤”,“反动性”和“反动”,“味儿”和“味”,“本着”和“本”,“蓦地”和“蓦”等,意义的差别是很小的。“反动性”只是比“反动”增多了性质的意味;“椅子”“味儿”仅仅以带有口语色彩而分别不同于“椅”“味”;“成天价”在语气上比“成天”略为增强;“本着”比之于“本”,消失了书面语色彩;“蓦地”则消除了“蓦”的文言古旧色彩。但是“反动性”的“—性”;“味儿”的“—儿”,“椅子”的“—子”,都成了一般名词的标志;“成天价”的“—价”,“尤其”的“—其”,“蓦地”的“—地”,成了副词的一种标志;“本着”的“—着”则是副动词的标志。可见用“—子”“—价”“—其”“—性”“—儿”“—着”“—地”等词缀的派生式,其重要作用在于派生出词性较明显的另一个词,这另一词在词义方面仅止意味色彩上略有不同。

(三)词汇性、语法性均衡的。词缀既对词根的概念意义有较明显的改变作用,词性方面的标志作用也相当突出。这类派生式包含“老～”“见～”“～化”“第～”“初～”“小～”“～头”“～然”“～得(de)”等格式。“老九”和“九”,“见笑”和“笑”,“绿化”和“绿”,“第四”和“四”,“初一”和“一”,“小何”与“何”,“奔头”与“奔”,“陡然”与“陡”,“值得”与“值”等,两词的意义是不很相同的。但同时,“老—”标明所在的词是名词,“见—”标明所在的词为不及物动词,“—化”标明动词,“第—”和“初—”标明序数词,“小—”和“—头”分别标明指人的名词和指事物的名词,“—然”标明副词,“—得”标明动词,都相当明显,在作用上都比较重要和突出。因此使用这些词缀的派生式,词汇和语法的派生作用是不分轩轾的。

3.2.8　派生式和上述的单项式、复合式、重复合式,成为现代汉语的基本词式。在这当中,单项式、复合式及重复合式所含的语素都只是纯粹表示概念意义的,很像是或者就是词根,因此单词、复合词和重复合词都可以称为根词。

3.3 词的特殊结构方式

3.3.1 现代汉语的词式,除了四种基本的以外,还有一些特殊的。

在派生式中,词根可以是一个语素(如“样—子”“作—者”),也可以是两个语素(如“女人—家”“革命—化”)。这都是普通而正常的;因为汉语里词的派生,一般是以占绝大多数的根词为基础,再加上能起一定语法作用的词缀而衍生出新词来。但是若作为派生基础的词不是根词而是个派生词(或“词根+词缀”的整体),它再加上词缀而构成另一个词,这种结构方式就比较少见,比较特殊。可以称它为重派生式,相应的词是重派生词。如:

老三家(jia):

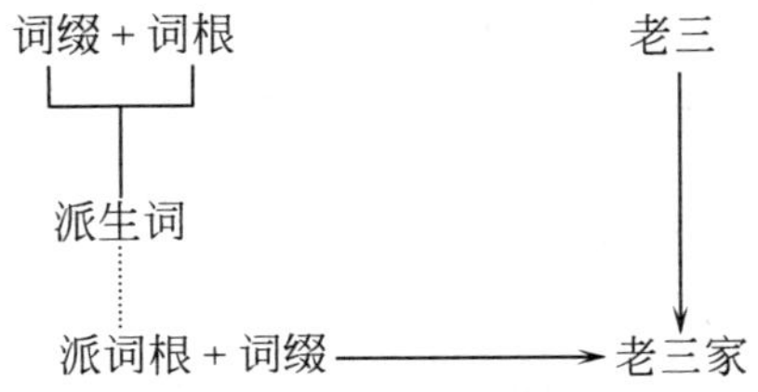

孩子家(jia):

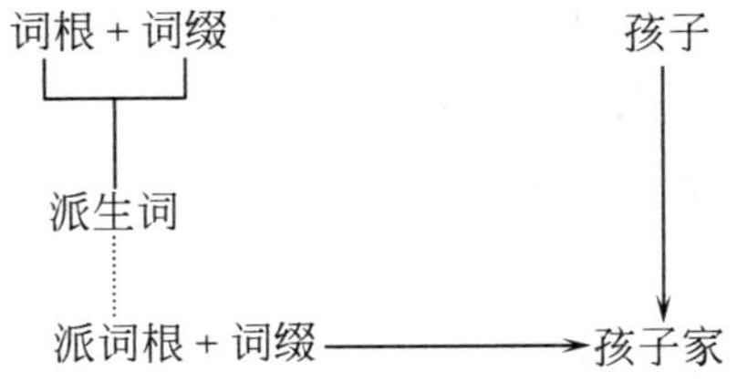

老油子:

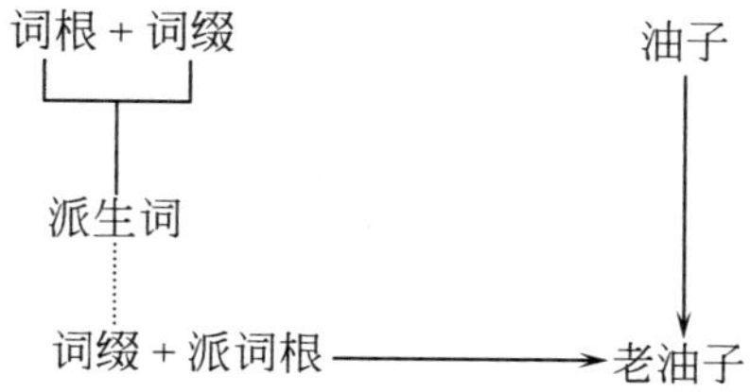

老妈子:

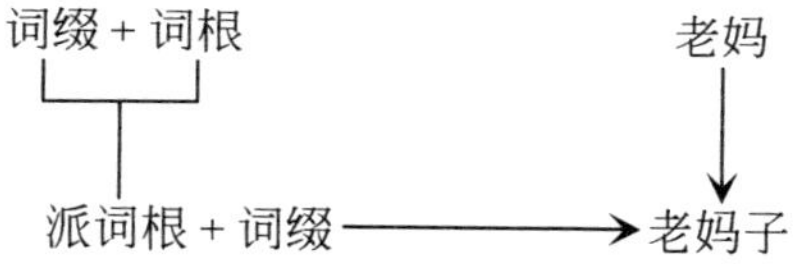

派生词一旦进入到重派生词的结构里来,自然就不能还是"词",而应是词结构的一个直接成分——词素。它表示的意思主要是概念性的,在词里起着和词根类似的作用,但不能看做一般的词根而应是特殊的一类,可称它为派词根。

如果派生词作为构造另一个词的基础之一而同词根结合,这样形成的新词的结构方式也是特殊的。如:

鸭子儿:

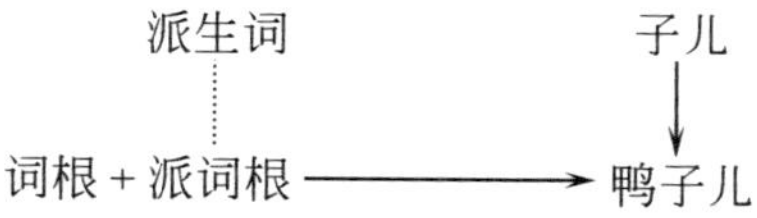

冰棍儿:

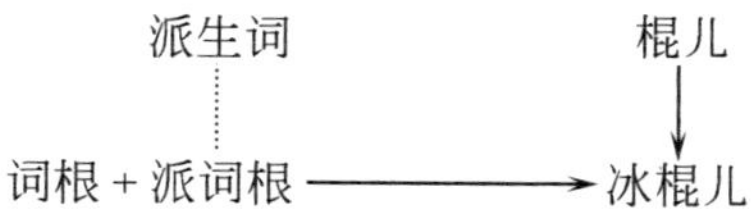

一点儿:

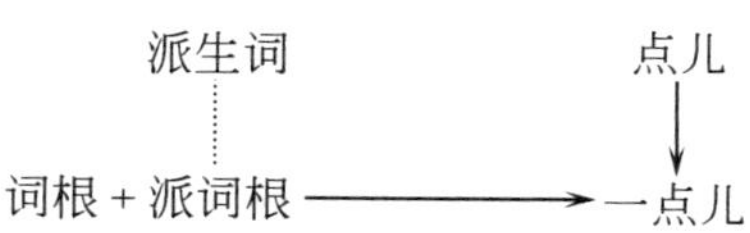

节骨眼儿：

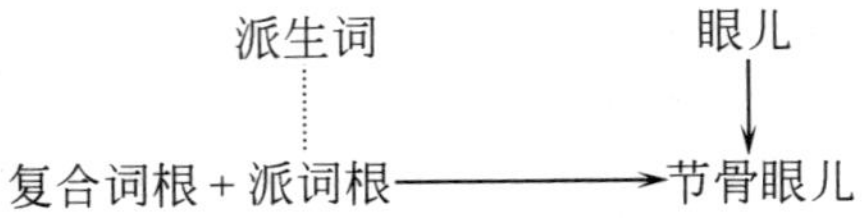

玩儿命：

胡子茬：

这种特殊的词式，可称为类复合式。相应的词可称为类复合词。

一个三音节的重复合词或类复合词，有的又可以作为造词的基础，另加上个单音节的词根，构成有多重组合的词。如：

北回归线：

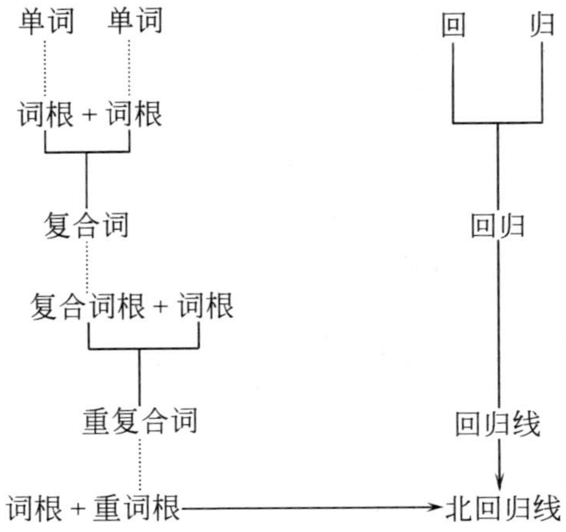

山顶洞人：

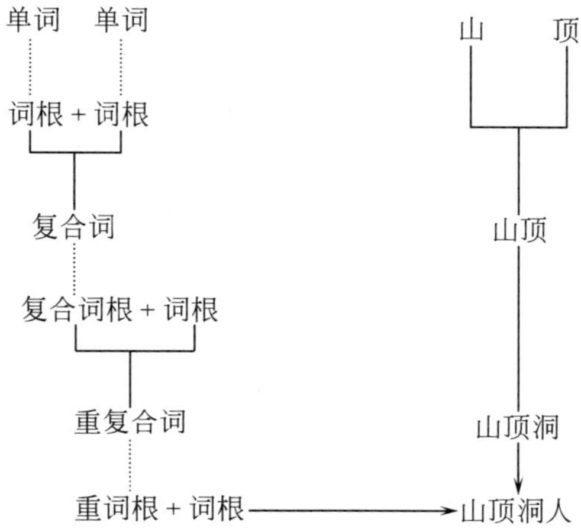

死心眼儿：

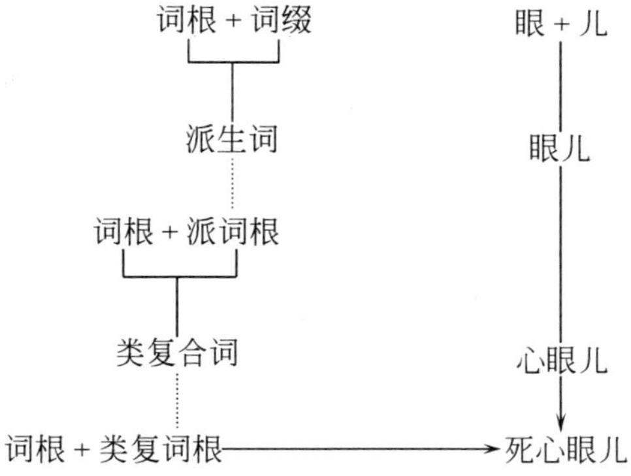

这种多次组合而形成的词很少见。其构造方式无疑是特殊的,可称之为多重式。相应的词是多重词。多重词可划入根词或干词的范围。

3.3.2　词根或词根加上词缀所形成的整体,有的可能带上构形法形态的词素,表现出一个词的语法变化而成为词的语法变体。词的语法变体自然也呈现出词的一种特定结构方式。这方式在汉语来说,无疑是特殊的词式,因为汉语同一个词有语法变化的情形少些。

有语法变化的词除去构形法形态之外的部分,是词的概念意义的体现者，同构形法形态相对待，就是所谓词干。若词干只是一个语素的词根，其后紧接上构形法形态，这是单音量词、大部分单音动词、某些单音形容词及很小一部分单音名词的重叠。词干若是两个词根，其后出现的形态变化也只是重叠，限于部分双音形容词和很小一部分双音动词。包含词根和词缀的词干而有构形变化的情形，很少见，只限于几个双音动词。如：

a. 条条　个个　张张　趟趟
看看　走走　尝尝　试试　问问　说说
红红　黑黑　静静　高高　短短　大大
家家　人人　村村

b. 干干净净　平平安安　舒舒服服
稳稳当当　雪白雪白　贼亮贼亮
活动活动　张罗张罗　拼凑拼凑

c. 绿化绿化　美化美化　软化软化

a 组的词式是："词根+重叠成分"。因为是单词语法变体的结构方式，可以称为单变式。b 组的词式是"词根$_1$+词根$_2$+重叠成分"，c 组的是"词根+词缀+重叠成分"。b、c 组的词式由于都是合成词语法变化的结构方式，可以合称为合成变式；若分开来说，则可各是复合变式和派生变式。相应地，不能把 a、b、c 三组词还分别看做单词、复合词、派生词；可以把它们及和它们类同的词分别定做单变词、复合变词和派生变词。

应该看到，同词带有构形法形态的语法变体相对立而又可互相交替的另一语法变体——带有所谓零形式的变体，也具备同样的词式。如：

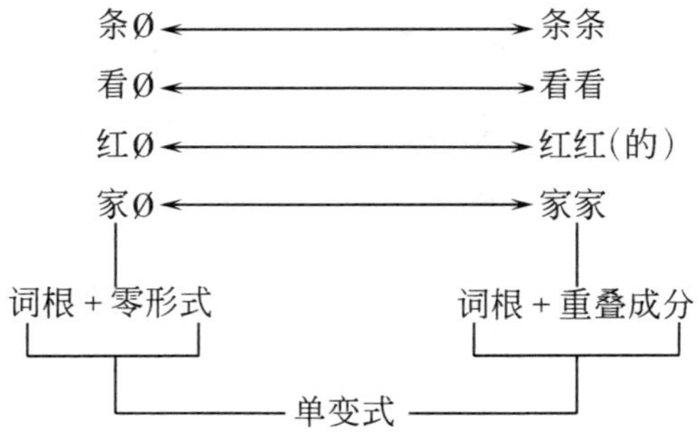

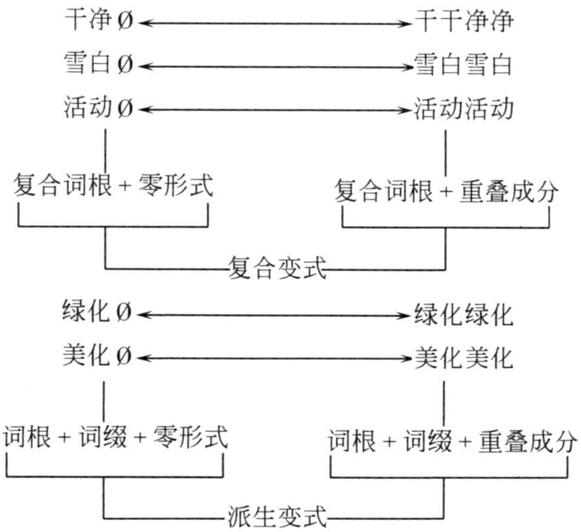

当然,在具有零形式的情形下,实际的词式是隐性的,或者说,处于深层;表面上呈现的不是变式,即词根、复合词根或"词根+词缀"分别作为一个单词、复合词或派生词的样子而出现。因此,凡可有语法重叠变化的词在未出现这种变化时,如"条""看""红"、"干净""活动""绿化""美化"等,不能凭表面形式而把它们分别看做单词、复合词、派生词,不能认为它们的词式分别是单项式、复合式、派生式。当然,没有语法重叠变化的词,如"猫""牛""嫌""怨""流""幼""玄""艳丽""虚伪""拥护""荡涤""驱除""洋化""恶化"之类,不在此列。所有单词、复合词和派生词,都不带零形式,在词式上都只能是相应的单项式、复合式、派生式。换言之,凡是不能作语法重叠的、不带零形式的根词和派生词,才是真正的单词①、复合词和派生词。

① 顺便指出,孙常叙《汉语词汇》(1956 年,吉林人民出版社)有"'汤'是'烫'的词素"(第 20 页),"撒"、"散"、"伞(繖)"都含有词根"散"(第 37 页)的提法,是欠妥的。按照这种理解,不带零形式的根词就不一定是单词,单词很难找得到。这种词若内中还可以有个词根的词素,不可能是个单词。但是,它们作为单词却是不容否认的事实。《汉语词汇》关于词根及词的结构的观点显然都存在问题,主要是把词的产生的历史过程同词的静态结构混淆起来,也把词的结构方式同造词法看成一回事。

3.3.3 现代汉语还有一种特殊的词式,应用的范围最窄,只出现在很小的一部分含两个概念意义成分的贬义形容词上。这是在前一概念意义成分重叠之前,嵌入一个轻声的“里(li)”,而后一概念意义成分却不重叠:A+li+A+B。如:

糊里糊涂	马里马虎	慌里慌张
小里小气	怪里怪气	古里古气

嵌入的“里”,有人把它看做中缀。这在理论上和词位的实际处理上会遇到困难。“里”如果是一种词缀,被它嵌进去的那个单位就应是不同于(不加“里”的)原单位的另一个词,即“糊里糊涂”和“糊糊涂”,“马里马虎”和“马马虎”……都是不同的词。可是现实中根本不存在“糊糊涂”“马马虎”这类形式的单位。如果说,“糊里糊涂”“马里马虎”等就是“糊涂”“马虎”等分别加词缀“里”所产生的另一个词,却又无法解释重叠成分“—糊—”“—马—”等的性质和作用。须知“—糊—”“—马—”等重叠成分标明了词的一种构形变化,使词的重叠形式在意思程度上——语法“级”的含义上——区别于不重叠的“糊涂”“马虎”等原式。因此,不能把“糊里糊涂”“马里马虎”等分别看做不同于“糊涂”“马虎”等的另一个词,也就是不能把“里”看做中缀。汉语很难说存在这种位置特殊的词缀。

嵌入的“里”,起的是两种作用:(一)衬音,成为语法重叠的标志。汉语用重叠来表示语法作用的词,或者是双音词而重叠一个音节的,或者是四音节词而重叠两个音节的,却没有三音节词而重叠第一音节的形式。现在只重叠双音形容词前一个概念意义成分来表示程度的加强,就需要加垫一个音节,以造成四个音节而平衡地分为前后两段的情形,从而接近于两个音节重叠的习惯格式。因此,“里”首先是出于衬音的要求而嵌入的。由于作为一个衬垫的音,“里”就同时成了其后重出的单音成分是前头成分的语法重叠的标志。(二)增强了语气及贬义色彩。“里”本身固然没有概念意义,也没有给词增加新的意味、色彩,而只是对词原有的语气和色彩起增强的作用。一般作语法重叠的形容词,是凭着重叠词所具的概念意义成分而加强了性质程度的;现在只是重叠词的两个概念意义成分之一,性质程度的强化手段显得不够充足,而嵌入的“里”正可以从增强语气和贬义色彩方面给予弥补。因此“里”和一个概念意义成分的语法重叠密切配合,在某种程度上可以说是另一概念意义成分重叠的替代物。

根据“里”所起的作用以及它本身不存在概念意义的情况,把它看做重叠成分的伴随物,看做性质上更接近于构形法形态的特殊形态,是比较合理的。这样,词式 A+li+A+B 从性质方面看,可以转写为:

词根$_1$+li+词根$_1$ 的重叠成分+词根$_2$

或者转写为:

词根$_1$+构形法形态附着物(特殊形态)+构形法形态+词根$_2$ 这种词式可称为复合复变式,相应的词是复合复变词。“怪气”“小气”是复合复变词带有零形式的语法变体;而“糊涂”“马虎”“慌张”“古怪”,是带着零形式,既与复合复变词相对应,又与复合变词对应的变体。

3.3.4　各种特殊词式的结构层次,是须要特别注意而弄清楚的。关于重派生式、类复合式、多重式的结构层次,上面 3.3.1 小节已在对结构方式的说明中多少表现了出来。现再明确如下:

重派生式:

1、2 都是词素:1 是派词根,2 是词缀。3、4 都只是语素,不是词素;如果 1 独立出来作为一个词出现,则 3、4 才是词素(词根、词缀)。

类复合式：

1、2 都是词素：1 是词根，2 是派词根。3、4 只是语素；只有当 2 独立出来成词时，它们才是词素（词根、词缀）。

多重式：

1、2、3 是词素：1 是词根，2 是重词根，3 是类复词根。4、7、8、9 都只是语素，而 5 和 6 是两个语素的结合；只有在 2 和 3 独立出来成词时，4、5、6 才是词素（分别是词根、复合词根、派词根）；若 5 和 6 分出来单独成词，则 7、8、9 才可是词素（词根、词缀）。

单变式、复合变式、派生变式以及复合复变式的结构层次，都有一个不同于所有其他词式的特点：构形法形态作为一种结构成分加入到词的结构里来，而且是词素，是词的第一个结构层次的直接组成成分。这提出了一个有点麻烦的问题：同构形法形态之间有结构关联的部分是否也成为一个词素而与构形法形态相平行？回答原则上应该是否定的。不然，在复合变式、派生变式和复合复变式里就不能在词干部分划分出不同的词素，即不能把词干中的词根、词缀看做词素，而这样就大成问题，至少会同复合式、重复合式、派生式、重派生式以及类复合式的合理分析相矛盾。不宜于把词内构形法形态之外的部分定为一个词素（当然，单变词是例外，因为这种词除去构形法形态之外只剩下一个语素），根本的原因在于，构形法形态同词干之间的结构关系和词根与词根之间或词根与词缀之间的结合关联（即词干内直接成分之间的结构关系），在性质上根本不同。前一种结构关系是语法的，表明词干赋有一种可变化的语法特征和功能，显示词表现为什么样的语法变体。后一种结构关系基本上是词汇性的，表明词的概念意义如何组织而成。因此，尽管构形法形态能够成为词的第一结构层次中的结构项，须要定为词素，但是这结构层次是语法的，因而就容许而且应该依据结构关系的实质和构形法形态的作用，而把结构层次中的另一结构项定为词干，而不定为词素（尽管词干有时可仅由一个词根构成）。另一方面，词干内的结构项（词根、词缀），虽然处于整个词的第二结构层次，但是由于这一层次基本上是词汇性的，因而它们可以而且须要定为词素。作为词汇单位的词，将构成其概念意义的直接成分确定为词素，是完全必要而合理的。复合词、派生词、重复合词、重派生词、类复合词都是这样做，复合变词、派生变词和复合复变词自然也应该如此而取得一致。

单变式的结构只有一个层次，同构形法形态相结合的另一直接成分既是词干，也同时是词根：

红红　　说说　　试试　　户户

复合变式、派生变式、复合复变式等的结构则不仅能分出不同的层次，而且相当复杂：

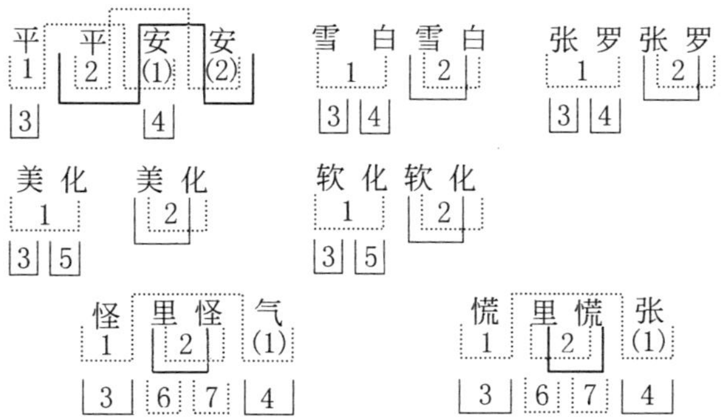

虚线的划分，表示语法的结构层次及不同的结构项；实线的划分则表示划分出词素及词素间可能有的另一个基本上词汇性的结构层次。1 标

示词干,2 标示词的语法变化部分,3 和 4 标示词根,5 标示词缀,6 和 7 标示构形法形态的语素。可以看出,词的语法变化部分,既可同词干处于语法的结构层次,又可同词根、词缀一样具有词素的身份。

3.3.5 从上面的分析,不难看出,语法不仅以句法结构的方式影响复合词的结构,又以词性的标示手段渗入词缀中来,特别是以作为词的一个结构部分的构形法形态而渗入词的结构中来。因此,语法学也要研究词的结构方式。"构词法",它的关于词的结构方面,被列入现代汉语语法学的对象范围,是不无道理的。但是,词的结构方式是词汇单位内部的组织现象,主要性质还是词汇性的,应当首先列为词汇学的研究对象。自然,汉语词汇学在词式的分析当中,需要适当地同语法方面的观察结合起来。

3.3.6 现代汉语全部词的结构方式情况,归纳起来,可以轮廓式地表示如下:

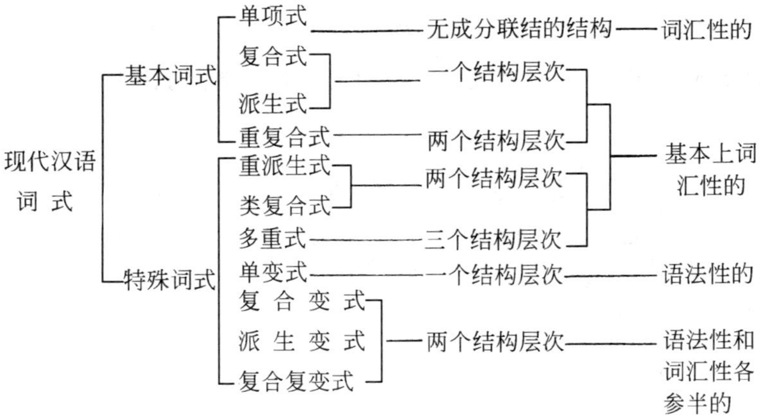

3.4 造词法

3.4.1 只从静态的角度把词的结构方式描写出来,对于全面了解词的构造来说,是不够的。语言词汇经常发生变动,这变动很大的一个方面表现在新词、新语的不断产生上。因而就须要从动态的角度考察新词产生的方法或途径,即须弄清楚新词是如何构造成的。

汉语在现代时期内构造新词的方法——造词法,虽然实现在新词形成的动态上,却属于汉语的共时范畴,并非历时现象。它是相对稳定的;所包含的种类数又是有定的,而且比较有限,因而它可以而且应该为共时词汇学所研究或描写。

当然,描写现代汉语的造词法,不应违反共时研究的原则。一方面须要揭示,造词法中哪些种类是新兴的或者具有较高使用率的,哪些种类从古代承传下来而现代已没有多大生命力。另一方面,不能只根据汉语在古代产生的词(或只列出这样的词作为实例),来说明现代存在一种相应的造词法;这样做,固然完全不能证明相应的造词法现代还用来造词,而且把历史上的东西塞进现代共时的现象中,也违背和破坏共时研究的原则。

只有当一种造词法确实在现代被用来造出过新词,并且这些新词都可充做实例论列时,才可以同时举出用该造词法在古代曾造出的词例。那样的词例,可以表明该造词法是从古代承传下来的。

3.4.2　现代汉语的造词法都有哪些种类?或者说,如何把现代汉语造词法加以分类?是汉语造词法研究中的主要问题。目前就这些问题提出的一些见解,或者未尽合理,或者比较简单、浮泛。问题须要比较全面、深入地作一番探究。

首先,分类的准则要定得合理。合理表现在两个条件上:第一,在一次划分中,只能用一个准则,不能是两个或两个以上的不同准则。比如有人把汉语造词法分为词法学、句法学、修辞学、语音学和综合式等五类①,就实际上是按多个准则划分出来的。同时用不同的准则来一

① 见任学良《汉语造词法》,1981 年,中国社会科学出版社。

次分类,必然导致各类互相交叉叠合,分不清界线。比如,属于"词法学"一类的"甜头",属于"句法学"一类的"毛病"、属于"语音学"一类的"秋千",可因分别用上比喻、借喻和双声而也属于"修辞学"类;列入"修辞学"一类中的"仙人掌""红领巾""红颜"等,则未尝不可因具有相似于句法偏正关系的组合而也列入"句法学"类;等等。另一条件是,准则要能反映造词法的实质和显示出造词法不同类别的差异。只有按照这样的准则来划分造词法,才是真正在造词法本身性质特点上的划分,才能划分得妥帖而符合客观实际。

造词法第一个分类准则应是:使用什么样的语言材料来造新词。所有新词,都是要应用本语言原有的某种材料来构造的。因此,根据语言材料上的不同,可以全面地、最概括地对现代汉语造词法作第一次分类。分出三大式:词汇材料式,语音材料式,混合材料式。第二次分类是在各式当中进行的,分类的准则自然可以根据不同的特点要求而改变。对于三个式都一致适合的第二个分类准则,是如何处理所用的材料而使它形成新词,即运用材料造成新词的方式、途径。三个式都能据此分出一些次类。有的次类,还可以进一步按照另一种准则而分为再低一层次的类别。下面要在几个小节里详加描述。

3.4.3　词汇材料式的造词法最常应用,用它造成的新词占了新词的多数。现成的词汇材料极多,单词、复合词和词素都取之不尽;尤其是单音节的单词和充做词根的单音节词素,不但数量上庞大,形式又极简短,很便于组合。因而并非偶然,词汇材料式在现代汉语的造词法中居首要的或主要的地位。

词汇材料式造词法按照把材料"加工"为新词的不同方式、途径,可分为四类:

(一)结合法。把两个或三个不同的词汇材料按一定的关系原则排列在一起,使它们结合为整体而形成新词。如:

单词"手"+单词"球"——→手球

(单词"顶"+单词"梁")+单词"柱"——→顶梁柱

复合词"炊事"+词素"员"——→炊事员

排列和结合大多只有一个层次,即一道手续,如造成"手球""炊事员"的情形。有时有两个层次、两道手续,如造成"顶梁柱"的情形。

根据不同词汇材料按照何种关系而结合的状况来看,结合法又可分为组合型和附加型两种。

凡使不同的词汇材料彼此发生概念意义上的组合而密切联结起来的结合法,是组合型的。组合型造的词,词内直接成分之间往往有句法关系的模糊投影,实际上其间真正的、反映词内结构本质的关系,只是概念意义的组合。这种组合的关系,成为整个词的含义的一种因素。结合法的组合型,正是根据词的直接成分的意义及其组合关系同词所指的对象之间的联系特点,而可以再分成小类。例如下面两组词,就是分别由组合型的两小类方法造成的:

A. 月票　商品　策略　斑马　战略　手枪　钢笔
论坛　唱片　选票　软件　高频　逆转　狙击
交感　演说　宣传　辉煌　辛辣　纷繁　健美
疲软　内在　草虫　原子弹　曲棍球　狂想曲　自来水
计算机　红领巾

B. 暗潮　心腹　风云　把柄　泰斗　手足　笔挺
长舌　烧心　垮台　锤炼　抵牾　蚕食　撑腰
斗车　风险　蜂拥　笼罩　拔高　尝试　绊脚石
芭蕉扇　扁桃腺　驴打滚　半吊子　摸门儿　鸭舌帽　安全岛
子母扣　鼻涕虫

A 类词,是使所组合的词汇材料结合起来直接指明对象的结果。即如果使不同的词汇材料组合起来直接反映对象的实质,就造成 A 类词。"月票""商品""策略"……"内在"等,比较全面地直接反映对象的实质;而"红领巾""草虫",则只直接反映对象的部分本质特点("红领巾”直接指出系红领巾的特点，却未直接指出系红领巾的少年儿童；“草虫”只直接指出草虫的题材，未直接指明国画）。不过两种情形都是直指对象。B 类词没有这种直接反映的性质。它们是使不同的词汇材料组合起来比喻某种对象的结果。即如若组合一起的词汇材料并非字面上直接指明对象，而是比喻地拐个弯表示某种对象，那就造成 B 类词。在这种词当中，像“绊脚石”“暗潮”“心腹”……“撑腰”之类，是纯粹比喻地表示对象的。如“绊脚石”，以绊人脚的石头比喻阻碍前进的人或事物；“暗潮”，以不明显的潮涨比喻暗中发展、还没有表面化的事态。“鸭舌帽”“安全岛”“子母扣”……“尝试”之类，则并不完全是比喻，而是一半用比喻、一半通过直接反映本质特点来表明对象。如“鸭舌帽”，“鸭舌—”比喻所指对象的形状特征，“—帽”则直接指出对象的物类，即直接反映对象的本质特点；“安全岛”，“—岛”是比喻的部分，“安全—”则是直指对象性质的部分。这种不完全比喻的组合，尽管部分带有直指成分，但是比喻毕竟起着相当突出的显示对象的作用，因而可以把它同纯粹的比喻归合起来，都看做组合型中一个喻指类别。

结合法的组合型，在词汇材料式中占有主要地位。以这种方式来构造新词，是最常见的，所造的词最多；尤其是直指的组合型，由于简易、明白而有更高的使用频率和更大的铺盖面。喻指的组合型使得词的表意具体生动，风趣别致，给词汇带来活跃的因素和丰富的色彩；另外，它又使语言本身得以广泛地体现民族的智慧。因此，喻指的组合型在现代汉语造词法中具有特殊的功能和价值。

结合法的附加型，远没有组合型用得那么经常、广泛。组合型是从古代不断发展下来的，附加型却较晚产生而于现代才兴起。所谓“附加”，意味着相结合的词汇材料有主从之别，从属的部分依附于并加连在主体部分上。主体部分来自单词、复合词、派生词或词根，总表示某种体现概念的意义；从属的部分是词缀，总含有不大明显的语法意义，大多又还隐约带有概念性的意义或意味色彩。词缀附加到词的主体部分——词根的结果，是形成一个具有词性标志的新词，大多数情况下还形成一个以词根原有的概念意义为基础的新意义。关于这一点，上面3.2.6和3.2.7两小节已阐述详细。这里为下文便于叙述和理解，不妨再举几个比较典型的例子：

房子："一子(zi)"除标示名词之外，又带来口语色彩，那是"房"所没有的，因而使整个词的含义不完全和"房"一致。

钙化："一化"不但表明这个词是动词，而且使词的意义不再是"一种化学物质——钙"，而是"成为钙质"。

奔头："一头(tou)"不但成为这个词的名词标志，而且使词的意义不再是"很快地跑"，而是"对理想目标的追求"。

附加型所结合的词汇材料，其相互间的关系显然不再是组合，而是以一方为主，另一方附从地作用于它。这种关系无论是意义上的还是结构上的，都既有词汇性质(词汇单位本身内部的构造关联)，同时又有语法性质(词缀在语法上如何作用于词根)。但是从造词法的角度来看，使一个从属性的词汇材料附加到作为主体的词汇材料上而增加一个词汇成员，则纯粹是词汇的事。

依据把附加的词缀置于词根的前面或后面的不同，附加型可分为两种。所造成的词，就是前面3.2.6和3.3.1提到的派生词和重派生词。例如前附加型造成"老总""老鼠""老鸹""老张""阿姨""阿飞""见怪""小赵""第二""初三""老油子"之类；后附加型造成"样子""椅子""苦头""里头""子儿""老伴儿""本着""教育家(jiā)""教员""生手""博士生""人民性""悠然""丑化""老粗儿""老妈子""老二家(jia)"之类。

结合法的附加型，虽然使用频率不如组合型高，但是也有较强的能产性。由它构造的词，有日益增多之势。

(二)叠连法。这类词汇材料式是使一个单音节的词汇材料重复出现并先后接连起来，表示一种不同于原词汇材料的新义，造成新词。

这新义可分为五类。第一类,意义的新在于带上了口语色彩。出现这类新义的词大多是可用于面称及旁称的亲属称谓。从形式方面看,造成叠音形式也是由于要适应词形双音化的习惯心理。如:

妈——妈妈　爹——爹爹　伯——伯伯　叔——叔叔
姑——姑姑　舅——舅舅　公——公公　婆——婆婆
哥——哥哥　弟——弟弟　姐——姐姐　妹——妹妹
娃——娃娃　头——头头

第二类新义是强化了词汇材料单个存在时的意思。出现这类新义的词是形容词或副词。如:

暗——暗暗　草——草草　莽——莽莽　茫——茫茫
苍——苍苍　悠——悠悠　平——平平　惶——惶惶
久——久久　蠢——蠢蠢　匆——匆匆　急——急急
白——白白　刚——刚刚　单——单单　恰——恰恰
最——最最

第三类新义,新在添加了"多"的意思,有的在多的基础上还进一步改变原材料的基本意思。含这类新义的词,只能是名词,造得很少。如:

星——星星　本——本本　条——条条　框——框框
套——套套

第四类新义是带上了幼儿认识上和感情上的天真幼稚色彩。含这类新义的词,只能是指称幼儿所喜爱的具体事物的名词,只出现于儿语及同幼儿说话之中。如:

饼——饼饼　蛋——蛋蛋　糕——糕糕　糖——糖糖
球——球球

第五类新义,意义当中含有"继续不断地出现或继续存在下去"的因素①,表现一种持续的状态。带这种新义的词绝大多数都是形容词和

---

① 这意义因素是汉语一种特殊的语法意义——继续意义。参见拙文《带继续意义的动词性短语》(中国语文杂志社编:《语法研究和探索》(二),1984 年,北京大学出版社)和《现代汉语句法的继续范畴》(《南开学报》,1983 年,第 6 期)。

动词;其中相当一部分不能独立运用,只出现在固定语中黏附于某个词。如:

枭——→枭枭　滔——→滔滔　滚——→滚滚　飘——→飘飘
跃——→跃跃　闪——→闪闪　阵——→阵阵　花——→花花(~绿绿)
真——→真真(~假假)　假——→假假(真真~)
进——→进进(~出出)　唯——→唯唯(~诺诺,~而退)

(三)改造法。取一个现成的词或固定语,对它在构造成分上、构造形式上或语音形式方面作某种改变,使形成另一个词。这种改变某个现成词语单位而造出新词的方法,可分为换素型、倒序型、变调型、合音型、缩略型等五种。

用一个单音语素替换某个复合词中意义相反或相类比的单音词素,就是换素型的改造法。例如汉语中原有"阴谋"一词,用语素"阳"把其中的词素"阴"替换掉,便产生"阳谋"这个新词。同样的例子,还可举出下列:

促进——→促退　过称——→过磅　遗老——→遗少
女士——→男士　功劳——→苦劳　文盲——→科盲
雨衣——→风衣　大权——→小权　人格——→国格
大小子——→小小子　一言堂——→群言堂　牛仔裤——→牛仔衫

用换素型改造法造出的新词,词义会同被改造的那个词相反或形成类比。这一点往往使新词带上谐谑、幽默的色彩。

倒序型的改造法远比换素型应用得广泛、频常,而且有久远得多的历史。这是很自然的,因为"倒序"只需要将一个复合词的词素先后顺序颠倒过来,非常简单,不受语义相反或类比的限制。当然,颠倒词素序不是任意的,不是随意可为的,而须是为了表达新的意思,并且颠倒的说法也须被大家所接受和采用。由倒序型造出的新词,意义上总与原序复合词有所不同,尽管这差别有时比较细微而不显著。如:

意义明显不同的：

发挥—→挥发	发生—→生发	同伙—→伙同
聚会—→会聚	争斗—→斗争	证实—→实证
闻见—→见闻	平和—→和平	象征—→征象
臂膀—→膀臂		

意义差别细微（只是意味或色彩上不同）的：

集结—→结集	躲闪—→闪躲	收回—→回收
争论—→论争	流传—→传流	整齐—→齐整
光荣—→荣光	康健—→健康	豪富—→富豪
粮食—→食粮		

须要指出，不少词素顺序相反、意义完全一致而且同样流行的成对双音复合词，如"窜逃——逃窜""缩减——减缩""叫喊——喊叫""演讲——讲演""合适——适合""俭省——省俭"之类，不可能断定哪一个词早先存在，而另一个词后来倒序而生，即不能看成是运用倒序型改造法的结果。所以会出现这类成对异序等义复合词，只能从不同地区、不同群体造词不同或用词不规范等方面去寻找原因。另外，像"外号——号外""牌号——号牌""年终——终年"之类词素序相反而词义差别极大的成对复合词，更同倒序型改造法无关。这些成对的复合词，至少有一个词素在意义上彼此大不相同（如"外号"的"号"指人名，"号外"的"号"则是编码。"牌号"的"号"指名称，"号牌"的"号"则是排定的次第。"年终"的"年"指地球绕太阳一周的时间，"终"指末了；"终年"的"年"指人的年岁，"终"指人死），因此并非两词彼此仅仅词素序相反，即绝非其中任何一个词仅是另一个词的词素序的颠倒。这类成对的复合词，纯粹是分别由组合型的结合法造出来的。

变调型的改造法只略为改变一个词的声调，使它表示新的概念意义，从而造成一个新词。汉语在古代凭着改变词的声调而造成另一个词(意义必相近或相关)的情形,曾经比较多见。如“风(平声,名词,指空气的流动)”──➤“风(去声,动词,表〔风〕吹拂)”,“冠(平声,名词,指帽子)”──➤“冠(去声,动词,表示加在开首处或在前头加上)”,“好(上声,形容词,表示优点多而使人满意的)”──➤“好(去声,动词,表示喜爱)”,“转(上声,表示大幅度改换方向、位置或形势)”──➤“转(去声,表示物体围绕一个点或轴作圆周运动)”,等等。到现代,变调型的改造法已变衰微,其运用成了稀少的个别现象,没有多少实例。举搜寻到的三个例子:

男人(nánrén,指男性成年人)──➤男人(nánren,指丈夫)
女人(nǚrén,指女性成年人)──➤女人(nǚren,指妻子)
肚子(dùzi,指腹部)──➤肚子(dǔzi,指动物的用做食品的胃)

合音型的改造法和变调型同样少用。它是把一个双音词或双音固定语的两个音节合并、简化而改成一个音节,从而造成一个形式有别的、适用于口语而带口语色彩的新词。如:

早晚(zǎowǎn)──➤咱(喒、偺)(zan)
不用(bùyòng)──➤甭(béng)
两个(liǎngge)──➤俩(liǎ)

在河南方言中,合音型改造法用得很多。但是由此造出的大量合音词一般不能进入汉民族共同语。

缩略型改造法,是五种改造法中最常应用的一种。固定语绝大部分有四个音节的长度,有的还长达五六个音节甚至更长。这是不便于口头迅速传达信息的。因此人们往往先在口语中把固定语简化,缩略为形式简短的单位——词或较短的固定语。尔后它们又往往会进一步用到书面语中去。如:

北京大学──➤北大
国民党革命委员会──➤民革
四个现代化──➤四化

也门民主人民共和国——→民主也门

中央委员会第三次全体会议——→三中全会

一般把“北大”“民革”“四化”“民主也门”“三中全会”等缩略的说法，统称为缩略语。其实，只是“民主也门”“三中全会”之类属于固定语，只有它们才适于称为“语”；像“北大”“民革”“四化”一类单位，已成了复合词，不再是“语”。很难认为，后一类单位的两个直接成分（两个字）之间存在着词与词的某种组合关联；这些成分已成为词素，本身的意思不像词那样明晰，彼此之间的语义关系也是不明晰的，相互已凝结成一体，当中不能有语音停顿。

只从缩略造成了新词这个方面来看，这样的造词方式就是缩略型的改造法。由此法造出的缩略词，包含双音节的和三音节的两类。

双音缩略词绝大多数属于名词，其他词类的很少。如：

高校←——高等院校　美院←——美术学院　体院←——体育学院

电大←——电视大学　科研←——科学研究　责编←——责任编辑

影评←——电影评论　地铁←——地下铁路　流感←——流行性感冒

劳模←——劳动模范　侨务←——华侨事务　空政←——空军政治部

抗战←——抗日战争　劳改←——劳动改造　集训←——集中训练

民盟←——中国民主同盟

可以看出，只需保留固定语两个直接组成成分中各一个较有代表性的单音语素（或代表字）①，使它们连接起来，同时摒除所有其余的语素，便得出双音缩略词。

三音节的缩略词全是名词。都有两个直接成分：其中一个是取自固定语中某个词（或语）的有代表性的单音语素（或代表字），另一个则包含两个语素——取自固定语中的一个词、两个词或多个词。如：

① 这是一般的情形。有时例外地只保留固定语一个直接成分中的两个代表性语素（代表字），如“中国民主同盟”只保留“民主同盟”的“民”和“盟”。不过由于中国民主同盟这个政党组织也可称“民主同盟”，“民”“盟”未尝不可看成是从“民主同盟”留下的。

亚运会←——亚洲运动会

奥运会←——奥林匹克运动会

冠心病←——冠状动脉心脏病

中长路←——中国长春铁路

中顾委←——中央顾问委员会

政史系←——政治历史系

博士生←——博士学位研究生

语用所←——语言文字应用研究所

应该指出,如果对“缩略”的理解宽泛失当,把许多接近的或类似的现象都用缩略来套,会影响对缩略型改造法的确定和正确理解。如有人把所有简称都看成缩略,甚至使缩略和简称完全混淆起来,就不适当。简称的形式,往往可以是本来存在于作为简化对象的固定形式之中的一个词,这样简称的词谈不上是新造的。例如“复旦大学”可简称“复旦”,“中国人民志愿军”简称“志愿军”,“羊城晚报”简称“晚报”,“周恩来”简称“周”,这“复旦”“志愿军”“晚报”“周”等自然不是缩略型改造法造出的新词。有的简称形式,是语言所本有而存在于被简化的固定形式之外的一个单音词,如“广东”简称“粤”,“山西”简称“晋”,“山东”简称“鲁”,“重庆”简称“渝”。这些简称形式不仅同缩略无关,而且根本不是简称产生出的什么新词,它至多只能增加词的一个意义,同造词法不相干。有的简称形式虽原是所简化的固定形式中的一个词素,但又是语言中本可独立存在的一个词,它作为简称形式产生时只不过增加了新的词义,并不造成新词。例如“中国”简称为“中”,“北京”简称为“京”,“天津”简称“津”,“香港”简称“港”,就是如此。

缩略词可以不是名词，如“集训”“劳改”；但是简称的词只能是名词，“集训”“劳改”之类不能说是简称形式。可知简称和缩略是性质不同的两种现象。把简称看做缩略，会模糊缩略造词的性质和范围，会使缩略改造法难以正确地确定和认识。

把某些用组合型结合法造出的复合词看做缩略形式，是对缩略造词的另一种曲解。如：

豪情←—豪迈的感情
毫末←—毫毛末梢
乞援←—乞求援助
弃权←—放弃权利
三峡←—瞿塘峡、巫峡、西陵峡
四公子←—孟尝君、平原君、春申君、信陵君

有人把这样造出的复合词归到缩略词中。当然，并不正确。这里被“缩略”的原形并不是固定的形式，既非词，也非固定语，只是言语的自由组合。而不固定的言语自由组合就根本不是须要缩略的语言单位本原形式，谈不上缩略的问题。因而像“三峡”“四公子”“毫末”等一类复合词，是由组合型的结合法造成的，并非缩略型改造法的产物。认清这一点，才能划清缩略词和非缩略而造的复合词的界线，把缩略型改造法同组合型结合法区别清楚。

（四）转化法。这种造词法是使一个词汇材料发生转变，或由固定语的性质变为词的性质，或从意义上分化出另一个词。和各型改造法总得明显改变原词汇材料的形式或结构不同，转化法大体上仅仅改变意义的性质或组成，在词汇材料的形式结构上几乎不作改动。它可分为两种模式：词化型和转义分立型。

一部分固定语，在使用中各组成成分的组合发展为紧密凝结，内部的意义组合关系变为模糊或不大明晰，整个单位本来复杂的意思成了一个不能按成分意义机械相加来理解的单纯意义，同时各组成成分的

语音形式紧紧接合,其间不再能存在词与词组合时所能有的小停顿。这时,就是词化型转化法的实际运用,把一个固定语转化为一个词;这词自然也算新词,是以特殊的方式“造出来”的。如:

老—豆腐——→老豆腐　老—爷爷——→老爷爷　接班—人——→接班人
局外—人——→局外人　软—着陆——→软着陆　驴—打滚——→驴打滚
大—总统——→大总统　小—循环——→小循环
小—叶儿—茶——→小叶儿茶　呱嗒—板儿——→呱嗒板儿
窟窿—眼儿——→窟窿眼儿　开心—丸儿——→开心丸儿
帝国—主义——→帝国主义　山顶洞—人——→山顶洞人
九—斤—黄鸡——→九斤黄鸡

可以看出,固定语词化前后,形式结构几乎没有变化。但是事实上发生了微小的、不易察觉的形式变动,那就是原固定语两个直接组成成分之间可以有小的语音停顿,词化后这样的小停顿不能存在。意义方面,反映什么事物对象丝毫不变,改变的是由复杂性质(体现着不同概念互相组合的)转为单纯性质(只体现一个单纯的概念)。

由于汉语比较缺乏形态,在词组结构中又往往不使用虚词,固定语的词化在汉语中是很容易实现的。因此,词化型转化法是汉语一种用得不少而且能广泛应用的造词法。

至于转义分立型的转化法,在各种语言里是普遍地使用的。使用的结果就是从一个多义词分派出一个同音词来。就新确立的同音词与原来的多义词比较来说,形式和结构都完全没有区别,只是和语音形式相结合的意义变为一个而不再是互有关联的两个或多个;另外这新词的意义从原词的转义转化为基本义,它同原词余下的意义不再存在关联而分别单独存在。因此,这种转化出新词的模式可称为“转义分立型”。例如,“索(suǒ)”本是多义词,其基本义为“大绳子或大链子”,转义为“取、要”和“搜寻、寻找”;到现代,这两个转义和基本义在人们的意识中已失去了关联,于是多义词“索”把转义分派给一个新词“索

(suǒ)”,使第一个转义转化为新词的基本义,同时自身因只留下原来的基本义而不再是多义词,却和新词成为同音词(由于基本义没有改变,把转义分派了出去的“索”不是另一个新词)。再举几个同样典型的例子:

“刻(kè)”本是个多义词:

基本义——用小刀子一类器具在竹、木、玉、石、金属等物品上雕出痕迹、文字、图画或花纹。

转义——①钟表的计时单位:一小时的四分之一,即十五分钟。②时间(此~)。

现代已分化两个同音词:

“刻$_1$(kè)”——基本义是原来的,没有变化。

“刻$_2$(kè)”——基本义是“一小时的四分之一,十五分钟”;转义是“时间”。

“月(yuè)”原包含如下意义:

基本义——月亮(中秋赏~)

转义——合三十天左右的时历单位,一年划分出十二个(一眨眼,三个~过去了)。

现代分化为两个同音词:

“月$_1$(yuè)”——基本义仍是“月亮”。

“月$_2$(yuè)”——基本义是“合三十天左右的时历单位,一年划分出十二个”。

“竟(jìng)”本是个有如下四种意义的多义词:

基本义——完毕(未~之业)。

转义——①从头到尾(的),全(~日劳碌)。②终于(有志者事~成)。③出人意料做到(地)(他~一去不回)。

现代分化为两个同音词:

“竟$_1$(jìng)”——基本义是“完毕”。转义是:①从头到尾(的),全;②终于。

“竟$_2$(jìng)”——基本义是“出人意料做到(地)”。

“谅(liàng)”原是个多义词:

基本义——原谅(请~)。

转义——推想,料想(~他不敢来)。

现代,这两个意义失去联系,形成两个同音词:

“谅$_1$(liàng)”——基本义仍是“原谅”。

“谅$_2$(liàng)”——基本义是“推想,料想”。

转化法,无论是词化型的还是转义分立型的,都不像其他造词法那样是人们有意识地加以运用的方法手段。它实际上是人们使用词语和理解词语的一种习惯和语感的趋势。因此,是在转化法作为某类新词产生的一种特定途径的意义上,而把它视做造词方法的。

3.4.4　不同于上述词汇材料式造词的取材,语音材料式造词不取含有意义的词汇成分做材料,而只取材于本语言中的语音单位。一般情形下,这些语音单位是音节。语音材料式造词法按照如何用材料造成词的途径,可分为四类:

(一)拟声法。取一两个或两个以上的音节,把它们缀连起来发音,使这整体的声音模拟某种事物现象,从而能指明该事物现象,形成一个词。依照由语音材料所造成的声音同所模拟的对象的关系,拟声法应区分为示音型和表事物型。

示音型的拟声法非常简单。某种声音,只要用音节或音节的缀连能大体如样表示出来,就造成一个指明该声音的词。这样的词是象声词。象声词的语音形式,是现实中某种声音的模仿,而且就以这种声音(实际是它在人们意识中的反映)作为所表示的意义内容。换言之,象声词是以其语音形式模仿所指的声音对象而直接表示或代表该声音对象的。现代汉语示音型的拟声法所利用的音节,较多情况下是两个,可以少至一个,至多则不超过四个。相应地,造出的象声词以双音词居多,单音词次之,三音节和四音节的词比较少。如:

丁当　丁东　玎玲　轰隆　哗啦　哗哗　呼啦

呼噜(hūlū)　潺潺　刷拉　呱呱　飕飕　飒飒

扑哧　瑟瑟　淅沥　滴沥　滴嗒　牙牙　扑通

铮锹　铮铮　哧溜　呼哧　劈啪　欻拉

吧嗒　吧唧　唧唧　喃喃　霍霍　哐啷　咕咚

咕嘟(gūdū)　　咕隆　　咕噜(gūlū)
砰　　嘭　　轰　　刺(cī)　　唰　　哇　　嘟　　啪　　乓
飕　　哐　　咕　　哗
呼啦啦　　扑啦啦　　哗啦啦　　呼噜噜　　噼里啪啦
叽里咕噜　　叽里呱啦　　丁零当郎　　唧唧喳喳

表事物型的拟声法是以音节或音节缀连的声音模拟某种事物的声音特征，从而使这声音能暗示带有相应声音特征的事物，造成一个指称这事物的新词。汉语很早就运用表事物型的拟声法来造词，造出了“牛”“猫”“鸭”“鹅”“鸺鹠”“蝉”“咄嗟”“霹雳”之类。这类词缺乏一个称谓，历来把它们混称为象声词，很不恰当。可以把它们称做“音征词”。晚近，造音征词的拟声法，使用频率不很低，造出的词大多是双音的。如：

嘟囔——借模拟不响亮、不清晰的自语声，而指连续不断地自言自语。

叽咕——借模拟细碎的轻语声，指小声说话。

咕哝——借模拟轻而模糊的语声，指小声地自言自语(带有不满情绪)。

嘀咕——借模拟说话人不想他人听到的连续轻语声，指私下里小声说。

咆——借模拟吼声，指(猛兽)怒吼。

戋(刅)——借模拟轻点、轻击声，指用指头、棍棒端等轻点、轻击。

嘀里嘟噜——借模拟急速而难分辨的语声，指说话很快，使人听不清楚。

知了——借模拟蝉的鸣声而指蝉。

布谷——借模拟杜鹃的鸣声而指杜鹃。

蝈蝈儿——借模拟一种昆虫前肢发音器发出的清脆声，而指这种昆虫。

吭哧——借模拟人用力活动时喘粗气的声音而指因用力而不自主地发出气息急促的声音。

骨碌——借模仿滚动的声音而指滚动。

轱辘——借模拟车轮的滚动声而指车轮。

可以看出，拟声法无论是示音型的还是表事物型的，所造出的词的声音都只是大体像某种现实的声音，有的比较近似，有的不过约略表现声音的简单轮廓甚至部分轮廓。但是都能造出在不同程度上具体表现某种对象的词,都是增强词的听觉印象、使它极利于人们记忆和掌握的一种特殊命名方式。

那种把示音型的拟声法看成纯是声音的感性模仿,而不是命名称说事物的意见①,不能认为是正确的。

(二)表情法。不自觉地由发声来宣泄感情的情形很常见,就是感叹、呼喊等。在感叹或呼喊时若用汉语一定的音节材料来发声,表示出某种感情,便造出特殊的词来。由于声自情出,不是有意识地发这种声,表情法造词有不自觉的或无意识的特点。它不是命名;所造的词不是为了指说或代表某种东西,因而没有理性意义,只有感性意义。如:

喔唷(ōyō)——表现惊讶感:"~! 好大的南瓜!"

哟(yō)——表现轻微的惊异感(有时兼有玩笑的语气):"~! 大哥还会补衣服!"

啊(à)——表现惊异或赞叹之情(音较长):"~! 他的表演真棒!"

唉(ài)——表现伤感、惋惜或为难的心情:"~,这日子怎么过呀!"

哎哟(āiyō)——表现痛苦难受或惊讶之情:"~! 别那么猛,受不了!""~! 这么冷泡在冰水里头!"

哎呀(āiyā)——表现惊讶或埋怨、不耐烦之情:"~! 我的衣服谁拿走啦?""~,还要等你那么久!"

嚄(huō)——表现惊讶而赞赏之情:"~! 布置得真漂亮!"

嗬(hē)——表现惊讶感,往往还伴有赞佩之情:"~! 真有两手!"

嘿(hēi)——表现得意之情:"~! 我们夺标了!"

呸(pēi)——表现唾弃或极端鄙视之情:"~! 不要脸的东西!"

哈哈(hāhā)——表现得意感或满意之情:"~! 我可赢了你了!"

除了这类无可置疑地表现感情的词之外,还有另一些词并不表现严格

① 任学良《汉语造词法》(1981 年,中国社会科学出版社)把造出"知了""布谷"一类词的方法定为"取声命名式"(第 238 页),把造出"丁当""轰隆"一类词的方法定为"单纯拟声式",认为后者并非命名(第 243 页)。这个提法可以商榷。人们认识某类声音,造一个声音和它相仿佛的词来指说它、代表它,这没有理由不是一种命名;象声词也正因此而不能认为不含理性意义。

理解的感情的词,也是表情法的产物。它们表现的是内心的意识状态、某种态度或对话呼应的意念,都是感性的心态而非抽象的观念。如果把感情理解得不那么严格,是可以把这些同感情相近的感性心态附属于感情范畴的,有的甚至也可以看做感情。因此表情法在两个方面扩大其造词的范围:一方面造出表现宽泛理解的感情的词,另一方面造出表现对话呼应意念的词。如:

A. 哎(āi)——表现意外、不满意或提醒留意的心态:"~!真没想到!""~!可不能这样做!""~,我有个主意。"

啊(ǎ)——表现惊疑的心态:"~,他拒绝接受吗?"

啊(á)——表现追问的心态"~,他说什么?"

嗳(ǎi)——表现不同意或否定的心态:"~,不是这样办的!"

欸(ě)——表现不以为然的心态:"~,你怎么这样说!"

哦(喔)(ò)——表现醒悟、领悟的心态:"~!原来他有这种意思!"

喔(噢)(ō)——表现了解的心态:"~,他是病了不来。"

哼(hng)——表现不满意或不相信的心态:"~!谁能相信他的话!"

噷(hm)——表现不满意或申斥的心态:"~!这家伙两面三刀!"

嗯(ńg)——表示意外而不以为然的心态:"~,你又跑回来不上工啦?"

呣(ḿ)——表现疑问的心态:"~,谁来了?"

B. 喂(wèi)——表现招呼对方并要对方有所反应的意念:"~,你掉了东西了。"

嘿(hēi)——表现招呼对方并提起对方注意的意念:"~!小赵别走!桥坏啦!"

欸(ē)——表现招呼对方并要对方留意这招呼的意念:"~,我告诉你一件事!"

嗯(ǹg)——表现应答的意念:"~,知道了。"

A组的词和前面"喔唷""哟"等表现感情的词,都被称为"感叹词";B组的词则属于另一类——呼答词。

(三)联绵法。取两个音节——两个表现在书面上是各无含义的字,把它们缀起来用以称说某种事物现象,形成一个双音的单词。传统上把这类双音单词称为联绵词，因此相应的造词方法也说成联绵法。联绵法许多时候讲求造的词在语音形式上的音韵美，往往使两个音节形成双声或叠韵。因此联绵法分为双声型、叠韵型、非双声叠韵型。各型所造的词，分别举例如下：

双声联绵词：

蜘蛛	孑孓	琉璃	瘰疬	尴尬	忐忑	忸怩
饕餮	倜傥	拮据	陆离	参差	崎岖	蹊跷
伶俐	剔透	仿佛	踌躇	吩咐	氤氲	

叠韵联绵词：

骆驼	蟑螂	鸲鹆	蜾蠃	蛤蟆	傀儡	饸饹
馄饨	喇叭	膀胱	菠萝	啰嗦	趔趄	徜徉
婆娑	伶仃	扑簌	妖娆	蹒跚	烂漫	灿烂
彷徨	迤逦	蜿蜒	邋遢			

非双声叠韵联绵词：①

蝌蚪	蚯蚓	猞猁	犰狳	蝾螈	蝙蝠	鹈鹕
鹌鹑	鹦鹉	鸬鹚	蟛蜞	鳗鲡	鳑鲏	蜈蚣
蛴螬	玻璃	嗫嚅	憔悴	委琐	溜达	

（四）音译法。纯以本身不含意义的音节材料来"翻译"另一种语言的某个词或语的声音，同时使这译音形式代表原词语所指称的对象，便造成一个新词。这是纯粹的音译词，即纯粹的外来词。音译法造词除了须以本族语言的音节为材料之外，显然还须以另一种语言某个词语作为选材译音的依据，这两方面都是音译法的必要条件，也是其特点所在。选择多少音节和什么音节来译音，一般以求得尽量近似原词的

① 这里，"非双声叠韵联绵词"指联绵词中除去双声、叠韵的其余部分，不意味着包括双音节的非联绵词。联绵词应严格地指这样一种词（音译词除外）：作为构造"元件"的每个音节都是不表示意思的。符定一《联绵字典》所收词目相当一部分是普通的双音词，并非联绵词，表明该字典实际上错误地把联绵词同双音词完全混同了起来。

声音为原则。如：

扑克 pūkè←—poker[ˈp‘ oukə]
布丁 bùdīng←—pudding[ˈpudiŋ]
威士忌 wēishìjì←—whisky[ˈhwiski]
雷米封 léimǐfēng←—ramifon[ˈræmifəŋ]
雷达 léidá←—radar[ˈreidaː]
尼龙 nílóng←—nylon[ˈnailɔn]
坦克 tǎnkè←—tank[tæŋk]
白兰地 báilándì←—brandy[ˈbrændi]
费厄泼赖 fèi’èpōlài←—fair play[fɛə plei]
引得 yǐndé←—index[ˈindeks]
阿斯匹林 àsīpīlín←—aspirin[ˈæspərin]
歇斯底里 xiēsīdǐlǐ←—hysteria[hisˈtiəriə]
拷贝 kǎobèi←—copy[ˈkɔpi]
蒙太奇 méngtàiqí←—montage[mɔ̃tɑːʒ]
沙龙 shālóng←—salon[saˈlɔ̃]
盖世太保 gàishìtàibǎo←—Gestapo[geʃ ˈtapo]
纳粹 nàcuì←—Nazi[ˈnatsi]
康采恩 kángcǎi’ēn←—Konzern[kɔnˈtsɛrn]
马克 mǎkè←—Mark[mark]

由于现代汉语不存在复辅音和 n、ŋ 之外的尾辅音，因此所译的词若有这类辅音，就要用一个音节来译复辅音中的某一个辅音和尾辅音 -s、-z、-d、-t、-m、-l 等，如 whisky 译为“威士忌”，用 shì（“士”）译“s”；brandy 译为“白兰地”，用 bái（“白”）译“b”；tank 译为“坦克”，用 kè（“克”）译“k”。这决定了汉语的音译法只以音节为材料元件，也决定了这种方法的要领是选择同被译音较为贴近的音节。

3.4.5　造一个词时，既用本语言的词汇材料，又同时用上本语言的语音材料，就是混合材料式的方法。它按照如何把这两类材料造成词的途径，分为四类：

（一）半表音法。取一两个音节材料表示某种事物现象的声音特

征,同时使它和一个能表示这种事物现象某个实质方面的词汇材料结合起来,从而造成一个半表音的复合词。如:

吱声——做声、说话的意思;“吱—”以模拟较小的语声而表示“发出(声音)”或“做(声)”,“—声”则表示语声。

吭声——出声说话的意思;“吭—”以模拟说话发出的喉音、鼻音而表示“发出(声音)”,“—声”表语声。

吭气——也是出声说话的意思;“吭—”的表音作用和“吭声”的“吭—”同,“—气”表示说话的呼气。

哈哈镜——指用凹面和凸面玻璃造成的镜子,照出的奇形怪状能引人发笑;“哈哈—”以模拟大笑声而表示“使人发笑(的)”,“—镜”表示镜子。

呱嗒板儿——指由两大块竹板或若干块小竹板用绳子连续而成的节拍器;“呱嗒—”以模拟竹板互相击撞的声音来表示“发出呱嗒声(的)”,“—板儿”就表示竹板。

呱呱叫——指才能或质地极好。“呱呱—”模拟吹嘘或赞叹的喊声,表示“呱呱声地”,“—叫”表示“(吹嘘或赞叹地)叫喊”;“呱呱声地(吹嘘或赞叹地)叫喊”比喻出词的实际意义。

有的双音复合词,其中虽然也只有一个词素是表音的,可是它本来就已是个拟声法造出的单音词,只是再被利用来和另一个单音词结合为新词,当然是不能看做半表音法的产物的。如:

蹦跳←—音征词“蹦”+普通单词“跳”

呕吐←—音征词“呕”+普通单词“吐”

抨击←—音征词“抨”+普通单词“击”①

这里使用的造词法,显然只是词汇材料式的组合型结合法。分清复合词产生时所用的表音成分和现成的单音音征词,就可以把词汇材料式的组合型结合法同混合材料式的半表音法区分清楚。

(二)半表意法。取一个本身不带意义的音节和一个单音单词或

---

① “抨”最初的意义是拍或拂过,显然是用表事物型的拟声法造出的词;后产生转义“弹”,再转而产生现代使用的弹劾义。“击”最初可能也造自表事物型的拟声法,尚不能证实。

单音语素，把它们缀连起来，用以称说某种事物现象，形成一种特殊的双音合成词。这种造词法只用了一个表示意义的材料，另一个材料却是个不含意义的音节而不起表意作用，因此可称为半表意法。如：

腼腆←—本无意义的音节“腼”miǎn+单音单词“腆”（“惭愧”义）

惆怅←—本无意义的音节“惆”chóu+单音语素“怅”（“不如意而伤感”义）

蓊郁←—本无意义的音节“蓊”wěng+单音语素“郁”（“〔草木〕茂盛”义）

肮脏←—本无意义的音节“肮”āng+单音单词“脏”（“不干净”义）

窟窿←—单音单词“窟”（“洞穴”义）+本无意义的音节“窿”long①

林狎←—单音单词“林”（“成片的树木或竹子”义）+本无意义的音节“狎”yì

半表意法所造成的词，由于含有一个词根性质的直接组成成分，而另一个直接组成成分又显然不是词缀，它可以划入也只能归入复合词的范畴。这种复合词中的不表意的成分虽然本来不含意义，但是由于同词根性的词素相结合而和这词素处于同等的地位及同一个组合层次，自身就不能不也成为词素，而且逐渐获得词义构成因素之一的性质，被赋予或“感染”上某种意义：或者是新词词义大体上除去词根含义所余下的成分（如“林狎〔指猞猁〕”的“狎”，“腼腆”〔指害羞而不自然〕的“腼”），或者是隐约存在的、和词根含义或基本词义大体一致的意义（如“蓊郁〔指〈草木〉茂盛〕”的“蓊”，“惆怅”〔指伤感而失意〕的“惆”）。因此，这种复合词是比较特殊的。

（三）半音译法。不像音译法那样完全用语音材料把另一种语言的词语音译过来，而是既用语音材料来音译，又另用词汇材料意译一部分，使这音译的和意译的两部分缀连起来构成一个词。在这种词的构造中，音译约莫完成一半的功，因此可以用“半音译”来称这种造词法。如：

---

① “窿”在某些方言里是有固定意义的语素，表示“洞”或“煤矿的坑道”。

A. 啤酒——音节“啤”音译了英语词 beer,词汇材料“酒”意译了 beer 的部分意义——类属意义。

高尔夫球——三个音节的缀连“高尔夫”音译了英语词 golf,词汇材料“球”意译了 golf 的类属意义。

沙丁鱼——音节的缀连“沙丁”是英语词 sardine 的音译,词汇材料“鱼”意译了类属意义。

卡片——音节“卡”是英语词 card 的音译,词汇材料“片”意译了部分意义——对象的形状。

芭蕾舞——音节的缀连“芭蕾”是法语词 ballet 的音译,词汇材料“舞”意译了类属意义。

毛瑟枪——音节的缀连“毛瑟”是德语词 Mauser 的音译,词汇材料“枪”意译了类属义。

B. 爱克斯光——音节的缀连“爱克斯”是英语词 x-ray 的前半部分的音译,词汇材料“光”则意译了词的后半部分-ray。

华尔街——音节的缀连“华尔”是英语专名 Wall Street 前一词的音译,词汇材料“街”意译了后一词。

道林纸——音节的缀连“道林”是英语固定名称 Dowling pape 前一词的音译,词汇材料“纸”意译了后一词。

侏罗纪——音节的缀连“侏罗”音译英语固定名称 Jurassic period 的前一词,词汇材料“纪”意译后一词。

拓扑学——音节的缀连“拓扑”是英语词 topology 前半截的音译,词汇材料“学”意译了后半截(-logy)。

沙文主义——音节的缀连“沙文”是俄语词 шовенизм 前部分的音译,词汇材料“主义”意译词的后半部分(-изм)。

可以看出,半音译法造词有两种不同类型。一种是补加意译型,整个词语已作音译又再加上部分意译以明词义,如上面 A 组的译法。另一种是部分音译加部分意译型,整个词语一部分音译,另一部分意译,如上面 B 组的译法。不论哪一类型,半音译法造的词,传统上都看做音译词。为了把它们同音译法造的纯粹音译词区别清楚,可称它们为半音译词。从词的结构方面看,半音译词和音译词之间是有重大差别的。后者不能分出不同的语素,是单一语素的单词。前者却包含两个不同的语素,彼此有组合关联而形成结构：一个语素是意译部分，它的词根性质很明显；另一个语素是音译部分，它在造词时虽然本是没有意义的音节材料，但是进入词后由于把所译的原词相应部分的意义也吸收过来而也含有意义，因而成了语素，同时它由于和意译部分的词根发生意义的组合而彼此处于同一个结构层，也不能不是个词根性的语素。因此，半音译词，类似于半联绵法所造的词，从词的结构来看，也是一种特殊的复合词。

（四）音译糅合意译法。在音译一个词时，不满足于只选用贴近原词声音的音节，而挑选声音既逼近、又可带有某种意义的若干音节，使它们缀连起来时既译了音，又在某种程度上译了义或暗示出词义。这是一种高妙的译词法。译时，音译是基础和出发点；在选用音节材料过程中却实际上选上了词汇材料，但是这些词汇材料受着音译要求的限制，必须首先能贴近于原词的音，从基本角度上说未始不可看做也是有表音功能的音节。因此这种造词法是把音译的音节材料和意译的词汇材料糅合为一的，可以称为音译糅合意译法。由它造成的词，一般被视为音译词中特殊的而且最为上乘的一类。如：

乌托邦（wūtuōbāng，指空想的幸福社会；“乌”可表示无，“托”表示〔可〕寄托，“邦”表示国家）←—英语词 Utopia［juː ˈtəupiə］

可口可乐（kěkǒukělè，指一种饮料；“可口”意为“味佳适口〔的〕”，“可乐”意为“〔喝了〕可高兴了”）←—英语词 Cocacola［kəukəˈkəulə］

佃农（diànnóng；“佃”可表示“向地主租种土地〔的〕”，“农”表示“农民”）←—英语词 tenant［ˈtenənt］

绷带（bēngdài；“绷”可表示“布、绸等张紧〔的〕”，“带”表示“布、皮等的扁平条状物”）←—英语词 bandage［ˈbændidʒ］

爱斯不难读（àisībùnándú，指世界语；字面上可产生“喜爱它，读起来就不困难”的意思）←—英语词 Esperanto［espəˈræntəu］

连诵（liànsòng，指不同的词之间连结发音；“连”可表示连结，“诵”表示诵读）←—法语词 liaison［ljɛzɔ̃］

这类巧妙地兼合译音、译义的词，从如何构造的角度来看，显然不好归到"音译词"的类别里;它应是独特的一类,同音译词、意译词及半音译词平行,可称之为音意混译词。

巧妙地兼合译音、译意的办法,有时还使用到半音译词的音译部分上。如:

霓虹灯——"霓虹(níhóng)—"音译英语词 neon[ˈniˈɔn],又带意译,指大气中两种发光彩的现象。

大丽花——"大丽(dàlì)—"音译英语词 dahlia[ˈdeiljə],又带"很美丽"的意义。

太妃糖——"太妃(tàifēi)—"音译英语词 toffee[ˈtɔfi],又带上"太上皇妃子"的意义(由此可引申地理解为"王族〔吃的〕"——"高级而好吃的")。

踢踏舞——"踢踏(tītà)—"音译英语词 tittup[ˈtitəp],可是又带有"踢和踏"的意义。

洋鬼风——"洋鬼(yángguǐ)—"音译英语词 Yankeeism[ˈjæŋkiizm](意为美国人脾气)中的 Yankee-,又含"洋鬼子"的意义。

这是音译糅合意译法同半音译法的结合;不过半音译法决定了词的大框架,音译糅合意译法只是在这框架内起作用,因而这里造词法的主要性质仍是半音译,所造的词应基本上算半音译词。

3.4.6　综合上述,现代汉语的造词法,可简略地表示为下列图式(见 128 页)。

3.4.7　造词法造出新词来,并不意味着所有新词都凭造词法而产生。现代汉语有些新词很难认为同造词法有关。比如,从汉语方言吸收过来的一些词,如"搞""瘪三""龙眼""二流子"之类,不能看做音译法或音译糅合意译法的产物,因为造这些词的词汇材料同为方言和普通话所有,并且它们在方言中和在普通话中基本上是同样的。也不好说体现了改造法。改造法须是对语言中本有的词汇材料作某种改造;而构造这些词的词汇材料是普通话本就具有的,它们处在这些词之外和这些词当中并没有什么不同或变化,因而谈不上作了改造。问题在于,这些词是方言社会所造的，本是方言的词，普通话只是把这现成单位的发音略加改变而搬过来，并非在普通话的材料基础上重新造一个词。

- 现代汉语造词法
  - 词汇材料式
    - 结合法
      - 组合型
        - 直指的
        - 喻指的
      - 附加型
        - 前附加的
        - 后附加的
    - 叠连法
      - 加上口语色彩的
      - 强化意思的
      - 加上“多”义的
      - 加上天真幼稚色彩的
      - 加上继续意思的
    - 改造法
      - 换素型
      - 倒序型
      - 变调型
      - 合音型
      - 缩略型
    - 转化法
      - 词化型
      - 转义分立型
  - 语音材料式
    - 拟声法
      - 示音型
      - 表事物型
    - 表情法
      - 表现感情的
      - 表现意识状态或态度的
      - 表现对话呼应意念的
    - 联绵法
      - 双声型
      - 叠韵型
      - 非双声叠韵型
    - 音译法
  - 混合材料式
    - 半表音法
    - 半表意法
    - 半音译法
      - 补加意译型
      - 部分音译加部分意译型
    - 音译糅合意译法

4. 词汇的构成单位(下)

4.1　熟语及其两大类别:语言的固定语和言语的常语

4.1.1　在对词及其有关方面的问题作了描写分析之后,须要对汉语另一类词汇单位——固定语,进行大体同样深入的考察。

首先,怎样识别汉语的固定语?或者说,怎样确定这种单位?它的性质是怎么样的?

回答这些问题,最有力的方式是把固定语同相近或相似于它的单位区别开来,既弄清它们的共同点,又明确相互间的界线。

作这种区别的一个关键点,是要提出"熟语"来分析一下;因为"熟语"不但同固定语很有关联,彼此间在概念上容易混淆,而且它所包括的某些单位也同固定语比较接近。

4.1.2　"熟语"已成为广泛使用的术语。就人们对它所共有的理解来说,熟语的单位具有下列特点:(一)是现成的、大家熟悉和使用的短语或语句;(二)大于一个词,至长不超过一句话。据此来看,熟语可以是种种比词大的用语,包括成语、惯用语、专名语、谚语、名言等等。比如下列几组习见的用语单位,都属于熟语:

A. 开门见山	南辕北辙	一本万利	开夜车
以小见大	惊慌失措	如此等等	风和日丽

B. 中央军委　　大兴安岭　　珠江三角洲
　三潭印月　　人民日报

C. 留得青山在,不怕没柴烧
　巧媳妇难为无米之炊
　紧庄稼,慢买卖
　国以民为本,民以食为天
　各人自扫门前雪,休管他人瓦上霜
　富贵无根,贫贱无苗
　千群一条心,黄土变成金

D. 学而时习之
　三人行必有我师焉
　前无古人,后无来者
　心有灵犀一点通
　谦虚使人进步,骄傲使人落后

可以看出,这些同是熟语的单位,性质上却混杂不齐。从大处着眼,首先容易判定,A 组和 C、D 两组之间,B 组和 C、D 两组之间,性质都有较大的差异。A 组和 B 组的差异也不小,但相对来说,不如前一种差异大。另一方面,A、B 两组单位还有相当大的共同性,那正是它们根本上区别于 C、D 两组之所在:意义都体现着一个概念;使用时,一般只作为句子成分而出现在语句中,作用和词相当;具有仿佛被不经心地经常用来造句的复呈性,这一点也和词一致。与此不同,C、D 两组单位的意思体现着一个具体的判断、一个思想;使用时,一般不充作句子成分,而是作为独立的语句出现,是现成语句单位有意识的搬用,具有引用性而非复呈性。可见 A、B 两组和 C、D 两组性质上大有不同。前者属于语言,是现代汉语的词汇单位,就是固定语或固定词组;后者属于言语——运用语言的产物,是比较稳定的言语作品小单位,可以统称为常语。

把常语同固定语区分开来,一方面能弄清熟语和固定语之间存在着前者包括后者的关系,另一方面能大大有助于确定固定语。

现代汉语的常语,主要包括谚语、名言及成句子的俚语等三类单位。所有常语,无不是具有思想内容的作品。虽然这些思想内容大多数都健康可取,有的却可能有害,因此对常语要有鉴别评价,排斥那些只起消极作用的单位。这种情形说明了常语属于意识形态的范畴,迥异于全民通用的、只有概念性的意义的固定语。

不少教科书把谚语算做词汇所包括的一种单位。这显然不当。谚语,像前面 C 组所表明的,大部分是人们经验的总结,闪烁着人民智慧的火花。在语文教育和文化普及、提高的事业中,有必要让学生和广大群众学习和熟悉谚语。谚语是需要搜集、编纂成册和加以研究的。但是谚语不属于语言词汇,因此对谚语的研究不属于词汇学,是语文学范围内的工作。

谚语由于是个表达思想的语句,一般要用上多个词来构造。因而它在大多数情况下远比固定语"长",这似乎成了形式上区别开谚语和固定语的明显标志。实际上并不那么可靠。在具体区分中,长短不见得都能解决问题,不是到处都可据以划分谚语和固定语的分野标志。比如,谚语可有短到四五个音节的,长短形式和一般的固定语没有多少差别,如"骄兵必败""疾风知劲草""路遇不是伴""独木不成林"等等。而固定语也可有长到八个音节以上的,看起来和不少谚语的长度也没有不同,如"三天打鱼,两天晒网""拾了芝麻,丢了西瓜""以小人之心度君子之腹"等等。从形式上看,倒是末后有无表示终止的语调,是个有用得多的分野标志:谚语无论什么结构,也无论是否单独存在,末了总出现一个表示终止的语调;而固定语在单独存在和进入语句(作为句子成分)的情况下,都不会有这种语调,即便本身含有"主谓"结构(如"孤掌难鸣""居心叵测")也罢。这一点也足以说明,根本上,谚语是以表现完整的思想内容及相应的使用上的功能,而同体现概念的固定语区别开来的,因为表终止的语调是表达的思想内容完结时所采取的形式标志,也可借以表示整个谚语同其他语句分隔开并处于同等地位。

常语中同谚语平行的另一类别“名言”,如上面 D 组的单位,没有严格的、确定的范围:什么语句算名言,往往见仁见智。一般所说的警句和格言,可以包括在名言的范围内。名言和谚语只有微小的差别,表现在:(一)谚语的内容总是说明一个道理,而名言的内容不一定如此;(二)谚语是无名氏的作品,名言有具体的作者。两点差别都不是实质性的,第(二)点甚且不是本身内部特性的差别。因此,区别名言和固定语,情形同区别谚语和固定语基本上是一样的,这里也没有特别的困难,倒是由于名言可查出作者而使区别更容易一些。

除谚语、名言之外,余下的常语主要是成句子的俚语,数量较少。俚语是比较稳定而格调俚俗的语句或词组,性质混杂,以语句的形式出现的是言语作品,以词组形式出现的则属于词汇。关于俚语的性质及其两类的区别,下面在 4.7 节里再详论;这里先只看看语句一类的基本情形。它们说得俚俗,比较口语化,内容是说出一种现象或事实,不像谚语那样说明某个道理。如:

眉头一皱,计上心来
打个巴掌给个甜枣吃
没吃过肥猪肉,也见过肥猪跑
做一天和尚撞一天钟

这种成句子的俚语在表现了思想、有表终止的语调及有引用性等方面,都和谚语、名言一致。它们来自民间,也不可能找到作者,因而实质上和谚语相当接近。显然,区别成句子的俚语和固定语,情形就同区别谚语和固定语一样,可以比较明确地区分开来。

4.1.3　混杂的、异质的熟语分别出了语言和言语的两类,这才能够明确,汉语词汇包括熟语的哪些类别的单位,汉语词汇学也才可以明确语言的熟语——固定语——是它的一种研究对象。

不过，须要指出，语言的固定语和言语的常语虽然相互之间可以划出一条界线，却不等于横亘一道鸿沟。有的常语，由于用得广泛，使用的频率高，所含的意思逐渐由一个作出某种判断的思想变成体现一般的概念，它们的被引用也随着逐渐变为习常遣词用语的复呈，从而由现成的一句话变为固定语。这是常语转化为词汇单位，实现了词汇化。例如"众怒难犯""孤掌难鸣""水落石出""曲高和寡""黑云压城城欲摧"等固定语，就是从常语逐渐转来的，至今还或多或少残留着独立语句的痕迹。在这种转化的过程中，存在一些停留在常语和固定语之间的单位，不是奇怪的现象。如现在，像"青出于蓝而胜于蓝""井水不犯河水""远水解不了近渴""礼在人情在""落花有意，流水无情""无可奈何花落去""山雨欲来风满楼"等，既作为语句而被人们引用，又可以成为人们话语中的某种句子成分，性质上显然介于固定语和常语之间。这类中介的熟语单位，从发展的角度看，可以基本上算做固定语。

中介单位的存在，不表明不能划分开固定语和常语，而只是说明，两类性质不同的熟语不像切豆腐般可以划分得那样干净利落，彼此是关联着而且互为作用的。

把固定语同各类常语区别清楚，不等于固定语的单位就被完全确定下来。还须要把复合词及自由词组同固定语区别开。在汉语复合词和固定语之间划界，是相当棘手和复杂的问题，上面从 2.6.1 小节至 2.6.10 小节已详作讨论分析，作了合理划界的试验和说明，这里无须赘论。至于自由词组和固定语的划界，是比较好办的。依直接成分之间的组合是否固定，即可将两类单位明白地区分开。具体的检验办法是看两直接成分间能否插入词或词组，或者看两成分能否改变顺序、各别能否被其他同类成分替换。如：

A	B
背书流利——背书很流利，背书非常流利，背书背得烂熟、流利	滚瓜烂熟——滚瓜+某词/某词组+烂熟(×)
政治经济——政治和经济，政治密切地结合着经济	国计民生——国计+某词/某词组+民生(×)
歌颂赞美——赞美歌颂	可歌可泣——可泣可歌(×)
增加收入——增加税收，增加利润，增加工资，增加财富；减少收入，没有收入，毫无收入	开源节流——某“动+名”〔←—开源〕+节流(×)；开源+某“动+名”〔←—节流〕(×)

A行箭号左边的无疑是自由词组，B行箭号左边的可以肯定是固定语。

4.1.4 固定语本身有多种类别。常提出来的是成语和惯用语，还有歇后语，一般比较熟悉这三类单位。除此之外，人们其实在说话和书写中还经常用到其他一些类别的固定语，只是它们往往被忽略或习焉不察罢了。它们是专名语、专门用语和准固定语。

下面要在不同的节段里，分别描写固定语的各个类别。

4.2 现代汉语成语，它的特征、范围和结构

4.2.1 成语是现代汉语的固定语中表现最生动、最富有意趣的部分。从名称的字面意义来说，成语仿佛指现成的短语和语句。可是按照这种理解，成语不但等同于固定语，甚且等同于熟语，可以把谚语、名言等言语单位统统包括进来。显然，这样理解的“成语”会成为“熟语”的等义术语，从而不会有存在的价值。可是不少人对于成语确实持极为宽泛的理解。那大抵是从古代一直承传下来的观念和语感。自“成语”这个词出现以来，人们一般是把成语理解为“习用的古语，以及表示完整意思的定型词组或短句”，①“大抵为社会间口习耳闻，为众所熟

---

① 《辞源》修订本，第二册，第1186页，1980年，商务印书馆。

知者”。① 这种极宽泛的理解,不仅仅雷同于今日学界对熟语的理解,而且提出了熟语所包括的惯用语、歇后语、专名语、谚语等等是否即为成语下属次类的问题。

然而,“熟语”是现代从苏联语言学吸收过来的术语概念,早已为学界所接受并广泛使用开来;而从熟语当中发掘出的一个次类别——惯用语,被置于与歇后语、专名语等平行的地位,成语也隐约安放在这一平行次类之列。这种词汇学新概念及其相互关系被肯定和采用的现实,就与成语的旧有观念语感互相碰撞,互不相容。因而很自然地引发出需要重新给成语定性定位的大问题。无论如何,成语的旧有观念须要适从于词汇学发展的现实而有所改变。正由于此,对何谓成语的几种新解说在20世纪后半期断续提了出来。但是大多囿于旧有观念或字面上“现成语句”的宽泛语感,难称妥善合理,特别是不能把成语和惯用语划分清楚、划分彻底。而成语旧有语感似也未受这些新解说的多大影响,仍相当强固。以它为依据而编纂的成语词典,品种杂众,充斥市场。旧有语感甚至成为某些学者据以反对成语重新定性定位的理由。在他们来看,语感就是真理的准绳,绝对神圣,不可违背。这样,成语的概念被弄得久久混沌不清,模模糊糊。

其实,语感不是永恒不变的。它会随着有关语言知识的更新而更新。“现代知识分子的语感通常是建立在语言知识的基础上的”;“语言科学向前发展,会提高人们的认识,使人们改变某些语感,形成新的语感”。② 当然,树立成语的新观念,也要参考和适当照顾到人们的语感,以便易于让人们接受。

合理地理解成语,它只应是固定语中具有某种特点的成员。如果

---

① 舒新城等主编《辞海》,第551页,1948年,中华书局再版。

② 刘叔新:《关于成语、惯用语的答问录》。见《南开语言学刊》2002年第一期第67页;又见《语言文字学》2003年第2期,中国人民大学书报资料中心编。

撇开根本不是词汇单位的常语，在固定语中又除去明显地不好看做成语的专名语和专门用语不论，那么固定语中余下的部分也难以一股脑儿都看做成语。如：

A. 声色俱厉　审时度势　身体力行　违法乱纪　煞费苦心
前功尽弃　风和日丽　风雨交加　微不足道　诸如此类
不胜枚举

B. 竹筒倒豆子——一干二净
黄鼠狼给鸡拜年——不怀好心
外甥打灯笼——照旧

C. 不一定　不消说　不克　不堪　大恸　大恚　大悦
走亲戚　一笑　一程　两回事

D. 鹤立鸡群　纲举目张　和盘托出　风雨飘摇　风吹草动
锋芒毕露　刻骨铭心　刻舟求剑　空中楼阁　口蜜腹剑
快刀斩乱麻

如果把A、B、C、D四类固定语通通看做成语，显然不恰当。那样的“成语”，范围未免太宽，性质上仍然十分驳杂，难于概括出什么重要特征——对于成语来说比较有意义的特征。事实上，像B类那样的单位，人们习惯上只看做歇后语，要说是成语，就完全抛弃一个非常恰当而又惯用的概念和名称；像C类那样的单位，要说是成语，会十分奇怪，很不符合人们对于成语的语感，不可能被大家所通过。而像A类固定语，虽然往往易被一些人归到成语里去，可是只要细加考察，就会发现它们很不像成语，不具备人们认为成语应有的某种特色，像“声色俱厉”“风和日丽”“诸如此类”“不胜枚举”等要看做成语，也显然怪诞，不符合人们的语感。只有D类固定语，才像成语，它们取得成语的资格不会引起任何人的怀疑和异议。

可见，成语只是固定语中有某种特点的部分。须要根据这种特点，在固定语中确定成语的单位，把成语同固定语的其余各种单位区别开来，特别是同A类那样比较接近的单位划分开来。

4.2.2 那么,现代汉语的成语,是具有什么特点的一种用语单位?这是确定和研究汉语成语首先遇到的关键问题。

无疑,成语是词与词的固定组合,具有结构上和音义结合上的固定性;同时它的意义只体现一个概念而不体现思想;又有复呈性,作用相当于一个词。这些只是成语和其他种类的固定语所共有的固定语特点,不能据以把成语同其他种类的固定语区别开来。

有一种比较流行的观点,认为形式上"四字格"的就是成语。这不可能将成语鉴别出来。有的超过四个"字"的固定语,如"快刀斩乱麻""千里送鹅毛""杀鸡给猴看""迅雷不及掩耳""死马当活马医""风马牛不相及""牛头不对马嘴""不到黄河心不死""闭塞眼睛捉麻雀""老虎屁股摸不得""吃着碗里瞧着锅里"等等,恐怕没有人会否定其成语的性质,不看做成语是困难的。而有的不到四个"字"的固定语,如"戴高帽""不成器""钻空子""跑龙套""碰钉子""杀风景""走过场""左右手""马前卒"等等,同被公认为典型成语的"缘木求鱼""开门见山""七上八下""杯弓蛇影""过眼云烟""奴颜婢膝"之类实质上并没有什么差异,不同仅仅在于少一个"字"。因此很难有什么充足的理由不把它们也看做成语。纯从音节(字)的多少来确定固定语的不同类别,是不成的,至少也毫无意义。在固定语中作形式的区分,不能划分出实质上互有差别的次类;而成语,正是须要从实质方面鉴别出来。

接触到实质方面,不少人认为成语应出自古代的作品或故事传说,应有悠久的历史。相当大一部分没有争议的成语,确然具有这样的特点。但是根据这个特点所确定的成语,未免范围狭小,既不能把不少也不存在争议的成语包括进来,又不能把产生于近代和现代而在很多人心目中被承认的成语包括进来;另外,有些完全符合这个特点要求的固定语,却不符合人们关于成语的观念。例如"三长两短""七上八下""指桑骂槐""指手画脚""没头没脑""瓮中捉鳖""金蝉脱壳""借尸还魂"等,恐怕没有谁会否定它们的成语资格,但是它们并不出自古代典籍或故事传说,而是人们在口语中创造的。又如"有的放矢""戴高帽""力争上游""遍地开花""解剖麻雀""下马看花""鸡零狗碎""鸡毛蒜皮""走后门""出洋相"等,都是现代产生的固定语,历史并不悠久,但是若因此而把它们摒除于成语之外,就不符合许多人的成语语感,而且把它们同性质很相近的、公认为成语的单位如"开门见山""缘木求鱼"之类截然区别开来,也显得没有什么道理。而像"后生可畏""每况愈下""发愤忘食""党同伐异""大书特书""大谬不然""大逆不道""绰绰有余"等,都是出自古代典籍的固定语,历史可谓悠久,但是一般不会感到这些用语单位是真正的成语,把它们归入成语一类很难说得过去。

所以,出自古代作品或故事传说而历史悠久,这一点不好说是汉语成语独有的、普遍性的特征,不能据以确定成语。

如果就人们的成语语感作一番考查,即寻查某些固定语所以被公认为或被多数人看做成语的原因,那会不难发现,成语的独特之处是在表意方面——表意的双层性。一个固定语,如果有一层字面上(表面上)的意义,同时透过它又有一层隐而不露的意义,而且这隐含着的才是真实的意义,那么就会被大家看做成语。是否具有这表意的双层性,可以把成语同固定语中其他的单位有效地区分开来,区分的结果,是成语或不是成语都大体符合人们的语感。例如上面4.2.1所举的"鹤立鸡群""纲举目张""和盘托出"等D类固定语,都有双层意义,其真实意义仿佛隐现于字面意义的背后,因此无可怀疑地是成语。而像"不一定""不消说""不克"等C类单位,只有一层意义,字面意义就是真实的意义,人们不把它们看做成语就绝不是偶然的。像"竹筒倒豆子——一干二净"等B类单位,虽然前半部分双层地表意,但是后半部分却只有一层意义,而且就是前半部分的真实意义,它被明点了出来。因而这类固定语整体来看,并非双层地表意,不可能看做成语,而被看做歇后语。至于A类单位"声色俱厉""审时度势""诸如此类""不胜枚举"等等,算做成语的话,之所以会让人感到不合适,感到牵强、别扭,就因为它们只有单层意义,在这一点上同有双层意义的成语明显地存在差异。它们显然不能看做成语,而应属于固定语的另一类单位——惯用语。

因此,表意的双层性是汉语成语的区别性特征,据此可把成语同其他固定语单位区别开,特别是同惯用语区别开,从而能以具有明确的个性而确定下来。

4.2.3　由于具有双层意义,成语就不仅内涵丰富,而且富有意趣。多数情形下,表层的字面意义是表现某种可感知的事物现象,这意义比喻地把深层的真实意义烘托出来,因而深层意义表现得生动、形象而有趣。如"鹤立鸡群",以在鸡群中耸立着高高的鹤的图景,透出"仪表或才能在众人当中显得很突出"的意义,使人通过物象图景的诙谐比喻,真切具体地把握真实意思;"风吹草动",以风吹过而草随着倒向一边的现象比喻出"稍有变故"的意义,这抽象的真实意思有着草随风而动的形象体现和生动烘托,显然十分具体、别致有趣。类似的成语极多,下面再举出的一些实例也只是其中很小的一部分:

一马当先　一盘散沙　一气呵成　一针见血　力挽狂澜
九牛一毛　土崩瓦解　大吹大擂　川流不息　火中取栗
天花乱坠　犬牙交错　引火烧身　中流砥柱　风卷残云
打草惊蛇　囫囵吞枣　杀鸡取卵　过河拆桥　马前卒
银样镴枪头　旧瓶装新酒　三天打鱼,两天晒网

有些成语,其表层意义并不表示可感知的事物现象,而是有点抽象的设想、观念或事情,其深层意义就表现得没有形象性,但仍然比较具体,因为表层意义同样以某种事物或想象的事实比喻出深层意义,而且对深层意义也有所烘托。这种成语在表意上就也是别致有趣的。如:

三心二意　七上八下　寸步难行　与虎谋皮　八面玲珑
一丘之貉　一决雌雄　养痈遗患　癣疥之疾　行尸走肉
星移斗转　南辕北辙　小题大做　瑕不掩瑜　惜墨如金
罄竹难书　青出于蓝　残山剩水　不三不四　不稂不莠

可以看出，成语不仅由于表意的双层性而形成比喻、烘托、具体、风趣等一系列特点，而且也因此而决定了理解和掌握它要求有特别的途径或方法。显然，不能仅止理解成语的字面意义，更重要的是要透过字面意义把握到真实的意思，但是不可以望文生义，不能乱猜乱断。成语的真实意义须要从运用这些成语的许多话语材料中来断定。一般地说，字面意义是真实意义的一种具体的、往往带有夸张性的表现，真实意义则是字面意义的某种实质的升华。字面意义以及它同真实意义间的相互关系，可以成为帮助人们记住真实意义的工具。

4.2.4 根据成语具有表意的双层性这一区别性特征，固定语中什么样的单位是成语，什么样的单位不属于成语，可以合理地确定。但是要真正弄清现代汉语成语的范围，并不是很简单的问题。须要明确一些界线和原则。

由于汉语在数千年中作为一种高度发达的文化的工具而不断发展下来，它所积累的成语是十分丰富的，这成为汉语可引以为自豪的一个特色。但是现代汉语的成语，并不等于汉语自古以来在各个时期里产生的所有成语的总和。曾在历史上产生和存在过而现代已完全不使用的成语，是死亡了的，不应看做现代的词汇单位。那些虽然古老但现代在书面语中有时仍然使用的成语，才可划入现代汉语成语的范围。如：

历史上的、已消亡的汉语成语		古老而仍属现代汉语的成语	
鲁殿灵光	望尘而拜	秋水伊人	归真返璞
朝齑暮盐	一叶两豆	釜底游鱼	激浊扬清
一傅众咻	鹰瞵鹗视	焚膏继晷	相濡以沫
黄垆之痛	黄杨厄运	得鱼忘筌	悬梁刺股
短绠汲深	龙蟠风逸	薰莸同器	寻行数墨
齐大非偶	程门立雪	掘室求鼠	肥马轻裘

成语和惯用语不是到处都区分得很清楚的。存在着不少似乎介于

两者之间的单位,它们只有不完全的或局部的表意双层性。如:

A. 扣人心弦　利欲熏心　名列前茅　拿手好戏　一蹶不振
一鸣惊人　一语破的　一马当先　不足挂齿　不容置喙
黑白不分　如坐针毡　如数家珍　如影随形
B. 弥天大谎　滔天大罪　膏粱子弟　咄咄怪事　锦囊妙计
锦绣河山　切肤之痛　燃眉之急　乌合之众　心腹之患
一孔之见

A、B 两组单位每一个加圆黑点的部分都有双层意义,不加圆黑点的部分则没有表意的双层性。显然,同一般的成语、惯用语都有差别,同时又兼有两者的性质。但是 A 组一类的单位,带双层意义的部分或居于述语和宾语地位("一语破的""利欲薰心""扣人心弦"),或居于谓语地位("一蹶不振")、宾语地位("不容置喙")、主语地位("一马当先")、中心语地位("拿手好戏"),其含义在整个单位的意思中都是基本的组成部分。因而可以认为 A 组单位具有不完全的表意双层性,或意义基本上分两层;其中像"如坐针毡""如数家珍"之类,非双层意义的部分是个表示明喻的词,虽然减低了双层意义部分的含蓄性,但是本身并没有表示所喻的事物,即整个单位的真实意义表露得更微弱。据此,便有理由可以把 A 组一类的单位基本上归到成语的范围里。B 组单位有双层意义的部分只居于修饰语的地位,中心语和关系词("之")都无表意的双层性,整个单位意思的中心部分不是双层的,如若处理上宜尽量减少两可的或中介性的情况,那就可以把 B 组单位基本上归为惯用语。

应该指出,表意的双层性不是惟独成语才具有的现象。复合词中含表层意义和深层意义的情形就并不少。如"饭桶""笔触""须眉""抱负""熬煎""吹嘘""续弦"等等,在真实意义之外,都存在着字面意义。但是这里,有表意双层性的复合词是词的单位,而成语则是固定语单位,彼此处在不同结构层次;而且实际上,所有各种的词都可以别的性质特点而事先与包括成语在内的所有固定语区别开来。表意的双层性能成为成语的区别性特性，是以处在固定语范围内同他类固定语相区别为背景和条件的。

现代汉语的成语，虽然相当一部分来自古代典籍，虽然大多数源远流长，有悠久的历史，原则上却不能以出自古书或历史悠久来确定成语和限定成语的范围。现代汉语的成语应包括出自古代典籍而多用于书面语的和出自人们口语而往往带口语色彩的两类。如“行云流水”“分道扬镳”“出淤泥而不染”“剑拔弩张”“功亏一篑”“杯水车薪”和“三长两短”“大海捞针”“一马当先”“一针见血”“不分青红皂白”“狼吞虎咽”，作为成语的资格是完全同等的。从另一个角度来看，现代汉语成语也应包括历史悠久的和晚近或现代产生的两类。如“蜀犬吠日”“萧规曹随”“蓝田生玉”“洛阳纸贵”“叶公好龙”“曲突徙薪”和“一鼻孔出气”“下马看花”“吃软不吃硬”“捞稻草”“走后门”“有的放矢”，应该承认是同样具有充分资格的成语。

4.2.5 从内部的组合方式来考察，现代汉语成语的结构也有一些特殊的地方。首先，由于大多数成语是古代产生的，而且产生后作为词的组合体而日渐凝固，其中有一部分所采用的结构不可能随着汉语的发展变化而变化，结果到了现代成了纯是历史上的组合方式，已不为现代汉语所采用，并非现代有能产性的组合格式。因而不少成语在结构上不仅使现代一般人感到奇异、难解，而且古色古香，别具格调。如“草菅人命”“信口雌黄”“首鼠两端”“功亏一篑”“讳莫如深”“脍炙人口”“不稂不莠”等，就具有这种古老的组合结构。其次，由于成语一般只采取几个音节数目的简短形式，而要表现的内容往往是个事件、故事或复杂的现象，因而要求表达形式极其精练，一般都省去虚词，往往还略去某些实词，使用紧缩形式或意会关联的组合方式。从而，所形成的结构即使在它产生的古代时期也是比较特殊的。像“功败垂成”“邯郸学步”“汗马功劳”“沧海桑田”“杯水车薪”“一发千钧”“纲举目张”

“车水马龙”“十年寒窗”等,就具有不同程度地“压缩”的结构,这种结构在古代一般书面文字中也是少见的。

但是,大量从古代沿用下来的成语,在结构上却不致出现古今的隔阂:这些成语所用的句法结构在现代汉语中仍然“活着”,而且被普遍使用。至于现代产生的成语,自然广泛地应用着现代构造语句的各种结构模式。

综合在凝固的形式中残留着历史事实、古今通用、现代结构方式的运用等几种情形,现代汉语成语的结构从不同性质的结构关系平面来看,可以分出下列八种类型:

(一)并列结构。前后两部分地位相同地并列,联合起来共同表示一个意思;彼此又结构相同,长短一致,形成十分对称的格式,很便于记忆。这种结构的成语最为多见。如:

龙飞凤舞　铢积寸累　翠绕珠围　根深蒂固　星罗棋布
神出鬼没　藕断丝连　狼吞虎咽　朝秦暮楚　镂骨刻心
煮鹤焚琴　提心吊胆　衔环结草　舞文弄墨　说三道四
翻天覆地　摧枯拉朽　追魂摄魄　旁敲侧击　七上八下
轻描淡写　大吹大擂　前呼后拥　横冲直撞　凤毛麟角
和风细雨　惊涛骇浪　奴颜婢膝　半斤八两　千疮百孔
三推四阻

不同于自由词组所用的并列结构,成语中的并列结构前后两个结构项的顺序已被固定,一般不能颠倒。

(二)修饰结构。修饰部分在前,被修饰部分在后;两部分在本身的结构上一般不对称,相互之间有时还有一个表示修饰关系的虚词。这种结构的成语比较多。如:

众矢之的　引玉之砖　井底之蛙　一丘之貉
丧家之犬　瓮中之鳖　癣疥之疾　黔驴之技
象牙之塔　汗马功劳　满城风雨　满腹经纶

晴天霹雳	掌上明珠	一衣带水	近水楼台
雨后春笋	绣花枕头	雪中送炭	锦上添花
囫囵吞枣	隔靴搔痒	顺手牵羊	狭路相逢

（三）补充结构。被补充的部分在前，补充的部分在后；不使用表示补充关系的虚词。这种结构的成语很少。如：

寄人篱下	含笑九泉	独步一时	风靡一时
问道于盲	玩弄于股掌之上		

（四）支配结构。前面的部分是动词或动词性词组，后面的部分是受动词支配的对象；两部分在多数情况下长短一致，各自的成分和构造则不同。如：

拾人牙慧	打落水狗	打退堂鼓	抱粗腿
喝西北风	力争上游	初出茅庐	平分秋色
初露锋芒	大煞风景	明察秋毫	另辟蹊径
另起炉灶	日坐愁城	一掷千金	别具只眼
直待雨淋头	挖空心思	拔出眼中钉	

（五）陈说结构。前面的部分被陈说，和主语相当；后面的部分对前面部分有所陈说，和谓语相当。整个结构不同于一般主谓结构之处是没有自身完整的、末后能表示终止的句调。这种结构的成语相当多。如：

心血来潮	老马识途	白驹过隙	白虹贯日
怒发冲冠	鸥鹭忘机	目不窥园	石投大海
鹰拿燕雀	秋风扫落叶	一马当先	天花乱坠
双管齐下	鸾凤和鸣	犬牙交错	良莠不齐
炉火纯青	鱼龙混杂	蜻蜓点水	泾渭分明
疮痍满目	鹊巢鸠占	一日三秋	鹏程万里

（六）特殊连接结构。前后两部分都是动词性词组，有时后一部分

是个动词。两部分既非并列地联合,也不是一个修饰或补充另一个,而是以一种特殊的关系联结起来,其间没有连词表示连接。这又分为两种情形。一是“连动式”——动词性词组或动词表示的活动一先一后,有了先前的才能发生后面的。如:

顾影自怜	洗耳恭听	画蛇添足	打草惊蛇	见风使舵
探囊取物	缘木求鱼	刻舟求剑	沿波讨源	望梅止渴
下马看花	临阵磨枪	灼艾分痛	张口结舌	开门见山

另一种情形是“递系式”——前后两个动词依靠相互间夹着的名词(一般是一个)而联系起来,因为这名词既是前边动词的动作对象,又表示后边动词的动作主体。如:

引火烧身	引狼入室	请君入瓮	剖腹藏珠
调虎离山	集腋成裘	刻鹄类鹜	截长补短
抛砖引玉	削足适履	拖人下水	借刀杀人
借花献佛	饮灰洗胃	恨铁不成钢	

成语中的递系式,在多数情形下和现代汉语句法中的“递系式”不同:结构前边的动词大多没有使成性;因而它加连后随的受动名词所形成的结构部分,同后边的动词或动词性词组的连接,一般具有强制地凝合起来的特点。如“剖腹藏珠”的“剖”,本身没有“使后面的‘腹’所指的事物必须如何或成为什么”这种意义成分,“藏珠”连接在“剖腹”后面便是一种强制的凝合。“集腋成裘”“刻鹄类鹜”“截长补短”“抛砖引玉”等等两个结构部分之间的组合情形,都与此类同。只有“引火烧身”“引狼入室”“请君入瓮”之类,前边的动词才具有使成性,整个结构的性质同现代汉语句法的递系式完全一致。

(七)紧缩结构。前后两部分是可以独立的谓语或主谓结构,彼此间却不存在并立关系或连动关系,而是有某种目的性或转折性的关联,或者有因应性或因果性的关联,仿佛由两个分句紧缩为一个简短的结构整体。两部分的长短大多一致；只是在出现紧缩和结连的明显标志“而”的情形下，后一部分往往短于前一部分。如：

A. 目的性关联的紧缩：

吹毛求疵　　守株待兔　　竭泽而渔　　引领而望
择肥而噬　　待价而沽

B. 转折性关联的紧缩：

忘戟得矛　　有眼无珠　　得鱼忘筌　　不寒而栗
不胫而走　　不翼而飞　　沐猴而冠　　出淤泥而不染

C. 因应性关联的紧缩：

一鼓而下　　打狗欺主　　投桃报李　　上树拔梯
闻鸡起舞　　闻一知十　　一蹴而就　　月晕而风
打鸭惊鸳鸯　　一登龙门身价百倍

D. 因果性关联的紧缩：

种瓜得瓜　　种麦得麦　　水滴石穿　　水落石出
树倒猢狲散　　食言而肥　　一节动而百枝摇
牵一发而动全身

（八）意合结构。前后两部分之间很难说有一种什么样的句法关系，因为既缺乏可作为关系标志的语法形式，同时两部分的意义又须加上一些没有表现出的其他意义才能彼此发生联系，即两部分须要从意义方面作一定的合理推断和汇合一些其他的环节，才看出它们组合为一个结构整体。因此两部分的连结完全是强制性的凝合，明显地具有意义组合的性质。这样的结构应属于意合结构①。如：

---

① 王力先生主编的《古代汉语》下册第二分册（1964 年，中华书局）指出，近体诗中“缺乏动词谓语”的句子，有一种“是把两个名词性的词组排在一起，让读者去体会它们之间的关系”，如“浮云游子意”“细草微风岸”之类（第 1460 页）。这种句子就是有着同类的意合结构。前边的词组（不一定是名词性的）不能用省去了介词的关系语（王力《汉语史稿》中册〔1958 年，科学出版社〕提出的概念，见该书第 388—394 页）来解释。可以看出，在像高度凝练的短短诗句里，意合结构就同样用得着。它在传统的五、七言近体诗中是广为应用的，出现在成语里就并非偶然的、特殊的现象。

草菅人命	杯水车薪	一发千钧	九牛一毛
咫尺天涯	一箭双雕	信口雌黄	沧海桑田
黄粱一梦	筚路蓝缕	分庭抗礼	豚蹄穰田
孤云野鹤	风雨同舟	首鼠两端	

意合结构的成语,多是故事、传说或典籍中一个言语片段被压缩而形成的,因此其不同构成部分之间难以有意义的直接关系和相应的句法关系,而只能存在强制的、意合性的关联。现代新产生的成语已不采用这种意合结构。

4.3 惯用语

4.3.1 固定语中,凡充分具有结构成分固定的特点,但是不具表意双层性,其含义体现成类事物的一般概念而非个别事物概念或专门概念的,就是惯用语。比如,比较下列各种固定语单位,可以看出,凭着表意是否具有双层性和所体现的概念的性质以及结构的形式和固定性程度,就能够而且应当把惯用语同所有其他种类的固定语划分开来:

A	B	A	B
唯命是从	马首是瞻	虚张声势	驴蒙虎皮
互相依存	唇亡齿寒	少见多怪	蜀犬吠日
变化无常	风云变幻	不自量力	蚍蜉撼树
进退两难	骑虎难下	直截了当	开门见山

A	C
装模作样	老鸹屁股上插孔雀毛——充洋相
自视过高	癞蛤蟆跳上戥盘——不知自己分量
不堪一击	水豆腐——不经打
装糊涂	水仙花不开——装蒜

A	D
地广人稀	柴达木盆地
富甲天下	珠江三角洲
江山如画	三潭印月
文明古国	中华人民共和国
卷帙浩繁	四库全书

A	E
量力而为	扩大再生产
安之若素	针刺麻醉
自给自足	光合作用
在所难免	地心引力

A	F	A	F
痛哭流涕	大恸	不屑一顾	一瞥
怨天尤人	大恚	不言自明	不消说
喜不自胜	大悦	不置可否	不一定
哈哈大笑	一笑	不胜其烦	不堪

B 类是成语,有表意的双层性;A 类是惯用语,以没有双层表意而同 B 类区别了开来。C 类是歇后语,具有当中“停歇”一下的对释结构,并且局部具有表意的双层性,而真实的意义是在“停歇”之后以注释的方式展现出来;A 类显然也以没有这些特点而区别于歇后语。D 类是专名语,指的是个别事物,即其意义体现着个别事物概念;A 类意义体现的总是概括成类事物的概念,因而能同 D 类截然区别开来。E 类是专门用语,其含义体现着科学技术的或职业的专门概念;A 类却以含义只体现一般概念而同 E 类判然有别。F 类不十分固定,其中一部分成分明显地可以替换为一系列其他成分(关于 F 类如何能成为一种固定语,下面 4.6 节再作分析);A 类却以所有结构成分完全固定、一般都不能替换而同 F 类的单位区分开来。

可见,现代汉语的惯用语,在固定语范围内的区别性特点,不是积极地出现和起作用的,即作为固定语的一种单位不具有为自身所独有的特征;其区别性特点实际上只消极地出现和起作用,即只是由于不具有其他这种或那种固定语单位所独有的特征而才形成自身的特点。换言之,依据某种独特的性质,在固定语中分别确定出成语、歇后语等 B、C、D、E、F 五种类别之后,余下不属于这五种类别的单位,便是惯用语。

从正面来说,惯用语自成固定语中的一类单位,自然也有其统一的、可资识别的特点。只是这特点是一些特征的综合;而所包含的每一种特征都不是惯用语所独具的,在别的某几类固定语单位中也存在,但是惟独惯用语把所有这些特征综合起来而集于一身。仍以 A 类代表惯用语,B、C……等分别代表固定语其他各种类别,可简单地以图表显示惯用语的综合性特点:

	A	B	C	D	E	F
结构成分完全固定	+	+	+	+	+	−
只有单层意义	+	−	−・+	+	+	+
意义存在于中无停顿的定型语段	+	+	−	+	+	+
意义体现成类事物的概念	+	+	+	−	+	+
意义体现一般概念	+	+	+	+	−	+

4.3.2　惯用语特点的综合性质以及各种特征各在不同的一些固定语类别里同样出现的情形,是客观存在的,是惯用语赖以成为不同于所有其他类别的一类固定语的依据,同时也决定了惯用语同这类或那类固定语都有不少共同或相通之处。

看不到惯用语这样的特点,力图从正面定出惯用语独有的特征,以凭此确立惯用语的类别,虽然从一般的方法来说是自然的做法,也必不可能正确反映实际情况。比如有一种较有代表性的观点认为,汉语的惯用语是有着比喻性和抽象意义(即深层的真实意义)而在结构上既有固定性又比较灵活的(可以分拆开来,当中插上别的成分),是大多具有三个音节和动宾关系的,据此可同成语区别开来①。前面4.2.2小节里已经论述过,音节数多少不可能是划分不同类别固定语的依据,四字格并非成语独有的特征或区别性特点,不少三字的、五字的、六七字和八字的固定语从实质上和人们语感上看,都是成语。那么,三个音节的长度就也绝不可能是惯用语独有的形式特征,不能据以把它同成语及其他固定语区别开来。结构的动宾关系,也不是惯用语本质上所必然要求具备的特点;何况公认为成语的大量单位,如"初露锋芒""平分秋色""另起炉灶""别具只眼""拔出眼中钉"等等,在结构上都是动宾关系的。至于具有比喻性和抽象意义,上面分析过,恰是成语的区别性特点。而在具有这表意双层性的固定语范围内,结构固定而又可以拆开来用,是小部分单位才有的特点,诚然可把它当做一种区别性特征,据以确定出一种特殊类别;但是这个类别只能是成语内部分出的一个次类。若认为这特殊类别就是惯用语,那么首先,确定出的惯用语未免数量太少,范围过于狭窄,诸如"一语道破""一误再误""兵多将广""兄友弟恭""假公济私""偏安一隅""多难兴邦"等类固定语(无表意双层性,却可拆开来用),"多此一举""官逼民反""明知故犯""玩物丧志""争先恐后""如此等等""诸如此类""不胜枚举"等类固定语(既无表意双层性,又不能拆开来用),都通通摒除于惯用语范围之外,虽然它们在人们的语感中不被认为是成语,又都不可能是歇后语、专名语、专门用语等单位。范围如此狭小的"惯用语",不但不能同成语相提并论,不能看做固定语的一个大的重要类别来加以重视,而且根本上是不

---

① 见马国凡、高东歌《惯用语》,第2—5页,1982年,内蒙古人民出版社。

符合于语言实际的。更不合理的地方，这种“惯用语”同公认为成语的单位的差别，竟显著地小于这类成语同那些不划入“惯用语”(因无表意双层性及结构灵活性)而大概划进成语里的单位之间的差别。如：

a	b	c	d
碰钉子	焦头烂额	枉费心机	狼狈不堪
捞一把	水中捞月	假公济私	贪得无厌
拍马屁	吮痈舐痔	谄上欺下	阿谀奉承
吃大锅饭	鱼龙混杂	一律平等	按需分配
眼皮子浅	鼠目寸光	目光短浅	孤陋寡闻

a 类单位被看做有比喻性和抽象意义而可拆开来用的“惯用语”，它们同公认为成语的 b 类单位的差别，其实只在能否拆开来使用这一点上，它是在某些言语的运用中才表现出来的，因而并不明显和重大；a 类单位作为一个类别整体存在时，同 b 类单位并无实质上的差异。相反，c、d 两类单位只有抽象意义而无比喻性，是不被看做“惯用语”而只能归为成语的，但是 b 类成语同 c、d 两类单位之间却明显地存在着较大的差别，甚至 a 类同 c 类(虽然此类单位也可拆开用)或 d 类之间也有同样明显的巨大差异。因此一定要在 a 类与 b、c、d 三类之间划一道大的界线，把前一类定为惯用语，而把后三类统看做成语，并没有使人信服的理由，是不符合语言实际和人们的语感的。事实上，c、d 两类才是惯用语，它们同 a 类或 b 类的差别远比 a 类与 b 类间的差别重大和明显。因而 c、d 两类为一方，与 a、b 两类这另一方之间的区别界线应首先明确下来。a 类和 b 类都是成语，前者仅只是成语中特殊的小类——离合成语。

不同于离合词(见 2.6.8 小节)，离合成语在被拆开来使用时也仍是一个固定组合单位(参见 2.6.9 小节)，只不过这时失去了形式的整体性，不是以一个整体来同其他词语组合，表明它的定型性比较薄弱。

但是它的双层表意特点并不消失，即使比喻性的表层意义和其他词语的意义交错地组合，仍保持自身双层表意的特性。

惯用语中也有一小部分是离合性的。只是它们由于拆开来使用时，形式和意义的整体性都丧失掉而不再成为一个固定语单位，没有像离合成语那样引起词汇研究者的注意。上面c类的“枉费心机”（可说“枉费了一番心机”“枉费了不少心机”……）“假公济私”（可说“假公来济私”“假公之名以济私”……）等，就是离合惯用语的实例。可再举一些例子。

有理有据——“有理还得有据”“有理而又有据”“有理而且同时还有据”

见利忘义——“见利就忘义”“见利岂能忘义”“见利绝不可忘义”

借题发挥——“借题而大大发挥”“（可以）借题而顺理成章地发挥（一下）”

悔过自新——“悔过而且立意自新”“悔过彻底才能真的自新”

好景不长——“好景往往不长”“好景大多不长”“好景确实不长”

大材小用——“大材却给小用”“大材拿来小用”“大材不当小用”

上行下效——“上行则自然下效”“上行必引起下效”“上行免不了下效”

美中不足——“美中尚嫌不足”“美中略有不足”“美中却有些不足”

可以说，拆开来灵活使用，是不止一类固定语单位都有的情形，不能把它看做三字式的、带比喻的那种固定语专有的特点，不能看做惯用语特有的现象。如果把有无结构的灵活性看做划分惯用语和成语的准则，那么势必不仅认定“碰钉子”“捞一把”“吃大锅饭”一类是惯用语，而且像“有理有据”“见利忘义”“美中不足”之类相当数量的固定语也有理由划为惯用语，而这样的惯用语就会同有比喻性和抽象意义的特点要求不相协调。因此，按照有无比喻性和抽象意义以及有无结构灵活性这样两个准则，难以合理地把惯用语同成语划分开来。如果一定要把具有比喻性和抽象意义、具有结构灵活性以及三音节的形式作为惯用语的特点,并据以为确定惯用语的综合准则,那么,就同样有理由把上面“焦头烂额”等b类单位、“枉费心机”等c类单位以及“狼狈不堪”等d类单位,都分别确定为和惯用语平行的固定语类别,因为b类具备“有比喻性和抽象意义”“无结构灵活性”的综合特点,c类具备“只有抽象意义而无比喻性”“有结构灵活性”的综合特点,而d类的综合特点则是“只有抽象意义而无比喻性”“无结构灵活性”。可是,如果b类被看做成语,那么c类、d类当然就不能也是成语,它们要分别被定做惯用语和成语之外的什么固定语类别呢?这样多出两种“语”来,是不实际的、毫无意义的。而硬将c类和d类划分为性质不同的两类固定语,更显得有违于理。

惯用语在固定语范围内,确实没有自身积极的区别性特征。它并非在、也不可能在表意双层性、结构灵活性或三音节形式上,同成语相区别,而恰恰只能是在不具备成语的表意双层性的特征上同成语划分开来。另外,它又在不具备专名语的特征(意义反映个别事物)上同专名语区别开,在不具备专门用语的特征(意义体现非一般的专门概念)上同专门用语区分开来,等等。固定语中除去各种各样独特点的类别,余下的部分也自成一类,把这类单位确定为惯用语,不仅合于科学分类的原则,在具体做法上能界限分明地划分得出来,而且正符合于语言实际,同大多数人对惯用语、成语及其他各种固定语的语感是大体吻合的。

4.3.3　现代汉语的惯用语,相当大一部分产生于古代,尔后沿用了下来,其中有不少来自典籍文字。如:

名正言顺——出自《论语·子路》
后生可畏——出自《论语·子罕》
地利人和——出自《孟子·公孙丑下》
莫逆之交——出自《庄子·大宗师》
明哲保身——出自《诗经·大雅·烝民》

疲于奔命——出自《左传·成公七年》
厉兵秣马——出自《左传·僖公三十三年》
井井有条——出自《荀子·儒效》
开宗明义——出自《孝经》
千虑一得——出自司马迁《史记·淮阴侯列传》
老当益壮——出自范晔《后汉书·马援传》
气息奄奄——出自李密《陈情表》

除去这类有书文来源的单位,古代产生而沿用至今的惯用语所余下的部分,都是在人民口语中产生的。如:

颠沛流离	调兵遣将	顶礼膜拜	动辄得咎	睹物思人
恩将仇报	多此一举	耳闻目睹	反复无常	防不胜防
措手不及	丰功伟绩	扶老携幼	改朝换代	盖世无双
感激涕零	更深人静	歌功颂德	功德无量	口诛笔伐
理屈词穷	两败俱伤	敢怒而不敢言		

正如成语从古至今不断产生新的单位一样,惯用语在历代都层出不穷。现代产生的惯用语很多,其数量大大超过现代产生的成语。主要原因可能在于惯用语不像成语那样有双层意义和深喻,构造起来和在社会上推广使用开来都比较简单、容易。举一些现代产生的惯用语的例子:

大是大非	大吃大喝	大哭大闹	泼妇骂街	自由恋爱
不堪一击	粗制滥造	供过于求	南征北战	人间天堂
人喊马叫	缺吃少穿	丰富多彩	只字不提	风雨不透
言论自由	按劳分配	多快好省	人造卫星	航天飞机
经济特区	精神文明	生产责任制	四个现代化	

4.3.4 惯用语的结构,也有成语同样多的类别:

并列结构:

兵多将广	价廉物美	地利人和	耳闻目睹	刀耕火耨
口诛笔伐	手疾眼快	南征北战	内忧外患	凡夫俗子
阿谀奉承	克勤克俭	大哭大闹	调兵遣将	谄上欺下
有理有据	好逸恶劳	粗制滥造		

修饰结构：

莫逆之交	恻隐之心	区区之数	方便之门	组织关系
文房四宝	通都大邑	井井有条	哈哈大笑	哑然失笑
喋喋不休	及早回头	扪心自问	奋勇前进	不胜枚举

补充结构：

偏安一隅	善自为谋	富甲天下	喜不自胜	乐不可支
遗臭万年	严于律己	出于无奈	重于泰山	疲于奔命
无济于事	取悦于世	得意忘形	拜倒石榴裙下	

支配结构：

装糊涂	不堪一击	不求甚解	不合时宜	枉费心机
自圆其说	自寻烦恼	自讨没趣	攻其无备	杜绝后患
看破红尘	乘人之危	参与其事	包藏祸心	别具一格

陈说结构：

卷帙浩繁	目光短浅	言论自由	进退两难	后生可畏
江山如画	气息奄奄	功德无量	面目全非	热泪盈眶
前功尽弃	居心叵测	强词夺理	庸人自扰	座无虚席

特殊连接结构：

奋起直追	舍己救人	明哲保身	奔走相告	克己奉公
吐故纳新	死去活来	触景生情	睹物思人	弄假成真
积少成多	假公济私	发人深省	耐人寻味	令人作呕

紧缩结构：

劳而无功	闻风而起	望而生畏	周而复始	行之有效
求全责备	语焉不详	温故知新	玩物丧志	见利忘义
闻过则喜	声东击西	上行下效	优胜劣汰	虽死犹生

意合结构：

微言大义	千虑一得	风雨无阻	冤家路窄	绝无仅有

和成语不一样，惯用语较少来自古代的故事、传说，而大多直接取自书面作品的话语或民间口语，自身的意义又不是含蓄隐晦地处于深层，因

而很少须要将意义极度压缩来表现，通常用一般的结构即可明畅达意。这就决定了惯用语很少有意合结构的类型。

4.4 歇后语及其同民族共同语的关系问题

4.4.1 现代汉语有一类固定语，是其他语言所没有或极少见的，就是歇后语。它表现出汉语词汇鲜明的民族特点，反映出汉族人民的智慧和幽默感。

歇后语的"歇后"，表明这种固定语在构造上的特点。前头一个比喻性的或含蓄的说法，像谜面一样，真实意义隐藏着而不清楚；歇下来停顿一会儿之后，后头接着才有一个真实意义的说法，像是谜底。例如"老鼠过街——人人喊打"，"竹筒倒豆子——一干二净"。很清楚，谜面"老鼠过街"或"竹筒倒豆子"，是具有双层意义的，而谜底"人人喊打"或"一干二净"就是谜面深层的真实意义的表述。因此，歇后语结构上前后两部分之间的关系，并不是复句结构中分句之间的关系或单句结构中的主谓关系，而只是一种衍明。即后头的谜底部分不是前头谜面部分的意义承接，不是对谜面部分的判断，不回答谜面部分怎么样的问题。上面两个歇后语不能理解为"老鼠过街，人们见到了都喊打""老鼠过街自然人们都喊打"，"竹筒倒豆子真是一干二净""竹筒倒豆子当然倒得很干净"等等。谜底部分把谜面部分的真实意义揭示出来，是对谜面部分的注释，同时作为其真实意义的表露形式而仿佛从实质上揭示谜面。这自然使整个歇后语的意思展示了出来而又得到强调；而谜面的表层意思同谜底的真实意义联系了起来，还产生诙谐的意味，使人感到有趣。

通常，歇后语的谜面部分是某种行为、活动或事象的表述，显得生动具体，甚至有形象性，因而总是形成一种具体的、直观的比喻或暗示。

但是这种比喻或暗示,有的直接,有的曲折拐弯,有的比较明显,有的比较隐晦,存在多种不同的方式。基本的方式是下面四种:

A. 直接地而且比较明白地比喻。如:

黄鼠狼给鸡拜年——不怀好心
茶杯盖上放鸡蛋——靠不住
穿着汗衫戴棉帽——不相称
猫哭老鼠——假慈悲

B. 所表述的行为、活动或物象具有某个特点,以这不易准确看出的特点来比喻或暗示,或者先暗示而再比喻。可分为两个次类:

a. 须捉摸出某一特点才能看出比喻的。如:

黄杏熬北瓜——一色货(通过“黄杏和北瓜都呈黄色”来比喻)

包脚布当孝帽——一步登天(通过“脚用的鄙贱东西一下子上升为头戴的被重视的东西”这一特点来比喻)

逆水行舟——不进则退(通过“须不断划桨或撑篙才能使船舟在逆水中前进,否则会被流水冲得倒退”这一特点来比喻)

b. 通过特点而暗示或有所暗示再进而比喻。如:

出洞的老鼠——东张西望(以出洞的老鼠有个小心翼翼张望周围的特点来暗示)

擀面杖吹火——一窍不通(以擀面杖无气孔可透气吹火的特点,暗示无孔能通气;再以无孔能通气比喻对事物任何关键的地方都不懂)

百年松树,五月芭蕉——粗枝大叶(以松树老的特点暗示枝粗,以五月时芭蕉长势很旺的特点暗示叶大;再以枝粗叶大比喻做事粗心大意,不细致)

C. 所表述的行为、活动或事象会有某种结果,以这不易准确看出的结果来比喻或暗示,或者先暗示而再比喻。也可分为两个次类:

a'. 须捉摸出某种结果才能看出比喻的。如:

哑巴吃黄连——有苦说不出(通过吃黄连感到强烈苦味却因哑而道不出苦这种结果来比喻)

木偶下海——不着底(通过木偶浮在海面上而总沉不下去的结果来比喻)

一条绳拴俩蚂蚱——谁也跑不了（通过俩蚂蚱互相牵制都跑不开的结果来比喻）

b'. 通过结果而暗示或有所暗示再进而比喻的。如：

老鼠过街——人人喊打（以过街老鼠引起行人喊打的结果来暗示）

泥菩萨过江——自身难保（以泥菩萨被河水浸湿而松软毁坏的结果，暗示这时泥菩萨不仅不能发善心救人，自身还待救；再以所暗示的情况比喻人的自身难保）

白布进染缸——洗不清（以进入染缸的白布染上了颜色的结果，暗示这样的布不能再洗白；再以所暗示的情况比喻耻辱、污点、罪名等洗涮不掉）

D. 以所表达的事项暗示某种结果或因应的情况，再利用谐音，移花接木地转移出大不一样的真意。如：

巴掌心里长胡须——老手（暗示老的手，又使表示相应意思的词组"老手"谐音于复合词"老手"）

半天云里打灯笼——高明（暗示高空处明亮，又使表示此意的词组"高〔处〕明"谐音于复合词"高明"）

井底雕花——深刻（暗示深处雕刻，又使表此意的词组"深刻"谐音于复合词"深刻"）

半边铃铛——响（想）不起来（暗示残缺的铃铛响不成，再使词"响"谐音于"想"）

鼻子里插葱——装象（相）（暗示装扮成长鼻子的象，再使词"象"谐音于"相"〔指相貌〕）

老鼠爬称钩——自称自（暗示自上称钩称自己，再表示测定重量的"称"谐音于表示赞扬的"称"）

如果从谜面部分是否通过暗示同真意相联系来看，上列 B 属下的 a、C 属下的 a' 以及 A，是一大类，B 属下的 b、C 属下的 b' 以及 D 则是另一大类。前类只有比喻而不凭靠暗示，后类须采用暗示。如果从谜面深层意义的明晦情况来看，那么上列又可划分为不同的两类：A 隐晦程度很低，是一类；B、C、D 则隐晦性强，深层意思都不明白透露，是另一类。后一类中，尤其是 D 最为含蓄不露，因为谐音的转折使表层意义仿佛同深层意义远远隔开而没有关联。谐音手段的利用，增强了谜语的色彩,也使歇后语真实意义的透露过程更为曲折有趣。可以说,这种手段是歇后语一种重要的透露真意的方式。

从这点着眼,全部歇后语又可区分为两型:谐音的;表层意义和真实意义之间有内在意义关联的。前一型比较奇特、诙谐,谜面的猜测性较强;后一型有较丰富的内部意义关系。

4.4.2　歇后语的谜面部分既以具体生动的表层意义蕴含着真实意义,又依赖于谜底部分将真意表达出来,它就在性质上相当于一个不独立的成语。谜底部分揭示真实意义,往往不再含蓄而径由字面显示。在这种情形下,如果谜底部分由不止一个词构成,它相当于一个惯用语,而整个歇后语就由一个不独立的成语加连一个意思一致的惯用语所构成。像"黄鼠狼给鸡拜年——不怀好心""逆水行舟——不进则退""泥菩萨过江——自身难保"之类,是这种情况的典型表现。

有时,谜底部分也有含蓄性,以字面意义把真实意思透现出来。在这种情形下,若谜底部分不止一个词,它也是个成语,而且能独立存在(虽然成为歇后语的组成部分),因为它自身的表层意义可自行透出真实意义而不依赖其他词语单位的注释。一个不独立的成语加上一个能独立的成语所构成的歇后语,像"包脚布当孝帽——一步登天""百年松树,五月芭蕉——粗枝大叶""擀面杖吹火——一窍不通"之类,具有最多的意义转折和意义层次,最丰富的意义内容。

谜面部分同谜底部分之间,既然只存在衍明的关系,联系就并不紧密。当一个歇后语用得较久、较多,失去了新鲜感和谜语色彩,原来的谜面部分已可明白显示真实意思时,谜底部分容易被人们略去,不再说出来。于是,这样的歇后语经过一段省简说法日益推广成习的时间,就变为一个成语单位。像"鸡飞蛋打——两落空"变为只说"鸡飞蛋打","太岁头上动土——好大胆"变为只说"太岁头上动土","隔靴搔痒——抓不到实处"简为"隔靴搔痒","隔年的皇历——过时"简为

“隔年的皇历”,等等,是不少见的。有一些歇后语,现时既可以不说出谜底部分,亦可把谜面、谜底两部分完整说出,表明正处于变化的或过渡的状态。例如,“兔子尾巴——长不了”,“石头脑瓜子——不开窍”“公鸡下蛋——没指望”“隔夜的馊粥——要不得”“老王卖瓜——自卖自夸”“十五个吊桶——七上八下”“老牛拖破车——一摇三摆”等,谜底部分有时可以不出现,有时就仍然保留着。

歇后语减缩为单一成语的简化倾向,成为汉语产生新成语的途径之一。不少成语是从歇后语简化而来的。可以看出,歇后语同成语关联的密切程度,远远大于同惯用语的关联。

4.4.3　一般地说,歇后语来自民间口语,也主要用于口语。这决定了,一方面在汉族人民异常广阔的活动地域范围内,它不太容易获得充分的稳定性而较多变异,另一方面又容易不断涌现、大量产生。各个地区的人民都创造歇后语,它们往往带有各自的地方色彩和方言色彩。本地区产生的歇后语,或者能越出地区的范围而在各地使用开来,或者就只局限于本区或一个狭小的地域范围内。而一个歇后语在各地区使用开,又往往由于使用当中走样儿或各地人们对它有所改造,会在各地显出形式上互有出入。这就提出了歇后语同民族共同语的关系问题。问题的内涵是:现代所有在人民话语中出现的歇后语,是否都列入民族共同语(即普通话,现代汉语)的范围?如果回答是否定的,那又如何确定现代汉语的歇后语?

属于现代汉语词汇的歇后语,作为共同语系统中的一种单位,无疑应能为全民族所理解和使用。对于为全民族所理解和使用,不能作死板的、绝对的理解。一个语言单位只要在本民族各个活动地区或大多数活动地区使用开来,就可以认为具有这种性质。大家常用、常听到看到的,至少各方言地区的人都接受和理解的歇后语,如上面 4.4.1 和 4.4.2 小节所举的全部实例,具有进入共同语的资格而属于现代汉语词汇,是没有什么疑问的。问题在于,那些只流行于个别方言区或很少几个地区的歇后语,有的也被某些作品所采用,甚至进入歇后语词典而同公认的属于共同语的歇后语并列。它们作为现代汉语词汇成员的资格大可怀疑。

凡未普遍被汉族社会各地的人们所知晓和采用,只在个别或少数地区流行而往往具有明显的方言色彩的歇后语,应该认为只属于方言的词汇,不能进入共同语。如:

屎壳郎飞面笸箩里——充小白人
石头娃子——没心眼
娘儿们生孩子——爹儿们有劲也使不上
庙台上屙屎——赖鬼
狐狸精转的——心眼儿稠
床底破柴——撞大板

类似用上方言词语的地方性歇后语,数量相当多,其中未被作品所用或未表现为文字的恐怕还不占少数。这样的歇后语,无疑应同汉民族共同语的歇后语区分开来。如若表面上并无方言色彩甚至看不出有任何地方色彩,但只使用和流行于个别或少数地区,仍不能与共同语的歇后语混而不分。如:

童男女跌进河里——纸湿了,架子不乱
山尖上摘月亮——办不到
熟透了的槟果——又黑又红
鸟枪当炮用——派错了用场
落地的山梨——熟透了
傻子洗泥巴——闲着没事干

这类歇后语使用的地域范围很小,知道它们的人也有限,无疑不能算共同语词汇的成员。但是,要对它们使用的广泛程度作精确的了解,要在它们与共同语的歇后语之间划出一道明确的区分界线,是有困难的。另外,它们使用的地域范围和使用人数,也可能会随着时间的推移而变化发展，有的将因此而具备条件进入共同语。因此，对于这类歇后语，在具体确定某个单位是否归属共同语时，可以掌握得宽一些。特别是产生于和使用于北方话区域的那些单位，似更不宜严格地一概摒除于共同语之外；因为从词汇上看，普通话正是以北方话词汇作为自身的基础。

4.5 专门用语和专名语

4.5.1 在生产活动中，在各种事务活动和日常生活中，指说某类专门事物的词语和只指某一个体对象的词语，是常要使用的。前者因所指的事物属于一定行业、学科的专门领域，代表着一般人较少接触的概念，因而是专门词语；后者代表着反映某一个体对象的特殊概念，不是代表一般的类别概念，成为专指某一特定个体对象的名称，是以称为专名词语。

专门词语和专名词语中，词的部分都不在这里论述。余下的"语"的部分，就分别是专门用语和专名语。这两种固定语具有特殊性质，和普通的固定语区别开来。一般汉语的普通词典（语文词典）专门用语收得较少，专名语则差不多完全不收。这有一定的道理。基本原因就在于它们不是普通的。语文的普通教育，可以不把它们看做要点，但是从整个社会的词语运用来看，专门用语和专名语都有其重要性，在词汇单位中占有一定的地位，词汇学应该加以研究。在现代汉语固定语的描写中，是不容忽略的。

4.5.2 现代汉语的专门用语，反映了各行各业中比较基本的、大体上为一般受过普通教育的人所知悉或留意的事物、概念。其中的一部分，还同学科有关，其意义体现着科学概念。如：

农业的：

电力排灌　　人造平原　　起圈　　排涝　　保墒　　沤肥
翻薯秧子　　大秋作物　　生产责任制　　烧薯坑

工业的:

劳动保护　工作母机　锅炉机组*　通风设备　放料
防毒口罩　金属切削　工业用水　电子计算机

交通运输业的:

电气化铁路　高速公路　海底隧道　蒸汽机车
集装箱码头　载重货车　隐形飞机　浅水汽轮
内燃机车

军事的:

反弹道导弹*　深水鱼雷　洲际导弹　航空母舰
高射机关枪　小口径步枪　化学武器　凝固汽油导弹
防毒掩蔽部　机械化部队

医疗卫生的:

坐骨神经痛　神经衰弱　精神分裂症　心律不齐
阵挛性痉挛　斑疹伤寒*　血管收缩剂　野战医院
疫苗诊断法*　静脉切开术　预防接种

物理学的:

反作用力　表面张力*　万有引力*　无线电波
集成电路*　高能物理　热功当量*　能量守恒定律*
不良导体　原子反应堆*

化学的:

稀有金属　蒸发作用　光合作用*　阴性反应*
高温化学*　二氧化碳　空气冷却*　磁力分离*
不完全燃烧*　无机化合物*

数学的:

解析几何　二次方程　平行四边形　直角三角形
繁分数　无限大*　自然对数*　奇函数*　模糊数学*

生物学的:

雌雄异株　共生现象*　假浮游生物*　无机营养菌*
自然世代*　遗传工程*　蛋白质水解*　原生动物门*

经济学的：

剩余价值* 扩大再生产 级差地租* 通货膨胀*
跨国公司 国民经济 生产关系* 企业管理* 有价证券

哲学的：

唯物辩证法* 主观唯心论* 语言哲学* 历史唯物论*
对抗性矛盾* 否定的否定* 对立统一* 绝对真理*
辩证逻辑*

上列各行业的专门用语，各为本行业的人所熟悉和常用，其他行业的人们则少用而且不一定十分理解。但是社会上中等文化水平以上的人们，一般都接触这类词语，大体知道它们指什么事物，或深或浅地领会其含义。虽然只有行家才能深入了解它们当中某一些（如上列实例中带星号的）所表示的科学概念，非行家们却也能不同程度地掌握相应概念的外延和某些区别性特点。因而它们具有通用于整个民族社会的性质，取得了共同语词汇成员的资格。

和这类推广使用开来的专门用语不同，各行业、各学科中更多的专门用语只为本行、本专业的人所理解和使用，流通在相当狭窄的少数人交际的领域之内，不能进入共同语。例如化工的"蛇伏冷容器""连续电解镀锡法"；电工的"自差接收电路""十进插塞式电阻箱"；军事的"方向补助分划盘""俯仰转螺"；医疗卫生的"立克次氏病""兼同凝集现象"；物理学的"库伦势垒""核过程截面""洛仑兹力"；化学的"调聚反应""阴离子交换树脂"，数学的"双曲函数""马尔可夫过程"；生物学的"伪几丁质小室""原生中柱"；等等。

区别开流通范围宽广的和狭窄的两类专门用语，不仅理论上有必要，也适应语言应用的实际要求。前一类可纳入语文教育的内容中和文学语言规范化的对象范围之内，现代汉语的普通词典可适当加以选收。后一类却只同专业教育有关，不必要也不应该收进普通词典中去。

广狭两类专门用语,尽管相互之间没有清楚的区分界线,存在着一些过渡的或居中的单位,然而大体上把它们划分开来是完全可以做到的。

从上面列举出的两类例子,可以看出,进入共同语词汇的专门用语,由于广泛使用开来,适应着一般人记忆和使用的便利,形式较短,极少超过五个音节。而狭窄的专门用语,由于只是本行的人或专业人员所用,主要功能在于精确表达特殊的事物概念或科学概念,形式的长短无足轻重,因而形式上长度不大受限制,有的可长至八九个音节甚至更多。

4.5.3　专名语比起专门用语来较多、较常为一般人所接触和使用。它包含不止一个词的重要地名、行政区划名、国名、大的机关社团名、著名的书文报刊作品名、名人的姓名称谓职衔等。如:

辽东半岛　长江三角洲　云贵高原　黄淮平原
横断山脉　台湾海峡
广西壮族自治区　宁夏回族自治区　延边朝鲜族自治州
鄂伦春自治旗
中华人民共和国　美利坚合众国　苏维埃社会主义共和国联盟
最高人民检察院　中国社会科学院　上海人民法院
中日友好协会
本草纲目　滕王阁序　光明日报　羊城晚报　人民文学
大众电影　儒林外史
孙中山　周总理　撒切尔夫人　西哈努克亲王

和专门用语一样,专名语也存在广狭两类。进入共同语词汇中的是流行范围宽广的专名语,如上面举的所有例子。狭窄的专名语,因所指的对象不重要或较小,知名度低,不能普遍地为各地的人们所知悉和使用,因而不具备整个汉语社会的全民性,不能算共同语词汇的成员。如:

万家码头(天津南郊一个乡镇名)　通用新村(重庆郊区地名)

九龙坡区（重庆市辖的一个区）　东山区（广州市辖的一个区）
天津南开区法院　华南师范大学学生会　浙江语言学会
九龠集（明代宋懋澄作）　秦俑的冲击波（文章标题；文转载于《新华文摘》1987 年第 4 期）　天津青年报

广狭两类专名语，相互间也没有清楚的分界线，存在着居中的或从狭窄类向宽广类过渡的单位。关于划分这两类专名语的问题，须暂时放下，后面在谈到词汇范围的一章（第 7 章）里再详论。

流行范围宽广的专名语，语音形式比较长的，使用开来后适应于通常称说的便捷要求，往往形成另一个简短一些的形式，变为固定语一般的长度（四个音节上下），甚至成了双音节的缩略词。这是它们成为人们普遍接受的共同语词汇单位的一种证明。如：

苏维埃社会主义共和国联盟——苏联
中国人民政治协商会议——全国政协
中日友好协会——中日友协
人民代表大会代表——人大代表

4.6　准固定语

4.6.1　汉语中普通的固定语，除去成语、惯用语和歇后语之外，还有相当大的一部分一向被学者和一般人所忽略，或者被不适当地归到成语或惯用语中去。它们其实另成一类，同成语、惯用语等相并列，就是准固定语①。如：

小意思　小玩艺儿　小家庭　小瘪三　小日子
小小说　小先生　小老婆　大书　大造

① 拙文《固定语及其类别》提出过“准固定语”，并有所论述。参见《词汇学和词典学问题研究》第 108—114 页。

大嚷	大叫	大悦	大喜	大恚
大恸	一笑	一瞥	一程	一伙
一阵子	一大宗	不乏	不满	不取
不消说	不克	不见得	不介意	不经意
不要脸	不像话	不敢当	不自量	不相干
不得了	不景气	不是味儿		

这类单位的名称所以用了“准”字，是因为它们不充分具备固定语的条件，但是具有固定语的大部分重要特质，基本上可以或勉强可以归入固定语的范围。

准固定语一如所有其他固定语，意义所体现的是个概念，结构形式上采用句法结构，也同是个有定型性的词的组合体：结构成分在某种程度上是稳定的，不能起语法变化，不同的结构成分之间一般不能插入别的成分，它们的组合关系和排列顺序都是固定的。不同于其他固定语之处，只在于结构成分的稳定程度较低。表现在部分结构成分可以变换为一系列同类成分；但是余下的结构成分却固定而不能更换①，或者只能更换为极其有限的个别同类成分。如“一瞥”，其中的“瞥”可换为“顾”“见”“看”“览”“笑”“游”“眠”等指某种活动的单音动词，但是其中的“一”固定而不能更换（“瞥”之前，除副词“一”外，不能有其他单音副词的修饰）；“不乏”（不缺乏的意思）能换其中的“乏”为“负”“具”“满”“究”“减”“受”等等单音及物动词，但是“不”只能勉强用单音副词“颇”来更换。

① 固定语结构成分能不能更换，取决于更换后是否保持组合体原有的表义方式和组织形式，是否仍符合于词语搭配组合的社会习惯。比如“解剖麻雀”若说成“解剖喜鹊”，便丧失原有的以字面意义比喻真实意义的表义方式；“诸如此类”若说成“诸如这类”，“小意思”说成“大意思”，都不符合词语搭配的社会习惯；“大书”若说成“大书写”，就既不合习惯，又不能保持原有的联结两个单音词的组织形式。这样的更换是不容许的。即相应的结构成分“一麻雀”“—此—”“小—”“一书”是固定的，不能更换。

可见，准固定语有一定的完整定型性，又具有同其他固定语一样的意义特征和结构形式特征，是具备固定语的基本条件的。不妨把它看做固定语中不成熟的或处于边缘的类别。无疑，由于已有一定的（虽然还不充分的）完整定型性而在构造上大于词却小于句子，准固定语具有和其他固定语一样的复呈性，一样的相当于实词的功能。这决定了，把它看做固定语的一个类别远比置于自由词组的范围合理，也比定作固定语和自由词组之间的某种中介单位而排斥于固定语之外适当一些。

4.6.2　要确定准固定语，一个必要的出发点，是把它同自由词组区别开来。只有这样做，才能从自由词组中发掘出大量准固定语。另一方面，又须得把这种单位同其他种类的固定语——主要是惯用语——区分开。准固定语不仅表示一般的概念，而且没有双层意义，这就同惯用语很近似，容易相混。至于含双层表意的成语、有意义注释的歇后语及表示非一般概念的专门用语和专名语，准固定语同它们之间都存在明显的差别，很容易分辨，不像区分准固定语同惯用语那样要费一点力气。

准固定语同自由词组的鉴别，可以结构成分是否都无固定性以及结构当中能否插入其他成分来观察和作出结论。如：

大	喜		大	象	
/	悦	/	小	虎	大的象
	怒		老	狗	大得惊人的象
	恸		幼	猫	大而灵活的象
	恚		猛	狼	
	快		黑	马	
	……		……	……	

小	意思	小/意思
↓	↓	↓
好	东西	/
	家庭	
	先生	
	问题	
	买卖	
	⋮	

小	山	小/山
↓	↓	↓
大	溪	小的山
高	河	小而陡的山
青	树	小而秀丽的山
苍	桥	
秃	屋	
⋮	⋮	

“大喜”“小意思”：准固定语

“大象”“小山”：自由词组

区分准固定语和惯用语，只能看是否所有结构成分都固定。都固定的，是惯用语；否则，便是准固定语。如：

不消	说	多	此	一	举	不	克	无	能	为	力
↓	↓	↓	↓	↓	↓	↓	↓	↓	↓	↓	↓
无须	/	/	/	/	/	/	能	/	/	/	/
不用							可				
不必							愿				
马上							应				
忽然							须				
⋮							⋮				

彬彬	有	礼	文质	彬彬	走	亲戚	访	亲	问	友
↓	↓	↓	↓	↓	↓	↓	↓	↓	↓	↓
谦虚	/	/	/	/	访	亲家	/	/	/	/
殷勤					迎					
客气					接					
热情					探					
斯文					待					
⋮					⋮					

“不消说”“不克”“彬彬有礼”“走亲戚”：准固定语

“多此一举”“无能为力”“文质彬彬”“访亲问友”：惯用语

4.6.3　准固定语中有很小一部分，结构成分之间可以插进其他成分。这是比较特殊的情形。如：

要花招——➤耍什么花招/耍新花招/耍够了花招
映入眼帘——➤映入我们眼帘/映入我的眼帘/映入他的眼帘
出风头——➤出够了风头/出几次风头/出尽风头

能拆开使用的准固定语，是固定性程度最低的。但是它仍然保持一定的定型性，仍然可以含有固定的或比较固定的结构成分而同自由词组区别开来。如：

准固定语			自由词组			准固定语		自由词组	
映／	入／	眼帘	射／	入／	房间	耍／	花招	耍／	刀
↓	↓	↓	↓	↓	↓	↓	↓	↓	↓
/	/	湖水	照	进	卧室	玩弄	花枪	舞	枪
		池塘	投	到	书房		脾气	弄	剑
		水潭	搬	至	琴房		态度	举	棍
		江水	抬	向	厅堂		把戏	持	鞭
		衣镜	推	出	餐厅		猴子	拔	拳
		⋮	⋮	⋮	⋮		⋮	⋮	⋮

正如成语当中有一些离合成语，惯用语当中有一些离合惯用语，也存在少量能拆开使用的准固定语。在拆开来使用时，离合式准固定语被分解而不再成一个固定语整体。这一点，和离合成语有别而同离合惯用语一致。

4.6.4　在各种固定语当中，要数准固定语的平均长度最短。有很多准固定语仅仅由两个单音词构成。表面来看，准固定语就不仅接近于自由词组，也往往同复合词相近似。因此，依据词的特征，把复合词和准固定语划分开，对于确定准固定语来说，也是必要的。如：

复合词	准固定语
（形成单纯意义；内部意义组合关系不明晰，无语音停顿）	（意义是复杂的；内部意义组合关系明晰，可有小的语音停顿）
哂笑	大笑

愠怒	大怒
不如	不克
不必	不满
不得	不乏
瞭望	一瞥
大伙儿	一伙儿
一块儿	一连串
小人	小意思
小孩子	小先生

4.7　关于俚语、俗语(俗话)、套语和常言

4.7.1　在汉语的词汇研究中,在人们日常的言谈中,除了使用"熟语""固定语""固定词组""成语""惯用语""歇后语""谚语""名言""俚语"等名称来指某种用语单位之外,还常用到"俗语""俗话""套语""常言"等叫名,指的也是用语单位的某种类型。后面这几个叫名,连同前面(4.1.2)提出过的"俚语",在不同程度上都是含义模糊的。它们究竟各指什么一种用语单位,一向不甚明确,人们的理解很不一致。但是它们同词汇单位的确定和内部划分,却或大或小都有牵扯。因此,描写现代汉语词汇,有必要澄清这一系列术语的含义,明确它们各指什么样的对象,从而合理地将它们用到词汇单位的确定和划分上去。

4.7.2　俚语无疑是熟语中的一类单位,指的是产生和流行于民间而比较俚俗的现成用语。这是一般的、相当宽泛的理解,有更多的实质尚未触及。只看到民间的、俚俗的性质,至少还不能把俚语同谚语、民谣区别开来。谚语、民谣也来自民间,流行于民间,一般都比较俚俗,据此似乎便可把谚语、民谣也看成俚语。当然,那样扩大俚语的范围,是不正确的,未必有谁会同意。那么俚语必然还具有区别于谚语、民谣的特点。

谚语所表达的思想内容,总有训诲性或教育作用。这是谚语的根本功能所在。民谣的表面意思则有讽喻性或深沉的暗示。这些,显然都不是俚语所具备的。俚语表示的意思,体现一个表述得诙谐生动的一般概念,或者是生活中某种事物和现象诙谐有力的述说和论断,都没有训诲性,也不作劝告。如:

A. 碰一鼻子灰　一肚子鬼胎　三头六臂　滴水不漏
三天打鱼,两天晒网　捡了芝麻,丢了西瓜

B. 脸红脖子粗　吹胡子瞪眼　半死不活
抓耳搔腮　挤眉弄眼　呆头呆脑

C. 穿着汗衫戴棉帽——不相称　懒婆娘的裹脚布——又臭又长
黄杏熬北瓜——一色货

D. 人心不足蛇吞象　做一天和尚撞一天钟
眉头一皱,计上心来　比不上足,比下有余
上不着天,下不着地　三十六计,走为上计
嫁鸡随鸡,嫁狗随狗　不打不成相识
高不成,低不就　前怕狼,后怕虎
即有今日,何必当初

A、B、C 三组俚语,都只体现一个一般概念;D 组体现的则是对生活中某种事物和现象的诙谐述说和论断。四组俚语的意思都显然不是给人以知识教育或规劝,不起训诲作用。这样的用语单位,自然不同于谚语,和民谣更是迥然有别。它们有一系列共同特点:比较固定,是现成的大于词的用语单位;比较俚俗,产生和流行于民间;意思只客观反映一般事物和现象,不进行说教;有浓厚的口语色彩;表意诙谐生动而明白。把具有这些特点的用语单位集为一类,定作俚语,是有客观依据的,有道理的。

但是,上面四组俚语又可表明,俚语比较庞杂,概括面相当广,包括着异质的用语单位。A、B、C 三组是固定语,属于语言词汇。其中 A 组的其实是成语,B 组的是惯用语,C 组的是歇后语。而 D 组的则明显地是一句现成的话,表现了思想,应属于常语而不是词汇单位。可见,俚语性质上相似于熟语,包含着语言的和言语的两种异质的单位。其中语言的单位,是成语、惯用语当中出自民间、俚俗诙谐、口语色彩浓厚的部分,以及确实在民间产生和流行的大多数歇后语;言语的单位,既不属于谚语,也不是出于作者个人的名言(包括警句、格言),而是常语当中和谚语、名言平行的一个类别。

俚语既然一部分和成语、惯用语的一部分以及歇后语的大多数重合,而其余部分则是常语中独立的一类,它的归属常语的部分自然较能显出个性和作用特点,较有研究价值。成句子的俚语——作为言语单位的俚语,应是俚语的代表。

俚语在英语社会中被称为 slang,在法语社会中被称为 argot。但是无论 slang 还是 argot,所指的对象都远比汉语的"俚语"广泛。两个词可以指俚俗的词语、行业语、隐语、黑话等。因而,并非偶然,西方一些语言学者把俚语理解得非常宽泛。如有的认为它是个别人为了创新而创造的言语形式,有的甚至认为是一切未经语言规范所认可的口语①。从研究语言规范和社会语言学的角度来说,把俚语作如此宽泛的理解,可能有积极的作用,但对于熟语和固定语的类别研究来说,俚语理解得过杂过宽却并无好处。熟语中确实存在一类兼跨常语和固定语的单位,颇富有特色,它需要有个专名,而用"俚语"来指称它是最合宜的。至少,在汉语的熟语中,这类用语单位的存在不容否认,其专名舍"俚语"莫属,何况与术语"俚语"同时存在的还有"行业语""隐语""黑话""生造词语""比喻用法"等术语,自然各有分工专指才合理,不必以一个"俚语"将其他一系列术语的内涵都统集于一身。

---

① 参见 И. Р. Гальперин《论术语"俚语"》一文,彭京译,载《国外语言学》1981 年第 2 期。

4.7.3 确认了“成句子的俚语”这个常语的次类，俗语的概念就比较容易明确。

通常人们在口头上用“俗话”这个名称，而很少用“俗语”。两个名称指同样的对象，是同义词，“俗语”带有术语性，而“俗话”则有口语色彩。

俗语指的是出自民间集体创造并在民间流行的、语意警醒或表意诙谐生动的现成语句。它本身是一句话，有完整的意思和句子的结构形式，出现在人们的话语中是被搬引来代替自己的话语以增强表达力的。显然，谚语就是这样的现成语句，成句子的俚语也是这种单位。俗语实际上指的，不外就是谚语和成句子的俚语。它不可能指名言等其他单位。名言都有作者，是个别人所造的语句，而且一般来自书面语，自然算不上“俗”。至于成语、惯用语、歇后语和准固定语等，并非一句话而只是个表示一般概念的词组，不入俗语范围的道理也是明显的。

4.7.4 套语是日常生活中表示礼貌、客气的定型语句。在类同的讲礼貌、讲客气的应对情况下，人们习惯于说一样的语句来表示礼貌或客气，这语句作为一种模式定型了下来，就成了套语。汉族人民比较重视礼貌谦让，形成的一系列套语有较高的甚至很高的出现频率。如：

您好	请坐	失迎（了）	少陪	久仰
承惠	不胜感激	不揣浅陋	恕不奉陪	不吝指教
不敢高攀	获益不浅	无可奉告	悉听尊便	迟复为歉
赴汤蹈火，在所不辞				

套语在话语中出现时，都有完整的句调，独立成一句话（尽管在绝大多数情况下不出现主语）而不充作句子成分。因此它是常语的一个类别，不能看做语言词汇单位。

4.7.5 “常言”所指的对象，无疑应是言语单位的语句，而且它应常常出现在人们的说话或写作中，即应是现成的、基本上固定的语句。据此，可以明确，常言不是词汇单位，不指固定语，只能是常语的单位。但是常言是否就完全等于常语？并不然。常言应只包括常语中的谚语、成句子的俚语以及名言，并不能包括套语。没有人在说“常言道”之后，提出个套语来的。因此，常言等于常语的绝大部分，常语的范围比常言略大一些。

4.8 现代汉语的 idioms——习用语

4.8.1 所有各类常语，虽然不是现代汉语词汇的成员，但是每一类都可能有某些单位发展为词汇单位的成语、惯用语或准固定语。例如下列已成事实的发展变化：

〔谚语〕饥不择食，寒不择衣——〔成语〕饥不择食
〔谚语〕坐吃山空海也干——〔成语〕坐吃山空
〔谚语〕瓜田不纳履，李下不整冠——〔成语〕瓜田李下
〔谚语〕千人所指，无病而死——〔惯用语〕千夫所指
〔名言〕温故而知新，可以为师矣（孔子）——〔惯用语〕温故知新
〔名言〕愚者千虑，必有一得（司马迁）——〔惯用语〕千虑一得
〔名言〕老骥伏枥，志在千里（曹操）——〔成语〕老骥伏枥
〔名言〕满城风雨近重阳（潘大临）——〔成语〕满城风雨
〔成句子的俚语〕神不知，鬼不觉——〔成语〕神不知鬼不觉
〔成句子的俚语〕饭后一支烟，快活似神仙——〔成语〕饭后一支烟
〔套语〕悉听尊便——〔准固定语〕听你便

可以说，常语同成语、惯用语、准固定语之间是能够转化和过渡的，并没有不可逾越的鸿沟，甚至没有截然划分开的界线。另一方面，常语同这几种固定语又具有不少共同的性质：它们都可以是熟语，表示的意思都是一般性的。由于这种情形，常语虽然处于词汇之外，却是词汇大部分固定语的一种发展土壤和共生的伙伴。

现代汉语的全部固定语可以大别为两类：一类从意义所体现的概念看，是一般性的，包括成语、惯用语、歇后语和准固定语；另一类，意义所体现的概念是特殊的，包括专门用语和专名语。同常语有所关联的

就是前一类。这类固定语同后一类相比,数量上有明显的优势,在表意和造句的功能上又完全得多。因而它们是固定语的主体部分。这主体部分所有成员,如统一起来,用一个名称来指说,可以叫做习用语。汉语的习用语,从性质和包括的成员范围来说,和英语的 idioms 相当①。正如 idiom 在英语词汇教学中占有重要位置一样,汉语的习用语既是社会日常生活中应用得最普遍的固定语,就也应为语文教育高度重视。

需要进一步看到,汉语习用语中还有个核心,它是由全部成语和惯用语构成的。成语、惯用语占了习用语的大多数,以此为基础,决定了它们能在构造格式上和定型化上对其他固定语类别起重要的影响作用。

4.8.2 习用语同常语、俚语的关系以及熟语内部各种大小类别的因应关系,可表示为如下图式:

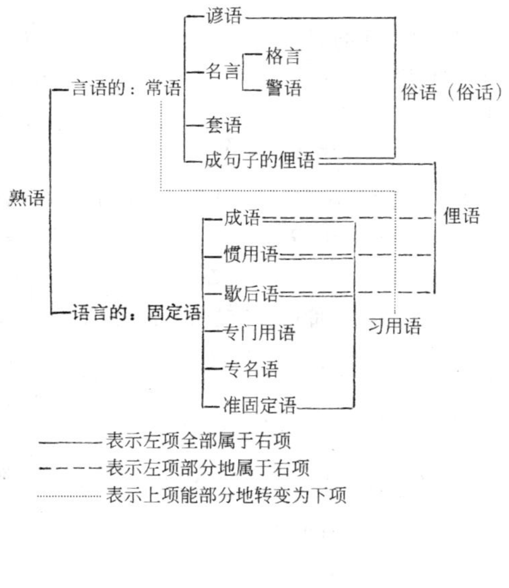

① 过去一般把 idiom 译为"成语",这并不准确,把成语理解得过宽。在 Palmer 的 Semantics 第二部分中译(见《国外语言学》1984 年第 2 期)里,喜见译者把 idioms 译为"习语",可见得本书对于 idioms 的理解和译法并非一人之想。

5. 词和固定语的形式

5.1 语音形式和结构形式

5.1.1 研究词汇，一般多注意词语的意义方面。这很自然，也无可厚非。但是若忽视形式方面，却欠妥当。

词汇既是语言的建筑材料，具有一定的形式便是它现实化的决定因素。不观察、分析意义的载体——使意义互相区别和关联的词汇形式，而只去研究词汇意义，那就不仅词汇意义的研究难以得出正确的论断，整个词汇的面貌也有被歪曲的危险。任何时候，只要研究到词汇单位，都须要把词汇意义同词汇形式结合起来观察、分析。当然，词汇的意义方面远比形式方面纷繁复杂，意义是词汇的根本内涵和功能实质所在。如果说，语法研究比较着重于形式的观察分析，那么词汇研究大体上要反过来，以考察意义方面的情况为重心。只是在此同时，不能偏废而忽略了形式方面。

作为语言建筑材料，每个词汇单位本身都是意义和形式的结合物，这就要求词汇研究须结合着意义和形式两个方面来进行。但是这并不排斥有时可较集中地研究意义，有时则较集中地研究形式。处于这两种情况下，都仍然可以把意义同形式结合起来。

现代汉语词汇，在形式方面有自己的一些特色。它成为汉语民族特点的组成部分。而词汇形式的构成状况，还成为词汇成员某种分类梳理的依据,甚至在一定程度上成为全面分析词汇组织的一种出发点。发掘汉语词汇形式的特点,揭示其一般的构成状况,无疑是汉语词汇描写所不可缺少的一个环节。这需要从宏观的角度,集中观察汉语的词汇形式。

5.1.2 词汇形式表现为词的形式和固定语的形式。可分别略称为词形和固定语形。

无论是词形还是固定语形,都包含着两种互有联系而性质殊异的形式,就是语音形式和结构形式。

词和固定语的语音形式,是只就词语的声音物质外壳的一定状况而言的。它虽以一定的音位、音节为材料而构成,本身却已不属于语音系统,而是属于词汇。由于它是声音物质外壳,冲着同精神现象的意义相结合而又相对立的情况来说,它一般被认为就是词语的物质形式,即词语的基本形式。

结构形式是词语中两个或多个含意义的组成成分相互结合的方式状态。不言而喻,它须建立在语音形式的物质基础上,同时也不能离开构造词和固定语的材料成分。上面3.2和3.3节详细论述过现代汉语的词式,那就是词的结构形式。至于固定语的结构形式,尽管上面第4章在一些地方已局部地接触到,还须要集中地全面分析归纳它的特点。

下面分别来看现代汉语词语的语音形式和结构形式的特点及有关的现象和问题。

5.2 单音词,多音词,四字格

5.2.1 汉语的词的语音形式,第一个显著而最普遍的特点是音流自始至终带有高低升降的声调。音流的声调同词的意义紧相关联,即它若有改变,词的意义也随之而改或随之而破坏,至少也变得难以使人领会。正是由于必然具备这一特点,最短小的语音形式只能是个元音或鼻辅音(如 à——啊,ề——诶,ḿ——呣),没有单独一个清辅音及其他辅音的情形。因为清辅音不可能有声调,鼻辅音之外的浊辅音也不利于形成乐音性的、清晰的声调。由于所有词的整个音流都应伴有能分辨意义的音调,某些词带有的轻声就也可以看做声调的一种特殊变异。

5.2.2 词的语音形式的第二个显著特点,是比较短小轻捷。大部分词的音流只有两个音节的长度,其余的词中一个相当部分又仅长一个音节。三音节的词是少量的,四音节的词就相当稀少;五音节的只是很小一部分音译词,六、七音节的更限于个别音译词,已处于语音形式最大长度的极限。

中古以前,汉语本以单音节形式的词占压倒优势。以后新产生的词多取双音节形式。近代以来,词汇迅速扩大,双音词日益孳乳增多。到了现代,双音词的数量就大大超过了单音词。双音节形式在词的语音形式中占了主体地位,甚至具有了代表性。新产生的词绝大部分是复合词和派生词,而绝大多数复合词和派生词又都取双音节形式。这使词的双音长度成了强有力的趋势,在汉族人民的心理中成了一种最习惯、最喜闻乐见的形式。

近代以来,单音节形式的能产性虽然日益弱化,单音词在现代汉语的词中却仍占有相当分量。它们大多是古代一部分单音词的遗留,由于指称的是一些最基本的现象、事物、行为、数量等,因而能稳定地沿用下来。如"天""地""云""风""雨""雾""雷""水""火""山""井""禾""苗""树""草""牛""羊""猪""狗""走""坐""起""一""五""万"之类。古代其余部分的单音词,或者消亡掉,或者只作为现代汉语的词素而存活下来(如"懦""虐""谫""驽""瘟""泞""砭""馐""诤"之类)。非古已有之的那部分单音词,主要是感叹词、虚词、象声词、地名和国名略称、普遍用开的专名词等,也都较常使用。

单音词加上数量巨大的双音词，占了全部词的绝大多数。这意味着，词的语音形式绝大多数只包含一两个音节的长度。而汉语的音节本身，由于不存在复辅音，一般又是相当简短的。因而，汉语全部词的语音形式从总体来看，显得短小轻捷。

三音节以上的多音词，数量相对来说是较少。三音节的词主要是部分叠音的形容词和一些名词。如：

红彤彤　黄灿灿　黑森森　绿油油　急匆匆　气呼呼
空荡荡　水灵灵　悠悠然　飘飘然　忿忿然
支气管　肺气肿　微生物　屎壳郎　计算机　电视剧
共和国　青年团　解放军　机关枪　巡洋舰

四音节的词，只是个别的意译词、某些音译名词、某些象声词和部分双音形容词的语法变体；而双音词的多音节语法变体，严格来说并不能算整个词是多音节的。如：

自来水笔　奏鸣曲式　阴丹士林　阿司匹林　巴勒斯坦
列宁格勒　苏格拉底　叽哩呱啦　叽叽嘎嘎　叽叽喳喳
整整齐齐　雪白雪白　糊里糊涂　古里古怪

五至七音节的词，音节数越多就越稀少，都只是些音译词。如：

布尔什维克　福尔什马克　萨噶达瓦节　阿尔及利亚
英特纳雄耐尔　斯堪的纳维亚　马雅可夫斯基
陀思妥耶夫斯基

音译词是将外语词的语音形式（连同意义）搬借了过来，“译”成的音流的样式、长度都受了原词的制约，是被动采取的。因此音译词较长的语音形式并非来自汉语自身材料的构造，不能反映汉语的词形特点。把音译词除外，汉语的词的语音形式，就实际上以四个音节为最长的极限，①四音节的词也是极少见的。从普遍性和心理习惯的尺度来看，现

① 这是就通常的、绝大多数的情况来说的，并不排除在术语词和职业词中会出现个别多于四音节的词（如“无后坐力炮”）。

代汉语的词形的最大长度，毋宁说截止在三音节音流上。汉语人民不很习惯于以四音节的长音流来表示一个单纯意义，倒是习惯于把这样的音流在当中微微顿开，使分开的不同部分因应于明晰地互相组合的各个意义。就是说，习惯上三个音节的音流可以是词的语音形式，四音节的音流则宜于是固定语的语音形式。除了音译和某些特别情况，四音节形式不是词的标志，倒是可据以初步推断，相应的单位极可能属于固定语①。当然，要最终准确地肯定下来，须取决于这一单位是否具有固定性、是否表示一个只体现概念的复杂意义以及是否容许音流中出现小小停顿。

四音节以上长词形的词，往往被省去部分音节而使词形变得短小，或者被另一个双音词、三音节词所替代。如：

交响乐团——乐团
自来水笔——钢笔
加利福尼亚州——加州
圣弗兰西斯科——三藩市，旧金山
普罗列达利亚——普罗，无产者
德谟克拉西——民主
盘尼西林——青霉素

这些事实表明，四音节以上的长词形不适应于汉族人民的语言心理。

5.2.3　四音节的音流，是汉语固定语最多见的语音形式，甚至可以说是固定语典型的、有代表性的语音形式。传统上把它称为“四字格”。固定语的语音形式，短的可是双音节、三音节的音流，长的从五六个音节至八九个音节甚至十多个音节的长度，惟独四音节形式在人

---

①　参考吕叔湘先生相近的观点：“四个语素的组合多半可以算两个词，即使其中一个不能单说，如无轨电车，社办工厂。……拿到一个四语素的组合，可以先假定它是两个词，然后看是否有别的理由该认为是一个词。在这里，语素组合的长短这个因素起了很大的作用。”（《汉语语法分析问题》，第22页，1979年，商务印书馆）吕先生这里所说的语素都是单音节的，四个语素的组合就形成四音节的语音形式。

们的语感中同固定语单位有最密切的关联。这不是偶然的。对于固定语来说，四字格的长度很适中，既不至于形成长串的音节而使人发音不畅便，同时又足可表示丰满、复杂的意思和明晰的结构关系。另外，四个音节可以形成两个划分整齐的音段，从而造成非常匀称的节奏形式。这很符合汉族人民喜欢对称的心理习惯。

很大一部分四字格还讲究音节的平仄对比（一、二音节与三、四音节之间对比，特别是第二与第四音节平仄相反），造成和传统诗法中四言律句一致的平仄格式，加强了节奏的音律美。如：

仄仄平平：

事在人为　买卖公平　气势汹汹　怵目惊心　具体而微
固若金汤　后顾之忧　后继无人　虎视眈眈　问道于盲
锦上添花　画饼充饥

平平仄仄：

成家立业　超然物外　辉煌灿烂　陈词滥调　长篇大论
长年累月　闲情逸致　为期不远　居功自傲　为非作歹
娇生惯养　忠言逆耳

仄平平仄：

豁然开朗　恼羞成怒　老成持重　尽如人意　有加无已
古为今用　寄情山水　问心无愧　虎头蛇尾　水中捞月
暗无天日　滥竽充数

平仄平平：

其味无穷　孤立无援　先见之明　民不聊生　分我杯羹
连类龙鸾　孤掌难鸣　泾渭分明　明日黄花　乌有先生
官样文章　平步青云

仄平仄仄：

戒骄戒躁　小人得志　寡头政治　古香古色　密云不雨
守株待兔　可操左券　斫轮老手　锦囊妙计　滚瓜烂熟
寿终正寝　水深火热

平平平仄：

饥寒交迫　凶多吉少　分崩离析　中庸之道　衣冠禽兽
公门桃李　盲人摸象　针锋相对　空头支票　空中楼阁
杯弓蛇影　垂涎三尺

由于古代入声的消失，虽然现代四字格固定语中一部分入声字转读上声或去声而仍属"仄"，另外那部分入声字却转读阴平或阳平而改属"平"。因而不少四字格改变了原来平仄对比的节律面貌。但是其中相当一部分虽然平仄格局起了变化，却仍然保持了节律和谐美。可只举以原读入声的"一"字开首的四字格来看：

仄仄平平——→平仄平平：

一技之长　一面之辞　一见钟情　一举成名　一笔勾销
一步登天　一气呵成　一刻千金　一箭双雕　一日三秋
一叶知秋　一枕黄粱

仄平平仄——→平平平仄：

一言为定　一挥而就　一贫如洗　一相情愿　一丘之貉
一帆风顺　一抔黄土　一团和气

四字格的音流仅仅比普通长度的词长一两个音节，可是表示的意义内容却丰厚得多、复杂得多。它仿佛被"压缩"在四音节的形式内，若舒展开来，抵得上一句话或几句话的意思。因此四字格表意十分凝练。这是四字格一种特殊的、异常重要的功能。它给汉语在词的组合方式和句式上做到简洁灵活提供了一个条件，也成为汉语语句能比较轻捷、明快的一种决定因素。

5.3　词语的同音现象

5.3.1　在四字格的论析之后，需要再回到汉语的词的语音形式上来。5.2.2 小节里论述了它的两个特点。这不够完全。它另外还具有一个特点,就是存在大量的同音现象。汉语同音词之多,是把汉语作为外语来学习的人很容易感觉到的困扰。汉族人民由于在口语中很少遇到同音词有碍于理解的情形,一般对于大量同音词的存在倒反而不察。

汉语同音词较多,和词的语音形式简短的特点是密切相关的。现代汉语音节的数量本来有限,词的语音形式又大多是两个不同音节的缀连或仅只单个音节,造出的各不相同的语音形式就不可能无限多,倒是很容易形成偶同。

同音词通常是就两个词或多个词而言的。有时,它也可以理解为在语音形式上与某个词相同的词。现代汉语的同音词可分为两类。一类是偶同的,并非造词时有意在声音上雷同,彼此的含义一般相差很远,历史上也无渊源或衍生的关系。这类同音的单位若是单音节的,往往会有多个;是双音节的,一般成对较多,两个以上很少;而三音节的,成对已属罕见,更难有多于两个的情形。如:

名——明——铭——茗
同——童——彤——佟——桐——铜——酮——砼——僮——瞳
寿——瘦——受——兽——授——绶——售——狩
泪——类——酹——擂——累——肋
人力——财力　事态——世态　门帘——门联
例子——栗子　立法——历法　服气——福气
指示——指事　监守——坚守　坚韧——兼任
奸险——艰险　势利——势力　时事——时势——时世
礼拜寺——礼拜四

可以发现,在偶同而非单音节形式的同音词中,往往含有同一个作为词根的词素,如“才力——财力“门帘——门联”“指示——指事”之类。这样彼此同音的词,由于含有共同的词根,在意义上就多少有些关联。偶同的同音词,还有很小一部分彼此意义十分近似,存在明显的意义关联——同义关系,如“利害——厉害”“攀缘——攀援”“折中——折衷”

“糟蹋——糟踏”“珍珠——真珠”。这成为比较特殊的同音同义词。

另一类同音词是由一个多义词分化发展而来的，彼此曾是同一个词，并非偶然同音。从意义方面看，这类同音词历史上有过渊源或衍生的关系，但是它在现实上业已消失。例如含有“附近”、“身边跟随的或接近的人”这样两个意义的“左右”（“～邻舍的人”；“～劝他息怒”），同含有“大约的数量或度量”义的“左右”（“需一千元～”）、含有“施加影响，使改变行动态度”义的“左右”（“谁也不能～他”），现代是三个同音词。第二个“左右”的意义是从“附近”这一意义衍生出来的，它同“附近”义本来同属一个词；后来这两个意义之间的衍生关系逐渐在一般人的观念中消失掉而只成为历史事实，于是就分化出另一个“左右”。第三个“左右”的意义，从“身边跟随的或接近的人”这个意义衍生而来，两意义之间的衍生关系也逐渐在一般人的观念中变得淡薄、模糊，最终消失掉，从而又分化出另一个“左右”。再如“素”，本来它的“质朴无华”的意义曾延伸出“平常时候”的意义，又再由“平常时候”义派生出“一向”义；后来“平常时候”义消失了（现在只作为词素义存在于“平素”“素常”“素来”等词中，不再是词义），“一向”义失去了同“质朴无华”义及“素”的其他意义联系起来的中间环节，也就是其间不存在任何现实的关联，于是由一个多义的“素”分化为两个同音的“素”。这类出自一个多义词的同音词，还可再举些例子：

月 yuè 夜里无云遮盖时指看到的特大而或圆或缺的清亮天体。	月 yuè 一种全年分出十二个来的时历单位。农历的包含三十天或二十九天；公历的包含三十天或三十一天，个别是二十八天。
满月 mǎnyuè 农历每月十五日或十六日时的圆月。	满月 mǎnyuè （婴儿）出生后足一个月。

快 kuài
1. 走路、做事费时短;速度高。
2. 赶紧,从速(～来帮忙)。
3. 即将,将要(他～走了)。
4. 灵敏(脑子～)。
5. 锋利(这把菜刀不～)。
6. 爽快,痛快(～人～语)。

快 kuài
高兴,愉快,舒服(大～人心;拍手称～)。

顶子 dǐngzi
1. 亭子、塔、轿子等顶上的装饰部分。
2. 顶珠。

顶子 dǐngzi
房顶。

由多义词分化而来的同音词,相互在写法上也保持一致。这成了所谓同形同音词。不过,有的同形同音词并不来自同一个词,而是由于不同的词在语音形式和书写形式上都偶同,如"探子"(tànzi;军中做侦察工作的人)——"探子"(tànzi;长条状或管状的探取工具),"里手"(lǐshǒu;行家)——"里手"(lǐshǒu;赶车或操纵器械时车或器械的左边),"田鸡"(tiánjī;一种生活在草原和水田里的、形状略似鸡的鸟)——"田鸡"(tiánjī;青蛙),"来得"(láide;胜任〔什么都～〕)——"来得"(láide;〔相比之下〕显得〔还是游泳～痛快〕)。

5.3.2 不同的固定语之间,也有可能在语音形式上完全一致,形成两个同音语。例如:"坚苦卓绝"(坚忍刻苦的精神超越寻常)——"艰苦卓绝"(斗争十分艰苦而不寻常),"向前看"(朝发展的前程看)——"向钱看"(追求金钱),"顶牛儿"(比喻争持不下,互相冲突)——"顶牛儿"(喻指骨牌的一种玩法)。固定语也有和词同音的情形。这时前者是后者的同音语,后者是前者的同音词。例如"大恚"——"大会","一声"——"一生","建校"——"见效"、"见笑","满堂红"(到处兴旺或全面胜利)——"满堂红"(紫薇的通称)。

汉语中,无论固定语之间还是固定语和词之间的同音现象,都相当少见。其主要原因是固定语的语音形式一般比词长。这种稀少现象，和词与词同音的大量事实相比，几乎是微不足道的。因此，一般提到词汇中的同音现象时，只说词而不提大于词的词汇单位，也是把握了对象的主体。然而，兼及词和固定语，才是全面把握汉语词汇的同音现象。这样做，显然要求用一个术语来统称同音词、同音语。可以简单地把这个术语确定为“同音词”和“同音语”的综合形式，就是“同音词语”。

5.3.3 大量同音现象的存在，是汉语这种词形短小、音节结构比较简单而形态又相当贫乏的语言所不能避免的。而只有不顾虑同音现象的产生和存在，才可在已有的词汇单位形式体制的基础上，适应于需要而不断大量产生新词语。大概根据同音现象似乎无碍于汉语词汇丰富发展，并且仿佛对词形及音节的简短起了弥补作用的情况，有人认为汉语同音词“在语言的发展中起到了重要作用”，“有着积极作用”①。这样作估计，似乎有点儿过头。

固然，以汉语为第一语言的人在使用汉语的相互交际中，很少会在话语的理解上遭到同音词语的妨碍。上下文及其他语境的提示，一般可使人迅速辨知某个词语的意义，而排除理解作它的同音词语的可能。但是，在某些情况下，词性或语法功能相同的同音词语，如“门帘——门联”“才力——财力”“猎狗——鬣狗”“坚苦——艰苦”“监守——坚守”之类，仍易引起理解上的混淆。至于汉语作为一种外语来学习时，其同音词语之繁多给予学习者的困扰，则是相当大的。而若要实行拼音文字，汉语大量同音词语的存在会成为一道很难排除的巨大障碍，更是大家深切认识到的。因此，汉语词汇中广泛出现的同音现象，尽管能

① 谢文庆、王振昆：《试论同音词在现代汉语发展中的作用》，载《语言文学》1980 年第 3 期。

缓和词形短小以及音节简单、有限同词汇须不断丰富之间的矛盾，毕竟还是带来一些问题。对此不必加以掩饰。

5.4 词的结构和固定语的结构

5.4.1 词汇内部存在着自身的许多结构。除了词汇单位之间可能有的结构（本书第9章至第11章将谈到）之外，词汇单位在材料构造上就存在着结构。后一方面是研究词汇单位形式所必须重视的，因为词的和固定语的结构不仅是词汇单位形式的构成因素之一，而且比之于语音形式，同意义有着更为密切的关联。

词的结构——词式，上面3.2和3.3节的论述已表明它并非语法结构而具有词汇属性。同样，固定语的结构，也应该看成属于词汇的结构。可以把它称为固定语式。它比起词式来，却同语法结构有较密切的纠结。

汉语的固定语，大部分是自由词组或语句逐步词汇化而形成的。如“初出茅庐”“另起炉灶”“打退堂鼓”“及早回头”“方便之门”之类，本是言辞中的自由词组，而像“怒发冲冠”“秋风扫落叶”“水落石出”“前功尽弃”“目光短浅”之类，则明显地本是言辞中的语句。自由词组和语句中本有的句法结构，自然随着存在于相应词汇化的固定语当中。但是自由词组的短语结构被固定语所固定，不能扩充，不能改变结构成分的顺序，就是变换结构成分的词语也受到很大的限制。这就是说，由于自由词组实现了词汇化，所形成的固定语式是相应语法上的短语结构的改造物。同样，语句的句子结构也被相应的固定语所固定，而且改变得更大、更明显些——句子结构原有的句调（特别是句末部分）被取消，因而不再是句子结构，而只成了短语结构。这样，可以说，来自自由词组和语句的固定语，其结构有两重性：从词汇单位的构造来看，它是词汇性的固定语结构；而从结构项之间抽象的组合关系看，它是语法性的短语结构，不过与一般的短语结构在特性表现上略有不同。

另有相当一部分固定语，并不从言辞中生成了的自由词组或短语发展而来，而是人们综合若干个词，使它们作一定的语义组合而创造出来的。如“冤家路窄”“绝无仅有”“千虑一得”“微言大义”“九牛一毛”“咫尺天涯”“筚路蓝缕”“杯水车薪”“沧海桑田”之类，就是这种创造物。这些固定语都只按照意会关联的组合方式而建立，形成一种纯属于词汇的意合结构（参见 4.2.5 小节），根本没有利用句法结构的手段，没有出现任何句法结构的影迹。凡采用意合结构的固定语，可说都同句法结构无关。在使若干词作语义组合而创造的固定语中，有一部分似乎采用了句法“递系式”。其实，它们也只是大体依照递系式，而非递系式的直接搬用（参见 4.2.5 小节），显示出一种有一定程度意合性的特殊结构。它是语法的递系结构在词汇单位构造时的改造物，属于词汇。不过它同时也可看做句法递系结构的一种特殊变体而属于语法，仍不妨沿用“递系”来称说。

可见，就汉语所有固定语的结构来说，全都属于词汇而具有词汇性，其中大部分也兼属语法而同时带有语法性。下面依固定语的各种结构，列表一一表明其在属性上与词汇、语法可能存在的关联：

		词汇性：词汇单位的结构	语法性	
			特性微异的短语结构	短语结构变体
并列结构	龙飞凤舞 大是大非	√	√	
修饰结构	满城风雨 大悦	√	√	
补充结构	问道于盲 乐不可支	√	√	
支配结构	另起炉灶 走亲戚	√	√	

（续表）

陈说结构		天花乱坠 后生可畏	√	√	
特殊连接结构	连动式	见风使舵 舍己救人	√	√	
	递系式	引狼入室	√	√	
		剖腹藏珠 抛砖引玉	√		√
紧缩结构		得鱼忘筌 见利忘义	√	√	
意合结构		杯水车薪 筚路蓝缕	√		
注释结构		猫哭老鼠——假慈悲 黄杏熬北瓜——一色货	√	√	
称谓结构		孙中山先生 周恩来总理	√		

汉语词汇学和语法学都要研究固定语的结构。但是，两种研究固然出发点和任务都不一样，研究的对象范围也是不尽相同的。

5.4.2　汉语词汇学研究词的和固定语的结构，除了要确定词汇单位的形式体制特征，区分其不同类别而分别加以描写之外，还须揭示词汇单位结构和词语意义之间的关联。后一方面是很重要的任务，但几乎还没有研究者去接触。

大体来说，词式由于作为结构项的直接组成成分都是词素，而词素的意义一般比较含糊、朦胧，因而不能清晰地表明直接组成成分之间的结构关系和词素义之间的语义关系。正由于这些关系一般是不明晰的、不为普通人的语感所觉察或认识的，词式适于表示浑然一体的简单意义——词义。而固定语式的直接组成成分，已是一般有显豁意义的词或词组，因此表示的是一种包含有明晰的结构关系和语义关系在内的复杂意义——固定语义。

不同的词式(参见3.2节和3.3节),可能使词义各有不同的特点。如复合式质饰格和态饰格("博物馆","耳语"),能分别导致形成一种暗示带有某个特性的事物或行为的意义;复合式支配格("开刀""挂包")可使词义反映一种支配事物的行为或同一定行为有关的事物;复合式补充格("说明""黑森森")能使词义反映某种产生结果的行为或有表现效果的特性;派生式("样子""甜头")则往往导致词义带上口语色彩,而同时理性意义本身却不随之有何变动;等等。

不同的固定语式,和不同特点的复杂意义相因应,一般会更为明显。因为这里,结构项的含义及彼此的关系大多相当明晰。如在并列结构的情形下,固定语总是表示两项平行地相关的现象、行为或事物;在修饰结构的情形下,固定语义必包含一个规定或描画对象性状的成分;意合结构会使固定语义在内部组合上比较松弛而且模棱不定,在反映的内容上不硬性划定而给个人的体会留有较广阔的余地;注释结构会导致固定语的真实意义先隐后现,并因此而得以加强并带来诙谐感;等等。

关于词语结构和词语意义之间的关联,还有待作深入的观察和发掘。上面的简述,只算提供一些迹象和线索。

6. 词和固定语的意义

6.1 词义和固定语的意义

6.1.1 词汇单位的意义一面，相对于形式一面来说，更为重要，而且繁复得多。不过，描写词汇学不能像编纂词典那样就每个词语一一解释其意义，而是揭示具体语言中词汇单位意义的基本面貌和基本特点。

现代汉语词汇单位的意义，论述和分析较多的是词义；固定语的意义往往被忽视。由于历史上各个时代长期的创造和积累，汉语现今拥有的固定语数量很大，词汇这部分单位的意义理应在认识上和研究上处于和词义同等的位置。

虽然固定语的意义由不止一个的词义组合起来所形成，但是并不等于说掌握了或研究了较为简单和基本的词义，就自然能弄清固定语义；因为固定语义在其构成和表现上有自己的重要特点。现代汉语不少固定语中含有不能单独使用的、甚至不在其他地方出现的词，如“居心叵测”“心怀叵测”的“叵”，“刚愎自用”的“愎”，“彰善瘅恶”的“瘅”，“高屋建瓴”的“瓴”，“揠苗助长”的“揠”，“岌岌可危”的“岌岌”，“佶屈聱牙”的“佶屈”“聱牙”，等等。这些随着固定语从古代遗留下来的词，其意义是固定语义的成分，但是却并不作为一般活的、独立的词义而存在。有的词虽然能单独使用，但出现在固定语中时表现的是一种特殊意义，它只存在于特定的固定语中。如“杀人越货”的“越”表示“抢劫”，“洞烛其奸”的“烛”表示“照见”，“分庭抗礼”的“抗”表示“平等地相对着行（礼）”，“纷至沓来”的“沓”表示“不断”，等等。这些特殊的意义，虽然是词的，也不是一般活的、独立使用的词义。可见现代汉语固定语义的构造成分中，有一部分不是寻常所见所用的，有了对一般词义的了解并不足以把握固定语义。而固定语的内涵又往往同一定的历史故事、传说或典故相关联，相当多一部分还分出相互存在奇特关系的表层和深层。因此，应该承认固定语义和词义同样重要，应该很好地对它加以研究。

6.1.2　固定语义虽然比词义大，或者说，虽然以作为一种复杂意义①而有别于简单意义的词义，却和词义有重要的相通之处。

首先，两种意义都是代表一定对象的意识现象，都是词汇单位的内容而被稳定的音流形式所装载和巩固。其次，词义互不相同的单位固然经常组合连接，固定语义也可以在不同单位间发生这种组合（如“孰是孰非不甚了了”“长此以往一事无成”），而两种意义间的组合连接又是经常可见的（如“写文章总要长篇大论吗”“现在百废俱兴”“态度不卑不亢”）。

两类词汇单位意义不仅互通并在同一个层面上互相组合关联，而且彼此也并非处于上下从属的不同地位上。证明这一点有两个事实。其一，第6.1.1小节已经揭示，固定语义的构造成分并不全部由独立使用的词义来充当，即固定语义并不必然是若干现实的、活的词义之和。其二，现实的、活的词义又有相当多一部分并不进入固定语义，如“昨

① 这是就总的情况大体而言。有很小一部分成语，其深层意义不属复杂一类（正文下面要提到）。但同它相应的表层意义却总是复杂的；而且深层意义也要以它作为形成自身的基础。

天”“节日”“钢笔”“聘书”“调动”“擢升”“促进”“忧郁”“烦躁”等等词都不进入固定语,其意义自然不能是固定语义的构造成分。这就是说,现代汉语的全部固定语义并不包含、统领着全部词义。因此,两类词汇单位意义在意义的相互制约、对立、因应、比照等关系上处于同一层面和同等的地位。词和固定语也可发生聚合,其相互间的关系与词和词、固定语和固定语聚合所具有的相互关系是一致的。

6.1.3 词义与固定语义的差别,当然也不能抹杀,不能忽视。两种词汇单位意义除了存在小与大、较简单与大多较复杂、内部组织关系较隐晦与较明晰等方面的区别之外,在含有意义的多寡上也往往不同。

现代汉语除专门术语的词和专名词一般只含单个意义之外,绝大多数普通的词都含不止一个意义,是多义词。而固定语,不仅专门术语和专名,普通的一般也是单义的。多义的固定语并非不存在,如“零七八碎”和“卖力气”可算作多义语(前者表示:1. 零碎而纷乱;2. 零散没系统的事情或没有大用的琐碎东西。后者表示:1. 尽量使出自己的力量;2. 靠出卖体力劳动来维持生活①);但是多义语是很稀少的。

6.2 理性意义和感性意义

6.2.1 人们通常理解某个词语的意义,就是知悉这词语指什么样的对象,而且一般抽象地从本质特点或区别性特点来把握该对象。这种理解、知悉和把握,是理性认识的过程;而被认知的意义本身,也形成在抽象、概括对象特点的认识基础上。因而这种意义是理性的。现代汉语所有的固定语和几乎全部的词,都含有理性意义。

所以说“几乎全部”,是因为有极少的词只含感性意义。这是感叹

① 参考中国社会科学院语言研究所编的《现代汉语词典》,1979 年,商务印书馆。

词“啊”“噢”“哎呀”“哦”“哟”“欸(ế、ě)”等和呼应词“喂”“欸(ē、ê)”“嗯”“唔”等。感叹只是感情的宣泄;一声招呼是态度、意向的直接表露,只让对方感知被招呼;而一声回应也只是态度、意向的直接显现,让对方感知它。因此,这些由词表露的意义,从它的被感知和它的产生来看,都是感性的。

词语意义中还有大量感性的部分并不独立存在,并不成为一个词语的意义主体,而是附着在词语理性意义上,在词义或语义中处于次要的附属地位。这就是一般说的表达色彩或略称的色彩。它实质上只算一种次要意义成分而非独立的意义,通常用能表明非主体性和次要地位的“色彩”来称说它。由于作为词语意义主体的感性意义实际上相当少,因而“意义”这一术语常被用来偏指理性意义。

关于感性的表达色彩,下面再作考察。在此之前,先回到理性意义方面上来。

6.2.2 词语的理性意义可以分析出一些构成成分。词义的构成成分是义素。如“椅子”的意义包括“家具”“供人坐的”“一般有四条腿”“有靠背”等义素;“凳子”的意义则包括“家具”“供人坐的”“有四条腿或三条腿”“无靠背”等义素。固定语义一般首先分出的不是义素,而是复杂意义的组合成分——词义或词与词的组合片段的意义。如“应付自如”的意义由“应付”和“自如”两个词的意义——“设法对待或处置”、“(活动)从容而不受阻碍”——组合而成;“休养生息”的意义分出两个词义成分——“休养”的“休息调养”义和“生息”的“人口繁殖”义;“栩栩如生”的意义,由词“栩栩”的“生动的样子”义和词与词的组合片段“如生”的意义“像活的那样”直接构成;“名存实亡”的意义首先分出的构成成分,是两个组合片段的意义——“名存”的“名义上存在”与“实亡”的“实际上已消亡”。

但是成语的深层(真实)意义,有少数却和一个词义相当,并不复杂,其构成成分只能是义素,尽管表层意义总是分出词义或组合片段的成分来。例如“名落孙山”的深层意义就是“落榜”这个词的意思,可分析出义素“从榜文知道考试结果”“榜上无名”“不被录取”等;“两袖清风”的深层意义即“清廉”一词的意思,可分析出“不贪污受贿”“不损公肥私”“在官职事务中洁身自好而无污点”等义素;“调三窝四”实指挑拨,因此其深层意义的构成成分,就是“挑拨”一词的义素“言语行为”、“搬弄是非”、“存心使别人不和”、“制造别人的是非争端”。

理性的义素或意义成分可分出主要的和次要的两类。凡反映着词语所指对象的本质特点或重要的一般特点,其存在对词语意义的外延范围(即反映什么事物对象)起决定作用的理性义素或理性意义成分,是主要的。如“椅子”的义素“家具”“供人坐的”“一般有四条腿”“有靠背”等,都是主要理性义素。缺了或换了义素“家具”,词所指的就不会是椅子,而是影剧院中成排而固定的座椅或其他什么;缺了或换了义素“供人坐的”,词所指的会是床;没有义素“一般有四条腿”,词所指的对象很难还是一般的椅子;没有义素“有靠背”,词所指的会是凳子。又如惯用语“有理有据”的三个词义成分——“有”的意义、“理”的意义(理由)、“据”的意义(根据),都是主要的理性意义成分,缺了其中任何一个,“有理有据”的意思便构造不成。

反映着词语所指对象不重要的一般特点,其存在与否对词语意义的外延范围或反映的事物对象种类没有影响的理性义素,是次要的。通常,次要的理性义素或理性意义成分表现为词语的所谓意味,即某些含糊、微妙的特殊意思。例如“果断”一词有“明快”的意味,“武断”则有“不细心,粗率”的意味。又如“书呆子”,多少有“所指的人不机灵、不敏锐”的意思;“一刀两断”,含有“做决定很坚决”的意思。

次要的理性义素或理性意义成分的大量存在,是现代汉语词语意义纷繁细腻、区别微妙而多姿多彩的一种决定因素。理性义素或理性意义成分划分出主要和次要的两类，下面在第 11 章里会看到，对于同义聚合和反义聚合的确定，具有重大的意义。

依附于词语理性意义的表达色彩，是感性义素。感性义素更不可能对词语意义的外延范围或所反映的事物对象的种类起决定作用。

以作为一个词的主体意义而出现的感性意义，本身不能再分析出义素。

6.3 多种多样的表达色彩

6.3.1 现代汉语相当多的词语带有表达色彩。这是使得词语意义缤纷多彩、区别细微的另一种决定因素。

表达色彩的类别也比较多，远不止一般教科书所提到的三四种。它们包括有感情色彩、态度色彩、评价色彩、形象色彩、语体色彩、风格色彩、格调色彩、语气色彩等。每种类别还可细分出若干次类。下面要逐一揭示其特质和表现的情况。

6.3.2 有的词语在理性意义之外还带有一定的感情成分，即感情色彩，是较易感觉到的。如：

崇仰 崇敬	敬爱的感情	祖国 妈妈	亲切、亲爱的感情
铭感 恩德无量	感激的感情	毛骨悚然 青面獠牙	惧怕的感情
悼念 哭灵	悲哀的感情	失恋 生离死别	怅惘而痛苦的感情
拂袖而去 勃然变色	气恼的感情	恶棍 媚外 卖身投靠	憎恶的感情

这当中,有的感情色彩是词语所指对象本身很自然地伴随有的感情活动(如"崇仰"的敬爱感情色彩,"悼念"的悲哀感情色彩,"失恋"的怅惘而痛苦的感情色彩,"拂袖而去"的气恼感情色彩),有的则是人们对词语所指的对象一般都会油然而生的情愫(如"妈妈"的亲切、亲爱的感情色彩,"卖身投靠"的憎恶感情色彩)。

以感情活动作为抽象反映的对象或部分对象的词语意义,或者说,本身指某种感情或感情加连其他事物现象的理性意义,未必就带感情色彩。如"爱情""母爱""慈爱""性爱""激动""感人肺腑""大发雷霆""喜形于色"等词语,是不含感情色彩的。但是"亲爱""热情""喜爱""酷爱""憎恨""厌恶""讨厌""悲痛""哀悼""气愤""怒不可遏""愤不欲生"等,都具有相应于理性意义的感情色彩。这里,带不带感情色彩,决定于词语可否用来表示说话人自身的感情。

感情色彩有很多种类。差不多附随着理性意义而出现的每一种感情都可自成一类。有人认为感情色彩可分为褒的、贬的两种,未免牵强而不符合实际。像悲哀、惧怕、气恼、怅惘而痛苦等感情,都不可能归入褒的或贬的类别之中。

6.3.3　和感情色彩比较接近的是态度色彩。由于人们持某种态度,常常相应会有某种感情,对人或事物有某种感情也往往意味着同时对该人或事物持某种态度,因此两种色彩容易粘合难分。但是感情是感情,态度是态度,不应混淆,二者也不是到处相连或重合的。

现代汉语具有态度色彩的词语数量上很不少,同带感情色彩的同样丰富,而态度色彩的类别也相当多。由于这种色彩出现在言辞话语中,能显示对人对事的态度,往往牵涉到是否礼貌、客气和分寸合宜,因而它在交际中是十分敏感的成分。

带态度色彩的词语实例以及态度色彩的基本类别,可简列如下:

词语	态度色彩	词语	态度色彩
拜托 答拜 费神	客气的	诞辰 老师 拜望	敬重的
名誉(～主席) 夫人 邮递员	尊重的	正视 铭记在心 通知	郑重的
谈 训斥 致哀	严肃的	聊 粗看 便饭	随便的
玩艺儿 羞与为伍 禽兽不如	鄙薄的	拒绝 驳斥 以牙还牙	强硬的
清减 富态 兵戎相见	委婉的	绵薄 寒舍 刍荛之言	谦逊的

某些态度色彩之间存在着相反的情形。如郑重的、严肃的态度色彩都和随便的相反，敬重的态度色彩和鄙薄的相反。对立的两头之间存在着两边不靠的中性表现，就是一般的普通态度。每一种态度色彩都由于同普通态度的比照而显出它的特殊性。自然，词语若在态度上是普通的或中性的，就不具备任何态度色彩。如：

词　语	态度色彩
老师/尊师/师长/师	+(敬重的)
教员/教师	-(普通)
教书匠	+(鄙薄的)
谈/谈话	+(严肃的)
交谈/说话	-(普通)
聊/闲扯	+(随便的)
进餐/用餐/用饭	+(郑重的)
吃饭	-(普通)
填饱肚子	+(随便的)

词　语	态度色彩
拜　托	+(客气的)
托	-(普通)
先　生	+(尊重的)
丈夫/男人	-(普通)
拒绝/严词拒绝	+(强硬的)
回绝	-(普通)
婉言谢绝	+(委婉的)
寒　舍	+(谦逊的)
住　宅	-(普通)

在谦虚有礼的言语中常须使用的所谓敬辞，都是带有敬重的态度色彩的词语。如“赐教”“教正”“雅正”“呈正(政)”“雅意”“高论”“高见”“高就”“拜上”“寄奉”“奉候”“恭候”“拜读”“敬颂”“大鉴”“台启”“大作”“大函”“大札”“鼎力”等等。而专用于称说人的所谓尊称，都是带尊重的态度色彩的。如“大人”“大师”“大师傅”“大伯”“大爷(ye)”“大叔”“大娘”“大婶”“大哥”“大姐”“老爹”“老大爷”“老大娘”“老太太”“老人家”“老师傅”“禅师”“令尊”“令堂”“令郎”“小姐”等等。这是带尊重的态度色彩的词语中最为人们所熟悉和常用的部分。

接近于习常说的所谓套语(见第4.7.4小节)，一般可用作句子成分的客气词语，都带有客气态度色彩。这类词语数量不很多，但在有教养的人们的交际中，使用频率相当高。例如“谢谢”“对不起”“劳驾”“劳神”“打搅”“领悉”“奉陪”“失陪”“失迎”“指教”“贵”“惠赠”“请”“承”“承蒙”“少礼”“碍难”“哂纳”“敬谢不敏”等等。和客气词语相近的所谓谦辞，都是带谦逊态度色彩的词语。例如“错爱”“痴长”“刍议”“鄙人”“小弟”“不才”“后学”“不敢当”“过奖”“斗胆”“抛砖引玉”“蓬荜生辉”等等。

敬辞、尊称、客气词语和谦辞中的态度色彩的重要交际功能，是很明显的。善于使用这几种词语，是形成礼貌言语和社会良好精神面貌的一种不可缺少的条件。现代汉语中无论敬辞、尊称，还是客气词语、谦辞，都是中国悠久历史上礼仪之邦的优良传统风尚的体现。它们所含的态度色彩同词汇鲜明的民族特点是很有关联的。

6.3.4 大量的词语所指的对象，人们总是对它有一定的评价，或是肯定，或是否定，因而相应地有褒的意向或好感、贬的意向或恶感，都附着于词语的理性意义。这就是评价色彩。它分为好感的和恶感的两大类。可以随便举出许多带这两类评价色彩的词语实例：

带好感的评价色彩：

慈爱　慈和　谦和　谦虚　孝贤　忠贞　笃实
诚恳　勤奋　宽厚　纯洁　贡献　捐献　起义
进取　奋斗　节俭　豪杰　健将　大师　乐园
雷厉风行　光明正大　高瞻远瞩　花园城市　民族英雄
精益求精　打抱不平　勇往直前　湖光山色　大公无私
大刀阔斧　革命先行者

带恶感的评价色彩：

粗暴　粗心　粗鲁　暴躁　暴戾　凶暴　凶狠
蛮横　虚伪　奸诈　滑头　刺耳　污秽　肥腻
偷窃　剽窃　盗卖　抢劫　逃学　旷工　失信
侵犯　出卖　造谣　诽谤　庸人　蠢材　小人
学阀　党棍　暴徒　暴行　暴政　暴发户　卖国贼
官僚主义　粗枝大叶　呆头呆脑　暴跳如雷　臭味相投
负隅顽抗　屈膝投降　暴殄天物　吹毛求疵　贪官污吏
社会渣滓

带评价色彩的词语，以形容词和形容词性的固定语最为多见。这其中，恶感的又比好感的多些。

一般所谓褒贬词，实际上指的应是有评价色彩的词语以及带褒贬感情色彩的词语。带好感的评价色彩和有褒的感情色彩的词语，合起来，是褒义词语；带相反的评价色彩或感情色彩的，是贬义词语。

含敬重态度色彩的词语，如若其中的态度色彩并非词语所指对象本身而有的态度表现，而是人们对所指对象的态度表现，则它们往往也会含有好感的评价色彩，如“老前辈”“首长”“老师”之类。同样，含鄙薄态度色彩的词语，若鄙薄是人们对词语所指对象而持的态度，那么同时也就会带有恶感的评价色彩，如“玩艺儿”“二流子”“禽兽不如”之类。这些，自然都归属褒贬词语。

6.3.5　形象色彩的丰富，是现代汉语词汇的一种可贵特色。很多词语含有对于所指明的对象的某种形象感。这就是形象色彩。它以视

觉形象的居多,另有听觉、嗅觉、味觉、动觉等的形象感觉。如:

虎视眈眈——视觉的:呈现一种威逼的、企图占夺或袭击对方的凶猛目光

一刀两断——视觉的:显出挥刀将一样东西非常干脆地切断为两部分的形象,从而把“坚决断绝关系”的意思比喻出来

吊钟——视觉的:显出悬吊着的小钟的形象,使人想象到词所指的一种花的样子

噼雳啪啦——听觉的:使人好像听到燃放鞭炮的声音

香喷喷——嗅觉的:让人感到好食物的一股香味像是扑鼻而来

甜丝丝——味觉的:仿佛带来甜味的感觉

哽咽——动觉的:仿佛引起一种哭泣时声气阻塞的动感

大多数情况下,一个词语只含一种感觉方式的形象色彩。有时,几种感觉方式的形象色彩会同时出现在一个词语里,如“扑啦啦”兼有鸽子之类忽然振翅起飞的声音感觉和视觉形象,“呼呼”也兼有火焰喷出或吹气的声感和形态感。

现代汉语主要是以下几类词语含有形象色彩①:

(一)通过词素的组合直接显露对象某种具体特征或真切地比喻出对象具体特征的复合词。前一种如“山里红(多长在山上的一种果木——红果)”“映山红”“凌霄花”“卷心菜”“金钱豹”“三弦”“须眉”“羞赧”“汗颜”之类;后一种如“金盏(水仙的花心)”“佛手(南方一种水果)”“吊钟”“羊胡子(内蒙古的一种草)”“葛藤”“续弦”“鸡冠花”“瓢梨”“尺蠖”“孔雀蓝”等等。

(二)以明晰的表层意义作形象比喻,而且这比喻尚有新鲜感和实感的成语。如“大海捞针”“缘木求鱼”“快刀斩乱麻”“风吹草动”“风卷残云”“穿小鞋”“雪中送炭”“抱薪救火”“不分青红皂白”“螳臂当车”“狗尾续貂”“和风细雨”等等。这类成语非常之多,成为形象色彩

① 参见拙文《词语的形象色彩及其功能》,《中国语文》1980 年第 2 期。

出现的主要处所之一。当表层意义的比喻失去了新鲜感（如“放下包袱”“百花齐放”）或缺乏实感（如“千山万水”“千头万绪”“力争上游”）、远离实际（如“与虎谋皮”“为渊驱鱼”）、比较抽象（如“小题大做”“三心二意”）或表层意义本身已不明晰（如“扶摇直上”“鳞次栉比”）时，成语就没有形象色彩。

（三）某些表意生动具体的惯用语。惯用语的意义虽然由于就是字面意义而直接指明对象，但是也有表达得生动、形象的情形，如“哑然失笑”“狂饮大嚼”“嗤之以鼻”“翻箱倒箧”“摇头晃脑”“丢眼色”“促膝谈心”“手挽手”之类。这部分惯用语，其形象色彩的鲜明、浓厚，比成语有过之而无不及，因为它们的形象色彩都是所指对象本身直接显现的形象。

（四）象声词。如“哗啦啦”“丁当”“喔喔”“轰隆”“滴嗒”“啧啧”之类，语音形式逼肖词所指的某种声音，使人如闻其声。象声词既然代表着某种声音对象，是有理性意义的；而象征作用很强的语音形式所形成的听觉形象，就只是伴随着理性意义（虽然仿佛掩盖了这理性意义）而出现的感性色彩。

（五）构词上具有叠音形式（象声的除外）而带描摹性的，或者带有后缀“然”而能显示一定情状的形容词。例如“绵绵”“袅袅”“涓涓”“滔滔”“滚滚”“绿油油”“黑森森”“黄灿灿”“红彤彤”“沉甸甸”“火辣辣”“胀鼓鼓”“纷纷扬扬”“坑坑坎坎”“病病歪歪”“骂骂咧咧”“悠然”“泰然”“愕然”“颓然”等等。这两类表意生动而有形象感的形容词，是汉语独具的。尤其是叠音形式对性状具体化的特殊表现和功能，更是汉语形象色彩表现手段的一种特色，成为词汇的一种民族特点。

（六）鲜明地表示某种特殊运动形态的动词。这种动词所指的对象能伴随着概念性的意义在人们的意识中以某种程度具体呈现出来，即能具体地为人们所感觉。例如“挥动”“攀援”“喘息”“颤抖”“瑟缩”

“抽搐”“跪伏”“飘拂”“喷射”“晃荡”“摇曳”“闪烁”等等，是有形象色彩的。

（七）一般有来自具体比喻的转义的词。这样的词用在转义上时，由于本义对于转义的具体比喻形成某种形象的烘托，因而会具有形象色彩。例如“顶峰”（勇于攀登科学的～）、“疙瘩”（他有严重的思想～）、“背景”（他的政治～你不了解）、“肥皂泡”（你盲目追求的只是～）、“亮相”（新任县长想向群众～）、“沐浴”（～着温暖的阳光）等用在转义上的情形。

（八）在词语的固定搭配组合中，为邻近的词的形象特点所感染的词。所以会感染，是在固定的搭配环境中，词义相互影响的结果。Dwight Bolinger 称这类影响为“动态的相互关系（Dynamic relationships）”①。例如“吃吃地笑”，“吃吃”使“笑”所指的行为带上因有趣而笑的笑声和笑貌；“余音袅袅”，“袅袅”使“余音”带上拖曳、缭绕的色彩；“热气腾腾”，“热气”因“腾腾”的感染而有旺盛、蓬勃和不断产生、升起的色彩；“果实累累”，“果实”为“累累”所感染，具有重重地挂满枝头的形象；等等②。带这种形象色彩的词是以处于特定的固定搭配组合为条件的。可以说，其形象色彩为特定的固定搭配所产生和巩固。

词语的意义如果不仅抽象地反映所指的对象，而且也有形象的反映，即含有形象色彩的成分，那就能够清楚地指明对象，增强意义的明澈性，有助于人们具体认识事物对象。汉语极为有力地发挥了形象色彩这种利于表物明意的功能。首先表现在，大量较为抽象的事物用带有形象色彩的复合词来具体、显豁地表示，如“葛藤”“手足”“眉目”“须眉”“连襟”“顶梁柱”“长舌”“鼎足”“刺眼”“吹风”“鞭挞”“顶峰”

---

① Dwight Dolinger: *Aspects of Language*，第 2 版，第 200 页，1975 年美国出版。

② 参考拙文《论词语的形象色彩及其功能》，载《中国语文》1980 年第 2 期。

(转义)“标兵”(转义)之类。其次,利用形象色彩的手段来给许多动植物命名,从而利于识别。如“画眉”“蜂鸟”“猫头鹰”“狮头鹅”“鸵鸟”“丹顶鹤”“金钱豹”“黄鼠狼”“长颈鹿”“斑马”“眼镜蛇”“佛手”“狗尾草”“鸡冠花”“蛇瓜”“发菜”“瓢梨”“剑麻”等等,就是这样命名的,使指称的动物或植物的某个特征形象地展现了出来。再次,许多风景名胜也是形象地命名的,所形成的形象色彩是风景名胜特色的具体展现,收到强烈吸引人的效果。如杭州的“三潭印月”“平湖秋月”“苏堤春晓”“柳浪闻莺”“曲院风荷”“断桥残雪”“雷峰夕照”“双峰插云”“飞来峰”“烟霞洞”,桂林的“象鼻山”“月牙山”“骆驼山”“雉山”,广州的“双桥烟雨”“白云松涛”“蒲涧濂泉”“罗岗香雪”“流花湖”,无锡的“鼋头渚”,成都的“望江楼”,泰山的“云步桥”“望人松”“云海玉盘”“扇子崖”“壶天阁”等等,都或则给人提供风光绮丽的画面,或则使人想像出美妙的景象。又再次,利用形象命名的方式来标明红、绿、蓝、紫、黄等颜色各自细分的不同色调,以物状色,很好地解决如何在名称上使这些细分的色调既互相区别又一一显豁地标示出来的难题。如指各种红色的“桃红”“橘红”“玫瑰红”“玛瑙红”“金鱼红”“石榴红”“砖红”,指各种绿色的“草绿”“苹果绿”“碧绿”“葱绿”“翠绿”“墨绿”“鹦哥绿”,指各种蓝色的“孔雀蓝”“宝蓝”“天蓝”,等等。另外,还应指出,汉语正是借助于表层意义的形象感,使大量成语的深层意义较易透露,而且被烘托得饶有意趣。

至于带形象色彩的词语用在言语中,使得辞句表意形象、生动,则是另一种重要功能——能起莫大的修辞作用和艺术作用。诗句中作为“诗眼”的词,如果带有形象色彩,那就有助于诗句形成真切的意境。如宋祁的“红杏枝头春意闹”(《玉楼春》)的“闹”字,把红杏枝头蜂蝶萦绕、鸟雀欢鸣的春天情景展现得有声有色。贾岛的“鸟宿池边树,僧敲月下门”(《题李凝幽居》)的“敲”字,以声感和动感的色彩增加了境界的逼真感，使诗句韵味盎然。在现代作品里，运用形象感的词语而使得语句表达上具体、真切的情形，几乎是随处可见的。如：

长江也变得热烈了；像一条金鳞巨蟒，翻滚着，呼啸着，奔腾流去（方纪《三峡之秋》）

布谷鸟"布谷、布谷"地叫着，石砘子"吱吱吜吜"地响着，皮鞭子"噼噼啪啪"地抽着，这一切声音，多么撩拨庄稼人的心哪（浩然《金光大道》第一部）

形象色彩一般都会由于词语产生的年代太久远，至今意义已不具体甚至不明晰，或者由于用得频繁，而消磨掉。现代汉语中，像"矛盾""仙姿""鞠躬""推敲""琢磨""按捺""踌躇""狼狈为奸""驾轻就熟""扶摇直上"等，意义已不具体或不明豁，"垮台""插手""鼓吹""解放""干脆""突破""标兵""力争上游""百花齐放"等虽晚近产生，却频繁地使用而不新鲜，它们起初具有的形象色彩就都已消失掉。

6.3.6　不来自事物对象的感性反映，而由词语存在于何种言语环境所决定的表达色彩，有两大类，就是语体色彩和风格色彩。

语体色彩是在口语和书面语两种言语语体的对立中产生和存在的。只用于或较多用于口语的词语，会有口语色彩；而只用于或一般用于书面语的词语则带书面语色彩。相当多的词语以同等流行的程度出现于口语和书面语，它们就没有语体色彩，是通用的，或者说在语体色彩上是中性的。如：

带口语色彩	带书面语色彩	通 用 的
瞧	视/睹/观/睨	看
装蒜	矫饰	装假/伪装
许	许诺/允诺/应允	答应/允许
惦	思念/怀想/惦挂/牵肠/挂肚	想念/惦念/怀念/挂念
逮	擒/生擒	捉/活捉

（续表）

嘴皮子	唇吻/唇	嘴唇
心窝儿	内心/心曲/心田/心坎	心里/心头
生/生手	荒疏	生疏/陌生
谬（miù）	大谬（miù）不然/荒诞/荒诞不经/荒诞无稽	荒唐
翘尾巴	恃才傲物/目无余子/傲岸	骄傲/目中无人/自高自大
胡来/瞎闹	逞性妄为/恣意妄为	胡作非为

在现代汉语里，书面语色彩有比较重的和一般的两类。这种强弱程度上的区别，主要是大量文言词语的存在所形成的。相当一部分文言词语已在现代书面语里生根，同书面语中一般的词语比较协调，“文言”的性质较淡而不明显，如“国”“本”“境”“内”“授”“为”“历”“鉴”“见”“安”“宜”“泰然”“竟”“已”“惊弓之鸟”“众所周知”“本末倒置”“不胜枚举”等等。余下那部分文言词语则还明显保持文言性质，须用在带文言词语和文言句法的上下文中才谐和、自然，如“寇仇”“匹夫”“业”“摧”“思”“罹”“谒”“戢”“囿”“臧否”“聪睿”“速”“疾”“怡然”“哉”“矣”“大恚”“癣疥之疾”“多事之秋”“弃之如敝屣”“进退维谷”等等。后一类文言词语，其书面语色彩自然显得较重，而前一类则比较平常。一些来自近古白话的词和部分近代、现代产生的普通书面词语，也有较重的书面语色彩。两类书面语色彩在词语中的大致分布情形及表现出这种色彩程度差异的实例，可见下表：

书面语色彩较重			书面语色彩一般	
文言性质明显的词语	来自近古白话的词	普通书面词语（1）	文言性质已不明显的词语	普通书面词语（2）
入　寇			入　侵	
谒，晋谒		谒　见		晋　见
询	问　讯			
修　葺			修　缮	
	怎　生		如　何	

（续表）

			境	境 地
聪 睿			聪 颖	聪 慧
速，疾		疾 速		快速，迅速
	恁 地		如 此	
			不胜枚举	举不胜举
恃才傲物，目无余子		傲 岸		
		怒不可遏	义愤填膺	悲愤填膺

不同程度的书面语色彩之间的界线是容易变动的。书面语色彩较重的文言词语，如较长期间广泛使用开来而且使用频率不小，会逐渐减少其文言特色而成为书面语色彩一般程度的词语。像"如何""聪颖""泰然""不胜枚举""恣意妄为"之类，就经历了这样一种变化过程。

由于近代以来，书面语不断吸收口头词语，而一部分书面词语也"以表现力强或规范作用等原因而逐渐渗入到口语里去"①，一些本来具有口语色彩或书面语色彩的词语会逐渐消磨掉原有的色彩，成为经常出现在不同语体中的通用词语。例如同样习常在口语和书面语里使用的"马虎""小心""下马""打听""吹捧""七上八下""一心一意"，原是带口语色彩的；而"雅致""保守""推敲""剥削""文明""岂有此理""水落石出"则本来就有书面语色彩。

词语的风格色彩，是由于某个词语只出现于特定的言语风格而形成的。汉语的言语风格，还比较缺乏研究，几乎还是一片有待开垦的处女地。虽然有关的情况，包括汉语的风格色彩问题，因此而远未透彻清楚，但是现代形成了并在日常使用着一系列基本的言语风格，是客观的现实，已普遍被认识和承认。而某些词语只出现在特定的言语风格中，

① 见拙文《略谈现代汉语同义词的特点》，《汉语学习》1984 年第 3 期第 31 页。

既成为风格的构成因素又同时染上特定的风格色彩，也是比较明显而不容怀疑的事实。

下面不妨列举一些明显具有某种风格色彩的词语实例。

诗歌风格色彩的：

驰驱 驰骤 寻觅 敷扬 翩跹 腾欢 胜似
高歌 告语 寰宇 苍穹 修篁 涅槃 风雷
乾坤 眉黛 鲲鹏 韶华 蟾宫 先鞭 情怀
大纛 霄汉 蔚郁 宽余 和雍 膏腴 萦纡
泱漭 喧豗 芬菲 新天 春色满园 火树银花

一般文艺风格色彩的①：

芬芳 馥郁 清亮 皎洁 崔嵬 璀璨 巍峨
无垠 滔滔 滚滚 蹒跚 踽踽 挺拔 歌唱
升腾 翱翔 邂逅 惆怅 迷惘 萦绕 徘徊
雪浪 涟漪 颤巍巍 黄灿灿 绿油油 黑森森
餐风饮露 喷薄欲出 摩肩接踵

科学风格色彩的：

菰 汞 莴苣 年轮 刺猬 贻贝 江珧
星云 天体 焦点 折射 辐射 支点 焦距
共性 结构 体裁 音程 补苴 马铃薯 地下茎
类人猿 腽肭兽 流星雨 银河系 氯化钠 汞溴红 白斑病
肺结核 唯物论 剪刀差 过锰酸钾 不难看出 毋庸置疑
综上所述 脑血栓形成 扩大再生产

文牍风格色彩的：

兹 希 此布 鉴谅 为荷 为盼 敬礼
此致 大鉴 尚祈 领悉 谨上 惠函 大札
碍难 切切 专此 布礼 撰祺 余不一一

---

① 一般文艺风格，也可称“小说散文风格”（见拙文《语言功能变体和文学体裁》，《语言学论丛》第六辑，1980年）。带相应风格色彩的词语，大多也可用于诗歌，但往往限于新诗。它们出现在小说散文中是普遍的，是典型的功能表现。

仰各知照

会话风格色彩的：

您	老兄	老弟	伯父	伯母	大娘	大爷
大叔	师傅	同志	家母	兄弟	奶奶	先生
内人	府上	家里	便饭	爱人	谢谢	再见
老太太	老人家	东道主	白干儿	白癜风		
对不起	花骨朵儿	不好意思		过意不去		

俗谈风格色彩的：

大哥	老婆	女人(ren)	男人(ren)	小鬼
拉倒	抬杠	干吗	装蒜	叫嚷
耷拉	窝囊	憋气	哥儿们	娘儿们
当家的	掌柜的	死对头	不害臊	小不点儿
大大咧咧	二话不说	吹胡子瞪眼	脸红脖子粗	
兔子尾巴长不了①				

有很多词语普遍使用于各种交际场合或绝大多数交际场合，即可进入所有各种或许多种言语风格，是通用的。它们自然没有任何风格色彩，尽管也是形成一定风格的一种因素。例如“人”“家”“天”“地”“衣服”“书”“信”“纸”“走”“住”“用”“说”“听”“大”“小”“长”“短”“高”“低”“可以”“一定”“不大不小”“一模一样”等等。

6.3.7　同风格色彩相近并有些交错的另一种表达色彩，是格调上的。无论在特性方面还是在成因方面，格调色彩都和风格色彩不同。前者在词语的铺盖面上，也比后者小得多。

格调色彩是词语在人们意识中引起的使用格调特点的感觉。其赖以形成的因素，在于词语是否一般人普遍常用，或者是粗直地还是含蓄地指说俗事俗物。它包含典雅的和粗俗的两种对立的色彩。前者是文雅而优美的感觉，由相应的词语很不俗、人们少用及来自典籍而形成。

① 一些骂人的词语、粗话和下流字眼，都是带俗谈色彩的，此处不列。

后者是粗野、庸俗的感觉,其产生是由于词语粗直地指说俗事、俗物。存在这样两种格调色彩的词语,可举出如下一定实例:

典雅格调色彩的:

暇　笑靥　笑颜　朝暾　晨曦　夕照　畛域
舛误　闲暇　依然　遐迩　馨香　深邃　向晚
熠熠　尔来　莞尔　勖勉　驰驱　孳乳　呈政
哂纳　补苴　恪守　故而　乃至　视如敝屣
搔首踟蹰　排闼直入　白驹过隙　附赘悬疣　击楫中流

粗俗格调色彩的:

扯皮　瞎扯　搓垢　揽腰　亲嘴　吃奶　放屁
拉稀　光头　脚板　大腿　屁股　奶头　鼻涕
耳屎　小子　老子(zi)　混账　抱粗腿　拉肚子　光膀子
脚丫子　胳肢窝　小崽子　老婆子　死皮赖脸
包脚布当孝帽——一步登天　老太婆吃面条——无耻下流

可以看出,含典雅格调色彩的词语一般只用于书面语,兼有书面语色彩。但是不等于可以反过来说,书面词语都有典雅格调色彩。书面词语中只有那些文雅的、一般较少使用的,才有典雅的感觉。诗歌风格使用某些典雅格调色彩的词语,但是大多数有典雅格调色彩的词语并不必然进入诗歌风格,像"乃至""哂纳""尔来""补苴""故尔""舛误"等等是同诗歌风格色彩不相干的。另外,含粗俗格调色彩的词语,一般多用于俗谈风格而兼有相应的风格色彩;但是含俗谈风格色彩的词语却并不必然粗俗,如"当家的""掌柜的""小鬼""拉倒""抬杠""干吗""脸红脖子粗"等等,都只平俗而不粗野,没有粗俗格调色彩。

6.3.8　当一个词语不论谁使用,也不论用于什么样的上下文,而总表现出说话人或施事者对词语所指对象的某种语气①时,这词语便带有语气色彩。这类色彩在汉语词汇中的铺盖面比较小些。

---

① 这是词语意义中的属于词汇的语气,当然和语法中句子的语气不是一回事。

有强调的、坚决的、缓和的、威逼的等几种语气色彩。例如，“懂得”“突出”“非凡”“出奇”“绝对”“立即”“出类拔萃”“绝无仅有”“海枯石烂”“一日三秋”“瞬息之间”等，都带强调语气色彩。“懂得”比同义的“懂”“了解”“理解”“理会”“领会”“明白”“清楚”等，更为肯定知道某种事物的实质或道理，含有“获得某种认识或道理”的意味，因而意思重一些，表现出强调语气色彩。如：

我们生要生得光明，死要死得磊落。你懂得我的话么？（《沫若文集》三）

不见茶花，你是不容易懂得“春深似海”这句诗的妙处的……（杨朔《雪浪花》）

“突出”表示的意思比“与众不同”或“显著”等有力得多，就是特别着意于以具体而明显的方式，强调不同于其他一般，因此隐含着强调的语气。“非凡”“出奇”等等，情况和这相类同；而像“海枯石烂”“一日三秋”“瞬息之间”等，在其夸张表意之中，强调的语气是表露无遗的。带坚决语气色彩的词语，可举出如下一些明显的实例：“拼”“拼搏”“决计”“抵制”“拼死拼活”“宁为玉碎，不为瓦全”“宁死不屈”“义无反顾”“赴汤蹈火”“万死不辞”“毅然决然”“一刀两断”“誓不两立”等等。带缓和语气色彩的词语，如“宽容”“宽恕”“误会”“解除”“解禁”“赦免”“大赦”“冰释”“松一口气”“心平气和”“平心静气”“握手言欢”等等。有威逼语气色彩的词语：“严禁”“禁止”“制止”“逼迫”“勒令”“迫令”“喝令”“斥喝”“训斥”“威慑”“当头棒喝”“勿谓言之不预”“严惩不贷”之类。

6.4　关于词语的阶级色彩

6.4.1　在人类阶级社会的长期发展过程中，语言有些词语会留有阶级的烙印，表现出所谓阶级色彩。现代汉语自然也不例外。词语的阶级色彩究竟是什么，一般似乎还没有明确的认识，有的人甚至认为既然模糊不清，大可放到一边不管。其实，阶级色彩是客观存在的现象，同词语意义的研究分析、词典释义及词语的理解、运用，都很有关系，不能不研究。

“色彩”可以有多种意思，有时指的不是事物带来的具体感觉，而是事物特性的表现。词语的阶级色彩，指的就是“一切在词语上面反映了阶级的思想、立场、感情、利益的表现”①，即具体词语同特定阶级密切因应或直接关联的诸方面，包括意义的反映方式和内涵、使用的功能，有时甚至包括构造形式（在词语为个别阶级自己所造和使用的情形下）。因此，这同词语意义中感性的表达色彩不是一回事。不过，由于阶级色彩主要由词语意义所决定，而且大体上伴随着词语意义而来，因而也可看做某种特殊意味而归入词语意义的范畴来认识。

在现代汉语词汇中，具有阶级色彩的词语并不等于是属于某个阶级的，它们仍然具有程度不等的全民性。例如“法统”“下人”“贱民”“三从四德”等，虽然最初为上层统治阶级所创造，反映了剥削阶级的等级观念和统治需要，但同时也被人民群众所理解和使用。又如“民主”“专政”“叛徒”“壮烈牺牲”等，尽管在不同阶级的理解中会有不同的内涵，但是各个阶级也有不少共同理解的成分，因此可以彼此都运用它们来相互交际。这类词语在具有阶级色彩的同时，也有着全民性，是毫无疑义的。

至于一些纯属于上层统治阶级的，即只是他们所制造并只为他们自己服务的词语，如“委座”“军座”“共匪”“匪区”“勋令”“加委”“剿共”“共产公妻”之类，自然没有全民性而只有强烈的阶级色彩。它们是阶级习惯语的言语成分，不能进入汉民族共同语。因此，须将它们排

---

① 见拙文《词语的阶级色彩问题》，《南开大学学报》哲学社会科学版，1979 年第 3 期。

除在现代汉语词语阶级色彩的分析范围之外。

6.4.2　就现代汉语词汇的范围来看,具有阶级色彩的词语不外如下四类①。

(一)本为旧社会统治阶级所制造和使用,进入了全民语言后仍较强烈地反映旧社会统治阶级的观念和利益的词语。它们大多数随着社会革命的胜利而为新的社会主人公——人民群众所冷落或摈弃,成了陈旧的词语,有的甚至逐渐走向消亡。例如"顽民""脚夫""伙夫""听差""邮差""孔圣人""至圣先师""三纲五常""三从四德"等等。这类词语,有一小部分曾在社会上广泛使用,影响较大,现在并不陈旧,但使用时一般是以批判的立场来对待其含义或给以贬的评价,如"天命""命定""尊孔""法统""国粹""礼教""中庸之道""明哲保身"等;另有一小部分,也有过广泛影响,现代在人民的使用中已逐渐形成一个新的意义,这新意义不再反映旧社会统治阶级的观念和利益,只有原义保持着阶级色彩,如"德政""仁政""治乱""仁至义尽""杀身成仁""离经叛道"等。如果新形成的意义完全取代了原义,即原义已实际上消亡,那么这样的词语就不再有阶级色彩,如"礼节""经典""仁至义尽""当仁不让"之类。

现代汉民族的全民共同语中来自旧社会统治阶级的词语,如果意义所反映的统治阶级的意识很微弱,又在人民当中长久使用了下来,如"殿下""亲王""陛下""皇宫""皇陵""紫禁城""加冕""登基""君主立宪"之类,不能认为还有阶级色彩,它们已成为全民性的词语。

(二)表现无产阶级的思想立场十分强烈,反映着无产阶级路线政策或革命斗争史实的词语。它们在人民群众中广泛流行,对立的阶级却加以排斥或歪曲,如"解放区""解放战争""整风""统战""三座大

---

①　参考拙文《词语的阶级色彩问题》。

山”“双百方针”“一国两制”“新三民主义”“南昌起义”“长征”“大生产运动”等等。这类词语的阶级色彩相当鲜明。

（三）为工农阶级所创造，明显反映本阶级的感情观念、行为风尚和利益而未普遍使用于社会各阶级、阶层的词语。它们自然地为全民语言所吸收。若一旦广泛地在人民范围内使用开来，甚至会被对立的阶级使用，表现的工农意识、风尚和利益已微弱或不明显，就无阶级色彩可言，如“劳保”“三班倒”“记工”“积肥”“苦干”“科学种田”之类。只有处于尚未广泛地在社会各阶级、阶层流行开来，而工农的感情、风尚和利益的明显反映仍然保留的情况之下，这类词语才具有阶级色彩，像上个世纪70年代末、80年代初出现的“夺榜”“四择优”“钢龙铁马”“刀把地”“吨粮田”“公有私养”等。

（四）并不来自某个阶级，但是对立的阶级理解得截然不同的词语。所谓截然不同，包含三种情形：

（1）词语所指的对象，虽然外延方面各自理解得基本一样，但是本质特点却理解得大不相同。如“政治”，无产阶级认为是政府、政党、团体和个人在阶级斗争、阶级之间的关系上和社会发展、管理上的活动，是经济的集中表现，总以维护本阶级的利益为目的；资产阶级则理解为“a.（由某政府、制度、集团或个人）从情况变动和按照给出的条件所选择的一定行动方针或方法，用以指导并通常限定现在和将来的决定。b.（i）计划好实行如此选定的行动方针的特殊决定或一系列特殊决定；（ii）同相关行动关联在一起的、计划好加以应用的一种或一系列特殊决定。c. 设定的纲领，它包含预想的目标和达到目标的方法”①，显然掩盖了政治的阶级性质及其与经济的关系。再如“民主”“专政”“人

① Philip Babcock Gove 主编：*Webster's Third New International Dictionary*，1961年美国版，第472页。

权”“宗教”“资本家”“人道主义”“荣华富贵”等等，理解上分歧的情形是类同的。如果对象本质特点的基本部分理解相同，只是其余部分有差别，而对象的外延又基本一致，就不是理解上截然不同，不应看做阶级色彩的表现。这包括一系列涉及政治斗争、基础、上层建筑及道德品性等领域的词语；如“夺权”“政变”“政权”“国家”“法律”“政党”“道德”“教育”“文化”“意识形态”等等，不同阶级在理解上的差异，主要是认识的正确程度或深浅程度上的问题，并非截然有别。

（2）词语所指的对象在性质特点上，不同的阶级有一致理解的部分，但是在用这词语来指称的具体对象的外延上彼此极不一致，甚而相反。例如“叛变”“叛卖”“叛徒”“奸细”“内奸”“走狗”“烈士”“顽固不化”“壮烈牺牲”等，对立的阶级用来指说的具体对象是根本不同的。甲阶级认为背叛了自己一方而投到对立势力一方去是叛变，那样的人就是叛徒，可是对立的乙阶级却认为那是起义或向他们投诚，是所谓深明大义或改邪归正的人。甲阶级把坚持反动立场、死守住保守观念的表现叫做顽固不化，而乙阶级却肯定这是坚定不移，如此等等。可见，这类词语由于对立的阶级在应用范围上，即对词语意义外延的理解上极不一致，而有浓厚的阶级色彩。

（3）词语所指的事物对象，无论性质特点还是外延范围，对立的阶级理解得没有差异，但是彼此在词语的评价色彩上却有霄壤之别。这种差异，同样明显地反映了阶级之间对立的立场、观念，因此是阶级色彩的表现。例如“卑贱者”“寒微”“按劳分配”“共产主义”等，在地主资产阶级的理解中给予贬的评价，但是在无产阶级的理解中却含褒义。而“阔绰”“富豪”“排场”“豪门大户”“官运亨通”“光宗耀祖”“封妻荫子”等，情形相反，对于地主资产阶级来说含褒义，对于无产阶级来说却带贬的评价色彩。

在对立的阶级对同一个词语有截然不同的两种理解，即该词语带两种阶级色彩的情况下，产生了以哪一种理解的词语意义为规范以及肯定哪一种阶级色彩属于全民语言的问题。在词典释义中，这个问题是很尖锐的，表现为：对两种理解孰取孰舍？释义是否要有符合于某种阶级色彩的倾向性？除了由于国家社会处于分裂状态，不同的阶级在词典释义和确定语义规范上各行其是的情况，一般而论，词语规范的意义应以民族绝大多数人民的理解为依归，哪一阶级的理解同绝大多数人民的理解相一致，就可确定为规范的意义。不同的阶级把词语所指的对象在外延方面理解得极不一致的词语（上面的（四）之（2）类），为了不将词语意义人为地弄窄或不硬将一个意义单位分为两个相反的意义单位而导致词语分裂，可以只取各个阶级的理解中的一致的成分。例如把“叛变”一词只解释为“背叛自己的阶级或集团而采取敌对行动或投到敌对的一方去”①，就比较合理，不致产生弊端。

随着国家走向完全统一日益成为可能和迫切需要，汉语词汇中的阶级色彩有逐渐减弱和减少的趋势。这是今天在分析和处理词语的阶级色彩时应该看到的情况，并应以它作为观察和考虑问题的一个必要出发点。

6.5　词汇意义和语法意义的区分及其结合

6.5.1　汉语绝大部分的词和所有固定语，其意义都反映人们要加以称说的某种实体或事象，或者说，都体现着概念。这绝大部分的词，就是语法上所说的实词，包括名词、形容词、动词、时间词、方位词、数词、副词、代词、量词以及兼类的动名词、形动词、形名词等。实词的意

① 见中国社会科学院语言研究所词典编辑室编的《现代汉语词典》（1979 年，商务印书馆）“叛变”条。

义总是语句意思的构成中被组合的成分,这充分表明了是语言建筑材料单位的内涵和功能所在的特质。固定语的意义也完全如此。可以说,实词和固定语的意义表现了词汇的作用实质,而它们又占了整个词汇所有成员的意义的绝大部分,因而它们应看做词汇意义,以同语法意义区别开。无抽象反映内涵而并不体现概念的感叹词和呼应词(见6.2.1小节),虽然不进入句法结构,也是一种有辅助言语交际作用的、特殊的语言备用材料,其意义也应归属词汇意义。除去实词、感叹词、呼应词和固定语,词汇余下的成员——全部虚词,包括起句法作用的连词、介词、语气词、结词①("的$_1$""地""得""个""所$_1$")和起词法作用的形态词②("了""着""过""看""来着""的$_2$""们""起来""下去""下来""起""来""去""过来""过去""住""被""给""所$_2$"),所含的意义则都是语法意义。这种语法意义,有的表明词语的组合关系(句法的虚词),有的只表示所依附的实词以什么样的状态与别的词语组合(词法的虚词),都不体现概念,都非语句意思构成中被组合的成分,而是起组合作用的媒剂。

两种性质的词语意义,词汇学自然不能一视同仁来对待。词汇学须要经常面对和涉及的是词语的词汇意义而非语法意义。后者主要由语法学去研究。但是由于虚词也是词汇的成员,虚词的意义是词汇中的一种词语意义,词汇的描写有时也要涉及它们,当然不像语法学那样从语法的角度去研究分析。

区分开词汇意义和语法意义,固然是客观存在的两种现象迥然有别的正确反映,对于词汇学和语法学各有自己主要研究的对象以及各

---

① 见拙文《关于助词的性质和类别问题》,《南开学报》哲学社会科学版,1981年第3期。

② 同上注。

从不同角度、以不同方式来对待词语意义来说，又是十分必要的。

6.5.2 现代汉语中，词语的词汇意义和语法意义一般比较容易鉴别，但有时不太容易区分清楚。这由几种情况所导致。

首先，存在着一些从实词演变而来尚不很久的虚词，其本来具有的词汇意义似乎还微弱地残留着。介词"对""向""朝""为(wèi)""凭""仗""靠""按照""照""依"等就是如此。判定这些虚词的意义是语法性质的还是词汇性质的，须抓住主流和实质，即抓住词主要表示的意义和它的用法，从词的发展来考虑，而不应为残存的、薄弱的实体意义所迷惑。

其次，有一些词，作为实词所固有的词汇意义并没有削弱，但同时衍生出同它接近的语法意义而用作虚词（用作实词和用作虚词的两种情形下，应是分别成了不同的两个词）。两种相关而相近的意义并存于同一个语音形式，往往就容易混淆不分，从而看不清其实质。须按照这类词在使用上的不同功能表现，来看出相应的不同意义是词汇性的还是语法性的。如：

起来："他～想走""老人用手支撑着～"——表示由坐而站，由躺而坐；"不早了，快～""刚～，还没有洗脸哩"——表示起床；"飞机～了""群众～了"——表示升起、奋起；"这事儿我记不～""想不～是谁"——表示得出结果。都是词汇意义。

"说得大家都笑～""天气热～了"——表示所依附的词指的活动或情况开始发生。是语法意义。

下去："从古塔～一百米，就是营地"——表示由高处到低处去；"大石头滚～可不得了"——表示从高处移至低处；"敌人的火力给二排压～了"——表示由强至弱或由盛至衰。都是词汇意义。

"快说～""天气还会冷～"——表示依附的词所指的活动或情况从现在持续到将来。是语法意义。

下来："上山头叫他～"——表示由高处到低处来；"把树上的柿子摘～"——表示从高处移至低处；"把他的发言记录～"——表示活动取得结果。都是词汇意义。

“流传～的故事很多”“他终于跑～了”——表示依附的动词所指的活动从过去持续到现在或从开始持续到最后；“海轮完全停～了”——表示活动完成、结束。都是语法意义。

起：“早睡早～”“病人慢慢侧身而～”——表示由坐卧爬伏而站立，或由躺而坐；“皮球拍～很高”——表示物体由下往上升；“孩子～了一身痱子”——表示长出；“码头在～货”“把钉子都～了”——表示将收藏或嵌入的东西弄出来；“很～作用”“他又～疑心”——表示发生；“从这儿～要走小路”——表示开始。都是词汇意义。

“说～这件事真让人伤心”“从头学～吧”——表示依附的动词所指的活动处于开始状态。是语法意义。

来：“客人坐车～的”——表示从别处到说话人处；“我们报喜～啦”“她接孩子～了”——表示从别处到说话人处以做前面说的事；“问题又～了”——表示发生、到临；“让我～”“～一盘棋”——表示做、干，或做某种活动。都是词汇意义。

“你～办理”“大家～商量一下”——表示活动要施事者承接而进行；“问题用什么办法～解决？”——表示以前面的方法、方向或态度修饰后面的活动；“我多会儿看电视～？”——表示活动曾发生的状态；“抬起头～”“我把灯拧开～”——表示活动朝施动者自身的方向（实现）。都是语法意义。

过来：“你快～，有你的信”——表示从另一处向说话人（或叙述对象）所在处来；“歌声一落，她走～”“他的目光朝我这边扫～”——表示活动从非逼近处移到说话人处；“她唱完了，立即转～，坐到火堆旁”——表示从背向转为面向说话人；“把椅子接～”——表示到自己手中；“老人传话～要换热茶”——表示（事物）经一定距离或历程而来到说话人所在处；“那么多的孩子，她管得～吗？”——表示做到。都是词汇意义。

“他慢慢清醒～”“盆里那条小鲫鱼活～了”——表示依附的动词所指的动态返回常状的趋向①。是语法意义。

在：“人还～，身外之物就无所谓”——表示存在、生存；“今晚我～家”——表示处于；“主要～自己的努力”——表示决定于。都是词汇意义。

“他们～公园聚会”“～方式方法上还可以改进”“事件发生～今年元

① 参见拙文《试论趋向范畴》；中国语文杂志社编的《语法研究和探索》（三）第209页，1985年，北京大学出版社。

旦”——表示其后的词语成分以活动的处所、范围或时间来修饰指说活动的词语成分。是语法意义。

还有一种情况,使得词语的词汇意义和语法意义的区别界线模糊不显,就是存在着意义比较抽象而不太好捉摸的所谓“半虚半实”的词。这是大部分表示范围、程度、语气和情状的副词,如“通通”“统同”“都”“所有”“皆”“俱”“悉”“很”“颇”“甚”“最”“极其”“尤其”“相当”“就是”“简直”“可”“哪”“岂”“莫非”“难道”“就”“才”“再”“重”“又”“还”“尚”等,大多数代词如“这”“那”“某”“若干”“什么”“怎么”“怎样”“这样”“那样”“各”等,所有纯粹的量词如“只”“个”“张”“条”“块”“件”“样”“桩”“次”“趟”“回”“番”等。这些词的意义,抽象表现的情况仿佛也具有语法意义的空灵性质。如果只着眼于意义的空灵表现,只从是否空灵来定虚实和区别语法性质与词汇性质,那就难以划清词汇意义和语法意义的界线,会得出一种中间状态的、兼有词汇、语法性质的“半虚半实”意义。其实,语法意义主要由是否和如何表示词语的组合关系或服务于这种关系来决定其特质,而并不决定于抽象、空灵。公认为实词的名词、形容词,有不少具有非常抽象的意义,其抽象程度也几乎到了难以抓得住的空灵地步。如名词“质量”“实质”“范畴”“时间”“维度”“法则”“涅槃”,形容词“永恒”“相对”“绝对”“基本”“神妙”“玄秘”“寥廓”等,就是如此。可是不会有谁能把这些词看做半虚半实的词或虚词,未必有谁可以把它们表示的意义看成“半虚半实”的、“虚”的甚至语法的意义。可见,若正确地从词和其意义的功能表现来观察和鉴别,那么除去纯粹的名量词比较特殊之外,其余“半虚半实”的词都并不表示或服务于词语组合关系,丝毫没有虚词的性质,它们的意义不应理解为“半虚”的或“虚”的,而可以明确地肯定为词汇意义。

6.5.3　现代汉语词汇中,不仅虚词的语法意义同实词的词汇意义一起并存，在绝大部分词汇单位里语法意义还同词汇意义紧密地结合着。这或许也是不易区分两种意义的一个因素。

语法依赖于词汇的同时，又以多种方式渗入了词汇，支配着词汇。语法意义在绝大部分词汇单位中同词汇意义结合在一起，是一种主要的渗入、支配方式。词汇之中，特别是词汇单位中包含着语法成分，是印欧系语言的显著特征，而在现代汉语里这种情形也大量存在着，只不过一般不那么明显罢了。

所有的固定语都含有句法关系意义。其中有的由虚词表现出来，如“由表及里”“病从口入”“青出于蓝”“前车之鉴”“穷则思变”“牵一发而动全身”；大多数都由一定的语序及停顿节奏来表现，如“十年寒窗”“十室九空”“生气勃勃”“声色俱厉”“生龙活虎”“生吞活剥”等等。这种表现为一定句法关系的语法意义，同固定语中实词的词汇意义及可能有的实词间未由语法表明的语义关系（如“由表及里”中，“表”与“里”成外内两面的关系；“牵一发而动全身”中，“发”是“全身”一小部的关系；“十室九空”中，“空”说明“室”的性状的关系）结合了起来，形成了整个固定语的词汇性的复杂意义。

所有的实词，都具有一定词类范畴的语法意义，如名词词类意义、形容词词类意义、动词词类意义等等。这种语法意义更为隐晦，一般须凭词的句法功能特点来体现；少数情况下，还以比较具体、明显的词缀、构形法形态（参见3.3.1）或附随的形态词（词法的虚词）（参见6.5.1）协同表现出来。比如，“苹果”“桃子”“甜头”，都有名词的语法意义，但是后两者把这意义体现得比前者明显。又如“弯弯曲曲”和“顽固”，都有形容词的语法意义，前者自然以有重叠的构形法形态而使这词类意义明显得多；“思考”和“协理”同样带动词词类意义，但“思考”可在后面随着出现“了”“着”“过”“起来”“起”“下去”等形态词，“协理”则一般没有可能，因而“思考”的词类意义是能比“协理”显豁有力一些的。

一定的词类意义总是进入每个实词之中，同实词的词汇意义紧密结合着，实际上成为词的整个意义内涵，即词义的一种成素。“步行”和“步履”，“发麻”和“麻木”，指同样的对象，但是词义并不一样，就是由于各含不同的词类意义。“步行”“发麻”具有动词语法意义，而“步履”的词类语法意义却是名词的，“麻木”则是形容词的。不过，一般提到词的意义或词义，都仅指词对所代表或指说的对象的反映，在实词词义方面来说，就是只用来指词汇意义，不包括词类范畴的语法意义。这久已成了习惯。要称说包括着词类意义在内的一个实词①的全部意义内涵，可以用“含义”这个术语。“含义”和“意义”的并用和区别，在同义词语的研究分析中是特别有其必要性和价值的（详见下文第9.2节）。

6.6　模糊的意义和确定的意义

6.6.1　随着语言学引进模糊数学的观念来研究语言中的模糊现象，一时用“模糊”来给词语定性的做法大为流行，词语动辄说成是模糊的。现代汉语词汇中模糊现象的基本情况究竟如何，很有必要弄清楚一些。

模糊词语是存在的。词语的模糊，是指意义模糊。词语之所以会有模糊的意义，是由于所指的对象的范围或外延不确定。如果对象的范围有相对的确定性，相应的词语应该说不是意义模糊的。如“大”“小”“高”“低”“长”“短”“良”“差”等形容词，虽然所指的性质没有固定的程度，却都是相对地决定的，其范围有相对的确定性，因而不能认

① 虚词的词类意义就是词义本身的内涵——词的语法意义，不存在词类意义是词义内一种成素的情况。

为这些词只有模糊的意义。人们一致地明确，大就是不小或小的反面，反过来也一样。看到一个雌蚁，大家都会说它大，这是把它同通常见到的工蚁相比较而得出的必然结果。对于一头一两岁的象，人们自然会认为它是小的。可见，一般反映相对地决定的性质的词义，仍有范围上相对的确定性，不宜归到模糊类里。

如果这样来看意义模糊的实质和界限，那么模糊的词语意义并不像有的人断定的那样繁多量大。现代汉语里的模糊意义，主要出现在如下几类词语中：

（一）表示的意思含有不定量或不定范围特点的词语。如"几""多少""几多""若干""约莫""大约""大抵""大概""大率""大体""多半""左右""差不多""附近""某"等。

（二）所指的对象的外延提供得不明确，不同的人对它往往按个人的知识、经验作出不同理解的词语。如"民族""思维""美感""语言""自由""潇洒""倜傥""风流""帅气""尖刻""炙手可热""不修边幅""神通广大""规行矩步""铺张浪费"等等。

（三）所指的对象现实中并不存在，因而其外延没有一定而可随人想象的词语。如"麒麟""龙""凤凰""妖精""妖怪""鬼""阎罗王""水龙王""阴魂""天庭""西天""净界""天堂""魑魅魍魉""王母娘娘"等。

（四）表示一定的时段或发展阶段，其具体起讫在社会上没有也难以有一致认识的词语。如"清早""早晨""早上""上午""上昼""头晌""中午""晌午""下午""下昼""晚晌""黄昏""挨晚""傍晚""傍黑""晚上""夜晚""深夜""半夜""深更半夜""早期""晚期""早年""晚年""暮年""幼年""少年""青年""中年""壮年""老年""耄耋之年"等。

（五）描写式地表现某种景况、现象，不同的人可各凭想象来理解其外延的固定语。例如“飞扬跋扈”“光怪陆离”“风和日丽”“浑浑噩噩”“兢兢业业”“粗茶淡饭”“高瞻远瞩”“锋芒毕露”“满城风雨”“风雨飘摇”“和风细雨”“脚踏实地”等等。这类模糊固定语比较多,是汉语词汇模糊意义在来源和组成上的一个特点。

(六)抽象地表现某种格调或特性,其内涵不很明白清楚,从而外延也不明确的词语。如“清新”“清丽”“沉雄”“豪放”“婉约”“婉雅”“瘦硬”“流丽”“纤巧”“刚健”“闲远”“清腴”“雄健”“雄浑”“浮滑”“浮艳”“俊逸”“绮丽”“蕴藉”“婉和”“峭折”“纤秾”“简淡”“风骨”“神韵”“沉郁顿挫”“幽芳逸韵”“幽渺深邃”“清峭激越”“慷慨苍凉”“粗豪狂野”“萧散参差”“荡气回肠”等等。这类模糊词语,都是古代诗评中所用而流传至今的,是汉语所独有的特殊诗论词语。它们的存在,也是汉语词汇模糊意义一个来源上和组成上的特点。

模糊意义有的适应于表意和交际的需要,有的则给思想交流的精确程度带来消极影响。在做义素分析时,模糊意义会更有可能带来主观性,须要更加慎重地对待。

6.6.2　同模糊意义相对,是确定的意义。现代汉语大部分词语都具有确定的意义,即所指的对象在认识上有确定的范围或外延。但是确定性可分出不同的强弱程度。下面几类词语是意义最为确定的:

(一)基数词、序数词、月份名和日次名。如“二”“百”“万”“第一”“初三”“正月”“五月”“(本月)九日”“(下月)三十一号”“星期六”等等。

(二)指具体的事物现象的词语。如“灌溉”“水田”“苗圃”“石油”“油井”“钻井”“勘探”“汽车”“铁路”“书籍”“桌子”“毛笔”“绵羊”“河马”“麻雀”“蜘蛛”“树木”“花朵”“步行”“游泳”“歌唱”“侧目而视”“不期而遇”“雷”“闪电”“江流”“风雨交加”“不毛之地”等等。

(三)专名、节日名和节气名。如“中华人民共和国”“北京”“长城”“全国政协”“秦始皇”“周恩来”“春节”“元宵节”“谷雨”“芒种”“秋分”等。

（四）方位词、表示度量衡单位的名词、纯粹的量词和借自一般名词的量词。如“东”“西”“上”“下”“前头”“右面”“斤”“公斤”“里”“公里”“市尺”“公尺”“亩”“个”“张”“条”“只”“块”“棵”“盆”“碗”“瓶”等等。

（五）指无具体形态的对象或抽象事物而其范围或外延在认识上是确定的词语，包括许多的名词、动词、形容词和固定语以及全部副词、虚词。如“习惯”“性格”“脾气”“名气”“思索”“参加”“决定”“否定”“坚强”“幸运”“勇敢”“勤奋”“屡教不改”“一心一德”“力不胜任”“劳苦功高”“永远”“刚好”“蓦地”“极力”“对于”“向”“以及”“过”等等，其意义是确定的。不过它们的确定性不如前面四类词语那么明显，也就是在程度上不如后者的高。

至于对象的范围或外延只有相对确定性的形容词（见6.6.1），大体上可说处于模糊的和确定的词语之间。但是既然有某种特殊的确定性，其意义可以基本上划归确定的意义。

6.7　词的内部形式

6.7.1　词语的意义总是同词语的语音形式和一定的构造形式结合着，以它们为装载、巩固和表现自己的物质形式。但是词语意义还可以有自身的展现形式。比如，“精雕细刻”的意义“非常认真、细致地加工”，是以“精细地雕刻”的意思而体现出来的；“山里红”指一种果木的意义以“山丛里头（结）红色（果实）”的意思来展现自身；“饭桶”的意义“不中用的人”，借“装饭的桶子”的意思而展现。学者们只就词义方面来看，把词义自身的表现方式，或者如某位学者说的，“用词表达概念的方式"①,称为词的内部形式。由于它是词内意义自身的形式,区别于词的外在的音流和构造形式,所以是"内部"的。词义自身的表现方式,总是词所指的对象某些性质特点的反映,通过它们而显示或暗示出整个词义,即透露出词指的是什么一种对象。因此,更准确一些说,"词的内部形式是词义最初形成时反映事物对象的特点所采取的形式,它为词形所制约和固定"②。比如,"山里红"的意义固然是指某种果木,是它的形态、木本、结什么样的果实和生长地等多种性质特点的反映,可是表现出来的却只是最初所着重反映的"(长在)山丛里头"和"(结)红色(果实)"这样两个特点,即整个意义以"山丛里头"+"红色(果实)"作为展现自身的方式,而这表现方式是被词形 shānlihóng 所制约和固定的。

由于最初着重反映的特点总得用表示这特点的语言材料来固定,因而词的内部形式自然就成了何以用某个词形来命名的缘由,从而就被理解为"词的理据"。在一些论著里,词的内部形式和词的理据甚至互为注释、彼此替换地混称③。其实,词的理据当然不等于着重反映的特点本身或词义的表现形式本身,它是词源学历时性的概念。对于词义表现形式本身的揭示、分析,则是共时的描写,理应只按"词义自身的表现方式"来理解和应用"词的内部形式"这一术语。

6.7.2 现代汉语的单纯词,一般已很难看出其内部形式。这是由于绝大多数所用的单个语素材料,在造词时究竟指对象的什么特点,因年代久远及在词中孤立地存在而没有同其他语素组合,已不易查考出

---

① P. A. 布达哥夫:*Введение в науку о языке*,第 63 页,1958 年,莫斯科版。

② 刘叔新:《汉语复合词内部形式的特点与类别》,《中国语文》1985 年第 3 期第 186 页。

③ 见 B. A. 兹维金采夫的 *Семасиология*,第 186 页,1957 年,莫斯科大学出版社。又张永言《词汇学简论》,第 27 页,1982 年,华中工学院出版社。

来。例如"立""食""米""香",很难知道"lì"这声音表现站立的什么特点,"shí"表现吃或可吃的东西的什么特点,"mǐ""xiāng"两个声音各同稻子去壳子实和气味好闻的什么特点因应关联。这类单纯词,其内部形式可以说早已消失。至于单纯词中完全音译的一类,如"沙发""扑克""布尔什维克"等,虽然查考出的相应的外语词可能有其内部形式,但那是属于另一种语言的,这些汉语的音译词本身同样没有自己的内部形式。

很少一些单纯词,如象声词"丁当""哗啦""滴答"之类和现在仍能明显看出拟声而造的音征词(见3.4.4)"鸭""猫""布谷""嘀咕"之类,是具有清楚的内部形式的。

有的单纯词,通过一番认真的探察研究,有可能考证出古时如此命名的理据,也就是重现它的早已为历史所掩埋的内部形式。如:

蝇:其内部形式是"黑色"(因为与"蝇"音同或音近的"䵶""黳""黰"等,都有黑色的意思或意义成分,据此可以看出"蝇"有和它们相通的意思)。

葚:其内部形式也是"黑色"(与"葚"音近的"黮""黕""黵""點"等都有黑色的意义成分,据此看出"葚"有同它们相通的意思)。

铜:其内部形式为"红色"(与"铜"音近的"彤""赨""融"等都是红色的意思,可以认为"铜"在意义上也与它们相通)①。

这类为研究者所重视的内部形式,当然只存在于古代时期,并不是现代相应的词所具有和能够具有的;因为一般人,包括非专门研究词义和词源学的一般学者,都不会感知它。

派生词的内部形式,一般不是十分简单就是像大多数单纯词那样难以看得出来。当词缀带有较明显的词汇意义时,如—家、—员、—手、—者,词的内部形式就是(从事)某种专业、职业或活动的人或者(具有)某种特性的人,显得很明显、简单,如"数学家""炊事员""吹鼓

---

① 三个实例出自张永言《关于词的"内部形式"》,载《语言研究》创刊号,1981年。

手”“读者”等等的内部形式。当词缀只有微弱的词汇意义或主要含一定词性的语法意义,如—子、—性、—其、—地、阿—,而词根又是单个语素时,词的内部形式就很难看得出来。如“样子”“惯性”“更其”“蓦地”“阿姨”,其内部形式只能在词根里寻找,而其深隐、虚渺以至难以寻知的情形,与一般的单纯词是一样的。

只有复合词和类复合词、多重词(见3.3.1)及那种虽有词汇意义微弱的词缀而词根却是两个词汇性语素的派生词(如“人民性”“成天价”),才不难从中看出现实地存在着内部形式,而且它一般不那么简单。这几类词中,除去复合词之外的其他三类,数量都非常少;其内部形式建立在不止一个词汇性语素的意义关系基础上的性质,在数以万计的复合词中也同样体现着,而且体现得更清楚和集中。因此,复合词的内部形式不仅在现代汉语全部词的内部形式中是主体部分,而且在模式上也可代表其他几类有不止一个词汇性语素的词的内部形式。

下面,就把不可能十分详赡和面面俱到的描写集中在复合词的内部形式上。

6.7.3　从现代汉语共时系统的平面看,并非所有复合词都存在内部形式。随着现实事物、词义和语音形式的历史变化,有的复合词的内部形式已经消失,词义只以反映对象的区别性特点和其他某些特点的一般形式而出现。例如“逍遥”“跋扈”“勃谿”“蹀躞”“磊落”“陆离”“嵯峨”“蝙蝠”“鹌鹑”“蟾蜍”“凤凰”“蝼蛄”“蟑螂”等等,现代其内部形式就已经泯灭不见,虽然在古代存在的情形有可能被学者发掘出来而重现在极少数人的面前。在对现代复合词内部形式的描写中,显然应该把这一部分复合词排除在分析范围之外。

这里有一个界限问题。有的复合词,如“推敲”“涂乙”“滥觞”“泰斗”“刀笔”“春晖”之类,只有文化较高的人才能意识到或迅速推知其内部形式。这样的内部形式尽管只为社会某一部分人所知晓,仍应承认是现代语言系统中的语义事实,因为它无须通过历史的考查而意识到。因此,凡内部形式能被相当一部分人所知晓的复合词,都应列入共时分析的范围;而凡内部形式都要做历史的考察才能得知,仅为很少的专业人员所明了的,应该排除出去。后一种复合词在产生之初有什么样的内部形式,要由词源学去研究。

复合词现实地存在的内部形式,从完整的程度来看,可分出不同的类别。大多数是完整的,是普通的类型,表现为词中每个语素在表示对象特点上的作用,都是清楚的,如"山里红""睡莲""佛手""龙眼""黄昏""清晨""安详"等等。有一小部分不那么完整,体现在两种成为复合词的、不纯粹音译的外来词上。一种是对外语词部分音译又部分意译的,如"冰激凌(ice-cream)""基督教(Christianity)""爱克斯光(X-ray)"之类;一种是把外语词整个加以音译,再加上意译对象类属的,如"酒吧(bar)""可兰经(koran)""乒乓球(pingpong)""太妃糖(toffee)"之类。这两种外来词,由于音译部分成了一种特殊的语素,不表示对象的任何特点(除非考查相应的外语词的那部分),因而都没有完全的内部形式。复合词的内部形式,还有另一少数部分显得相当模糊,这是由于很不够完整所致。表现为词中某一语素表示对象(词所指的对象)的什么特点,难以了解,即不清楚某一语素对整个词义的表现起什么作用;不过,不同语素之间在对象特点上的联结关系,仍可明了。例如"韭菜",其中的"韭"表示这种蔬菜的什么特点,或者说,何以有"韭"的称法,是不清楚的。类似残缺的内部形式,还可举出如下的词所体现的实例:

菠菜　苋菜　芹菜　川芎　榕树　槭树　芍药　苹果
东莞　鄗县　郏县　澧水　瀍河　肥皂　白矾　鲮鱼
蓝本　料峭　惝恍　麋鹿　猕猴　猛犸　鲫鱼　鳟鱼

这类复合词的内部形式，可以说是半消失的，其不完整的程度比有音译语素影响的内部形式还要低一些。

从词反映对象什么特点的方面来看，复合词的内部形式能划分为实质的和表征的两大类①。“实质的”着重反映对象的本质特点，采取分析概括的反映方式。如“风纪”“大街”“晨光”“咸水鱼”“爱惜”“休假”等词中所体现的。“大街”指宽阔的街道；这对象的本质特点，一是城区中的道路，一是宽阔，前者由“街”来反映，后者由“大”加以反映。“风纪”指作风和纪律，由“风”“纪”分别反映作风、纪律的本质特点。这类纯粹由对象本质特点的反映所构成的内部形式，数量比较多，构造相当明显，但是平直而抽象，同词义逼近或一致。它包含四式：

（一）定性式。以一个成分反映对象所属的一个大范围的事物，即反映对象所具有的、作为这大范围事物的本质特点；又以另一成分反映对象作为大范围事物中一个特殊部分的特征。从而表现出对象的一定范围和内涵，指明大范围事物中具有某种特性的部分。对象特性的反映先出，大范围事物特点的反映特点后现。例如下列复合词中的内部形式：

A. 彩练　山国　木偶　冰橇　夕阳　暗影　愁容
白糖　哀鸣　欢笑　侧击　痛斥　常备军　根据地
石膏像

B. 辰砂　菜色　候鸟　柴油机　汽车　官腔　岔口
酒店　变蛋　蒸饼　担架　凸版　红茶　安歇
投缘

A 组两个意思成分分别是对象重要特点的比较完整的反映，对本质的反映比较全面，和词义一致或大体一致。B 组由于有一个意思成分（加

① 参考拙文《汉语复合词内部形式的特点与类别》。

着重号的）只是对象一系列特性或某个重要特点的部分反映（如“辰砂”的“辰”只指朱砂的产地——古代辰州，并未表示这种颜料的其他特性；“菜色”的“菜”只反映“长期吃菜充饥而致营养不良”这个重要特点的“吃菜充饥”部分），整个内部形式的反映内涵小于词义，显出了内部形式的个性和作用。

（二）选性式。两个意思成分结合起来，有选择地反映对象的部分本质特点；整个内部形式同词义有不小差别，其间的差距比定性式 B 类与词义的差距大些。如“父老”，其内部形式只反映“父辈的、年老的”，舍去了“一国之中或乡中的”；“风土”的内部形式只反映风俗习惯和土地环境，不取“一个地方特有的”。再如下列复合词的内部形式：

风物　风尚　风采　粮草　矽肺　帷幄　恬淡
文雅　多事　徒手　潜心　涂乙　塌方　推托
碰杯　默契　谦让　挑唆

（三）联结式。对象主要的两个本质特点分别由两个成分加以反映，再彼此平行地联结综合起来。如：

A. 谋略　风华　风纪　技艺　奥妙　穷苦　正直
丑恶　战斗　种植　传布　崩塌　阐明　消毒
保墒

B. 观瞻　体系　粮饷　临危　对答　瞄准　论难
究办　剪辑　联防　窘促　莽撞　奋迅　对称
流利

A 组的内部形式，反映对象的本质特点比较完全，同词义几乎没有差别。如“谋略”反映了计谋和策略的本质特点，“风华”反映了风采和才华的本质特点。B 组的，有一个意思成分（加着重号的）并不完全反映对象某个本质特点的各个方面，因而能显出内部形式的个性和作用。如“观瞻”的“瞻”只反映被（别人）往前或往后看到，没有反映被看到的反应和留下的印象;“体系”的“系”只有(成)系统的反映,而没有内部单位相互之间存在一定关系的反映。

(四)重合式。两个意思成分都反映对象同样的本质特点及一般特点;两个意思成分的加连是一种重合,用以加强抽象的反映,强化对象的概念内容和印象。如:

道路	途径	话语	衣衫	果实	土壤	流淌
奔跑	行走	逮捕	飞翔	寻觅	凛冽	猛烈
坚硬	茫茫	苍苍	悠悠	冉冉	袅袅	匆匆
明明	忿忿	每每				

同实质的内部形式相反,表征的内部形式着重反映对象表之于形的、易于感知的特征,采取具体表现的反映方式。如“映山红”“壁虎”“财迷”“三弦”“松花”“分寸”“佛手”“白头翁”等词中所体现的。“映山红”,其内部形式为“与青山辉映(的)一片嫣红色”,显然形象地、鲜明地反映了植物杜鹃花在山间开花时一片山红烂漫的景象。“壁虎”,内部形式是“墙壁上老虎似的”,它具体地反映了这种爬虫动物的活动场所和扑起吞噬蚊蚋、小蛾时迅猛如虎的形态。“财迷”以内部形式“入迷于钱财的”,具体反映了爱财如命、专想发财的人的表现特征。这类内部形式表现对象的某种形态或情状,多姿多彩,生动别致,不仅很好理解,也使人容易记住它的特征。不过,表征的内部形式同主要反映对象本质属性(特别是其中的区别性特点)的词义之间,显然有较大的差距,通过它自身而引出词义的线索不如实质的内部形式显豁。虽则如此,从具体表征到抽象本质的曲折性,却恰恰使因有具体反映而生动多彩的内部形式显得饶有风趣,使它别具特殊的表义方式和表意功能而有较大的描写价值。因此,表征的内部形式虽然没有在现代汉语复合词的内部形式中占多数,却是最重要的、最有代表性的部分。它包含两式:

(一)体现式。反映对象的具体特点,如某种活动或状态、某种密切关联的物象,从而把这对象体现出来。有一定程度的具体性,但只是具体地表现,并不把对象表现得真切,没有形象感。例如"三弦",不是抽象地反映一种弦乐器的特性、构造、功能,而是以(张)三根弦这一明显的构造特征的反映表现出相应的弦乐器。这相当具体,但是弦乐器并不能形象地展现。又如"出家",以离开家庭来体现脱离世俗生活去当僧尼或道士的行为,也可以说是具体的,但是没有形象性。还可举出一些类似的实例:

地雷	马扎	腿脚	头脑	眉目	斗鸡眼	茶食
笔触	冬青	扉页	贻贝	分寸	对垒	拿手
烧心	插身	点缀	贪青	拨冗	抽空儿	跟踪
顺手	顺眼					

(二)显示式。真切地反映对象的具体特点,使这特点和对象都形象地被感知。例如"量天丈",展现出所指的一种热带攀缘植物,仿佛向着上空一丈丈地量上去似的。又如"佛手",借"佛像的手"的反映,把很像佛手形状的南方一种水果形象地显示了出来。再如"黄昏",反映天挨晚时黄而昏暗的天色,从而把带有一定天色特征的时段表示得形象而仿佛可以感觉到。这类显示式还可举下列词中的一些实例:

鱼雷　鞍马　爬山虎(一种藤本植物)　猴头　羊齿
龙眼　蓝点颏　鸱吻　滴水(滴水瓦的瓦头)　顶梁柱
夹竹桃　暗流　抱厦　拂尘　薄脆　肉搏　狐疑
穿凿　穿梭　抵牾　沉浮　笔挺　垮台

这类内部形式或由于对象的可感触的特征被如实反映,或由于以相似的事物作十分具体的比喻,而具有形象性。对象呈现的具体性大大强于体现式,达到了鲜明的程度,其结果,使词义涂上形象色彩而增强了明澈性,极利于生动的表达。在此同时,内部形式同词义之间的差别就十分突出,前者成为词的表层意义(如"量天丈"的"向着上空一丈丈地量”义)，后者成为词的深层意义(如“量天丈”的“一种约略成丈地分节段的热带攀附植物”义)。只有了解对象的特征，才可将词的表层意义同深层意义联系起来。这是显示式所以生动的一种因素。

显示式和体现式之间不仅没有鸿沟，而且存在着一些介乎其中的内部形式，如“田鸡”“沉香”“腐竹”“抱负”“门路”“按脉”等词中的。有的表征式，由于相应的词使用频繁或使用时间已久，起初具有的形象性已变薄弱，如“把柄”“提纲”“心肝”“手足”“同胞”“昂扬”等。它们可以划入体现式的范围，也可以归附到显示式方面。

表征的同实质的两种内部形式之间，也存在过渡的或混合的现象。如“白刃战”“车轮战”“马齿苋”“向日葵”“斑竹”“蓝点鲅”“丹顶鹤”“大头针”“鳞伤”“暗笑”等，既有表征的具体反映(带着重号部分)，也有实质的抽象反映。这类内部形式毕竟含有表征成分，它们往往表现出形象性，其中有的形象性很强(如“梅花鹿”“金钱豹”)，描写价值较大。因此把这种混合性的内部形式归入表征式，是比较合宜的。

6.7.4　从词反映对象特点的途径方面来看，复合词的内部形式又可分为直指的、喻指的、引指的三类①。

“直指的”直接反映对象的特点。这是普通的、最为大量的一类。可分为全指和略指两式。全指式较为全面地直接反映对象的重要特点，能很明白地导出词义，如“岛国”“愁容”“菜色”“风土”“谋略”“体系”“飞翔”“丹顶鹤”“蓝点鲅”“大头针”等词的内部形式。略指式只直接反映部分重要特点，导出词义的线索不如全指式明晰。略指式的内部形式数量上少一些。如“便衣”，指身穿便服执行任务的军警人

① 参考拙文《汉语复合词内部形式的特点与类别》。

员，词的内部形式只反映这种人员穿平常人服装的特点。又如“裁缝”，指以裁剪和缝制衣服为职业的人，词的内部形式却只反映这种职业的裁剪和缝制活动。还可再举出略指式的一些例子，如下列词中所体现的：“土木（指修建工程）”“草虫（指画花草、昆虫的国画）”“三弦”“搭腰”“冬青”“同行”“教授”“薄脆”“双响”“滴水”等。

“喻指的”以一种相近的事物的反映来比喻对象的特点，比喻风趣、生动。可分为纯喻、半喻、借喻三式。纯喻式整个意思都是比喻，不大能明显透出实际的词义。例如“顶梁柱”，以内部形式“顶承着房屋梁木的柱子”比喻得力的骨干；“泰斗”以“泰山和北斗”比喻（在一定专业范围内）成就最大、享有最高威望的人。内部形式属于纯喻式的词例，还可举出“累卵”“羽翼”“风云”“浪潮”“手足”“心腹”“走狗”“鸥吻”“倒栽葱”“绊脚石”“把柄”“猴头”“熬煎”“推敲”“沉浮”“垮台”“撑腰”“续弦”“兔脱”等。半喻式只有一个意思成分比喻对象的特点，另一意思则是直指，因而能较为明显地透出词义。如“鼻涕虫”，内部形式一个意思成分的“昆虫”，直指对象（蛞蝓）所属的事物类别，另一意思成分“鼻涕（状的）”则比喻形体特点；“蠹贼”以“做大坏事的人”直指对象所属的范畴，以“吃根苗的害虫”比喻危害国家、人民。再如“鞍鼻”“扁桃腺”“安全岛”“带鱼”“豹猫”“兔唇”“扉页”“斗车”“剑麻”“子母扣”“土皇帝”“党羽”“蜂拥”“尝试”等，都是同时具有直指和喻指两种情形的。借喻式把词的本义的内部形式借来比喻另一对象的特点，整个意思也都是比喻，和纯喻式的性质基本一致，不同之处在于往往有个本义同时也起烘托比喻的作用（如果本义同外部形式有相当差距的话），即有更强的比喻性。例如“背景”的内部形式“背后景物”，借用来比喻图画、摄影里衬托主体事物的物象，或者比喻对人物、事件起作用的历史情况或现实环境，而本义“舞台上或电影里衬托前景的布景”也同时起烘托、比喻的作用。内部形式属于借喻式的复合词,可再举一些例子,如用在转义上的“堡垒”“脉络”“标兵”“包袱”“门楣”“暗流”“吹风”“冲撞”“磨炼”“麻痹”“亮相”“赤裸裸”“饾饤”等。

“引指的”是在词的引申义上出现的。它反映的特点实际上属于本义所表示的对象,需通过本义这个环节才同引申义关联起来,因此反映对象的特点是转折的、间接的。例如“丹青”反映的特点“红色和青色”,首先表现本义“红色和青色的颜料”,通过这一本义才与引申义“绘画”相关联,即成了绘画的某种转折而间接地反映的特点。又如用在引申义上的“门房”“调门儿”“东床”“六宫”“布衣”“保姆”“对象”“短打”“墨迹”“杂碎”“霸王鞭(转指一种民间舞蹈)”“慢性子(转指性情迟缓的人)”“莽苍(转指原野)”“村野”“收拾”“攻击”等,其内部形式也如此曲折地同对象的特点关联上。

6.7.5　可以看出,汉语复合词的内部形式,总是由两个意思成分直接组合而成,即在构造上必具备两个直接成分的结构项。每个结构项反映着某种特性或事物,同词所指的对象密切相关,通过它们表明词义着重反映对象的什么特点。如:

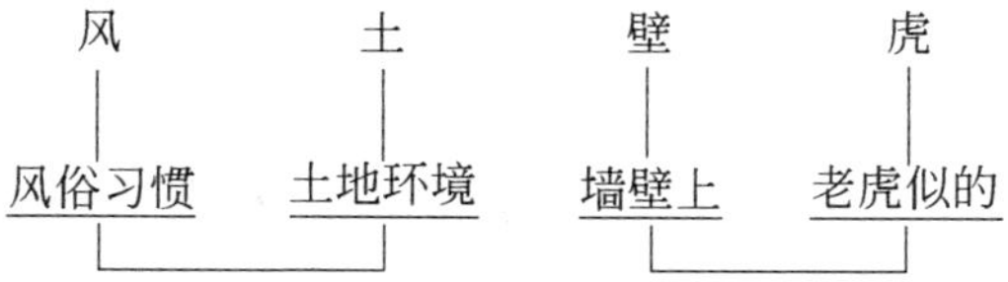

每个结构项的意思成分一般都成为词义的明显成素,即重要的义素。它是与一个词汇性的词素相因应的。大多数情况下,这词汇性的词素就是单个语素,内部形式的两个直接成分恰好和两个语素相对应,如上面“风土”“壁虎”两例所表明的。当复合词含有不止两个而是三个词汇性的语素时,其中必有两个语素所含的意思是内部形式某一结构项的直接成分,和另一语素的意思并不处于同一个结构层次。如:

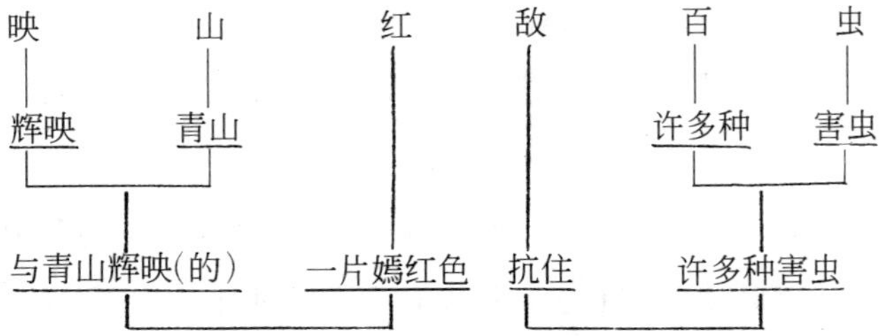

可知,汉语复合词的内部形式不仅必然而且也仅只含有两个结构项,具有双项性的特点。当复合词含有两个词汇性的语素及一个基本上语法性的语素时,内部形式一样表现出双项性,甚至显示得更清楚一些。如:

内部形式这样的结构项,由两个语素来体现的情形是比较少见的,大多数或通常表现的情形是由一个单音语素来体现。单音语素由于在书面上由一个方块字来表示,传统上是称它为“字”的;使用这个术语,那么可以说,内部形式的结构项就基本上同单个字相因应。即便在以两个语素的结合来充当一个结构项的情况下,这两个语素又都各是单音节的,而余下的另一结构项(如“映山红”“慢性子”)也一般由单音语素来体现(汉语的复合词极少超过三个音节),整个内部形式的结构项仍然是以单字作为体现的基础。因此,汉语复合词的内部形式(结构项)具有单字性的特点。

体现着内部形式结构项的字,是纷繁庞杂的。不过,其中有一部分出现的频率较高,其余绝大多数也不只出现在个别的词中。因此,从内部形式着眼,复合词所用的字有其类别、条理。一组复合词采用了同一个字,那就表明词所指的对象同属一类或有某些共性,在内部形式上有相应的共同的结构项。如以花、叶、茎相似于莲而生长在旱地的特点来给一种植物命名,有“旱莲”这个词;同样取花、叶、茎相似于莲的特点,有“睡莲”“王莲”“水浮莲”“半边莲”“铁线莲”“穿心莲”“马蹄莲”“榴莲”“雪莲”“西番莲”等。又如“鲸鱼”“鳄鱼”“章鱼”“鱿鱼”“墨鱼”“娃娃鱼”,每个词所用的“鱼”都表明所指的动物在形体和生活形态上相似于鱼类的特点。

可见,结构项的单字性,使得复合词的内部形式有条理地对应和聚合。而单字性和双项性的特点配合起来,更导致汉语复合词的内部形式构造简省而整齐,很有规律,能给揭示词义提供简明的线索,便于人们理解和记忆。

6.7.6 理解具体某个词的内部形式,不仅给准确地把握或全面揭示该词的意义提供必要的基础条件,而且大大有助于客观地分析出该词的义素。这是因为内部形式的直接成分总是同义素有密切关系,尤其在直接地反映对象特点的情形下,直接成分本身通常就是相应的词需要强调的义素。只有少数变异须另作估计:由于词义的历史变化,有的复合词内部形式也随着起变化,表面上似仍存在的某个直接成分的意思不再同词义有任何关联而实质上已经消亡。这就是有的并立格复合词表现出所谓“偏指”的情形。如“妻子”只有“妻”的意思,不再含“子”的“儿子”的意思;“兄弟(di)”只表示弟弟,没有“兄”的含义;“褒贬(bian)”(你就会～别人)只表贬斥,不表褒扬;“多少”(～给一点吧)只有“稍微、少量”的意思,没有“多”的含义。这种由词义起了较大变化而词的形式构造未变所造成的表面矛盾现象,同内部形式每个直接成分都与词义因应关联的普遍情况相比,只不过是为数不多的细小的枝节。

6.7.7 从理论上说,固定语的意义也可以有类似的内部形式。一般看来,惯用语和准固定语的意义同其“内部形式”不会有什么差异;

而所有成语，其"内部形式"同真实意义的差距是相当大的，相异的程度一般比"喻指"的复合词为甚。深入研究成语的"内部形式"，是很有意义的。但是传统上"内部形式"这个术语只用于词。传统习惯不必动辄改变。这样，有待开发的是成语大量的表层意义及其与深层意义的关联。要把对词的内部形式的考察和分析进一步扩大开来，成语是应该涉及的最相近的领域。

7. 词汇的范围

7.1 确定现代汉语词汇范围的必要性和基本原则

7.1.1 对各种词汇单位及其形式和意义作了观察和描写之后，须要进一步考察现代汉语词汇另外一大方面的情况和问题。那就是词汇单位如何互相关联，有什么样的汇集状态。为了这种考察能有一个合理的范围和得出科学的结构，需要在进行之前，先创造一个前提，那就是明确词汇的范围。因为考察的词语如若并非现代汉语词汇范围内的单位，则据以得出的词语关联或汇集状态会失实或完全落空。

现代汉语词汇现实地存在于广袤地域上有着各种阶层、集团的十三亿人的话语之中，存在于同古代汉民族文学语言关系密切的现代纷繁庞杂的白话书刊作品及其他文字应用之中。它既每日每时受着方言土语、种种社会习惯语及词语个人特殊运用的包围、浸润，又处在古代汉民族文学语言的重大影响之下。究竟它所包含的应是哪些成员，就有着空间界线上和时间界线上种种纠缠的问题。这样，研究者所面临的现代汉语词汇，其范围至少是模糊不明的。

在研究对象应有的范围不明确的情况下，企图将对象的内部关联情状全面揭示出来，是不可能的。对于现代汉语词汇的描写，当然也不例外。只有现代汉语词汇的范围是明确的或大体明确的，揭示这词汇的内部关联情状以及其间规律的和分门别类的现象，才有个可靠的落脚点和牢靠的基础。因此,确定它的范围,无论在理论上、认识上还是分析研究的实践上,都是十分必要的。

7.1.2 进行这项工作,最要紧的,得有一些作为确定依据的原则。合理的基本原则明确下来,依据它们来观察和衡量,大群大群词语或成类成类词语是否归属现代汉语词汇,会很容易看出来,这整个词汇的范围自然也随之不难大体确定;少量或个别临界的或在性质和归属上容易引起争论的词语,依据这些基本原则,也较易得出合理的裁决。

这样的基本原则有四个:

(一)凡言辞语句以及言语中作为超语言成分出现的词或词的组合体,如个人生造的词语、个人赋以主观意义的词语、个人作的词的组合等,都不能是语言词汇范围内的成员。

(二)古与今要分清界线,死的词语不应与活的词语混合在一起。凡只存在于汉语古代时期而现已完全死亡了的词语,不能视为现实的词汇成员;虽然古旧,若现代仍在一定的通用交际方式中存活着,则应列入汉语现代时期的词汇之中。

(三)非汉民族共同语(即非现代汉语或普通话)系统的词语——外族语言的,特别是汉语方言的,不能划入汉民族共同语的词汇。每个方言都是不同于共同语的独特的语言符号系统,各有自己的词汇。具有地方特殊性而未为共同语吸收的方言词语,不能混为共同语的词汇成员。

(四)凡只为极少数人或个别集团所使用的词语,不能取得全民共同语词汇成员的资格。只有不受狭小集团、地域限制,较普遍地使用开来的词语,才能取得这种资格。

可以说,四个基本原则是分别以下列认识为基础的:语言系统有别于言语而互不相混;语言的共时系统不能掺合历时的事实;共同语和方言并非同一个语言符号系统,并非共有一个词汇;共同语的成分应有一定程度的社会普遍性。这一认识已成为公认的原理。因此,上述基本原则的合理性是无可置疑的。

7.2　现代汉语词汇范围的基本轮廓

7.2.1　按照上述四个基本原则,首先人们在普通话口语中较普遍地使用的、特别是在现代书刊报章中已使用开而为一般读者所接受的词语,无疑都是现代汉语词语范围内的成员。如《现代汉语词典》所收的五万个左右的词语条目,除去极少数偏僻的专门词语之外,都属于这样的词语,当然,基本上只是其中最常用和较常用的部分。一部《现代汉语词典》,其词语条目(包括某些本身是单音词的字头)之和,并不大体上等于现代汉语词汇的范围,因为这不过是中等规模的普通词典。还有大量古词语、旧词语、新词语、外来词以及方源词和普遍使用开来的专名词语等,未为《现代汉语词典》所收,它们也是现代汉语词汇范围内的成员。

这里,不可能也不必要把可能的词汇单位逐一拿来进行考察,看是否能进入现代汉语词汇。要看出现代汉语词汇的大体范围,除了把最常用和较常用的词语这部分肯定下来之外,可以分别对几大类有可能被列入或部分列入这个范围里来的单位,作一般的考察和判断,看其中什么样的单位不属于现代汉语词汇,什么样的是它的成员。

7.2.2　根据言语的成分和单位并非语言系统中的成分和单位这一基本原则,固然个人生造的词语、带个人主观意义的词语以及每日每时大量涌现的语句和自由词组,都应摒除于现代汉语词汇范围之外,人们普遍知晓的熟语也有相当一部分不能是词汇成员。

熟语中言语性质的常语,包括谚语、名言、套语和成句子的俚语(见第4.1、4.7、4.8几节),不能和属于词汇单位的固定语相混淆。它们都不是现代汉语词汇的成员。关于它们的言语性质及同固定语的重要区别,前面第4章已作详论,此处无须重复。

有的课本和词汇著作笼统地将熟语列为词汇的组成部分,即把熟语所包括的各种单位通通看做词汇成员。这种简单化的做法会歪曲现代汉语词汇的实际范围,引起人们对词汇性质的误解,是不可取的。

7.2.3　中国古代的典籍和辞章作品所使用的大量汉语词语,在后来的发展中分成三部分:有一些活在现代人们的口语中,和普通的词语没有区别,如“山”“井”“人”“牛”“岂有此理”;有一部分现代只能在书面语中或比较古雅的文体中加以使用,这是后面第8.4小节要进一步谈的古词语,如“其”“乃尔”“履”“获”“怎生”“得鱼忘筌”之类;剩下那部分,已逐渐消亡掉,现代不为人们所用,如“耜”“劓”“耦耕”“冢宰”之类。前面的两部分,自然仍是现代汉语词汇的成员;后一部分则应摒除出它的范围之外。这里,比较要紧而不太容易做好的,是将后一部分与第二部分区别开。

关于古词语和业已消亡了的古代历史上的词语,两者间的区别界线如何划定,下面第8.4.1小节再作专门论述。这里只先把握一个关键:凡不再出现于现代一般文献、不再应用于现代一般书面文字的,是纯历史上的词语,否则,便是在现代书面语中仍存活的那另一类单位。须要说明一点:有的已消亡的古代词语,现代在历史的表述中可能会加以使用,如“牧臣”“奚”“冢宰”等会出现在古代出土文物展览的介绍说明语中,但这并不意味着它们复活而成为现代的古词语。由于这是一种特殊的、历史专业性的而不是人们一般的、普遍的使用,有关的词语并没有改变其业已消亡的性质,不能划入现代汉语词汇范围里来。

一般地说,旧词语只要尚未消亡,仍应是现代词汇的成员。至于新词语,总是经过一定时间的考验,在人们的使用中具备了稳定的复呈单位的性质,才能成为新词语的。因此所有新词语,都能取得现代词汇成员的资格。问题在于如何确定新词语。不能把刚在个别人的言辞话语中冒出来的新的称说单位同新词语混为一谈。前者尚是言语性的成分。新词语是已被语言吸收的出现不久的单位，必须具备为人们普遍认可和广泛使用开来的性质（参见第8.4.2小节）。确定新词语须要审慎；新词语一旦被确定下来，就意味着它同时进入现代汉语词汇的范围。

7.2.4 从方言吸收过来的“方源词”（见第8.3.4小节）只要确实摆脱了方言地域使用的局限性，在社会上广泛使用了开来，就毫无疑义地是现代汉语词汇成员。而方言词，如北京话的“老八板儿”“老背晦”“老梆壳”“颠儿”“格涩”，合肥话的“麻啾子”“绝猪”“秫秫”“包头菜”“悠秋”，广州话的“婆乸”“鸡项”“稳阵”“牙烟”“乜嘢”“咁样”等等，都只能是现代汉语词汇范围之外的单位。问题在于须要鉴别所面对的词是方源词还是方言词，即在什么情况下，一个词只属于方言，不属于共同语词汇？在什么情况下，一个本是方言的词进入了共同语？

作为现代汉民族共同语的普通话，可以说在词汇方面，同各地的汉语方言处于互相影响、互相渗透的状态。尤其同作为其基础方言的官话之间，由于词汇相同的部分大大超过不同的部分，加上一者是另一者的基础，彼此在词汇的相互关系上，就更是错叠融接，异常复杂。而官话本身是存在着地域分歧的，同官话、普通话差别较大的某些南方方言对普通话的影响又在日渐增多，这些情况使得方言词同方源词的界线越发不易划分清楚。

不过，要具体确定一个词只归属方言还是成了普通话中的方源词，尽管在许多情况下存在着技术上的困难，却并非不能确定若干使鉴别做到正确合理的原则。

首先要看使用的普遍性如何。凡一个词是官话地区内普遍使用的，或者虽本属于某个南方方言，但已越出该方言地区的使用范围而在汉族人民整个活动领域内或社会主要区域内使用开来的,就应是普通话词汇的成员,即现代汉语的方源词;反之,一个词只为范围相对较小的个别方言地区(包括官话区内可能细分出的个别方言区)所使用,即所谓“比较土”或“太土”的,只能是方言词,不应划入普通话词汇。

普通话的词,很大一部分同官话的一致(虽然在话音方面可能由于历史音变而有所不同)。官话不仅是普通话的基础方言,而且流行区域比任何一种南方方言都广得多,因而官话区的人们共同使用的词,毫无疑义地可以是普通话的词。“实际上,在整个官话区,只要是较多地方使用的,特别是包括北京地区也使用的词,便有资格进入普通话。这是由于实现普遍性有了保证条件。”①如“烟卷儿”“糨子”“裤衩儿”“胡同”“打岔”“抬杠”“嘀咕”“念叨”“数落”“装蒜”“磨蹭”“摸门儿”等,本来只在北京地区和官话区其他较多地方流行,通过人们口头交际中的传播及作品、书报、电影、广播等的使用,很快就通用于各个地区。应当承认,这类词虽仍存在于方言,却也成了普通话的词。当然,绝不是官话中任何的词都能进入普通话。凡流行不广的、属于一些有鲜明个性的地点方言而比较土或很土的词,如“步辇儿”“颠儿”“格涩”“哈喇子”“罩子”“啥子”“唧个”“衫子”“偏岸儿”“麻啾子”“包头菜”之类,就不能归入普通话里去。

各种南方方言表现出其地方特殊个性的词,一般比官话的多,而能成为普通话词汇成员的要大大少于官话。它们当中只有在汉族人民整个活动地域中使用开来的,才能进入普通话词汇(相应地语音方面变得符合于普通话的语音系统)。如上面第 7.3.7 小节举出的“瘪三”“龌龊”“叉烧”“阔佬”“顶呱呱”等等,就是在明显地普遍使用开来的

① 刘叔新:《词目的确定和词汇的范围》,《词汇学和词典学问题研究》,第 53 页,1984 年,天津人民出版社。

情况下，取得普通话成员资格的。

除了这个普遍性原则，还有另一个起补充作用的鉴别原则：要看是否用于现代权威性的报刊或典范著作和是否表意新颖独特。

常会看到，书刊报章上出现了属于某个方言而还没有在各地普遍使用开来的词。这样被书面文字用上的方言词，是否可以算作普通话的词呢？不能一概地作肯定的或否定的回答。如果所在的报刊是权威性的，或所在的书文作品是现代典范性的，同时词的意义或意义的表达新颖独特，那么从发展看，可以把它列入普通话的词汇中去。权威性的报刊和现代典范著作，影响着广大的读者，在用词上起着表率的和规范的作用。因而它们若是采用某个方言词，意味着这个词有可能被大家接受而在各地使用开来；如果它又有新鲜的意思或者有新的、独特的表达方式，那么它进入普通话就会很容易成为事实。吴方言的"亭子间""拆烂污"，粤方言的"花市""阔佬"，湘方言的"过硬""过细"，正是由于为现代重要报刊或典范著作所使用，又在词义和内部形式上别具特色，尽管本没有为各地人们所使用，甚至本不为各地人们所知晓，也能很快被大家所接受并承认它们进入了普通话词汇的范围。

有些文学作品有意采用方言词，情况比较特殊。需要看这些词是作品的人物在说话中使用的，还是作者在叙述、描写的言辞里使用的。方言词出现于人物话语，同方言区的人们在说话中加以使用的情形一样，而和为典范著作所用是两回事。作者描述中使用的方言词，许多时候是为了渲染地方色彩的，因而从是否表意新颖独特来衡量时，还须将表现地方特色的这种功能同表意方面真正的新颖独特区分开。

7.2.5　除了方言词、方源词之外，在外来词方面，也存在着某些单位出自非现代汉语系统而是否能成为现代汉语词汇成员的问题。

外来词（下面 8.3 节再对其细作分析），只要是社会上广泛使用开来的或一般人通常了解和使用的，属于现代汉语词汇自然没有疑问。

有三种外来词却不具备现代汉语词汇成员的资格：

（一）早先存在或流行过，后来被相应的意译词或日语外来词所取代而现今已完全被废置的外来词。如“德律风”“赛因思”“德谟克拉西”“葛郎玛”“披阿娜”“怀娥铃”“开麦拉”“虎列拉”“白脱”“生风尼”“弗柳特”“德律维雄”等等。

（二）广州话、上海话或福建话的外来词。它们只分别流行于粤方言区、吴方言区和闽方言区，都只属于某个方言词汇而有地方特点。如属于广州话的外来词“恤衫”“呔”“扮带”“士的”“非林”“林酒”“啤牌”“镑”“唛”“士担”“朱古力”“仙士”“花臣”“士多”“骨子”等等，属于上海话的外来词“水汀”“水门汀”“司卫脱”“拉斯卡”“扑落”“那摩温”等，属于闽方言的外来词“极仔”“滥斧”等。

（三）只使用于一定专业或职业的狭窄范围的外来词。它们是狭窄的专门词语的特殊部分，只能处于现代汉语词汇的外围。例如化学专业的“福尔马林”“单宁酸”“巴拉芬”“古派尔”，物理学专业的“达因”“法拉第”“高斯”“赫兹”，生物学专业的“阿米巴”“公度尔”，医学专业的“安蒲耳”“加答儿”“来沙而”，纺织业的“开司米绒”“派力司”“司泡打”，军队的“甲必丹”“达姆达姆弹”，宗教的“哈利发”“曷生派”“格隆”“曼札”，等等。

7.2.6　专门用语中，很狭窄的术语和职业词语占了大多数；能越出专业、职业圈子的范围而在社会上使用开来的术语、职业词语，只占小部分。这种情形是比较清楚的；大小两部分专门词语的区别界线也较易确定。一般鉴定一个专门词语属于哪个部分的类别，并非难事。因此，可以较稳妥地确定，是在社会上使用开来的小部分术语、职业词语，如“代数”“高等数学”“共鸣”“基因”“克隆”“扫描仪”“宽带”“上市”等，能取得现代汉语词汇成员的资格，而大部分的、很狭窄的专门词语，如“芄兰”“甲醇”“氯甲醚”“高密度胆固醇”“打牮拨正”“蛇伏冷容器”“尾翼稳定脱壳穿甲弹”等等，并不能进入现代汉语词汇的范围。

7.2.7 至此，有可能被列入或部分列入现代汉语词汇范围的几大类单位，绝大多数已分别作了一番考察，只剩下专名词语还须要考察个究竟。这类词语的问题比较大。

先看人名。汉语人口有十三亿左右，每人一个姓名，就共有人名十三亿左右。如果都是现代汉语词汇的成员，那么这个词汇就庞大、臃肿得难以设想。自然，绝不可能是这样。那么是否人名都不进入词汇的范围？这也不符合客观实际，因为古往今来多少英雄豪杰、圣贤名家的姓名千古不朽，家喻户晓，它们广泛地为人们所使用的情形和普通的常用词语没有两样。这里显然存在一种选择和区别：有的人名能成为现代汉语词汇成员，大多数人名不能如此。那么，什么样的人名能进入现代汉语词汇的范围，就是问题之所在。大体上说，古今中外的伟人、杰出人物、作出过重要贡献的或家喻户晓的人物，其姓名（包括使用汉姓的汉名和非汉族人士的汉译名）可以成为现代汉语词汇的成员。普通人的名字，只为很有限的亲朋邻里所熟悉，则不可能取得这种资格。就是在社会小范围内有点名气的人，其姓名也不能进入全民语言的词汇，因为它们未被整个社会的大众所知晓，而且从古今中外来看，它们也不知该有多少，范围极难确定。

综合性词典所收录的人名，有相当一部分只是在个别学科范围内为人知晓。不能认为，登上了这类词典就必然属于全民语言词汇。综合性词典除了罗列和解释普通词语之外，还兼有介绍各科知识的任务，多列一些有关的人名条目是势所必然。百科词典在这一方面更进一步，所收的各科的专门家、发明家和重要学者名，会有相当多一部分越出词汇的范围。至于人名词典，不论所辑的人名是中国的还是外国的，也不论是近代、现代的还是古代的或兼及古今的，是就我国或世界整个范围收的还是只就某个社会活动领域来收的，都不能作为人名进入现代汉语词汇范围的依据，也不能用这个词汇范围去衡量和制约。人名“词典”，其实是人名汇编，有其特殊的查检人物的作用。因此，历史上一些毫不重要、并不突出的人名，为现代一般人所不知晓的古代、近代人名，往往都要选收。例如《中国人名大辞典》(1921 年初版，商务印书馆)，所收的人名，从上古以迄清末，数达四万余，其中的大部分就不可能是现代汉语词汇的成员。以所收三十六个郎姓人名来看，多半是人们十分陌生的。如“郎滋”，只是明代一个吏科给事中的普通官员，弹劾过权贵；“郎遂”，只是清代写过杏花村志的人。像这样的人名，要算作汉语系统中的单位，是十分奇怪而绝对通不过去的。

再看地名的情形。地名在数量上比人名大为减少，范围也较为确定一些，但是仍然相当庞杂。较大的地名，有省名、自治区名、盟名、市名、关隘名、主要的山川湖海名、主要的岛屿和半岛名等；稍小些的，有县名、重要城镇名、一般的山湖河湾岛屿名、风景胜地名；很小的，有乡名、村名、溪涧名、小湖名、小洲名、小岗名等等。无疑，较大的地名为全民族所共知和常用，应是现代汉语词汇的成员。县名(如“昌黎”“临川”“耒阳”“林县”)和重要的城镇名(如“石龙”“浦口”“三棵树”“胜芳”)，不很小的山名(如北京地区的“云蒙山”“百花山”，浙江的“四明山”“雪窦山”)、河流名(如浙江的“云江”“分水江”，安徽的“西淝河”“池河”)、湖泊名(如安徽的“大官湖”“女山湖”，湖北的“张渡湖”“黄塘湖”)、港湾名(如福建的“沙埕港”“福宁湾”，广东的“水东港”“海门湾”)，成为著名风景胜地名称的山名(如“鸡公山”“岳麓山”“白云山”“天尽头”)、湖名(如“滇池”“瘦西湖”“大明湖”“星湖”)、泉名(如“北温泉”“南温泉”“从化温泉”“趵突泉”)、岛名(如“小瀛洲”“百花洲”“橘子洲”“鼓浪屿”)、湖中陆地或江边岩石名(如“鼋头渚”“采石矶”“燕子矶”)、水湾名(如“月牙湾”“老虎滩”“荔枝湾”“浅水湾”)及园林名(如“梅园”“颐和园”“北海公园”“越秀公园”)等，都或已成为汉族人民所共知和共用,或者是大家随时需要和可能熟悉的,因而也应列入现代汉语词汇的范围。而凡只为局部小区域的人们所熟悉和使用的小地名,诸如重庆郊区乡镇“黄桷垭”、天津郊区乡镇“上古林”、蓟县的“下仓”“翠屏山”之类,应该不算进现代汉语词汇里去。

楼阁亭台名、堂殿名、塔名、寺庙名、陵寝名、桥名等建筑名称至为纷繁。只有所指的建筑确实遐迩闻名的或成为胜迹的名称,才具有现代汉语词汇成员的资格,如“岳阳楼”“黄鹤楼”“天安门”“大观楼”“蓬莱阁”“佛香阁”“文溯阁”“壶天阁”“沧浪亭”“爱晚亭”“放鹤亭”“龙亭”“钓鱼台”“紫金山天文台”“雨花台”“教弩台”“乐寿堂”“漪澜堂”“中山纪念堂”“太和殿”“乾清宫”“养心殿”“白塔”“大雁塔”“花塔”“卧佛寺”“少林寺”“六榕寺”“白马寺”“孔庙”“明十三陵”“东陵”“中山陵”“赵州桥”“卢沟桥”“南京长江大桥”“海珠桥”等等。

各地景色的许多专名,只有那些给人以强烈魅力或美感、使人难忘或广为人们所知闻的,如“柳浪闻莺”“平湖秋月”“三潭印月”“碧海丹心”“梦笔生花”“猴子观海”“蓬莱三岛”之类,才能是现代汉语词汇的固定语。

政党社团名、机关名、企业名、校名以及书文报刊名和作品名,也十分繁多。所有这些种类的专名,同样要依据知名度或是否广为各地的人们所知晓和熟悉,来判断能否进入全民共同语。可以说,国内各政党和国外一些大国主要政党的名称(后者为汉译),国内全国性的大社团、国家党政领导机构和省市级大机关的名称,享有盛誉的大企业的名称,国内重点高校和国际上著名高等学府的名称(后者为汉译),经典和不朽著作名,杰出的诗文和其他作品名,国内国家级的或享有全国性声誉的报刊的名称,以及世界著名大报刊的名称(汉译),都应承认取得了现代汉语词汇成员的资格。而不为整个民族所知,只在个别地方或个别集团中被熟悉和使用的机关社团名、企业名、校名、报刊作品名等,如“冀县税务局”“紫金国土局”“天津师大学生会”“上海家用化学品厂”“阜阳师范学院”“南京第八中学”“天津法制报”“八小时之外”“雪夜火锅(载于1988年1月24日《天津日报》,署名“航鹰”一文的篇名)”之类,就不可能有这种资格。

至于国名,由于总共只是一百七八十个,而且是大家所熟知或至少随时须要知悉和运用的,都处于现代汉语词汇范围之内不会有什么疑问。

7.2.8　通过上面的考察,可以看出,现代汉语词汇大体上包括什么样的词语单位。也就是说,明确了这个词汇范围的基本轮廓。

应该指出,要把现代汉语词汇范围的具体界线划出来,即要把这词汇的全部成员具体地一一确定下来,不是少数人员在短期内所能做到的。而即使进行了高速度、高效率的全面调查、鉴别,完成了这项确定任务,所有的词汇成员被确定了下来,词汇的范围也已产生了新的变化,这种确定也无法反映变化的事实。现代汉语词汇的范围,随着词语经常的、无休止的吐故纳新,是不断变动着的。因此,确定它的范围,只能是相对的,即确定它在一定期间有个基本固定的或相对稳定的范围,容许这范围有不断变动着的部分界线。现在看出了它的范围的基本轮廓,就是大体明确了它的相对稳定的范围。

8. 各种词汇单位类集

8.1 词汇单位类集的划分

8.1.1 汉语词汇出现在人们眼前，既不是个有机的生命体或无生命的器械，也绝不像一堆杂然混合的沙石泥灰。它内部的单位尽管纷纭众杂，却由种种类近程度或搭连关系，形成规模不等的各种汇集。

一般涉及词汇这方面的现象时，很自然地提出种种词语类集来。考察可以从这些类集的划分开始。

8.1.2 有如以下几种类型的词语类集：(一)基本词汇，一般词汇，常用词语；(二)外来词，方源词；(三)古词语，新词语，旧词语；(四)专门用语，专名词语；(五)情态词汇，评价词汇；(六)口头词语，书面词语，各种风格词语。此外，还可以有所谓主题义族和逻辑义族。划分出这样的类集，或者说，每一个类集的建立，是以某些词语具有在使用上、历史长短上或来源上的共同性质为依据的；依据的不同角度相应得出不同类型的类集。换句话说，是由于这种作为依据的共同性质，而使某些词语集合为一个类集的，并非这些词语在语言建筑材料性质上相互间存在对立、制约、对比或因应的关系而集结成类。因此就如同一个班级的学生分成男生和女生、勤奋的学生和不用功的学生、南方籍贯的学生和北方籍贯的学生，汉语词汇划分出的每个类集，其内词语单位之间的关联是微弱的，不是内在的、互相作用的关系。

不过,词语类集尽管只是凭某种共同性而集合的聚集体而不是有内部关系的组织,也可算为词汇单位的一种汇集形式。而这种汇集形式一般是人们较容易感知的,在语言的学习、运用及语文实际工作中经常要遇到并同它打交道。因此,对词汇的全面描写,须要分析和揭示各种类集的情况和特点。

8.2 基本词汇、一般词汇和常用词语

8.2.1 从存在历史的长短和是否普遍常用来看,词语可以分为基本的和一般的,分别相应形成基本词汇和一般词汇。基本词汇作为词汇中最稳固的核心部分,在现代汉语词汇中是客观地存在着的。但是划分基本词汇和一般词汇的依据,具体落实到现代汉语基本词汇的特征和界限,却还相当模糊。

一般依据斯大林《马克思主义和语言学问题》的有关论述,认为基本词汇的成员具备三个特征:历史悠久,具有稳固性;社会普遍使用,具有全民性;成为构造新词的基础,具有能产性。事实上,按照这种提法来确认基本词汇的成员,所得出的基本词汇会十分狭小。很多历史悠久而现代普遍使用的词语,如“明天”“傍晚”“晚餐”“便饭”“妻子”“父母”“心地”“话语”“锄头”“水缸”“床铺”“乌鸦”“蟋蟀”“粮食”“菠菜”“橘子”“慈祥”“滑稽”“愚蠢”“吃饭”“宴请”“拖欠”“总是”“很”“一心一德”“三心二意”“岂有此理”等等,并没有用来构造任何其他的词语,在人们的语感中却是十足基本的词汇单位,而按照能产性特征的要求都通通要摒除在基本词汇之外。这当然很成问题。有无能产性,不应看成区分基本词汇和一般词汇的一个依据。十足基本的词语固然并不必然具有能产性;明显地只能属于一般词汇的词又有相当一部分具有能产性,如“物理”——“物理学”“地球物理”“高能物理”,

“原子”——“原子弹”“原子能”,“引力”——“引力作用”“地心引力”“万有引力”,“航天”——“航天局”“航天飞机”。可见,基本词汇的所谓能产性特征或成为构造新词的基础的特性,都是不能成立的。实际上,“在基本词汇与一般词汇之间,存在着的是它们在历史长短上和使用是否普遍上的差别”①,没有构造上的关联、对应。

历史悠久和社会普遍使用,这两个特征充作确定基本词语的条件,则是恰当的。“用历史悠久和使用范围广泛这样两个标准划分出来的词语,不但覆盖面大,而且这相当数量的词语也确实是语言词汇稳定性的一个基本因素,能够成为共时平面上词汇的基础。”②历史悠久,应该有一个尺度。四五十年是否就算悠久?百年以上才算,恐怕又过严而人为地使基本词汇的范围狭小失实。依据汉族人民的社会历史情况并参考中国历史分期的通行处理方式,一个词语能将其存在史追溯到近代和现代交替的年代,便应当算有较长久的历史而充分显出稳固性。这就是说,只要存在至今大致有七八十年,即民国初年“五四”时期便存在而现今仍沿用的词语,便可以认为具备了历史悠久的特征。这七八十年间,中国社会起了几次天翻地覆的变化,一个词语能经历这些巨大变化的考验而依然为人们所用,足可说明其稳固程度相当强。至于社会普遍使用这一条件,也不能绝对化地理解。只要在当代大多数阶层和社会集团里通用,其余阶层、集团也能够了解,就算是用得普遍。一个词语在当代社会上使用的铺盖面广,也必然意味着它有某种程度的常用性;因此作为基本词语一个条件提出的“社会普遍使用”,不如说成“当代社会普遍常用”,“全民性”特征不如说成“全民常用性”,这

① 刘叔新:《论词汇体系问题——与黄景欣同志商榷》,《中国语文》1964 年第 3 期第 206 页。

② 周荐:《基本词汇与一般词汇划分刍议》,《南开学报》哲学社会科学版,1987 年第 3 期第 78 页。

样更确切一些。

8.2.2 按照如上理解的“历史悠久”和“当代社会普遍常用”这样两个条件来衡量，现代汉语基本词汇的成员主要是如下几类词语：

（一）标示常见的自然现象、普通的动植物、人体及其各主要组成部分、亲属及有社会联系的人、宅舍场院、基本的劳动工具及生产设备、基本的劳动对象、基本的交通工具、基本的生活必需品等的词语。如“云”“秋风”“暴雨”“牛”“老虎”“松”“玫瑰”“身体”“胳臂”“手”“眼睛”“父亲”“儿女”“姐妹”“朋友”“同事”“楼房”“花园”“院子”“戏院”“铲子”“机器”“井”“仓库”“土地”“车”“轮船”“飞机”“粮食”“米”“蔬菜”“盐”“布”“家具”“床”等等。

（二）标示事物现象基本性质的词语。如“好”“坏”“优秀”“劣”“长”“短”“高”“低”“强”“强盛”“强大”“弱”“衰弱”“弱小”“难”“困难”“易”“容易”“成功”“失败”“胜”“胜利”“负”“正”“偏”“直”“弯曲”“崇高”“高尚”“卑鄙”“卑贱”“丰富”“贫乏”“安定”“混乱”“老成持重”“卑躬屈膝”“在所难免”“光明正大”“坚忍不拔”“好景不长”“风和日丽”“华而不实”“奇形怪状”等等。

（三）标示基本活动行为的词语。如“饮食”“吃”“吃饭”“喝”“饮”“吞”“咽”“吐”“呕吐”“穿衣”“戴”“缝纫”“栽”“种”“栽”“植”“练”“操练”“磨”“磨炼”“学”“拿”“取”“打”“挥”“击”“进攻”“退”“走”“跑”“逃”“飞”“喂”“养”“养育”“生”“登”“升”“落”“降”“降落”“跌”“卧”“睡”“起来”“坐”“做”“工作”“创造”“说话”“告诉”“听”“闻”“嗅”“想”“念”“忆”“回忆”“思量”“挂念”“惊”“惊慌”“担心”“害怕”“发愁”“高兴”“喜欢”“自力更生”“因势利导”“因地制宜”“当机立断”“成家立业”“安家落户”“发号施令”“交口称誉”等等。

（四）标示精神文化活动和政治经济活动的基本范畴、基本方式和基本成果的词语。如“文学”“艺术”“科学”“音乐”“绘画”“舞蹈”“戏曲”“体育”“教育”“技术”“产业”“工业”“农业”“商业”“贸易”“行政”“党派”“议会”“管理”“经营”“表演”“创作”“描画”“分析”“综合”“阶级斗争”“文明”“历史”“文化”“书”“诗”“曲”“画”“作品”“自然科学”“社会科学”“政权”“国家”“军队”等等。

(五)标示基数、序数、月份、一月内和一周内的日序以及节日、节气的词语。如“一”“十”“万”“第二”“三月”“初一”“(二月)十五日”“星期四”“元宵节”“立春”“秋分”等等。

(六)各种副词和无文言色彩的代词。例如“很”“非常”“刚”“恰好”“才”“就”“立即”“马上”“全部”“我”“你”“您”“他们”“自己”“谁”“什么”“各”等等。

可以看出,基本词语所指的对象,都是自然界或社会中久远地存在而不易消失的,都是人的生活和意识当中最常接触的东西。因此标示它们的词语有悠长的历史和很强的生命力,而且必是人们普遍常用的。

应该看到,单音词除去古僻的(如“刭”“弇”“珂”“谳”之类)、术语性的(如“髁”“酚”“氘”“钾”之类)之外,大部分都进入基本词汇。这些单音的基本词,从古代甚至远古一直使用下来,极其稳固和普遍常用,一般已用于构造一系列其他的词语。例如“天”“地”“人”“风”“树”“花”“金”“银”“牛”“马”“衣”“食”“住”“行”“有”“生”“用”等等。它们构成基本词汇的核心,是典型的基本词。

8.2.3 除去基本词语,词汇其余的所有成员就构成一般词汇。它基本上是从负面消极地得出的,不易看出本身正面的性质特点。大体上,一般词汇较易产生变动,没有基本词汇那样强的稳固性,大部分成员没有悠久的历史,而一部分历史长久的成员又并不普遍常用。

一般词汇的成员,主要有如下几大类:

(一)由汉语固有材料所构造而出现年代不算太久,尚难看出是否很稳固的词语。例如“国统区”“日伪”“北平”“飞碟”“升降机”“无轨电车”“气垫飞船”“高速公路”“激光”“牛仔裤”“试管婴儿”“统战”“理疗”“接肢”“剥离”“遥控”“反围剿”“划江而治”“反动”“违心”等等。这类词语最多。

（二）现代出现并使用开来的大部分外来词。如“阴丹士林”“金鸡纳霜”“麦克风”“荷尔蒙”“雷米封”“雷达”“探戈”“华尔兹”之类。

（三）新出现而确实已进入全民共同语的词语。如“太空人”“天外来客”“一国两制”“优胜劣汰”“新潮”“高架路”“万元户”“生产责任制”等等。

（四）古老或陈旧而现在很少使用的词语。如“君主”“陛下”“殿下”“王妃”“吾”“尔”“侪辈”“诸”“臧否”“莞尔”“何其”“曷”“哉”“老爷”“千金”“苦力”“邮差”“婢女”“妾”“姨太太”“戏子”“朝乾夕惕”“枵腹从公”“薰莸同器”“龙凤呈祥”“吉星高照”“逢凶化吉”“菩萨保佑”“升官发财”等等。

（五）专门性程度较低而仍未为社会大多数人常用的词语。如“辐射”“焦点”“支点”“引力”“凹凸镜”“元素”“化合物”“黑金属”“碳水化合物”“植被”“孢子植物”“羽状复叶”“内对角”“繁分数”“高血脂”“精神分裂症”“债权国”“跨国公司”“出生率”“散文诗”“诗体小说”“报告文学”“陪审员”“民法”“超音速”“失重”“软着陆”“弹道导弹”“左舷”“大副”“航标”等等。

8.2.4　同基本词汇关系很近的另一种词语类集，是常用词语。常用词语只依据较高的使用频率而定，不论其历史的长短。有相当一部分常用词语，由于有长久的历史，就也是基本词语。这就是说，基本词汇是常用词语的一部分。

词汇除去常用词语之外的成员，是非常用词语，同一般词语也有交错关联。从存在的实际差别情况来说，在常用词语中还可以分为最常用的和较常用的两类。不过,最常用与较常用这一层次的划分以及常用与非常用的首层划分,要做到如实准确,须得有使用频率的统计依据。目前,这类统计已经取得一定成果①,不过,不是统计的规模还不够大,就是比较侧重于统计书面应用的情况。要对使用频率作一种广泛地包括口头应用的全面情况在内的统计,有很多困难,存在着不易排除的障碍。因此,常用词语及其内部小类的划界,目前不可能做到准确,而只能是大体确定。

根据1959年文字改革出版社出版的《普通话三千常用词表》(初稿),现代汉语的常用词最低限度就不少于三千。加上相当多的常用固定语,常用词语的数量当可达到四千以上。根据北京语言学院语言教学研究所编的《现代汉语频率词典》(1986年,北京语言学院出版社),高频的词语有八千之多。这里的高频,是大抵能同常用性相一致的。从《三千常用词表》能够看出,所列出的词的大部分,尤其是单音词的绝大多数,都同时是基本词。现代汉语基本词汇中的单音词,不仅是基本词汇的核心,而且也是常用词语的一个比较突出的组成部分。

常用性是必然密切结合着在社会上使用的普遍性的。一个词语如果只在个别的或少数社会集团或交际场合里常被使用,而在其余众多社会集团或交际场合的话语文字中很少出现,那就不能算常用。因此,常用词语实际上具有基本词语同样也要具备的一个条件:全民常用。这决定了,基本词语必然同时是常用词语,而常用词语不一定是基本词语的这种互相对应关联的状况。

---

① 《普通话三千常用词表》(初稿,1959年,文字改革出版社)和《现代汉语频率词典》(1986年,北京语言学院出版社),展现了在不同规模上对词的使用频率作出统计的初步成果。

8.3 外来词和方源词

8.3.1 从词语的特殊来源的角度来看,现代汉语词汇划分出两个不同类集:外来词和方源词。

外族语言某个词语被搬借了来,在语音形式上改造成符合于本民族语音习惯的词,就成了外来词。如"布尔什维克"从俄语的большевик[boliʃeˋvik]改成 bù'ěrshíwéikè[pu^{51} ɚ^{214} ʂʅ^{35} uei^{35} k' ɤ^{51}]。这种语音形式上的改造,是所谓"音译"。只有存在音译成分的词,才是外来词,因为这意味着确实借来了词的声音物质,而不仅仅是意义。那些完全用汉语本有的语素材料来翻译外语词语的意义而造成的意译词,如"火车""飞机""工程师"之类,无任何音译成分,是不能看做外来词的。

汉语的音译方法,主要是把音节起音的浊辅音改为汉语具有的最相近的清辅音,把汉语所无的元音或复元音改为汉语相近的元音或复元音,把尾辅音改为音节,复辅音改成两个音节,去掉原有的重音或元音的长短,使所有改出的音节都带声调。

凡一个词的构造材料全是音译而来的,就是纯音译外来词,如"沙发""扑克""麦克风""布拉吉""吉他""马达""拷贝""加仑""柠檬""淋巴""逻辑""幽默""布尔什维克""列宁"等等。如果只是词的部分构造材料来自音译,而其余构造材料是汉语本身固有的,就是半音译外来词。伴着音译的构造材料而同时出现汉语本有的构造材料,是对外语词作某种程度的意译的结果。半音译外来词依据意译部分所占地位的不同情况,可分为两类:

(一)对所搬借的外语词语整个作了音译,为有助于清楚示意,再加上词语对象所属类别范畴或基本特征的意译的。如:

啤酒←英语 beer
沙皇←俄语 чарь
高尔夫球←英语 golf
大丽花←英语 dahlia
可兰经←英语 Koran
乒乓球←英语 ping-pong
太妃糖←英语 toffee
吉普车←英语 jeep
酒吧←英语 bar
沙丁鱼←英语 sardine
芭蕾舞←法语 ballet
毛瑟枪←德语 Mauser

（二）对所搬借的词语的一部分加以音译，剩下的部分另作意译的。意译部分并非辅助示意，而是词语原义本身一个组成部分的表达。如：

唐宁街←英语 Downing street
道林纸←英语 Dowling paper
冰激凌←英语 ice-cream
拉丁区←法语 Quartier
维特热←德语 Werthersfieber
巴士底狱←法语 la Prison de Bastille
柠檬水←英语 lemonade
爱克斯光←英语 X-ray
摩托车←英语 motorcycle
华尔街←英语 Wall street
基督教←英语 Christianity

纯音译外来词中，有一小部分很特别。它们在音译整个词语的前提下，又通过选用适当的语素而尽可能作出意译。这是兼顾意译的纯音译词，译得十分高明、巧妙，使译成的词既大体贴近原来的整个语音形式，又能显示意义。如：

引得←英语 index
维他命←英语 vitamin
芒果←英语 mango
佃农←英语 tenant
连诵←法语 liaison
可口可乐←英语 cocacola
体素←英语 tissue
乌托邦←英语 Utopia
爱美的←法语 amateur
克虏炮←德语 Krupp

半音译词里也有小量存在类似的特殊情形：音译部分同时糅合着意译。如：

踢踏舞←英语 titup
拖拉机←俄语 трактор
洋鬼风←英语 Yankeelism
霓虹灯←英语 neon
香槟酒←法语 champagne
集纳主义←英语 journalism

这类音译巧妙的外来词，都不仅完全克服了音译形式难以明白示意的弱点，而且给词义带来饶有风趣的内部形式，染上了民族特点的色泽。

纯音译词中，还有一个很不小的部分比较特别，那是搬借自日语的，但是看上去像是完全以汉语自身固有材料构造的意译词，如“文化”“艺术”“博士”“经理”“传票”“导火线”“独裁”“反映”等等。日语曾在古代大量吸收了汉语的词，把它们改造为日语词汇的成员，即日语的外来词。到了近代，日本在经济、文化、政治等方面都学欧美，吸收和意译了欧美各语言的大量词语。在欧美各语言的意译上，日语往往利用某个来自古代汉语的外来词或这些汉语来源的外来词的组合来翻译①。中国向西方学习晚于日本。要把欧美表示新事物的大量词语吸收过来，往往不必把欧美语言的词语连音带义地搬借，而只需将日语中用汉语来源的外来词作了意译的现成词语搬取回来。这些有日语读音、已属于日语词汇的意译词，由于利用了古代汉语的材料，特别在书写符号上又仍沿用汉字，是明显地具有浓厚的汉语色彩的，就仿佛直接用汉语的语素材料翻译欧美词语的产物，不过是假手于日本人做出来的罢了。因此把这些现成的、译好了的词搬取回现代汉语里来，好比让它们回娘家，是极自然的，既符合于汉语使用自身语素材料的要求，又极方便而不必再另选语素来翻译。不过这“搬取回来”，并非原封不动地移用过来，而要作一定的音译，即把词语的日语语音形式改造为符合于现代汉语语音习惯的形式。这就是说，“搬取回来”是把一个日语词汇成员改造为现代汉语词汇成员，使它成为现代汉语的纯音译外来词。现代汉语这部分纯音译词因而相当特殊，即实质上是外来词，表现上却像全部用汉语语素材料来构造的意译词，而且在材料上同古代汉语又有一定的渊源关系。这是一种返回式的辗转外来词，是世界各

① 也有组合汉语来源的外来词的读音来音译欧美词语的，如利用“瓦”ga 和“斯”su 的组合把英语 gas 音译为“瓦斯”gasu。这种外来词，汉语再搬借过来的很少，可以不论。

种语言所不见而惟独汉语具有的外来词特殊类型。它在数量上占有汉语外来词相当大的比例，下面仅举一些例子，以表明如何返回式地辗转搬借①：

现代汉语的词	日语的词	日语词的材料来源
文明 wénmíng	←文明 bunmei	←古汉语的词“文明”——《易·乾卦》：“天下文明”。（意谓文理光明）
文学 wénxué	←文学 bungaku	←古汉语的词“文学”——《论语·先进》：“文学，子游子夏”。（意谓文章博学）
分析 fēnxī	←分析 bunseki	←古汉语的词“分析”——《汉书》：“诸侯地稍自分析弱小”。（意谓从一整体分离开）
学士 xuéshì	←学士 gakushi	←古汉语的词“学士”——《史记》：“天下之学士，靡然乡风矣”。（意谓学者；至魏晋又可是官名）
具体 jùtǐ	←具体 gutai	←古汉语的固定语“具体”——《孟子·公孙丑》：“冉牛、闵子、颜渊，则具体而微”。（意谓具备轮廓）
演说 yǎnshuō	←演说 enzetsu	←古汉语的词“演说”——《书·洪范》：“下文更将此九类演说之”。（意谓引申其说）
保险 bǎoxiǎn	←保险 hoken	←古汉语的固定语“保险”——《隋书》：“其余党往往保险为盗”。（意谓保持、据守住险要之地）
经济 jīngjì	←经济 keizai	←古汉语的词“经济”——《文中子》：“皆有经济之道”。（意指经世济民）

---

① 实例选取自高名凯、刘正埮《现代汉语外来词研究》（1958 年，文字改革出版社）。其分项说明，在原样的基础上作了不小的增删改动。

阶级 jiējí ←—阶级 kaikyu ←—古汉语的词"阶级"——《三国志》:"异尊卑之礼,使高下有差,阶级逾邈"。(意指官位等级)

革命 gémìng ←—革命 kakumei ←—古汉语的固定语"革命"——《易·革卦》:"汤武革命,顺乎天而应乎人"。(意谓变革天命,使王者换姓)

直觉 zhíjué ←—直觉 chokkaku ←—日语中分别来自古汉语单音词"直"和"觉"的两个语素:"直"、"觉"。

演绎 yǎnyì ←—演绎 en-eki ←—日语中分别来自古汉语单音词"演"和"绎"的两个语素:"演"、"绎"。

否决 fǒujué ←—否决 hiketsu ←—日语中分别来自古汉语的词"否"和"决"的语素:"否"、"决"。

议会 yìhuì ←—议会 gikai ←—日语中分别来自古汉语的词"议"和"会"的语素:"议"、"会"。

现代汉语这种特殊的外来词,其中不少是同古代典籍中出现的、书写形式完全一样的词语单位有着辗转承接的渊源关系的。但是它们在语音形式上,尤其在意义上,同古代相应的词语单位很有差别,况且又不是从古代的单位直接衍进而来,因此和古代的相应词语不是同一词语单位。如果一个从日语音译来的词语,和在文字符号上一致的古代汉语相应单位有基本相同或非常接近的意义,那就宜于看做汉语一个固有的词语单位在日语启发下的新发展,不必列入外来词的范围。例如现代的"讽刺"一词,虽然可以认为音译自日语念成 fushi 的"讽刺"①,但是其意义同古代汉语"讽刺"的"以婉言隐语相讥刺"义(如《文心雕龙》:"诗人讽刺")是基本一致的,而读音又未始不可是古代

① 高名凯、刘正埮《现代汉语外来词研究》把"讽刺"列入日语来源的现代汉语外来词。

“讽刺”的合乎音变规律的衍变结果，因而看做汉语历史上固有的词而不视为外来词要妥当些。

8.3.2 搬借并改造外语的一个词语的结果，形成的不见得一定是个词，而有可能是个固定语。如：

英语的 Uncle Sam	—→	山姆大叔
英语的 tommy gun	—→	汤姆式枪
俄语的 Стахановец	—→	斯达哈诺夫工作者
德语的 Gestapo	—→	盖世太保

不过，形成外来固定语的情形很少见，无论是完全的音译还是部分音译，结果绝大多数形成的都是词。因此，习惯上“外来词”是把少量的外来固定语一起加以概括的。

8.3.3 现代汉语的外来词，有许多不同的来源。其中以来源于英语的和来源于日语的数量最大。其次，来源于法语和俄语的也不算少。来源于德语、西班牙语和意大利语的就只有少量。还有一小部分是来源于蒙古语、藏语、满语、维吾尔语等国内少数民族语言的，例如“达赖喇嘛”“班禅额尔德尼”“戈壁”“乌鲁木齐”“呼和浩特”“包头”“乌兰察布盟”“呼拉尔”“哈达”（以上来自蒙古语）“拉萨”“日喀则”“江孜”“雅鲁藏布江”“布达拉宫”“堪布”“喇嘛”“糌粑”“氆氇”（以上来自藏语）“萨其马”“嬷嬷”“福晋”“贝勒”“努尔哈赤”“爱新觉罗”（以上来自满语）“阿訇”“冬布拉”“拉瓦甫（热瓦甫）”“雅克西”“古尔邦节”“可汗”“喀什”“克拉玛依”（以上来自维吾尔语）等外来词，就广泛地为人们所熟知。

从吸收过来的年代远近方面看，现代汉语外来词大多数都是近代和现代产生的。有少数产生于古代不同时期，是从古代异域和异族人民的语言吸收来的，一直沿用至今，例如“琵琶”“箜篌”“筚篥”“葡萄”“茉莉”“波斯”“塔”“舍利”“伽蓝”“罗汉”“婆罗门”“阿弥陀佛”“吐谷浑”“匈奴”“站”“狮”“玛瑙”“玳瑁”等等。这些已有悠久历史的外来词,异民族的色彩大半已消磨掉,使人觉得似乎是汉语固有的词语单位而不像外来词。其中有的确实已深深融入汉语词汇的核心之中,成了基本词。

在经历了现代起初时期吸收欧美、日本词语的高潮之后,汉语近半个世纪以来外来词的产生已渐少。在词语上面吸收别的国家、民族新事物、新概念,更多采用汉语固有材料构造意译词的方法。出现了尽可能意译而不轻易音译的倾向。除了某些国际性的词适宜音译(如“雷达”“镭”“爱克斯光”“雷米封”),一般情况下,意译以其符合于汉语民族习惯和民族特点的要求及表意明白的功能而取得了压倒音译的优势。很多先前的纯音译外来词,为新的相应的意译词所取代而逐渐被人们弃置。如:

葛郎玛——→语法	仆欧——→侍者,服务员	虎列拉——→霍乱
开麦拉——→照相机	吉士——→干酪	怀娥铃——→小提琴
弗柳特——→横笛	披阿娜——→钢琴	朔拿大——→奏鸣曲
生风尼——→交响乐	士敏土——→水泥	白脱——→黄油
喀秋莎——→火箭炮	盘尼西林——→青霉素	
习明纳尔——→课堂讨论	德律维雄——→电视	

8.3.4　现代汉民族共同语的词汇,除了搬借外语词,还吸收汉语方言中表意新颖或表达力强的词语,以不断丰富自己。这种吸收,也是连音带义整个搬取过来而在语音形式上按照共同语的音系和读音习惯加以改造。如“龙虎斗”(指蛇肉和猫肉一起烹烩的一种菜肴)是从广州方言吸收过来的,它在广州方言里原有的语音形式是[luŋ^{11} fu^{35} tɐu^{33}],普通话把它改造为[luŋ^{35} xu^{214} tou^{51}]。

普通话里来源于方言的词,已成为共同语词汇的成员,和存在于方言中相应的词不是同一个单位。彼此尽管意义上一致,语音形式也相当接近，但是分别属于不同的语言符号体系，是不同的两个词。为了不致混淆，在名称上也应该区别开来。凡存在于具体某个方言中，有不同于共同语及其他（所有或绝大多数）方言的特殊含义、特殊构造材料或构造方式的词，是方言词①；而来源于方言、成为共同语词汇单位的词，可称为方源词。

普通话的方源词，有来自作为其基础方言的北方话（官话）的，也有来自某些南方话的。如：

华北官话来源的：

老爹　老财　姥姥　砸锅　拉倒　磕巴　念叨
装蒜　老油子　哥儿们　娘儿们　老鸡头　老八辈子
老头儿鱼　胖头儿鱼

西北官话来源的：

馍　平台（“晒台”义）　手电　二流子　靸板儿鞋

西南官话来源的：

搞　𡳞　耍　甩（“扔”义）　奸（“狡猾”义）　帮（“替、给”义）

吴方言来源的：

瘪三　噱头　龌龊　晓得　拆白党　亭子间
拆烂污

粤方言来源的：

叉烧　马蹄　龙眼　阔佬　阿姨　葵扇　腊肠
花市　冲凉　即刻　番石榴　牛仔裤　电饭煲　顶呱呱

某个地区方言词较多地被普通话吸收，同这个地区在经济上、文化上或政治上与国内其他大部分地区联系的密切程度有关。比如近几年来，随着广州在对外开放、搞活经济的改革事业中日益居于领先的地

① 周荐《论方言词的确定》（收进《语言研究论丛》第四辑，1987 年，南开大学出版社）一文充分阐论了类似的观点。

位,同时主要流行广州话的深圳又成为最大、最有成绩的经济特区,有越来越多的各省区企业、商业、新闻等各行各业的人士进出广州、深圳,作为粤方言代表的广州话就大大增加了它的影响,它不少特别的词正逐渐传用、扩散开去,如“茶楼”“饮茶”“酒店(指豪华的旅舍)”“雪糕”“烧鹅”“炒粉”“洋桃”“高架路”“西人”“哗(叹词,表示惊奇而带赞赏的感情)”等等。这些方言词有可能进入普通话而使共同语增加一批源于粤方言的方源词。

应该指出,现代汉语外来词有一部分是从广州话或上海话转移来的,起先都只是方言中的外来词,后来才进入普通话。例如“俱乐部”“燕梳”“威化饼”“鸦片”“泡打粉”“士多”“蛋挞”“加仑”“威士忌”“沙士”“柠檬”“色士风”“雪茄”“咖喱”“芒果”等,是从广州话来的,而“密斯”“密斯特”“司麦脱”“三明治”“好莱坞”“巧克力”“仆欧”等则来自上海话。这些虽然根本上吸取自外族语言但是却直接来源于方言的外来词,除了带外来色彩,在进入普通话的初期,是兼有方言来源的色彩的。

8.4　古词语、新词语和旧词语

8.4.1　从词语的存在时间和存在形式特殊表现的角度来看,现代汉语词汇可以分出古词语、新词语和旧词语三个类集。

古词语是产生、流行于古代而只在现代书面语中沿用下来的词语,如“谒”“戢”“罄”“莞尔”“乃尔”“其”“者”“曷”“辄”“乎”“哉”“毋庸置疑”“暴戾恣睢”“白驹过隙”之类。如果词语虽然古老,但也同样在现代口语中使用的话,那就不能算作古词语,因为这表明词语一直活在人们的口头交际中,有着充分的生命力。而古词语应是不仅古老而且现代存在的天地很有限,只生存在书面交际形式中的。像“人”“手”“身”“山”“雨”“风”“平安”“三心二意”“岂有此理”等,古代就常用,而现代无论在书面语里还是口语里,都同样通用,因此不能看成古代词语。

古词语虽然已不存在于活跃的口头交际形式中,却仍然是现代词汇中的成员。它同“古代的词语”并非一回事。后者指古代时期汉语的词汇成员,它们有的在进入近代或现代之前便已消亡(如“耜”“鬯”“韨”“榜眼”“奚”“合沓”之类),有的继续沿用下来而生存到今天。

不少人把古词语理解为文言词。其实,两者并不等同。古词语除了许多都是古代文言文所使用的词语,还包含一些在古代白话著作或白话作品里出现过而后来一直用在白话文书面语当中的单位,如“怎生”“恁地”“些须”“端的”“老大(“很”义)”“落草”等。它们当然绝不是文言词,但却具备古词语的性质特点。文言词在概念上也不分古代和现代,不分消亡了的和现实存在的。因此在汉语词汇的共时描写中,需采用共时性的、全面反映现实现象的术语“古词语”,而不必以会模糊界线又欠周全的“文言词”来作类集划分的准则。

古词语同古代的词语以及文言词的关系,可由下面一些词语实例所构成的对应图式来表明:

把古词语同古代曾经存在而现代业已消亡的词语区分开来,是很重要的。区分的依据只看是否用于现代书面语中一般的语句表述(历史的专门叙述除外)。这样区分开来的两部分是符合一般人的语感的:业已消亡的很陌生,不理解或难于理解;古词语则熟悉或有一定印象,大体了解其意义和用法。下面再举一些两类词语的实例,可以从彼此的对照中看出差别所在:

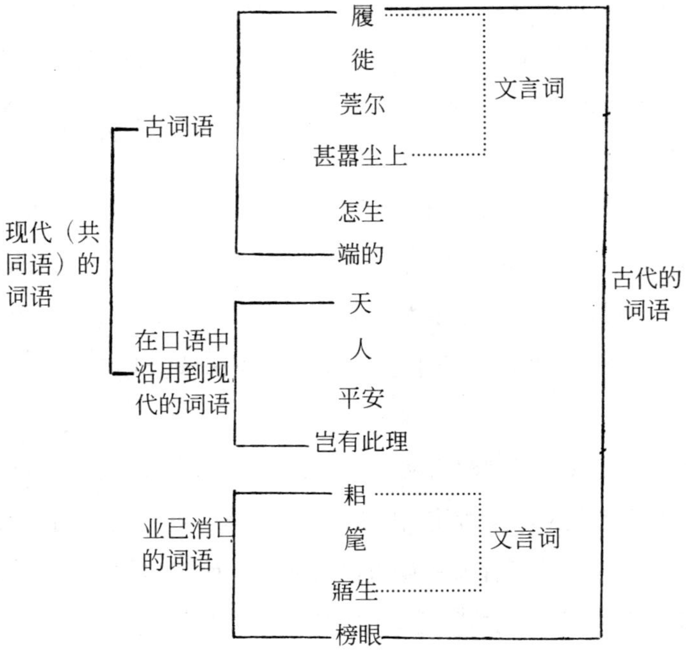

古　词　语	古代存在而现代已消亡的词语
眠　怖　疑　索　闻（“听”义）　视	劓　烮　襚　譆　穮　耦耕
获　逾　焚　详赡　傲岸　式微	觇缕　藁　九重　丹墀　章台
良久　罪愆　风物　兼旬　乃尔	冢宰　甽　牧臣　奚　篚　竖宦
朝夕　须臾　倍道　遂　恒　倏忽	山戎　布帛　觯　鬲　昷　笏　琮
或许　油然　沛然　请君入瓮	锛　豣　豝
纵横捭阖　得鱼忘筌　插科打诨	

古代曾经存在的词语，一部分到现代之所以会消亡，主要是因为所指的事物对象随着社会的发展变化而不再存在，或者事物对象的概念反映失去必要性而被人们弃置。另一部分古代的词语所以能在现代书面语中沿用下来，成为现代词汇的古词语，也正相反地主要由于所指的事物对象依然存在，或对象的概念反映由于表达得简练、有力等原因而

仍然有用。

但是,现代汉语的古词语同已经死掉的古词语有时不易区分。古书读得多、熟谙文言的人们,在书文写作中往往会用上消亡了的词语,古代一些本来别致有力的词语也正是通过这种途径而不时被发掘出来。于是被人们废弃好久的词语仿佛又复活,它们是否取得古词语的资格,一时颇难判断。比如在20世纪60年代、70年代期间,沉埋了许久的"阳关道""乃尔""昏昏""昭昭""伪巧人""束脩""克己复礼""弹冠相庆""韦编三绝"等,在书面语中冒现出来并且很快地使用开来。经过一些年的考验,现在才能看得比较清楚,这些词语只是一部分真正复活成为古词语。

像现代汉语这样一种有悠久历史文明和灿烂文化背景的语言,古代典籍中似乎成为历史过去的词语不时以各种渠道汇入其书面运用形式中,是极为自然的。古代丰富无比的书文作品,成为汉语不断丰富其现代词汇的一个十分独特的泉源。因此,古词语的类集并不凝固而无发展,它是处于一种常会扩大变动范围的活动状态的。

8.4.2　新词语这个类集的范围的变动性,自然不知比古词语要强多少倍。近些年来,随着社会的剧烈变动和迅猛发展,几乎每一天都涌现出新词新语。一般一个词语不仅从无到有地出现,而且得到人们普遍认可,广泛地使用开来,在语言词汇中立稳了脚跟,就可以认为是新的。而这样的词语,存在超过一定的时期,比如说20—30年左右,大家都很熟识了,新鲜的性质消失净尽,它就退出新词语的范围,转为普通的词语。按照对于"新"的这种理解,目前汉语新词语就大约是上个世纪70年代后期以来陆续产生而稳定地使用到今天的词语。它们数量上相当可观,大致可以分为如下几类:

(一)标示新产生的具体事物的。如"电饭锅""电炒锅""收录机""录像机""录像带""摄像机""计算器""吸尘器""光盘""航天飞机"

“太空船”“通讯卫星”“风衣”“喇叭裤”“立交桥”“高速公路”“电子邮件”“音乐茶座”“音乐喷泉”等等。

（二）标示新出现的较为抽象的事物现象的。如“个体户”“关系户”“经济特区”“生产责任制”“皮包公司”“环境保护”“精神污染”“智力投资”“技术开发”“旅游业”“无烟工业”“开放城市”“迪斯科”“霹雳舞”“摇滚乐”“校园歌曲”“电大”“软件”“网站”“互联网”“空间科学”“教师节”“星火计划”等等。

（三）标示新的活动行为的。如“碰硬”“展销”“离休”“牵头”“助学”“商调”“普法”“时装表演”“上网”“信息化”等等。

（四）巩固对于某种事物现象新作出的明确反映或认识的。如“领办”“执导”“仿冒”“组建”“挂鞋”“排忧解难”“打小报告”“搭售”“动迁”“拼搏”“腾飞”“开小灶”“评估”“扭亏为盈”“清退”“新秀”“人梯”“假小子”“科盲”“法盲”“春运”“三连冠”“小年轻”“大青年”“十年动乱”“档次”“透明度”“传媒”“抢手”“紧俏”“紧缺”等等。

（五）对一个原有的固定说法加以缩略的。如“知青”“彩电”“家电”“环保”“空调”“调资”等。

第（二）（四）两类新词语最多。第（一）类也不少，数量上居第二位。这很自然地反映了社会新事物层出不穷和人们对客观世界的认识不断扩大、深化的情况。

有些新出现的词语，一时传用得很广，但是由于社会变动和人们思想观念的改变等原因，只存在了短暂的时期就销声匿迹了，它们自然最终不能成为新词语。比如“文革”期间出现并一度流行的“老保”“红五类”“小红书”“‘忠’字舞”“文攻武卫”“工宣队”“支左”“批斗”等，随着“文革”永远成为历史的过去而也很快地被社会所摒弃。它们固然无从取得新词语的资格，连勉强算作现代汉语短期词汇成员也是大有疑问的。

8.4.3 有较长的历史，在现代前些时期还流行，可是由于不适合于社会现今的思想观念和风尚，现在已极少使用或一般不使用的词语，是旧词语。现代汉语的旧词语，大多是革命胜利后遗留下来的、原只适应于半封建和半殖民地社会的词语，有少数是过时、陈旧的专名、术语和外来词。如：

听差	苦力	脚夫	邮差	戏子	伙夫	车夫
门丁	门子	农夫	侍者	老爷	少爷	傧相
婢女	使女	妾士	东家	升官	名媛	拉夫
缙绅	多头	大内	衙门	洞房	洋行	贞节
官衔	名讳	顿首	叩拜	点卯	出仕	少奶奶
二房东	交际花	打抽丰	开门大吉	菩萨保佑		光宗耀祖
衣锦还乡						

旧词语是年岁较大的人比较熟悉的；在现代前些时期出的书刊、电影中，人们也还常可接触到。由于这种原因，旧词语还不算死亡了的词语，还是现代词汇的成员。但是它们多数会逐渐走向死亡。有的旧词语随着社会的发展变化，又能流行起来而摘掉“旧”的帽子。如“明星”“学分”“学位”“硕士”“学士”“名片”“女士”“小姐”“时装”“耳环”“赚钱”“讨价”“做买卖”“久仰”“恭喜发财”等，近些年就在我们眼前脱旧翻新，重被社会各阶层的人所接受和使用。这是很有趣的现象。

8.5 专门词语和专名词语

8.5.1 从词语意义所体现的概念是否具有某种特殊性的角度来看，现代汉语词汇可以分出专门词语和专名词语这样两个类集。

凡意义所体现的概念比较专门化，使用范围窄一些的词语，都是专门词语。这里面又可分为术语和职业词语两类。

众所周知，术语是各个学科和技术部门表示专业内的科学概念的。

属于某个学科或技术部门的术语，大多数使用范围相当狭窄，只为该专业部门的人员所理解和运用。比如物理学的“涡电流”“偏振光”“标记原子”，化学的“倍硫磷”“次磷酸”“次序规则”，数学的“偏微分方程”“部分分式”“点集拓扑”，生物学的“阿米巴”“单倍体植物”“海盘车”，外行人是不懂也不使用的。但是有一部分术语，专门性程度较低，即所表示的对象能为一般人所熟悉或了解，大家不一定按照科学概念而是依据对象的区别性特征来理解和运用它们。例如“爱克斯光”“辐射”“折射”“光速”“安全电压”“表面张力”“不良导体”“支点”“反作用力”“繁分数”“抛物线”“切线”“外角”“代数方程”“无限大”“圆周率”“稀有金属”“稀有元素”“黑色金属”“一氧化碳”“过锰酸钾”“分子式”“定量分析”“光合作用”“叶绿素”“草本植物”“孢子植物”“单细胞生物”“两栖动物”“血脂”“鼻饲法”“脑血栓形成”“固定资本”“生活指数”“通货膨胀”“人均国民生产总值”“商品经济”“价值规律”“民法”“刑事诉讼”“交响乐”“协奏曲”“无标题音乐”“室内乐”“诗体小说”“散文诗”“主题”“形象”等等，是从事各种专业工作的人都能理解或大体懂得的，有时甚至经常接触到或加以使用。这是使用范围不很窄的术语，无疑具有全民性而成为共同语词汇的成员。

职业词语也同样分出使用范围广狭的两类。职业词语的意义所体现的概念，虽然不属于科学概念，但是反映着某种职业范围内特有的事物，为从事该职业的人所熟悉和运用，因而也有专门性。很狭窄的职业词语，如财务会计的“呆账”“账户”，舞蹈职业的“把杆”“鸽翅”“跷跷板步”“剪刀步”，航海业的“舣装”“舯”“梗水木”，军队的“云迹区”“近迫作业”“组哨”“水鱼雷机”之类，是从事本业的人才理解和使用的。而在职业范围外使用开来，为一般人所了解和接触的职业词语，如“转账”“明细表”“结余”“账号”“三角浮标”“浮筒浮标”“舢板”“趸”“起锚”“航标”“腿画圆圈”“空中劈叉”“实习演兵”“攻坚战”“破袭战”“后三角队形”“抵近射击”等等，显然取得了共同语词汇成员的资格。

因此，现代汉语的专门词语，实际上包括术语和职业词语中使用范围不很窄的部分。使用范围很狭小的术语和职业词语只是依附于全民共同语词汇，处在它的外围。不过，进入全民共同语词汇和在词汇外围的两部分之间，既没有鸿沟，能够划出的界线也是容易变动的。比较狭窄的术语和职业词语，有的可能逐渐在整个社会中使用开来，有朝一日会被共同语词汇所吸收。尤其是术语，有的还可能成为共同语词汇中的常用词语，甚至发展出非术语性的新词义。例如“惯性”“直角”“微生物”“通讯卫星”“直观”等术语，都已成为常用词语；而“细胞”“爬虫”“两栖”“共鸣”“重心”“离心力”等，则不仅常用，而且经常使用其新产生的非术语性转义。这足以说明，今后肯定也会陆续有比较狭窄的术语按照类似的发展途径而进入共同语词汇。

8.5.2　专名词语的对象总是个别的人、地方、国家、建筑，个别的政党、团体、机构、企业或某一具体的书文、报刊、作品。因此，词语意义所体现的概念，不是一般的概括一类事物现象的种类概念，而是只反映个别具体对象的特殊个体概念。

和世界上各种发达的语言一样，现代汉语的专名词语包括有人名、地名、国名、政党社团名、机关名、企业名、校名、建筑名、胜景名、书文报刊名、作品名等。这其中，有词，也有固定语。如：

孙中山　　溥仪　　周恩来　　四川　　辽东半岛　　日本
中华人民共和国　　共产党　　民盟　　中国作家协会　　国务院
复旦大学　　东芝　　丰田　　人民大会堂　　卢沟桥
花港观鱼　　雷峰夕照　　红楼梦　　白杨礼赞　　光明日报
人民文学　　黄河大合唱　　思乡曲

汉语的人名一般包含姓和名字两部分，是个词组。别名则通常只是名字，别号往往是名字加上称呼。人名的数量难以统计；姓则有一定的、相对来说少得多的数量。地名包括洲名、岛名、半岛名、山和山脉名、河川溪涧名、湖泉瀑布名、省市自治区名、村镇名、风景胜地名等,数量非常多。机关学校名、书刊名、作品名等,也极其繁多。当然,不是这些专名类别所包括的所有单位都可以是现代汉语词汇的成员;各类专名都只有其中广为人们熟悉或知晓的部分能够进入全民共同语词汇。关于进入全民共同语词汇的专名的范围问题,在第7章已有讨论。

须要指出,汉语中的省市地名和较长的专名,往往有个简短的别称或省称。如果别称或省称进入了全民共同语词汇,原名就没有理由不也如此。反过来也一样。例如"湖北"别称"鄂","湖南"别称"湘","上海"别称"沪","广州"别称"穗"、"羊城"、"五羊"、"花城","中国共产党"省称"中共","全国人民代表大会"省称"全国人大","北京大学"省称"北大","复旦大学"省称"复旦"。所有这些别称、省称和本称或全称,都同样是全民共同语词汇的合格成员。

机关、学校、团体的专名难以避免较长,因此一般都有省称,因为长的名称在平常口头交际中总嫌拖沓不便。有趣的是,所有高等学校都有省称,而有的来自不同全称的省称尽管在语音形式上完全雷同,也依然存在下去,只是各自只能在所指学校的周围地区按固有的含义来使用。如济南的山东大学省称"山大",太原的山西大学也省称"山大";天津的南开大学省称"南大",南京的南京大学也省称"南大"。山东的人们不会把"山大"理解为山西大学,山西的人们也不会用"山大"指山东大学。在南京和江、浙、皖、赣一带,"南大"只是指南京大学;而在天津和河北一带,若把"南大"按"南京大学"的省称来理解和使用,就犯错误了。这样的省称难以按任何一种含义在全国范围通行,因此不可能取得全民共同语词汇成员的资格。

姓常同尊称或职务名称结合起来,省市名也常连接上一个地方行政单位名称,形成的固定语整体应仍算专名。如"孙先生""周总理"

“江苏省”“重庆市”“昌黎县”“石龙镇”等等。

指一类事物现象的(即意义体现种类概念)词语,在话语中常起所谓“专化作用”,专指属于这类事物现象的某一具体个体,临时有专指的意义。如某甲向某乙说:“手表在夹克的暗兜儿里!”话中的“手表”指的是某乙寻找的、自己平常戴的那块手表,“夹克”指某乙穿着的那件夹克,“暗兜儿”指的是这件夹克的暗兜儿。词语出现专指的情形时,并不意味着它成了语言词汇中的专名;因为在客观意义上体现种类概念的词语,时而出现的专指含义是言语的、个人主观的意义,而专名是就其属于语言的、特指某一个别对象的客观意义而确定的。

8.6　情态词汇和评价词汇

8.6.1　从词语理性意义是否有情态成分或褒贬好恶的色彩来看,可以分出情态词汇和评价词汇两个类集。

传统词汇研究中,提出过所谓表情词汇。它大体上指的是意义中含有情态成分的词语。包括两个部分。一部分是理性意义本身反映着(或部分反映着)某种感情态度,即理性意义含有情态义素成分的,如“痛苦”“高兴”“淡漠”“严肃”“瞪眼”“怒目而视”“侧目”“白眼”“青睐”“圆睁怪眼”“眉来眼去”“挤眉弄眼”“喜上眉梢”“眉开眼笑”“愁眉不展”“皱眉头”“翻脸”“颔首”“摇头”“摇头晃脑”“捶胸顿足”“嗤之以鼻”“咬牙切齿”“招手”“鼓掌”等等。另一部分是带有感情色彩或态度色彩的词语,如“亲人”“祖国”“恩德无量”“老师”“驳斥”“禽兽不如”之类。这部分词语,在论述感情色彩的第6.3.2小节和论述态度色彩的第6.3.3小节已分别举过各种类别的较多实例。

由于感情和态度密切关联,都是感性的心态,因此有感情义素或带感情色彩的词语同有态度义素或带态度色彩的词语可以合为一个类集。这样的类集名为“表情词汇”,并不贴切;称为情态词汇,方才允当。

恰当使用情态词汇的成员单位,能形成表情确切、细致、丰满,态度鲜明、得当或合于礼貌要求的话语。因此情态词汇有重要的特殊表达功能。注意进行情态词汇的教育,能提高受教育者表情达意的能力,有助于形成人们都说礼貌言语的良好风气。

8.6.2 全部有评价色彩的词语,构成评价词汇这个类集。评价色彩的性质和分类以及带评价色彩的词语实例,上面第6.3.4小节已逐一阐述,这里无须重复。

须要明确的是:一方面评价词汇和情态词汇宜划分开来,不应混淆两者或将许多仅仅有评价色彩的词语都归到表情词语的范围里去;另一方面,评价词汇同情态词汇——特别其中部分带态度色彩的词语,又比较接近而关联密切,如带敬重态度色彩的某些词语会同时带好感的评价色彩,带鄙薄态度色彩的部分词语也带恶感的评价色彩(见第6.3.3、6.3.4小节)。

在思想认识的表达和日常生活的谈话交际中,评价词汇成员单位选用得是否恰当,直接影响着思想观点、倾向的表现是否旗帜鲜明,影响着话语的力量和交际的效果。因此评价词汇对于修辞来说具有不可低估的作用。

8.7 语体分化和风格分化

8.7.1 从词语适应于不同交际形式和不同交际场合而互相区别开的角度来看,现代汉语词汇又可划分出不同语体和不同风格的类集。

口语和书面语习惯上都称为语体,实质上是环境条件不同的言语交际形式。现代汉语相当大一部分词语只使用于或适用于口头交际形式,而另有一部分词语则只使用于或适用于书面交际形式。前一部分就带有口语色彩,成为口头词语,如“嘴皮子”“老婆子”“心窝儿”“子儿”“逮”“瞧”“蹩脚”“瞎闹”之类;后一部分带不同程度的书面语色彩,成为书面词语,如“头颅”“唇吻”“心曲”“修缮”“允诺”“怒不可遏”“荒诞不经”之类。词汇除去口头词语和书面词语之外,其余部分是口语和书面语都通用的中性词语,如“山”“云”“风”“人”“运动”“鼓励”“想念”“自高自大”“水落石出”之类。

这些情形,是词汇的语体分化。

关于不同的语体色彩以及口头词语、书面词语和语体上的中性词语的更多实例,前面第 6.3.6 小节已有论述,此处也无须重复。

现代汉语口头语和书面语词语的界线是比较模糊的,而且经常在变动而不固定。一些生动活泼的、比较新鲜的口头词语,经常被作家、思想家、记者和学者们吸收到书面语中去,其结果,有可能逐渐失去口语的色彩而成为通用词语。像“吹牛”“刮脸皮”“过硬”“过细”“龌龊”“松松垮垮”“硬邦邦”“过街老鼠”“七上八下”等等,就是经由这种途径,从口头词语转化为通用词语的。相反,有些书面词语也会渗入口语当中,逐渐丧失其书面语色彩而成为语体上中性的词语。这主要是通过知识分子的口头运用而传播开来,终于实现这种转化的。如通用词语“抛弃”“气愤”“苦恼”“掌握”“控制”“倾向”“诸如此类”“岂有此理”“双管齐下”“一举两得”“置之不理”等等,都由书面词语转化而来。

口语以其新鲜、活泼的成分不断给书面语提供养分,使书面语保持活力并不断丰富起来;而书面语则以其经过加工的规范性、精确性影响口语,让口语吸取其富于表现力的成分而不断提高。这种互相作用的辩证关系,决定了并且支配着汉语口头词语和书面词语的互相靠近以及各自范围的不断变动。

8.7.2　不同的交际场合应使用不同的言辞表达手段。其中包括一些特定的词语。交际场合主要有会话的、俗谈的、一般文艺表达的、诗歌表达的、科学表述的、文牍传达的、新闻报道的等类型。相应地在现代汉语的使用中,形成了在各类交际场合中出现的各不相同的言辞表达手段系列——各种言语风格。这里比较明显而大体可以确定的是会话风格、俗谈风格、一般文艺风格、诗歌风格、科学风格和文牍风格①。一些词语进入这种风格,另一些词语则进入那种风格,分别成为该风格的构成因素并染有风格色彩。还有很多词语可以出现在各种风格或绝大多数风格之中,成为在风格上中立的或通用的词语(参见上面第6.3.6小节)。这些情形,是词汇的风格分化。

目前,现代汉语至少存在如下六种风格的词语类集:会话词语,俗谈词语,一般文艺词语,诗歌词语,科学词语,文牍词语。这种类集的每一个成员都带有所在的风格的色彩。例如"谢谢""请教""打扰""府上""老兄""大姐""过意不去"等等会话词语,都有会话风格色彩。

关于各种风格的词语及风格上的通用词语的实例,上面第6.3.6小节已经分别举出不少,这里不重复。

不同的风格词语类集之间,没有固定的界线,更没有鸿沟。一个甲类集的词语单位,可能会用到别的风格里去而也成为乙类集的成员。这种情形,在一般文艺的和诗歌的词语之间,科学的和文牍的词语之间,最为明显。如一般文艺词语固然大多(如"惆怅""蹒跚""皎洁"等等)可用到新诗中去,而诗歌词语有的(如"苍穹""翩跹""情怀"等)有时也能被小说散文所用。科学词语和文牍词语,有一部分也是互通的或可以共同使用的,如"据以""依据""假设""因此""故此""是以""毋宁""虽则""如此""仅""不容置疑""由此可见"等等。因此,风格词语类集没有封闭性,不很固定。

---

① 新闻报道的风格,由于太缺少独有的风格手段,似乎还难以确定。

8.8　关于主题义族和词语的逻辑类别

8.8.1　不少学者提出了,词汇中能划分出许多所谓主题类别和逻辑类别①。这些类别可以认为也是词汇中的类集。现代汉语中这样的类集是什么样子的?它们如何确定出来,特别是具有何种性质?不妨观察一下。

词的主题类别也称对象类别或主题义族。实际上分类所包括的单位不限于词,还有固定语。以指称某种对象的词语为中心题目或主题,凡使用中在意义上——实际即概念上——和它相关联的词语,就围绕着它而集合为一组,因为这种关联表现在一同用于一定言语片段的上下文中,因而主题义族也称为上下文义族。设以"大学"为主题,就有如下一个主题义族:

大学　高等学校　高校　学府　高等学府　学院
大专　专科学校　本科　研究院　函授部　业余大学
电视大学　电大　系　教研室　研究所　研究室
学科　专业　学术　学问　科学　文科　理科
法科　工科　医科　农科　商科　课程　基础课
选修课　讲义　习题　试题　学分　成绩　实验室
图书馆　资料室　参考书　毕业论文　学年论文
毕业设计　教学实习　大学生　研究生　博士生
学位　学士　硕士　博士　博士后　教师　导师
学衔　助教　讲师　副教授　教授　院长　校长
教务长　总务长　系主任　学术委员会　学报　师资

① А. И. Смирницкий: *Лексикология английского языка*,第 174—183 页,1956 年,外文出版社;И. В. Арнольд: *Лексикология современного английского языка*,第 88—90 页,1959 年,外文出版社;А. А. Уфимцева: *Опыт изучения лексики как системы*,第 132 页、135 页,1962年,苏联科学院出版社;张永言:《词汇学简论》,第 167—168 页,1982 年,华中工学院出版社;陆国强:《现代英语词汇学》,第 114 页,1983 年,上海外语教育出版社。

人才　学者　科学家　专家　科研　教育　教学
学习　研究　选习　答疑　辅导

再设“文娱活动”为主题，又可得如下另一个主题义族：

文娱活动　剧院　歌剧院　电影院　戏院　话剧
地方戏　京戏　黄梅戏　粤剧　越剧　川剧
山西梆子　皮影戏　戏曲　大鼓　评剧　评弹　说书
相声　歌剧　芭蕾舞　舞剧　歌舞　舞会　迪斯科
霹雳舞　华尔兹　探戈　音乐会　交响乐　军乐
民族音乐　轻音乐　流行音乐　舞台　绘画　写生
素描　雕塑　画展　诗歌　电影　电视　录像
电视剧　歌星　影星　围棋　象棋　扑克　唱歌
朗诵　摄影　演出　演奏　跳舞　弹琴　演出

这样的类集，包含哪些和多少单位，难有一定。比如“大学”主题义族是否还可以把各个学院和各个系的名称、主要专业的名称都包括进去？又是否能列入大学生的各种课外活动名称、教师备课活动的有关名称以及诸如“提问”“评阅”“分析”“讲授”“讲解”“因材施教”“收卷”“迎新”“尊师爱生”“教书育人”“教学法”等等并非只同大学有关或只同“大学”联用的词语？而“文娱活动”主题义族没有列入“钢琴”“小提琴”“黑管”“电子琴”“二胡”“琵琶”“扬琴”等等主要乐器名，没有列入游园、滑雪、溜冰、台球、保龄球、乒乓球等带有娱乐性的活动和体育项目的名称，是否不适当？这样的问题，颇难作出确定的回答。如若回答是否定的，似乎不合情理。若回答是肯定的，则还有许多并非只同大学有关的词语，如“教室”“讲坛”“黑板”“仪器”“后勤”“饭堂”“宿舍”“环境”“人事”“水平”“发展”等等，是否也应包括进“大学”主题义族里去？许多带有娱乐性的活动的名称及同文娱活动有关的词语，如“赛艇”“划龙舟”“赛马”“爬山”“拔河”“俱乐部”“工会”“学生会”“开展”“组织”“有益”“健康”“活跃”“丰富多彩”等等，是否也可以包括进“文娱活动”的义族里去？显然处理起来难有准则和止境，十分棘手。

不仅总共包括哪些单位不好确定，而且不同的主题义族还因无法避免共同包含某些词语单位而划不清界线。而“主题”本身的确定，又有很大的主观任意性。设什么样的主题，可以设多少主题，都没有一定的客观准则。不同的研究者会分别提出彼此迥然有别的一系列主题来。

因此，主题义族是一种很难具有客观性的类集，也很不容易确定其范围，和上述各种词语类集的客观确定性显然不能相比照。

8.8.2　词语的逻辑类别，也较缺少划分的客观准则。把分别表达一个统属同一上位概念的下位概念的诸词语汇合起来，就产生一个一个类集。由于是依据逻辑上在同一属概念支配下的诸种概念的平行关系而建立这种类集的，所以它被看做“逻辑的义族”。例如，根据同受“兽类”这一上位概念的支配，下列词语可构成一个逻辑的义族：

豹　象　猿　狼　狗　鹿　獐　马　牛　驴　羊　猪　猫
老虎　狮子　犀牛　河马　野猪　猩猩　猴子　狐狸　袋鼠
刺猬　斑马　兔子　长颈鹿　百兽之王

若以水果为支配的上位概念，就有一个“水果”的义族：

苹果　梨　葡萄　桃子　李子　枇杷　菠萝
菠萝蜜　椰子　香蕉　芭蕉　荔枝　桂圆　橘子
柑子　橙子　柚子　石榴　番石榴　哈密瓜　木瓜
……

可以看出，虽被看做一种“义族”，其中各成员相互之间实际上并不必然具有语义上的关系，只不过总是存在平行地共属于一个上位概念的逻辑关系罢了。因此，这种词语类别是从概念的逻辑关系确定出来的类集，在帮助人们认识事物的种属上较有作用，对于显示词汇内部词语本身的汇集状态来说，未必有什么意义。

但是，有同一上位概念而彼此含义相近的词语，所形成的逻辑义族却可能有某种内部的意义关联——意义彼此接近而往往因此能由甲联想及乙、丙等，或由乙联想及甲、丙等。如：

概念“观看”所支配的：

注视　睨视　瞪眼　目击　投以一瞥　瞭望　俯瞰

概念“阅读”所支配的：

朗读　默读　阅览　浏览

概念“同熟悉者分离开”所支配的：

分手　告别　诀别　作别　生离死别

概念“行为品格表现低劣”所支配的：

卑污　卑鄙　下贱　下流

有的逻辑义族，所包含的各个成员彼此在含义上区别较大、较明显，但是各自的意义是分别对一种具体事项不同的特定组成部分的反映，彼此之间存在着互相控制着意义范围的制约关系。如：

分别指各种鞋子（同有上位概念“鞋子”）的：

皮鞋　布鞋　草鞋　棉鞋　拖鞋　雨鞋　旅游鞋

分别指人体各组成部分（同有上位概念“人体组成部分”）的：

躯干　肢体　头颅　颈项

这样的逻辑义族，对于词语本身汇集状态的揭示来说，是很有意义的。它实际上已是词汇的一种结构组织，主要并不由逻辑关系来定，可以说性质上属于词语的另一种集结。这将在下面设专门的章节加以分析。

总的看，词语的逻辑义族在拥有哪些具体成员上，还存在不易确定的情形。如“百兽之王”，按说有资格列入“兽类”义族，不过，类同于此，和“狮子”同义的“狮”、和“老虎”同义的“虎”“大虫”、和“刺猬”同义的“箭猪”“豪猪”等等也就可以被收列进来。这是否合适？又如古代野兽的名称（如“猛犸”“南方古猿”）、某些传说中的或实无所指物种的兽名（如“猰貐”“狴犴”“貔貅”“獍”“麒麟”）、某些特殊哺乳动物的名称（如“鲸鱼”“海豚”），是否列入“兽类”义族里来？再如以“牛”为上位概念的义族，是否把“黄牛”“水牛”“牦牛”和“公牛”“母牛”“牛犊子”一并包括进来？只取前三个单位或只取后三个单位是否更恰当些？另外，“奶牛”“种牛”是收进去还是不收进去？所有这样的疑问，似乎作肯定的和否定的回答，都有道理。

更严重一点的问题，还在于上位概念的设定有相当大的主观性。比如“老虎”“豹”“狮子”“猩猩”“猿”“猴子”等和“马”“牛”“驴”“羊”“猪”“猫”等，似乎径直共设一个上位概念“兽类”是可以的；而先分别设“野兽”和“牲畜”作为各自的上位概念，也完全可以，甚至还精确些。如果研究者不避细碎，又另可以先在“马”“牛”“驴”之上设一上位概念“牲口”，在“老虎”“豹”“狮子”以及“猫”之上设上位概念“猫科动物”，在“猩猩”“猿”“猴子”之上设上位概念“灵长类动物”，在“牛”“羊”“猪”之上设上位概念“肉用或奶用家畜”，在“牛”“驴”“羊”“猪”之上设上位概念“有蹄类动物”等等。可见，仅仅在十余个兽类名称的有限范围内，能从不同角度对其中某些单位作出种种不同的归纳概括，提出众多的上位概念来。它们又并不都层层相属，而往往在支配范围上互相交叠错连。不同的逻辑义族划分者，为划分的便利易行，设定哪些上位概念，不取哪些上位概念，自然会各有自己的主意。这些兽类名称在逻辑义族划分上的纷乱错杂和见仁见智，是无法避免的。

如果把对象的范围扩大到指称各种事物的名称上，那么上位概念的极其纷繁庞杂和导致可主观设定取舍的情形，以及逻辑义族随之无从有客观确定的、彻底的、层次清楚的划分，就可想而知。这是要在汉语（其他语言也一样）的词汇里全面划分逻辑义族所难以逾越的障碍。它也表明，这种划分对于了解汉语词汇成员的汇集状态来说，没有多大作用。

9. 结构组织(上)

9.1 词汇的汇集状态和结构组织

9.1.1 现代汉语词汇在大体确定的范围内,究竟有一种什么样的汇集状态?如果观察到这里停止住,那么看到的基本上仍是比较散漫的堆叠,组织性很弱。因为按照上面第8章所观察到的,现代汉语词汇只是存在着从各种不同角度划分出的一些类集,不同的类集除了可能在部分成员上重合,彼此并无必然的关联,有的甚且毫不相干;而同一类集的各成员,只是由于共有某种性质或因素而被汇集为一类罢了,相互之间也并无必然的内在关联,如都属于基本词的"天""人""刀"之间、同为外来词的"琵琶""扑克"之间、同为古词语的"其""罄""遐迩"之间、同属于一个主题义族的"剧院""评弹""舞会"之间等等,都是没有任何关系的。当然,每个类集可以看做有某种条理的组织,但是它们并非按照单位之间的内在联系而把这些单位结集起来,其散漫性远远强于其组织性。

那么,现代汉语词汇就是这样松散的堆叠物吗?满足于上述一些类集的划分,实际上会得出类似的结论。这是只看到词汇的比较表面化的现象。须要进一层作深入一些的观察。

如果能够发现一定的词语按照相互之间的内在关系而集结成组,而且这样形成的组织相当的多,那么现代汉语词汇较强的组织性就会显示出来，会使人看出这个词汇有其自身复杂的聚合排列，呈现一种颇有关系和条理的汇集状态。

9.1.2 不同的词语单位之间，如若存在相互制约、对立或相互依赖、对比、因应的内在关系，就形成一种结构。这些相应的单位集结而成的整个组织体，就是结构组织。

语音系统中存在着明显的结构组织，如元音、辅音音位的聚合结构组，音节的线性结构体。语法更是拥有许多线性结构和聚合结构及由之形成的结构组。至于词汇，也同样具有结构组织。只不过词汇中所存在的不那么显露，比较隐晦。现代各种发达的语言里，都肯定会有若干词汇结构组织的存在；它们在具体类别上、每类数量多寡上和表现特点上，可能会依不同的语言而有一些差异。

可以发现，现代汉语词汇中的结构组织是相当多的。这里面，有种种内在的词语关系，有种种结构，形成词汇广泛分布着结构组的组织状态，既严整有序又错综复杂。

下面，要对这些结构组织逐一进行考察，揭示其构成上的条件、特点及其他需要了解的有关情况。

9.2 同义词语和近义词语的划分

9.2.1 汉语词汇内的同义现象，已有不少学者加以观察和研究。早在汉初，《尔雅》的编者就在这方面作了很有意义的尝试。现代一般只就汉语中词与词的同义关系，提出一些同义词的聚合现象，对彼此同中有异的性质作出说明和概括，或者作些辨异的分析。认识还不够全面和深入，而且不少地方显得模糊，甚至有些混乱。

需要明确和澄清以下几点：

第一,同义的词汇单位不仅是词,也有固定语。如“冷淡”——“冷若冰霜”,“悬殊”——“霄壤之别”——“天悬地隔”——“天渊之别”——“天差地远”——“判若云泥”,“淡漠”——“漠然”——“冷漠”——“漠不关心”——“麻木不仁”,“挑拨”——“挑唆”——“调唆”——“离间”——“挑拨离间”——“调三窝四”——“调三斡四”,“不相上下”——“伯仲之间”——“旗鼓相当”。同义的固定语,应称为同义语。为了统指同义词和同义语,用得着另一个术语——同义词语。无论“同义词”“同义语”还是“同义词语”,都是就某个或某些词语的同义单位而言的;对于若干个词汇单位由相互的同义关系而聚合起来的组织整体,不宜再以这三个术语的任何一个来指说,须得另用一个适切的名称。可以把这名称确定为“同义组”。那种不区别不同对象、不同场合,到处只用“同义词”来称说的做法,会模糊认识或造成误解,是不可取的。

第二,由若干个词汇单位聚合而成的同义组,不是简单的集合体,而是一种结构组织,不能同词汇的各种类集等量齐观。彼此同义的词语单位,在意义上一般基本相同而微有差异,在构造材料上则必不相同①,因而互相形成同中有异的对照,而且各自以自身的特点在共同的聚合体中占有特定的位置,从而互相制约着意义特点或意义的内涵。这样的对照、制约关系,使牵连着的有关词汇单位密切相聚,形成一种聚合结构②。如:

---

① 一般的提法是,彼此同义的词在语音形式上不同。这站不住脚,因为存在着彼此同音的同义词,如:“界限”与“界线”,“攀援”与“攀缘”之类。两个既有同义而又同音关系的词,在构造材料上却是彼此不同的,如“限”不同于“线”,“援”不同于“缘”。

② D. A. Cruse 在其所著的 *Lexical Semantics*(《词汇语义学》,1986 年,剑桥大学出版)中,认为“有些同义组合”“以缺乏结构为特征”(p. 112)。这是缺乏理由的。他也没有就此说明什么理由。如果这“有些同义组合”实际指的是近义组合,则有道理。

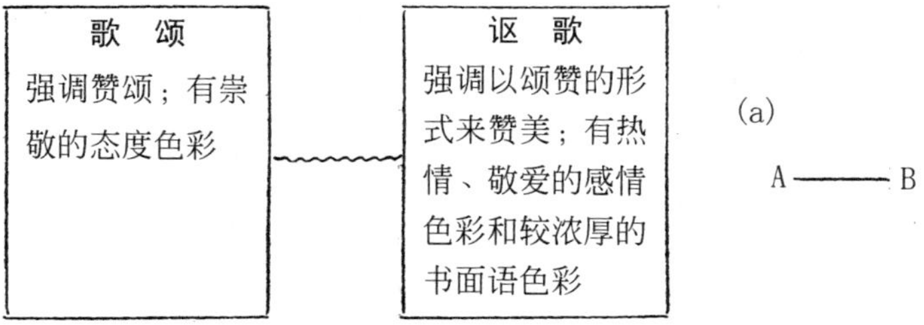

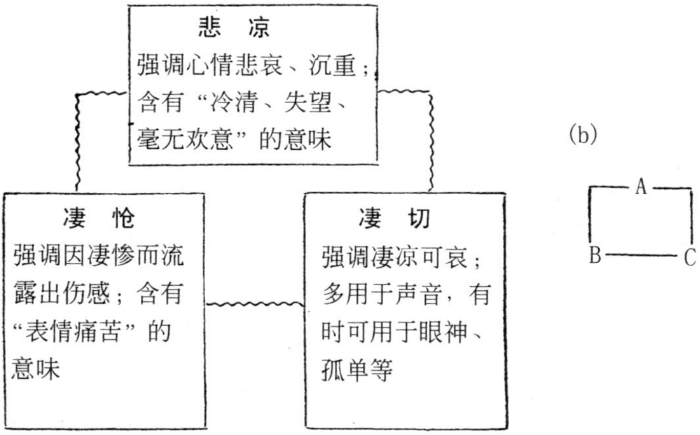

“歌颂”和“讴歌”各以不同的强调方面和不同的表达色彩而互相对照、互相制约，形成结构(a)。“悲凉”“凄怆”“凄切”，各以意义中的突出反映方面、特殊意味或特殊搭配使用范围的不同个性而互相对照、制约，形成结构(b)。“歌颂”和“讴歌”作为同义聚合的两个具体的结构项，在结构(a)的支配和巩固下，就构成一个结构组织——同义组。同样，“悲凉”“凄怆”“凄切”则是在结构(b)的支配和巩固下，构成另一个同义组的结构组织。

第三，同义词语只能是同一语言符号系统内的共时的事实。纯属古代汉语、近代汉语或方言中的词语，都不能拉过来看做现代汉语某个或某些词汇单位的同义词语。当然，历史上的或方言中的同义组，也不能看做现代汉语中的结构组织。比如，古代的“封”不与现代的“大”

"巨大""巨"等同义,"奚"不是现代"奴隶"的同义词;近代的"搭圾""搭飒"不和现代的"破旧"同义,"搪抹"不是现代"敷衍"的同义词。"常—庸—职—恒"、"信—允—展—谌—谅—恂"(都指诚实),只是古代汉语的同义组,"靓—好睇"只是粤方言的同义组,"阿拉—我"是吴方言的同义组,不能认为属于现代汉民族共同语的系统。

第四,言语中含个人引申或比喻的主观意义的词语,不能看做语言中的同义词语。如鲁迅《风波》中对"吐"有个比喻用法:"土场上一片碗筷声响,人人的脊梁上又都吐出汗粒";这里的"吐",并非现代汉语中"冒"的同义词。

第五,词语间意义的相接近,不等于同义关系;近义的词语不应混作同义词语。比如,"口味"是"滋味""味道"的近义词,却非其同义词;"极力"是"竭力"的同义词,但是同"努力"之间就仅只意义相近而没有同义关系,它只能是"努力"的近义词。同义词语应同近义词语划清界线,这一点无论对于明确同义词语和同义组的性质、澄清主要的模糊认识来说,还是对于确定和描写现代汉语同义组来说,都是最重要的。下面要以接着的两个小节细作论析。

9.2.2 确定不同的词语互有同义关系,依据的是它们指同样的事物对象。也就是说,不同的词语,只要各自的意义(当然是一个意义)所反映的对象的外延一致,就互为同义词语。它们在意义上通常互有细微差异,这是由于对同样对象的特点的反映小有不同,即意义内涵上互有细微区别:对个别特点有所强调或不强调,对某些不重要的一般特点加以反映或不反映,带有或不带有某种表达色彩。这样一些内涵上的小差别,不见得必然兼备,有时可能只出现一种或两种,有时都出现,但是不论哪一种情况,都不致造成意义外延的不同;因此,相应的词语指同样的事物对象,互为同义词语。以内涵上的各种小差别都齐备的情况来看,有如下图所示:

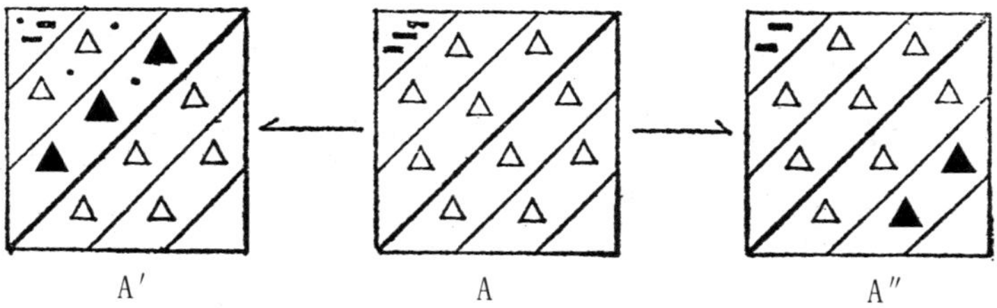

a　词语的意义　　　　事物对象　　　　b　词语的意义

A′和 A″共同反映了 A 的主要特点,其中,什么被侧重反映(强调)(由黑体三角形表示),则有所不同;另外在共同反映的次要特点(由小短横表示)方面亦有些出入,A′还带有表达色彩(小黑点)。因此 A′和 A″在内涵上不完全一样,但是不妨碍它们在处延上可以重合。例如“威望”和“声望”的意义都反映较高的、令人敬服的声誉和名望。但是“威望”的意义强调“有使人十分敬佩、钦仰的能力或品质表现,为人们所信服和崇仰”这一重要特点,带有敬重的态度色彩;而“声威”的意义则强调“名声很大,很有影响”,还反映“使人敬畏、慑服”这一次要的一般特点,带有书面语色彩①。这些意义内涵的细微差别,并不影响“威望”和“声威”有同样的意义外延,即不影响两个词指同一种对象。因此,它们互为同义词。

若甲、乙两个单位互为近义词语,则彼此所指的事物对象不会相同,即彼此的意义必有不同的外延。甲、乙相互的“近义”,意味着它们的意义存在部分一致的反映内容,即有某些对象特点的相同反映,但在此同时,彼此又必含有不同的、对象重要特点的反映,即各有一部分不同的重要反映内容。这反映内容互有差异的部分,决定了甲、乙的意义各有不同的外延,反映不同的对象。如下图所示:

---

① 参见笔者主编的《现代汉语同义词词典》,1987 年,天津人民出版社。

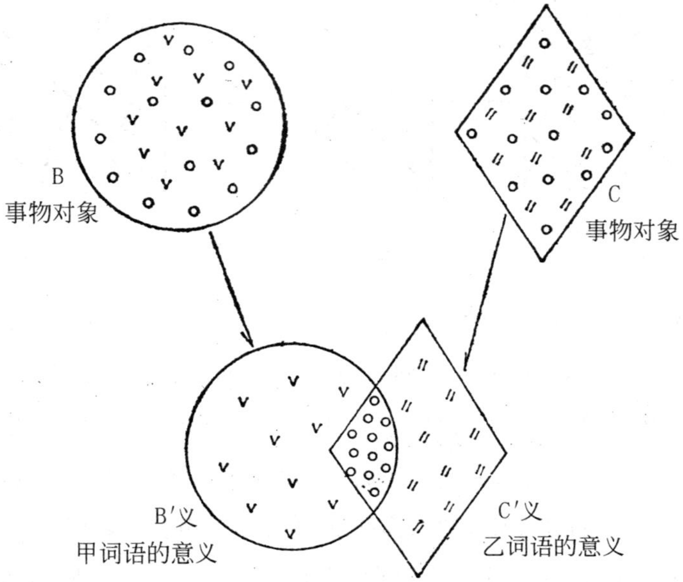

B′反映了B,C′反映了C;B和C是两种不同的事物对象,因而B′和C′各有不同的外延。不过B和C是相近的,即有部分共同的特点;反映在B′和C′里,便有同样反映内容的部分重合。甲和乙近义,就是表现为B′和C′这种分别反映不同的对象、各有不同的外延和内涵而仅只在内涵上部分重合的情形。例如“改良”和“改进”的意义都包含有“使目前不好的或不理想的状况有所改变”的反映内容;但是“改良”的意义中还有“使性质或品质比目前好”这个特点的反映,而“改进”的意义中则另有“使方法、计划、效率等比目前进步、提高”的反映,这不同的反映内容是重要的,使得“改良”和“改进”的意义不可能有相同的外延。因此这两个词各指不同的对象而在内涵上部分重合,是互为近义词而绝非互为同义词。

对象的本质特点和重要的一般特点,反映到词语的意义中来,是词语意义的主要理性义素或主要理性意义成分;而对象次要的、不重要的一般特点反映到词语意义中,是次要理性义素或次要理性意义成分,成为所谓词语的意味(参见6.2.2小节)。同义词语和近义词语在是否指同一事物对象上的根本区别,表现在词语意义构成方面就是:有同义关系的词语,其主要理性义素或主要理性意义成分必定相同,也必须相同;意味方面,某个主要的理性义素或理性意义成分的是否强调,以及表达色彩方面等,则可以不同;有近义关系的词语,彼此必在某个或某些主要的理性义素或理性意义成分上不一样。

从意义成分的异同情况方面作观察和分析,正可以鉴定不同的词语所指的对象是否同一,从而分辨同义和近义。如:

义素或意义成分 \ 词语			一样	同样	旗鼓相当	伯仲之间
理性的	主要的	1. 两种对象的比较	+	+	+	+
		2. 不同人之间或不同力量、才能之间的比较	±	±	+	+
		3. 表现相等同	+	+	-	-
		4. 约略相当,差不多	-	-	+	+
	次要的	5. 不易看出具体的水平	-	-	-	+
感性的		1. 书面语色彩	-	-	+	+
		2. 语体色彩上中性	+	+	-	-
		3. 比喻的形象色彩	-	-	+	-

义素或意义成分 \ 词语			行为	行径	行动	行事
理性的	主要的	1. 人所发生的	+	+	+	+
		2. 有动作性	±	±	+	±
		3. 做出某种事物	+	+	-	±
		4. 已表现出来而为人所知	+	+	±	±
		5. 在进行中	-	-	±	±
	次要的	6. 有某种特定的做事方式	-	+	-	-
感性的		1. 贬的评价色彩	-	+	-	-
		2. 评价色彩上中性	+	-	+	+

表中,“+”表示有,“-”表示无,“±”表示有或无,“+”表示强调或浓厚。可以看出,“一样”和“同样”,“旗鼓相当”和“伯仲之间”,“行为”和“行径”,主要的理性义素或理性意义成分一致,意义的外延相同,指同一种对象,是相互间有同义关系的词语;而“一样”“同样”与“旗鼓相当”或“伯仲之间”,“行为”“行径”与“行动”或“行事”,“行动”与“行事”,在主要的理性义素或理性意义成分上都部分一致,部分不一致,意义的外延不同,不可能指同一种对象,相互间只是存在近义关系。

还可以采用以逻辑及加词形式为基础的同形结合法①,来确定是否指同样的对象,分辨同义和近义。两个词语单位若指同样的对象,那么各与同一个指另一对象的词语相联结,得出的两个联结体必然也指同一种事物。因此,要确定甲、乙两词语的对象是否一致,可找到一个词语单位丙,它能够同样与甲、乙联结。这里的“能够”,是依据逻辑、常识和语法来说,只需符合于事物相互联系的可能和符合于语法。如果甲+丙和乙+丙指同样事物,那么就可以确定甲和乙有同样的对象,互为同义词语;如果甲+丙和乙+丙不指同样的事物,而甲和乙本来在意义上相近,那么它们就必然各指不一样的对象,相互是近义词语。如:

保护主权
维护主权] 指同样的行为

“保护”“维护”:指同一种对象;互为同义词

博得掌声
赢得掌声] 指同一种效果

“博得”“赢得”:指同一种对象;互为同义词

欢喜的笑声
欢天喜地的笑声] 指人的同样笑声

“欢喜”“欢天喜地”:指同一种对象;互为同义词语

---

① 参看拙著《词汇学和词典学问题研究》,第25—28页。

零钱积少成多 零钱集腋成裘	指同样的事实

“积少成多”“集腋成裘”:指同一种对象;互为同义语

重情义 重情意	各指不同的倾向

“情义”“情意”:虽然意义指的对象互相接近,却各不相同;互为近义词

地位一样 地位旗鼓相当	各指的情况互有差别,并不等同

“一样”“旗鼓相当”:各指不同的对象;互为近义词语

有时,甲词语和乙词语分别加上了丙词语,但不易分辨是否指同样事物,那就需另换以别的词语,至能作出判断为止;或者在加上同一个词语的基础上再多加上其他的。如:

	a	b	c
繁荣:	a_1 繁荣的城市	b_1 繁荣的商场	c_1 镇江是否繁荣的都市?
繁华:	a_2 繁华的城市	b_2 繁华的商场	c_2 镇江是否繁华的都市?

a 式不易看出 a_1 和 a_2 是否指同样的事物;换为 b 式,就比较清楚,因为繁荣的商场总是意味着顾客多、商品销售量大、资金周转得快,而繁华的商场则是建筑装饰和陈设精美、商品丰富而气氛又相当热闹,因此 b_1 和 b_2 指的不是一回事。而 a 式扩大为 c 式,情形也同样清楚:c_1 会得到毫无疑义的肯定的回答,而 c_2 则会得到否定的回答或至少使人想作肯定回答时要再三踌躇。因此,作了 b、c 二式的检验,就有充分的理由判断,“繁荣”和“繁华”各指不同的对象,是互为近义词而非同义词。

通过意义成分的分析和同形结合法的分析,可以把现代汉语中互有同义关系的词语同互有近义关系的词语区别开而确定下来。这样鉴别出来的同义词语也大体符合一般人的语感。如:

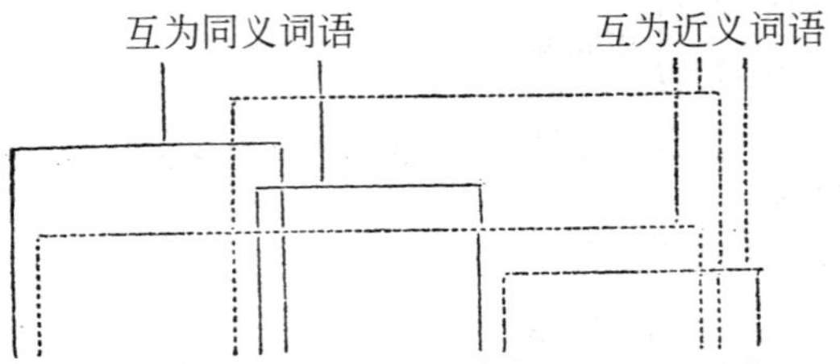

开创	首创	创始	开头
申明	申述	申说	声明
开支	支付	开销	支出
改善		改良	改进
热爱		酷爱	喜爱
积蓄	积存	积储	储蓄
推进		促进	推动
安排	布置	部署	安顿
积少成多		集腋成裘	攒
卑微	低微	微贱	低贱
徒劳	劳而无功	白费力气	白费工夫
黑白分明	泾渭分明	泾清渭浊	天悬地隔
美丽	美	漂亮	中看
平均	均匀	匀	均衡

这里，无论同义还是近义，都是就词语单位的某个意义而言。本节以及下面几节论到的同义词语、同义聚合、同义组和同义关系等，是建立在词语单个意义基础上的。

彼此有同义关系的词语，绝大多数由于只存在意义上的细微差别，从某种逻辑推理来说，相互之间就未必不是近义。但是既然那些彼此意义相近而没有同义关系的词语已称为近义词语，为了在词汇学中分清两类性质不同的词语关系，就不必把同义现象也看做近义现象，不应将同义词语、同义关系等也称为近义词语、近义关系，而必须视同义与近义为两种判然有别、不容相混的范畴。

9.2.3 同义词语和近义词语，在是否指同一对象及是否主要理性意义成分一致上的根本差异，还决定了这两种关系不同的词语有一系列的重要区别。

互有同义关系的词语形成一个结构组织——同义组,同义关系是一种聚合性的结构关系。互有近义关系的词语却并不成为结构组织,至多只是某种类集;因为反映着不同对象的两个意义互相接近,是由于共同含有某些反映内容,即实质上只是两个概念(意义所体现的)相接近或在部分内涵上重合,是事物之间的相近在逻辑概念关系上的反映,并非意义之间互相制约、对立、对比的因应关系。由这种概念相近的关系所联系起来的词语,还并不都能在人们的意识中引起联想(如从"布置"未必联想到"安顿",从"泾渭分明"未必联想到"天悬地隔",等等);即便在能够互相联想的情况下,彼此之间的近义关联也不可能是结构关系。因此,互有同义关系的词语是同一个结构体——同义组——中的结构项;而互有近义关系的词语没有这种性质。

在同义组内,每个词语成员都同所有其他成员存在着同义关系。由近义关系联结起来的词语却不是如此,而是甲相近于乙,乙相近于丙,丙相近于丁,而甲与丁之间可以相距很远而毫不相干。如:

a.

b.

甲——乙——丙——丁　　申说——声明——通告——公布

a 是同义组,组内"开创""首创""创始"三个单位相互之间都有同义关系。b 是近义的类集,其成员间的关联是递相接近,情况大大异于 a,甲项"申说"不仅同丁项"公布"相去甚远,就是同丙项"通告"也已经不相干。

互有同义关系的词语,在语言的一定时期内,是确定的,而且数量上确定,是有限的若干个。换言之,同义组总是包含着确定的、数目有限的成员,在共时的平面上是一个完整的、稳定的、封闭的结构组织。

而现代汉语的同义组共有多少个，是有一定数量的，可以通过鉴定而算出来①。互有近义关系的词语，却往往难以有完全确定的成员，难以有一定的成员数目，即近义类集是很难确定其范围界线的，它是一种开放的、不定型的汇集。比如“申说”与“声明”近义，“声明”与“通告”近义，“通告”与“公布”近义，而“公布”又与“张扬”近义，“张扬”又与“宣传”近义，如此接连相近下去，可能难有止境。而这当中的每个成员还可以同另外一系列的词语相近，如“申说”另与“说明”“表达”“倾吐”“陈述”等近义，“声明”另与“声称”“宣称”“有言在先”等近义，“通告”另与“告诉”“告知”“通知”“公之于众”等近义，等等。整个近义类集的延伸状态有如下面的图式：

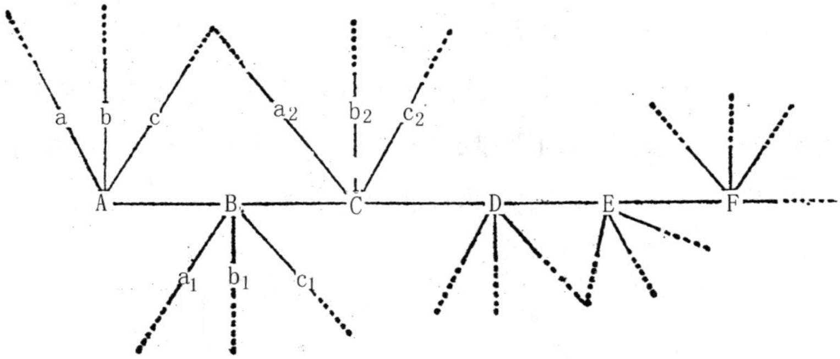

可见，由于词语的近义关系并非词语本身彼此间的意义因应，仅仅是人们逻辑认识上对于词语所指的对象相互接近的一种反映，而现实中几乎没有哪种事物不同时与其他多种事物相近，因而由近义关系所联结的词语不可能不缠绵不绝、错叠繁杂。一个近义类集究竟可以包含哪些成员，范围可以扩展到多大，显然都不好确定。而要看出或确定现代

① 这种工作，如果编纂一部完备的现代汉语同义词语大辞典，就可以进行。笔者主编的《现代汉语同义词词典》（天津人民出版社，1987 年第一版，1993 年增订版；南开大学出版社，2005 年第三版），收 1460 组常用和较常用的同义词；如果把同义语加进来，把所有常见和不常见的同义组都加以收列，那么同义组的数目估计会有 2800 组左右。

汉语词汇中有多少个近义类集,自然也是无法做到的事情。

由此可知,同义组应该成为而且能够成为汉语词汇内部结构状态描写的一种对象,而近义类集却不是这种描写的对象。近义类集甚至由于其自身的不确定性,不能与词汇中一般的类集等量齐观。

9.3　同义组的类别

9.3.1　从所包含的成员是什么词汇单位类型来看,现代汉语的同义组可以分为三类:

(一)同义词组。成员都是词。这类同义组占了大多数。如:

吝啬 悭吝 小气	凉快 凉爽	空旷 空阔 空廓	领土 疆土 国土 领域
粮食 食粮 粮	流行 盛行 风行	流放 放逐	窥测 窥伺 窥探

同义词组的成员在词性上总是一致的。因为“词总是表示着、体现着或能够表现它所属的那个词类的语法特质——各种语法特征和功能”,“词类范畴应是词的含义中的成分”①,而由于词类范畴实质上规定了词义从什么角度或以何种方式来反映对象,它还是词的整个含义中有重大影响作用的因素,因而两个词若这个因素互不相同,各自的含义所反映的对象就有不一样的表现,彼此在含义上的差别当然会不小,从而使得两个词之间不能有同义关系。可以说,词类范畴成了人们语

① 刘叔新:《词的同义关系和词性——兼谈汉语同义词词典处理词性的问题》;《词汇学和词典学问题研究》第 225 页。

感上的一种含义特征；只有这种特征一致，相应的含义才有可能彼此相同或基本相同而形成同义关系①。

（二）同义语组。成员都是固定语，大多是两个。它们在句法功能上一致。如：

木已成舟 生米已成熟饭	集腋成裘 积少成多	独行其是 一意孤行 孤行己见
黑白分明 泾清渭浊 泾渭分明	落叶归根 木落归本	目中无人 目无余子
偷梁换柱 偷天换日	不胜枚举 举不胜举	天涯海角 地角天涯
临渴掘井 临时抱佛脚	判然有别 迥然不同	胶柱鼓瑟 刻舟求剑

（三）同义词语组。成员有词和固定语。其中固定语的句法功能和词的词性所具有的句法功能大体一致。如：

瓦解 解体 分崩离析	纯洁 冰清玉洁	徒劳 劳而无功 白费力气
超群 超人 出类拔萃 绝伦逸群	悬殊 天悬地隔 天差地远 判若云泥 天渊之别	真诚 诚挚 真心相见 真心诚意 肝胆相照
渴望 切望 梦寐以求	危急 岌岌可危 危如累卵	起义 举义 揭竿而起

① 参见拙著《词汇学和词典学问题研究》第225—226页。

9.3.2 从成员之间同义关系的不同表现情况来看,同义组又可分为两大类:

(一)等义组。其中只有词的成员,彼此不但意义的外延相同,内涵也一致,互为所谓等义词。等义组可说是最彻底的同义组;但是,也正由于成员间意义完全相同,不存在意义上细微差别的对照和制约,而只存有形式构造上的差别对照和使用上可互相替代的关系。因此,等义组的内部结构关联是大大削弱了的、特殊的同义关系,等义组的作用也因之而很低,没有描写的价值。不过,现代汉语中真正的等义组并不多,其中大半是在词根顺序上相反而没有任何意义色彩差别的成对复合词。如:

来往——往来　涤荡——荡涤　逃窜——窜逃　吞并——并吞
耗损——损耗　和谐——谐和　敏锐——锐敏　严谨——谨严
健壮——壮健　源泉——泉源　河山——山河　演说——演讲
感情——情感　星期二——礼拜二

等义组一般只需保留其中某个成员,而将其余的加以淘汰。但是进行这种规范化的工作,应当十分审慎,而且不能操之过急。因为互相等义的词在并存一个较长时期后,有的可能逐渐产生分化。如"演说"和"演讲"互为对方的等义词,三四十年来,彼此已开始有不完全相同的搭配环境:

演说:每次~　发表~　/　~者
演讲:每次~　/　~比赛　~者

若淘汰"演说"或"演讲",不仅不利于同义组的丰富发展,而且势必违反语言习惯。

(二)一般同义组。成员之间在意义内涵上同中有异地对照和制约,不过有的组也包含个别成员的等义词在内。这是同义组的主体部分。它分为三种类型:

(1)理性意义完全一致,只是在感性的表达色彩上存在差异。如:

热心——好感的评价色彩
热中——恶感的评价色彩

妈妈、娘——亲切、亲爱的感情色彩；口语色彩
母亲——在语体色彩上中性；无特定的感情色彩
母———书面语色彩；无特定感情色彩

爸爸、爹——亲切的感情色彩；口语色彩
父亲——在语体色彩上中性；无特定的感情色彩
父———书面语色彩；无特定的感情色彩

爱人——亲密的感情色彩；口语色彩；会话风格色彩
配偶——书面语色彩；文牍的、科学的风格色彩；不具感情色彩

来宾——郑重的态度色彩；通用于口语、书面语
来客——在态度色彩上中性；书面语色彩
客人——在态度色彩上中性；通用于口语、书面语

玩艺儿——鄙薄的态度色彩
东西———在态度色彩上中性

谈———严肃的态度色彩；通用于口语、书面语
谈话——郑重的态度色彩；通用于口语、书面语
聊———随便的态度色彩；口语色彩
交谈——在态度色彩上中性；书面语色彩

臭味相投——恶感的评价色彩
投合————在评价色彩上中性

映山红——花的一片嫣红色同青山辉映的形象色彩
杜鹃———无形象色彩

木已成舟————木料制成木船的形象色彩
生米已成熟饭——大米煮成熟饭的形象色彩

熟———口语色彩
熟稔——书面语色彩
熟悉——在语体色彩上中性

嘴皮子——口语色彩
唇吻、唇——书面语色彩
嘴唇——在语体色彩上中性

- 汞溴红——科学风格色彩
- 红药水——通用,无风格色彩

- 歌唱——一般文艺风格色彩
- 唱 / 唱歌——通用,无风格色彩

- 朝暾——诗歌风格色彩;典雅格调色彩
- 朝阳——一般文艺风格色彩;无格调色彩

- 亲嘴——粗俗格调色彩
- 接吻——无格调色彩

(2)理性意义不完全一样:抽象反映同一对象的性质特点互相有些差异。如反映中有或没有某个强调方面或侧重方面,对象有或没有某种不重要的一般特点的反映。例如“忽略”和“疏忽”,都指对应该考虑到的事情不予注意;“忽略”侧重于表示遗漏或没有全面照顾到,“疏忽”着重表示对经管的事粗心大意。又如“偷安”和“苟安”都表示只顾眼前的安逸;“偷安”强调对安逸的贪图,含有“虽然形势不允许,也尽量抓住安逸的机会来享受”的意味,即反映相应的“不管如何也抓住机会享受”这个不重要的一般特点,而“苟安”强调得过且过,反映另一不重要的一般特点“不振作”。类似的实例,可再举出一些:

停战 休战	天生 生就	体谅 谅解	会心 会意 心领神会
体会 领会	陶冶 熏陶	探索 探求 探究	复习 温习
怒吼 咆哮	哽咽 哽噎	敷衍 应付	风采 风致 器宇
素养 修养	家畜 牲畜	恬淡 淡泊	独行其是 一意孤行 孤行己见

徒劳 劳而无功 白费力气	空旷 空阔 空廓	顺手 就手 随手

(3)理性意义不完全一样,同时表达色彩上也有差异。如“顾虑”与“顾忌”都指恐怕对己、对人或对事情不利而不敢按照自己的意愿去说话或行动;“顾虑”强调有疑虑,担心招致不良影响与后果,含有“迟疑不决”的意味,通用于口语和书面语,而“顾忌”则强调有所忌惮,多用于书面语而有书面语色彩。又如“徘徊”“彷徨”“逡巡”,本义都指因某种心情或考虑而在一个地方走来走去,同时都有一般文艺风格色彩和书面语色彩;但是“徘徊”强调来回地走,含有“慢慢踱着”的意味,“彷徨”含有“内心苦闷,不知所向”的意味,而“逡巡”则含有“心里顾虑着而游移不前”的意味,带典雅的格调色彩,其书面语色彩也比“徘徊”“彷徨”浓厚。类似的实例,再列举一些如下:

烦恼 懊恼	烦躁 焦躁	繁琐 繁缛	敏捷 麻利	墨绿 黛绿
恶毒 阴毒 歹毒	放纵 放荡 放浪	复杂 繁杂 庞杂	堕落 腐化 蜕化	
怒气 火气	扶植 培植	歌颂 讴歌	猛省 猛醒	
起义 举义 揭竿而起	发誓 起誓 赌咒	超群 超人 出类拔萃 绝伦逸群		

9.4 现代汉语同义组的特点

9.4.1 一种语言的同义组特点,是其一般构成上或结构上的特征。

以某种外语同汉语比较时,常会发现,某样事物用该种外语来指说,只有一个名称或两个同义的名称,而用汉语来说却不止两个;也有相反的情形,指同样事物的词语比该外语的少。比如,同是指眼睛,英语只有 eye,汉语有“眼睛”“眼”“目”;同是指人头,英语只有 head,汉语有“头”“人头”“首”“头颅”“脑袋”“脑瓜子”;而同是指正确行为或良好品质表现的标准,英语有 pattern、exemplar、mirror、model、example、standard 等词①,汉语只有“模范”“典范”“榜样”“楷模”。这种情形,是汉语某个同义组和英语相应的某个词或某个同义组之间的具体区别,却并非汉语、英语同义组一般构造特点的差异。指同一种对象的同义组的成员多或少,同一种事物的名称有的存在同义系列,有的只单独一个,这在各种语言之间来说,是普遍存在的互有出入的现象。

因此,说到现代汉语同义组的特点,不是指具体的某某同义组有几个成员,而应就词汇中全部同义组的构造情况来说。了解和利用这样的特点,会有助于从体系的比较广阔的面上或构成规律上来掌握汉语的同义组。

9.4.2　懂得汉语的人容易感觉到现代汉语有异常丰富的同义词语,同义组非常之多。这是一种可贵的特点。

从编纂一部只精收较常见的同义词的词典②得知,现代汉语中未把同义语考虑在内的同义词组,不少于2 500个;若把同义语也算进去,那么全部同义组的数量就更大。另一方面,不少同义组包含的成员不是两三个,而是四五个或六七个,有的多达十个以上。进入同义组的词语,总数会达到七千左右。因此,现代汉语的全部同义组构成一个庞大的体系。加上词语的多义现象给同义关系带来勾连、纠错,这个体系就

---

① 参见 *Websters New Dictionary of Synonyms*,1973 年第四版,美国版。
② 就是笔者主编的《现代汉语同义词词典》。

不仅在结构组织和词语成员的数量上极为繁富，而且在构成上又相当复杂。

汉语作为汉族社会几千年来的交际工具，记录了并铸造了光辉灿烂的中国文化，因而它在同义词语方面的纷繁精细已发展到很高的程度。这种繁富，不仅标志着中国文化有着悠久的历史并且早就高度发达的事实，而且反映了汉族人民认识活动的多色多彩和表情达意的细腻精巧。可以说，只有熟悉现代汉语众多的同义组，善于随时从中选用适切的词语成员，才有可能说出准确、地道的汉语，写出漂亮、精致的汉文。而一般汉族人民，特别是非汉语社会中成长的人，是须得进行长期的学习、积累，才能掌握众多的同义组及其成员间的相互关系的。

9.4.3　在进入同义组的词的构成上，有两个重要特点，很利于人们辨析意义的细微差异。

（一）同一同义组的词大多含有共同的语素。这当中，就复合词来说，相同的语素，能体现意义共同的成分；而余下语素的不同，便往往是意义细微差异的依据或表现所在。由于现代汉语中彼此同义的词以复合词占压倒优势，因而同义组内的词往往可从其不同的语素来分辨词义的差别。一般这一不同的语素体现了意义抽象反映上的不同，即是否反映对象某个不重要的一般特点或是否突出对象性质的某个方面的差异。这使大量互相同义的词都较易于分辨和理解。例如下列：

新鲜——新颖　　草率——粗率　　凶猛——凶悍
稳重——持重　　聪明——聪慧——聪颖——聪睿
亲近——亲切　　勤奋——勤勉　　生僻——冷僻
传闻——风闻　　研究——钻研　　约束——束缚
目击——目睹　　准许——容许——许可——允许
启发——启示　　迁就——俯就　　迁移——迁徙
眼力——眼光　　晨光——晨曦　　耻辱——羞辱
创议——倡议　　大众——万众　　遁辞——托辞
过程——进程——历程　　底本——原本——蓝本

只看前两对词的辨析：

> “新鲜”“新颖”都表示新出现的，有新的内容或形式的。“鲜”含有“新物刚产生时样子新、色泽新并富有生气”的意思，因此“新鲜”着重表示事物刚出现的性状的新，往往还强调不普遍，同陈旧相对。“颖”含有“聪明、领悟能力不同于一般”的意思，因此“新颖”含有“新得别致、不平凡”的意味，同平常而老旧相对。
>
> “草率”“粗率”都表示粗枝大叶，随便了事。“草”含有“潦草”的意思，因此“草率”强调马虎敷衍，主观上不想认真。“粗”含“粗糙”的意思，因此“粗率”强调粗略，不细致，没有仔细考虑。

(二)单音词同由它发展出的同义复合词互相对应。

在汉语的发展过程中，双音复合词日益增多，其中有相当大一部分与作为其构造基础的单音单词(可简称单音词)有同义关系。双音复合词在使用的普遍性上虽然比单音词占了显著的优势，但是一般并没有取代了单音词，并不排斥其独立存在。因此这两种词共同进入了许多同义组之中。不少同义组甚至仅仅包含一个单音词及另一个由之发展而来的双音复合词。在一些辨析同义词的手册中，往往把单音词忽略掉，或是有意加以排斥。这样做，显然欠妥当。

彼此同义的复合词和单音词，相互在意义上的差别，通常主要在于单音词不如发展出的复合词表现得那样显豁、具体，往往还没有复合词所强调的地方，没有它的特殊意味或较重的语气。如：

同义组	同义组的部分成员
志　志向	路　道路　路途　路径
云　云彩	国　国家　国度
祸　祸害　祸患　祸事	相　相貌　长相
黑　黑暗　黝黑	粗　粗糙
懒　懒惰	纯　纯粹　纯正
匀　匀称　均匀　匀和	笨　笨拙　蠢笨　愚笨　笨钝
诱　引诱　诱惑	购　购买
驳　驳斥　批驳	售　售卖　出售　发售　销售
永　永远　永久　永世	昔　昔日　往昔

9.4.4　在词语之间意义上互相对照、制约方面，现代汉语同义组有表达色彩较为丰富的特色；另外，相当一部分次要理性意义成分和色彩义素的浮动，也是个特点。分述如下：

（一）很大一部分同义组在词语成员之间都有语体色彩上的差异。

在造成同义词语意义之间存在微小差异的各种表达色彩当中，以口语色彩、书面语色彩以及语体上中性之间的对照最为普遍。这同汉语在其历史发展中，一方面产生书面语和口语的对立，另一方面又有文言和白话的并存密切相关。

白话尽管作为一种较有活力的书面语，同现代口语相当接近，却仍有书面交际形式的一系列特点，加上经常受到文言的渗透、影响，就和口语在使用的词语、语法手段及语句的组织方式上存在许多不同。至于文言或吸收了某些白话成分的半文言体，同口语的差别自然更大。在对事物使用什么名称上，稳定性较强的书面语就多承传历来的书面语传统，或者利用书面语中现有的材料来造词语；而口语却往往采用口头创造的新说法。因此，指同一事物对象，书面语和口语各有不同的词语，非常多见。由于书面语和口语在现代是互相强烈影响和互相靠拢的，它们分别具有的、指同一对象的词语，很自然地彼此会有色彩上的对照而产生同义关系。如：

头颅，首——脑瓜子，脑袋	怒气——火气
容颜，容貌——嘴脸，长相	村落，村庄——村子
囹圄，牢狱，狱——牢房	役畜，力畜——牲口
佳，美好，良好——美	美丽——好看
顺遂，一帆风顺——顺当，顺手	羞臊——害臊
轻而易举——好办	阔绰——阔气
悭吝——小气	指摘——数落
无怪，无怪乎——怪不得	阿谀逢迎——抱大腿，拍马
漫步——溜达	倾谈——聊
不惟，不仅——不光	毕竟，终究，终久——总归

另外,指同一对象而通用于口语和书面语里的词语,即在语体色彩上表现为中性的词语,也很不少。由于现代书面语不断吸收口头词语,而一部分书面词语也以表现力强或规范作用等原因而逐渐渗入到口语里去,一些本来具有口语色彩或书面语色彩的词语会逐渐失去色彩,成为同样用于不同语体的中性词语(例如“吹捧”“打听”“三番五次”“推敲”“抑制”“一箭双雕”)。因此,有很多在语体上中性的词语进入语体色彩对照的同义关系中来,从而使这类关系的同义组和同义词语成员的数量更多。如:

脑子	名声	路子	风俗
脑	声名	门路	习俗

迷惑	浪费	缝补	歌颂
迷惘	靡费	补缀	讴歌

附近	梦话	村子	坟墓
邻近	呓语	村	坟
左近	梦呓	村庄	墓
		村落	坟茔

高深	三番五次	公平
深奥	一再	公允
深邃	屡次	一碗水端平

固执	勉励	劳累	住宿	数不胜数
执着	勉	劳瘁	歇宿	数不过来
执拗	勖勉	劳顿	下榻	不可悉数

指同一种对象而带书面语色彩的词语,往往有两个或三个或者更多。而它们在很多情形下,所带的书面语色彩相互会有轻重程度的差别(参见6.3.6小节)。这不仅导致在语体色彩上对照的同义组及同义成员又增加许多,而且丰富了在语体色彩上同义对照关系的内容,使它复杂化和多样化。例如下列同义组,不同程度的书面语色彩间的差别和对照,就是组内同义关系的一种重要因素:

篱笆
篱（一般）
篱落（浓）

高峻（一般）
峻（浓）
嵯峨（很浓）

富饶（一般）
丰饶（浓）

天然美质（一般）
璞玉浑金（浓）

急迫（一般）
迫在眉睫（浓）

心神不定
神思恍惚（一般）
迷离恍惚（浓）

缅怀（一般）
追念（一般）
缅想（浓）
追怀（浓）

来到
来临（一般）
光临（一般）
降临（一般）
莅临（浓）
莅（很浓）

宁愿
宁可
宁肯（一般）
宁（一般）
毋宁（很浓）

（二）词语意义的形象色彩同表义平直、抽象之间的对照，以及不同形象色彩之间的差别、比较，较为常见和突出。

进入同义组的词，有很大一部分带有形象色彩；而进入同义组的大量成语，也大多表现出更为鲜明的形象性。这就很自然地使许多同义组在意思的对照、制约中出现形象色彩的因素。同其他语言相比，出现这种因素之多，是相当突出的。

较为经常而且也比较容易被人们感觉到的，是彼此有无形象色彩的对照；但是，两种形象色彩互有差异而对照的情形也不少见。如：

红果儿
山里红

杜鹃
映山红

直截了当
开门见山

找死
飞蛾扑火

有负担
背包袱

猛省
猛醒

鄙弃
唾弃

木已成舟
生米已成熟饭

怀疑
疑惑
疑心
疑
狐疑

挨晚
傍晚
薄暮
黄昏

天河
银河
星河
星汉

崩溃
解体
瓦解
土崩瓦解

负伤	决裂	帮凶	惭愧
挂花	破裂	爪牙	愧
挂彩	崩	鹰犬	汗颜

(三)不少进入同义组的单位,特别是词,所含的色彩或意味因不同环境条件而异(包括是否出现),和其他单位的同义对照并不固定成一个样子。

这种情形的出现率很不小,是现代汉语相当一部分同义组的特别之处。例如不少同义组中的文言词语,现在可在一定条件下用于口语,这时所带的书面语色彩便消失掉。像“国”“狱”“故”“言”“聚”“据”“之”“无”“高枕无忧”“何足挂齿”“非驴非马”“举不胜举”等等,便是如此。在“一国可以有两制嘛”“他为国捐躯”“报国的机会到了”等口语说法中,“国”的书面语色彩是不复存在的,这样的“国”与“国家”“国度”“邦”所发生的同义关系,其内容就不同于带书面语色彩时的“国”与“国家”等相互间存在的关系。又如有好些词语成员,当用在一定的具体对象上或一定的场合中时,会带有某种感情色彩、评价色彩或客气的态度色彩。像“师”“国土”,都本无感情成分,但当出现在“备香茗专候吾师”“欣悉我师来沪”“保卫神圣的国土”“我们终于踏上了国土”之类的说法中时,就分别有敬爱而亲切的、热爱而亲切的感情色彩;像“三番五次”较多时候在评价色彩上表现为中性(如说“他三番五次去求见校长”“我三番五次找那位亲戚都扑空了”),当用于否定的行为时就带厌恶感的评价色彩(如说“你干吗三番五次往这来纠缠?”);“打扰”“过目”,用在“别打扰他们”“这孩子总是打扰人”“他翻开两页匆匆过目”“我尚未过目”等一般说法中时,在态度色彩上是中性的,而当用在“真是打扰您了”“对不起,打扰了”“请您过目”“有劳先生过目”等说法里时,却具有客气的态度色彩。词语只在一定使用场合含有某种特殊意味的情形,也是不少见的。如“过错”,只是用于说自己时，含有“知道自己不该犯这种错误”的意味；“生疏”，可用于从未接触过而不熟悉和长期不接触而变得生疏这样两种情形，而只有用于后一情形时才带荒疏的意味；“不偏不倚”，用于政治或阶级斗争中的中立立场态度时（如说“他们想不偏不倚地站在所谓中间立场上”）有不现实的意味，而用于日常生活中对待不同的人或事的态度时（如说“后母对我和她生的孩子是不偏不倚的”）则有不顾私情的意味。

9.4.5 同义组的成员，往往以使用时有不同的词语搭配而互相区别和对立，这是各种语言都有的情形。对于现代汉语同义组来说，其中有两种倾向性的表现，可以认为也是它内部关系上的特点：

（一）单音词成员一般多同单音词搭配，双音词成员却往往以同双音词搭配较为适当。如：

寻——寻人，寻物
觅——觅友，觅宝
寻找——寻找亲人（朋友），寻找失物（宝物）

用——用人，用典
使用——使用人员，使用典故

丑——丑貌，丑态
丑陋——丑陋的相貌，丑陋的状态

洁——洁室，洁水
净——净室，净水
清洁——清洁的房间，清洁的用水
洁净——洁净的房间，洁净的用水

窘——窘态，窘色
尴尬——尴尬的样子，尴尬的脸色

（二）文言词语成员须用在另含有文言词语或至少带书面语色彩的词语的上下文语境中；换句话说，它们不同口语色彩的词语搭配，须有文言词语或带书面语色彩的词语同它们搭配组合。如：

聪睿——林君何等聪睿不凡！

同“聪明”比较：小林多么聪明和不一般呐！

舛误——此文所举例字颇多舛误。

同“错误”比较：这篇文章列举的字例有很多错误。

修葺——山间数座古庙近已修葺一新。

同“修理”比较：山里的几座古庙近来修理过，变新了。

询——诸友询其久未来校之故。

同“问”比较：各位朋友问他好久没有来学校的缘故。

如出一辙——两人所为如出一辙。

同“一个样儿”比较：两个人的行为一个样儿。

集腋成裘——集腋成裘之理在于重视积存。

同“积少成多”比较：积少成多的道理是重视不断储存。

9.5 反义组和对比组

9.5.1 汉语词汇内的反义现象，与同义现象相比，差不多同样普遍和丰富。但是学者们对其观察研究比较晚，也比较少。认识上的一些基本观念问题还须要加以讨论、明确。

首先，互有反义关系的词语聚合成的整体，是个结构组织。可称之为反义组。进入反义组的单位有词，也可以是固定语。一个反义组的确定，或者说，确定某个或某些词语是另一词语的反义单位，须看是否具备如下一些条件：

（一）不同的词语单位之间在语义上相反。这语义相反的一个比较通俗、贴切的解释，是互不相容①，也就是带有哲学味说的互相排斥和否定。A 和 B 的语义如若彼此相反，那就意味着，B 义是 A 义的反面，A 义也是 B 义的反面。如“活”与“死”：是活当然不能是死，是死就不容许又是活；“强”与“弱”：是强，不能有弱的任何性质特征，是弱便

---

① Geoffrey Leech 在其 *Semantics*（1974 年，英国版）一书中以“不相容性”（imcompatipility）来代替“反义现象”，是有些道理的。见该书第 99 页及以下。

不容许有强的特性;“教师”与“学生”:在这样两种人互相联系在一起的范围内,是教师便不是(对方的)学生,是学生也不能又是(对方的)教师。可以看出,“活”与“死”的语义相反是绝对的,即:

A(非 B)——B　　　　B(非 A)——A

非 B=A　　　　非 A=B

同“活”与“死”相似,像“正”与“误”、“是”与“非”、“雌”与“雄”、“有理”与“无理”之类,其间都有语义的绝对相反,可以表现为上面四式。而“强”与“弱”之间的相反是在程度上相对的,只在程度上表现为强是弱的反面,弱是强的反面,但是不强不一定弱,不弱也不一定就是强,“强”“弱”之间存在着过渡项,即表现为:

A(非 B)——(×)——B　　　　B(非 A)——(×)——A

非 B≠A　　　　非 A≠B

类似的“大”与“小”、“高”与“低”、“长”与“短”、“冷”与“热”之类,其间都存在语义程度上相对的相反。“教师”和“学生”的语义也相对地相反,不过是对象性质上的而非程度上的,其间和绝对相反一样也没有过渡项,表现出的关系式是:

A(非 B)——B　　　　B(非 A)——A

非 B≠A　　　　非 A≠B

像“天”与“地”、“人性”与“兽性”、“东方”与“西方”、“买”与“卖”之类,表现出同“教师”与“学生”之间一样的相反特点。

语义的绝对相反为两个相应概念逻辑上的矛盾关系所决定;而相对相反,无论程度上的还是性质上的,都决定于相应概念逻辑上的反对关系。但是无论哪一种逻辑关系的决定因素及由此而来的表现上的差别,根本上有一致的语义关系,都是互为对方的反面,都可表现为“A(非 B)——±(x)——B”“B(非 A)——±(x)——A”两式。

语义上的相反,是词语能互为反义单位的基本条件。凡不具备这一条件,包括那些只有某种并不决定于概念矛盾关系或反对关系的对立的情形，都不可能互相成为反义词语。例如“东”——“北”，“大学”——“中学”，“妇女”——“儿童”，“老年人”——“小伙子”，“分手”——“聚谈”，“红”——“绿”，“热中”——“热心”等，其间不存在概念的矛盾关系或反对关系，互相对立的两项因而不能认为各是对方的反义词语。

（二）除了彼此相反，语义上必须互为存在的前提。就是若不存在A，便无所谓B，不存在B，也无所谓A。比方，没有“活”，无所谓“死”；没有“死”，“活”也失去意义。只有存在“强”，“弱”才有存在的可能和必要；只有存在“弱”，也才能够和需要存在“强”。有“学生”指的对象，才能有“教师”的意义；没有“教师”指的对象，“学生”不可能有其意义。所有反义组内部都必然具有也必须具有这种在意义上互为前提的相互制约关系，因为这种制约关系能使相反的两方得以紧密联系而形成强烈对照。两个词语之间，如若意义上相反，但不互为存在前提，就不可能存在反义关系。如“水”与“火”，可以说意义上彼此相反，因为通常用水来灭火，在汉族人民的传统观念中，是“水火不能相容”的，但是两词的意义并不互为前提：水不会因为无火而不存在，火也不因无水而失去存在的可能。因而，很难说“水”同“火”互为反义词。又如“红”和“蓝”，一个所指的颜色是暖色的典型代表，一个则是冷色的典型代表；红蓝铅笔半截红，半截蓝，用红的意味着不用蓝的，反之亦然。这样，有理由说“红”和“蓝”在意义上相反。但是两词的意义并不互为前提，没有红不会就没有蓝，没有蓝也不会就没有红①，因而不能认为“红”与“蓝”之间存在反义关系。

可见，意义互为前提，是词语反义聚合的另一个重要条件。但是应

---

① “红”与“蓝”相互之间在意义上有一定的互相制约关系，不过不是互为前提的制约。

该看到,两个单位彼此意义上相反,很容易给互为前提提供基础,因为成了对方的反对方面,便往往会出现没有对方则这反对方面也难以存在的情形。因此,语义相反大多同时伴有互为前提的制约。

(三)不同词语的理性意义只在某个方面上相反,其他方面须彼此一致。理性意义不止一个方面上彼此相反的词语,是不能互为反义词语的。像"母"和"子"或者"父"和"女",既在性别的维度上相反,又在辈分的维度上相反,就属于这种情形。在反义关系上应用的所谓维度,是能概括不同词汇单位理性意义中某个成分或某个方面的某种意义角度或范畴。如性别的维度,能概括"母"的"女性"意义成分和"子"的"男性"意义成分,辈分的维度则把"母"的意义成分"有后嗣的上一辈分"和"子"的意义成分"作为后嗣的下一亲代"概括了起来。因此不同的词语如在一个维度上相反对照,就意味着相应有一个理性意义方面彼此相反。而维度是意义相反对照的枢纽,也是个中心;两个单位的语义相反对照若同时不止有一个维度,不止发生在一个理性意义方面,那就是多中心。多中心不能造成集中在一个意义方面上的对照,从而不可能在人们的语感中形成有强烈、鲜明的相反对照的反义关系。因此,不同的词语能相互是反义单位,"必须在某一个语义成分上相反,而且只在某一个语义成分上相反"①;这语义成分还必须是主要的理性意义成分,能够和一个维度相因应而为其所概括的成分。某个意味(次要的理性意义成分)的相反(如"打破砂锅问到底"〔觉得奇妙的意味〕与"厌倦"〔认为平淡无奇的意味〕,"无动于衷"〔冷淡的意味〕与"关怀备至"〔热情的意味〕),某一个感性语义成分的

① 石安石,詹人凤:《反义词聚的共性、类别及不平衡性》,《语言学论丛》第十辑第78页,商务印书馆。

相反（如“热心”与“热中”，“宏大”与“庞大”，“不落窠臼”与“标新立异”，在评价色彩上一个是好感的，一个是厌恶感的），都不能形成反义关系。

只有一个主要的理性意义成分或意义方面相反，还不完全；其他主要理性意义成分或意义方面还须一致。如果这其他方面互有出入，不同的词语仍不能使人们产生一个集中在彼此某一主要意义成分相反对照上的强烈语感，即不能互为反义词语。例如“姑娘”和“老太婆”，只分别有一个主要的理性意义成分彼此相反：年青——年老。余下的主要理性意义成分有一致的，那是：人，女性；也有不一致的：“姑娘”的“未婚”不同于“老太婆”的“不一定已婚”。又如“清洁”和“污浊”，彼此诚然只在一个主要理性意义成分上相反：干净无污染——有污染而肮脏；但是余下的主要理性意义成分，除“净污表现”相同外，却有不一致之处：“污浊”有个“混浊不清”的成分，“清洁”却并没有和它相同、相当或相反的成分。因此，“姑娘”和“老太婆”，“清洁”和“污浊”，都不能互为反义词。而像“活”与“死”，存在着“生命运动进行着”与“生命运动停止”的相反，其余主要的理性意义成分“生物界一种自然现象”“生命过程”一致；“强”与“弱”，只有“势大”与“势小”的相反，其主要理性意义成分“一种性质”“力量的程度表现”彼此相同。这两对词被公认彼此有反义关系的对立，就不是偶然的。

（四）语义相反而互为前提的单位，须能共同出现在某种语体、某种风格中。只有存在这样的条件，人们才是把相应的不同词语单位看做互相联系的，才会在他们之间建立起相反对照和互为前提的联想和关系。能共同出现在某种语体中，并不意味着这些单位必有相同的语体色彩，而是说它们在语体色彩上调和，不致彼此扞格不入。如带口语色彩的“难看”和书面语色彩的“丽”，带书面语色彩的“静谧”和口语色彩的“闹”，是语体色彩上不调和的，一般不能用在一起，不共同出现在一种语体——特别是口语语体之中，因而尽管“难看”和“丽”、“静谧”和“闹”彼此意义相反、互为前提，而且只在一个主要理性意义成分上相反而其余主要理性意义成分都一致，也不能说它们都互为反义词。而共同带口语色彩的“脑袋”和“尾(yǐ)巴”，共同带书面语色彩的“驯服”和“桀骜不驯”，带口语色彩的“老婆”和语体色彩上中性的“丈夫”，带书面语色彩的“污秽”和语体色彩上中性的“干净”，是彼此在语体色彩上调和的。它们都能是反义组，就并非偶然。

能共同出现在某种风格中，也并不意味着必须有相同的风格色彩，而是须在风格色彩上谐调配合，共同适合于形成某种言语风格的要求。这就是说，不同的词语单位，或者都有因应于某种风格的风格色彩，或者其中有的具有这种色彩而有的表现为在风格上通用或中性，是它们能够互为反义词语的一个条件。例如，“快速”与“迟缓”，“洁净”与“污秽”有一致的风格色彩；“快速”与“慢”，“慢腾腾”与“快”，一个词有一般文艺风格色彩，一个词是风格上通用的：这样成对的词才有可能在相互之间确立反义关系。而像带会话风格色彩的“儿子”和有文牍、评论风格色彩的“父”，带文牍风格色彩的“速”和有一般文艺风格色彩的“迟缓”，就不会出现在同一种言语风格当中，不可能互为反义词。

（五）词与词之间要确立反义关系，要求两个词的词性相同；如果固定语进入反义组，也要求它在语法功能上同意义相反的单位（词或固定语）一致，如都相当于形容词的作用或动词的作用、名词的作用等。词性或词语的语法功能，是词语的整个含义中很有影响作用的因素，是人们语感上的一种含义特征。不同的词语单位若词性或语法功能不一致，其某一主要意义方面的相反就不突出，不能在人们语感中形成一种强烈的对照。因而在这种情况下,不可能互为反义词语。例如"忧愁"和"快意","愁绪"和"快乐","碰钉子"和"顺当",在词性或语法功能上都互不相同,尽管词汇意义方面的差异情况可符合上面第一、第二甚至第四条件的要求,也难以彼此互为反义词语。而像"教师"与"学生","快乐"与"忧愁","力争上游"与"甘居中游",所以会在人们的语感中互成反义单位,同它们在词性或语法功能上的一致是有一定关系的。

上面五个方面的条件,对于构成一个反义组或确定某单位与某单位互为反义词语来说,都是必须具备的。缺了其中任何一个条件,反义关系都不可能成立。而这五个条件是否完全具备,就成了确定现代汉语反义组的依据,成为反义组同近似的词语对立聚合体的区分界线。

根据这些条件,在编纂一部汉语反义词语辞典的过程中作了考察,可以知道现代汉语的反义组虽然数量不如同义组那样多,也是比较丰富的。把很常见的、较为常见的以及一些不很偏僻的计算在内,大约有一千五百组以上。因此,为了全面具体地描写一个个反义组,为了帮助人们理解和运用反义词语,编纂现代汉语反义词语辞典是很有必要、很有意义的。

9.5.2　与反义组最接近,但不完全具有反义组的条件而须与反义组区分开来的对立聚合体,是对比组①。要确定反义组,其实主要就是将反义组同对比组划分开来。这种情形,和确定同义组而须将它与近义组划分开相仿。

不同的词语若意义上互为对立面而彼此对比,但或者未构成意义相反,或者构成相反关系而并不互为前提,或者不止一个主要理性意义

---

①《韦伯斯特同义词新词典》(*Webseter's New Dictionary of Synonyms*,1978 年,美国新版)在附收的词中有一种"对比的词"(Constrasted words)。对比组根据这种词而命名。

成分相反,或者虽只有一个主要理性意义成分相反而其余主要理性意义成分却不一致,就构成对比组。对比组总是反义组前三个必要条件上有某部分的欠缺或完全欠缺,因而互有对比关系的词语只是在意义对立面上互相对照、映衬,并非彼此有反义关系而强烈地在相反方面上互相对照和制约。如:

挨近——离开:有一个主要理性意义成分相反(靠拢——分离而去),其余主要理性意义成分不一致。

卑躬屈膝——宁死不屈:情形与上例基本相同:只有一个主要理性意义成分相反(没有骨气——有骨气),其余多个主要理性意义成分都不相同。

母——子:有两个主要理性意义成分相反:女性——男性;上一辈分——下一辈分。

清洁——污浊:情形大致同上。相反:干净无污染——有污染而肮脏。相同:都有“净污表现”这一主要成分。不一致:/——混浊不清。

红——绿:无相反的意义成分。但彼此的意义互为对立面而对照映衬:有“红花绿叶”“红灯绿酒”“红男绿女”等习惯的说法。

卵——石:情形大致同上。有习惯的对照说法:“以卵击石”。

羊——虎:同上。有习惯的对照的说法:“羊入虎口”。

水——火:有不止一个相反的理性语义成分(其中不容许有气体——本身是一种高温形态的气体;有灭火的功能——会被水熄灭),意义上也并不互为前提。

红——蓝:主要理性语义成分有两个相反的(分别为暖色、冷色的典型代表;在应用于铅笔、墨水等作用上截然对立),意义上又并不互为前提。

马不停蹄——裹足不前:有一个主要理性意义成分相反(前进——不前进),但其他主要理性意义成分不一致,而且意义上彼此不互为前提。

对比组也是具有反义组的第四、第五两个条件的,即其成员能出现于同样的语体和风格,在词性上或语法功能上一致;因为只有这样,彼此才经常共同出现在一定的言语片段中,才能在人们的意识中较稳定地形成对比的联想。因此,对比组和反义组的差别,就表现在反义组前三个条件是不全具备、不具备还是完全具备上。根据这三个条件,可以把对比组和反义组区分开来;而根据部分或完全欠缺这三个条件的情况以及必须具备反义组后两个条件的要求,则可以把对比组确定下来。下面只列出这种区分和确定的小小一部分结果:

反义组　　对比组

停战	开战	停火
暴露	藏匿	显露,显现
耐烦	不胜其烦	忍耐
了如指掌	不甚了了	了然,清楚,明白
得逞	不逞	得志
劳苦	安逸	劳碌
轻而易举	棘手	顺手,顺利
精良	粗劣	精美
刚愎自用	从善如流	自以为是
不足	充足,充分	贫乏,匮乏
危,险,危险	安,安全	危急,危殆,危如累卵
大高个儿	矮子	巨人
成品	材料	半成品,毛坯
正门	侧门	大门
短枪	长枪	手枪
郊区	城区	郊外
现代	古代	近代
肉,肌肉	骨,骨头	皮

可以看出,对比组中的对照映衬没有反义组中的那样鲜明、强烈,不像后者那样和意义上的相反及互为前提紧密联结着。因此,反义组中存在着的是反义关系,成员间的意义对照成了反义关系的一种有机成分,它是建立在意义相反和互为前提的基础上的;而对比组中的对照映衬,只是一般有某种对立性的对比关系。但是,对比组中的对比关系虽则比较简单或单薄,却也是一种聚合的结构关系。由它所维系的词语聚合体——对比组,是一种结构组织。词语单位间的对比,在意义对立面上互相对照映衬的同时,彼此也存在一定的制约:互相使对方的意

义有一个关联对比的方面。

9.5.3 反义组和对比组在结构形式上，是大体一致的。由于反义关系在对立上的尖锐性和在对照及互相制约上的强烈程度，反义组的构造要比对比组的严整，也较为显豁。

简单的、基本的结构，在同一维度上只有两个聚合起来的结构项彼此有反义的或对比的关联，表现为：

A——B

反义组：

强——弱　　强大——弱小　　出——入
进步——退步　　寒流——暖流　　奇数——偶数
南——北　　上面——下面
具体劳动——抽象劳动　　多快好省——少慢差费

对比组：

精美——粗劣　　具体——笼统　　民主——集中
难听——动听　　美化——抹黑　　开战——停火
巨人——矮子　　水——火　　美男子——丑妇
民族音乐——管弦乐　　名副其实——徒有其名
流芳百世——臭名远扬

复杂的结构，在同一维度上具有不止两个的结构项，表现为：

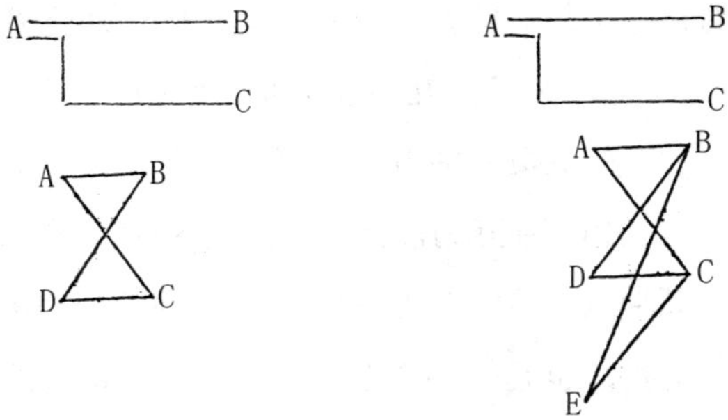

……

反义组：

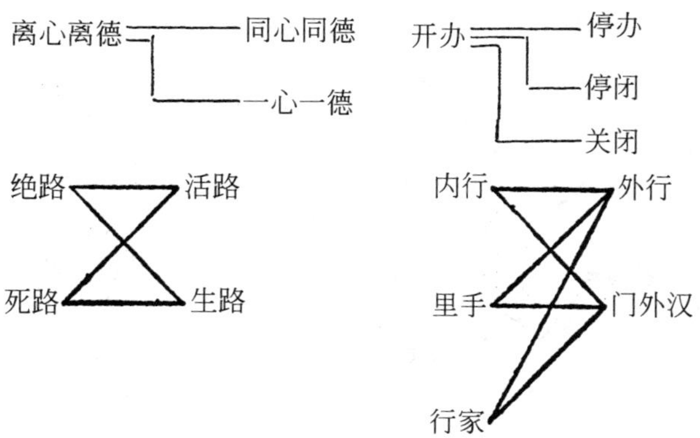

……

对比组：

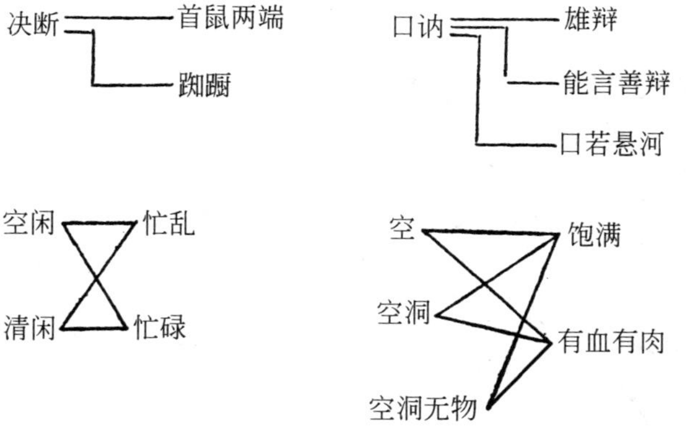

……

复杂的结构虽与简单的结构一样，仍分为相对的两方，但是至少在某一方出现不止一个结构项。上面列出的结构形式，其中每个结构项都同相对方面的任何结构项有同一维度上的反义关系或对比关系，这是整齐的形式。当某一方的一个结构项同另一方某个结构项，虽然也可在同一个维度上意义相反或相对照，但由于不共同出现于一定言语片段（即实现上没有也不会在人们的意识中建立相互的联想和对照）而并不存在反义关系或对比关系时，形成的复杂反义组或复杂对比组就具有不整齐的结构形式。如：

不整齐的复杂反义组：

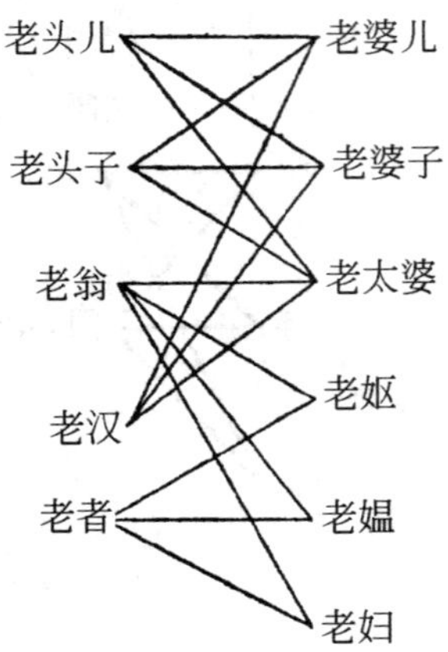

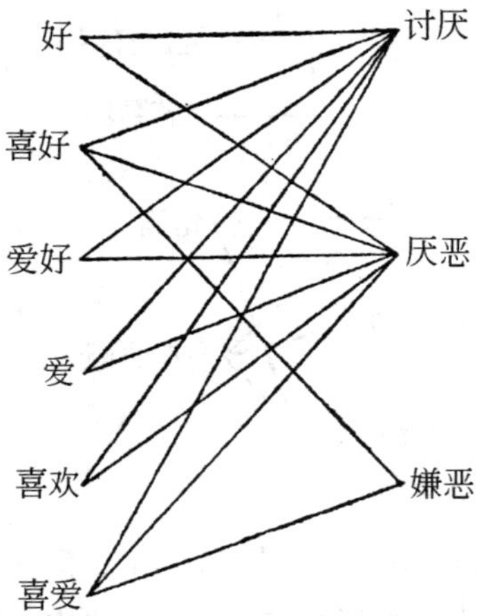

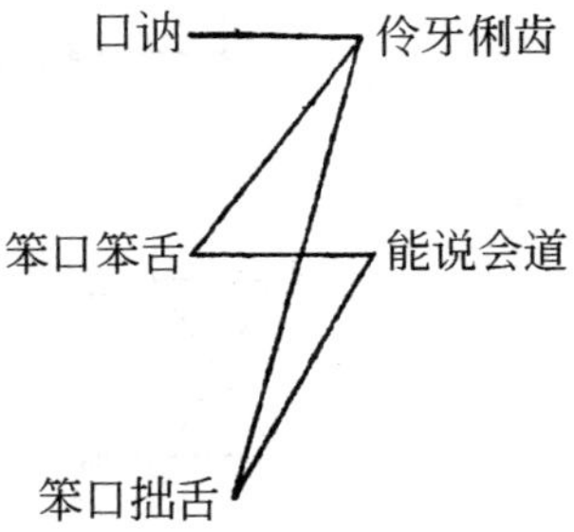

不整齐的复杂对比组：

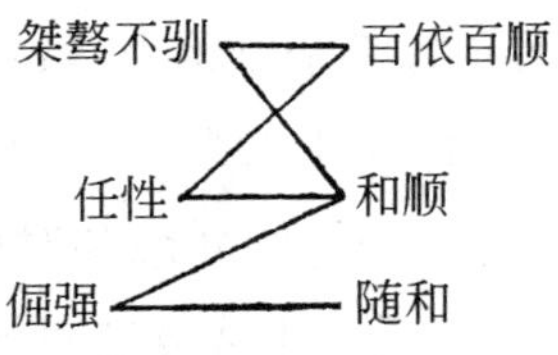

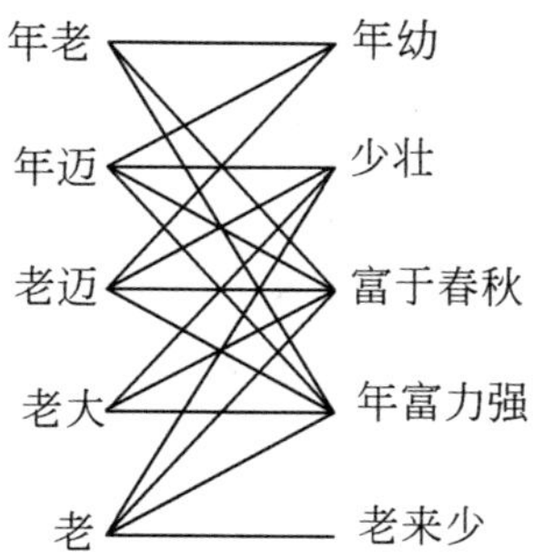

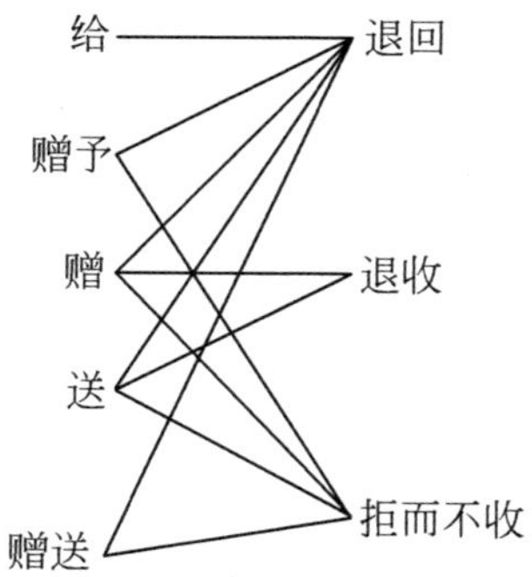

在同一维度上对照聚合的情形下，复杂结构的反义组无论是否整齐，其每个相对方面若不止一个结构项，则这几个结构项之间必是互有同义关系的。如：

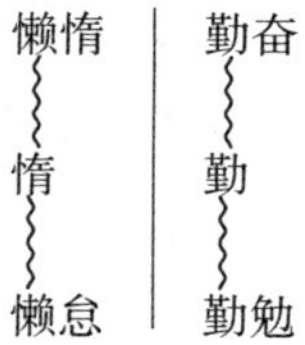

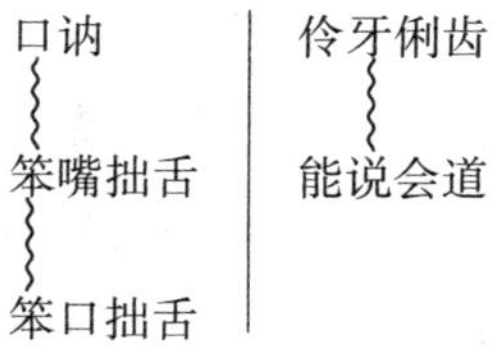

复杂结构的对比组无论是否整齐的，都没有这种可能；其每个相对方面若不止一个结构项，这几个结构项之间往往只有近义的关系或者意义差别较大。如：

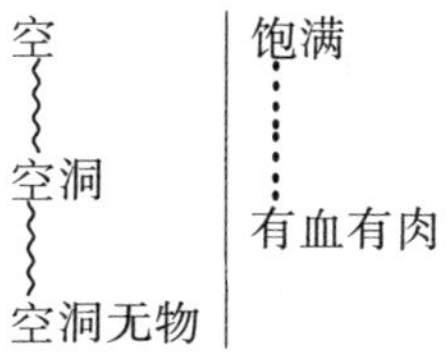

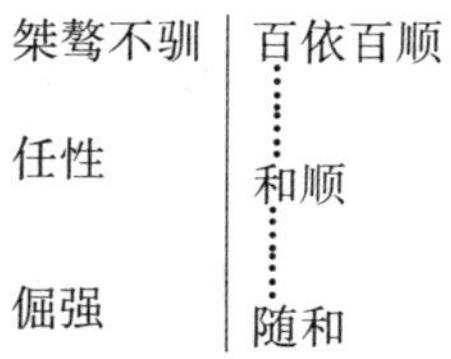

因此，复杂结构的反义组要比复杂结构的对比组严整些，有更加规律的、丰富的结构关系。

如果同一个意义在另一个维度上又存在内涵大不相同的反义关系或对比关系，或者一个多义词语的结构项在另外的意义上又同别的词语有内涵差异更大的反义关系或对比关系，这就形成一种有不止一个反义或对比结构关系而彼此有部分结构项叠合起来的复合结构。如：

复合结构的反义组：

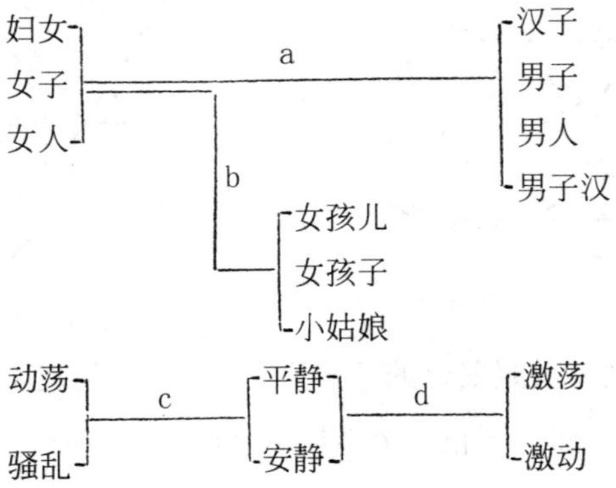

a、b 是（“妇女”“女子”“女人”）同一意义的不同维度（性别；是否成年）上的反义关系；c、d 是（“平静”“安静”）不同意义（局面或局势正常无事；内心没有急激、波动的感情或思绪）上的反义关系。

复合结构的对比组：

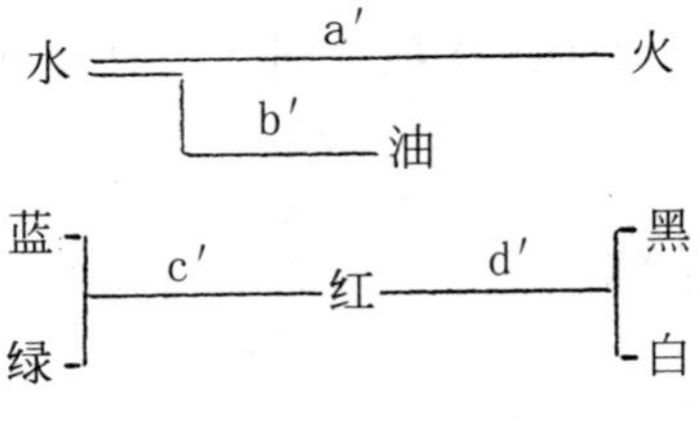

内涵大大相同的对比关系 a′、b′是建立在（“水”的）同一意义的不同维度（彼此谁灭谁；液体的特殊性质、功能）上的；而内涵彼此差别更大的对比关系 c′、d′，则建立在（“红”的）不同意义（一种颜色；〔象征〕喜庆、吉祥）之上。

复合结构须要合理地确定其范围。这是由于每个结构项都有可能在不同的维度上或在其自身的不同意义上，与别的词语有反义关系或对比关系。如此分头蔓生扩展开去，可能形成十分庞大繁复的、甚至难以看出范围延展尽头的结构组织。因此,为了认识、分析和掌握上的便利,也为了符合人们语感一般所能接受的情况,可以确定,一个复合的反义结构或对比结构,其所包括的结构项的范围以到只与同一个对照方面的结构项有反义关系或对比关系的有关结构项为止。即在不止一个维度或不止一个意义上有结构关系的情况下,反义组或对比组的复合结构项以一个对照方面的词语单位为“轴”,以同这个轴有反义关系或对比关系的所有单位包括进来而形成自身确定的范围,凡不同这个轴有对照关系的都不入此范围而只能属于另一个结构组织。有如下图所示:

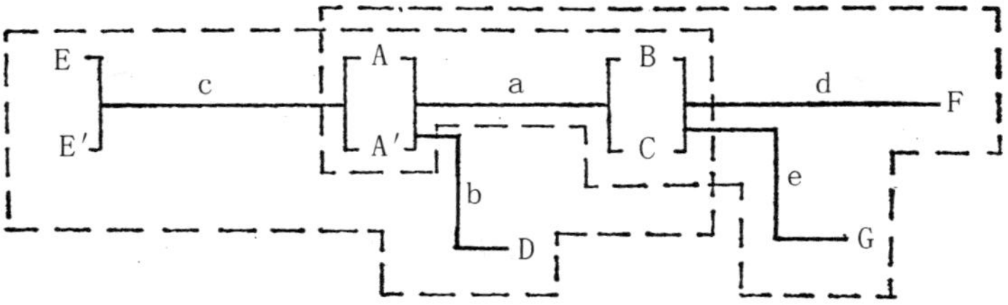

A—A′是一个轴;a、b 是同一意义的不同维度上的关系,c 是另一个意义上的关系,都同 A—A′轴关联,从而有左边虚线勾勒出的一个复合结构的范围,F、G 都不能划入这一范围之内。B—C 虽是这左边结构所维系的单位项,但又可成为另一复合结构的轴;对于右边的复合结构来说,d、e 是同一意义不同维度上的关系,a 和 d、e 各是不同意义上的关系,E、E′、D 须排除出结构范围之外。例如:下面 A 图中,以“母、母亲”为轴,有左边虚线勾勒出的另一个反义复合结构;以“女,女儿”为轴,有右边虚线勾勒出的另一个反义复合结构。B 图中,分别有以“火”为轴的、以“乐、笑”为轴的、以“水”为轴的三个对比复合结构。

图 A

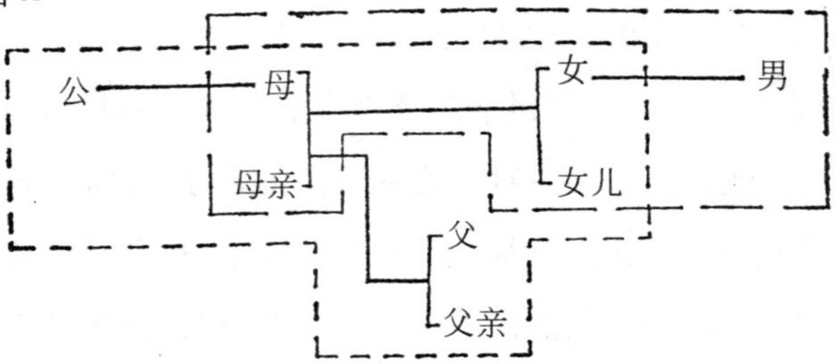

图 B

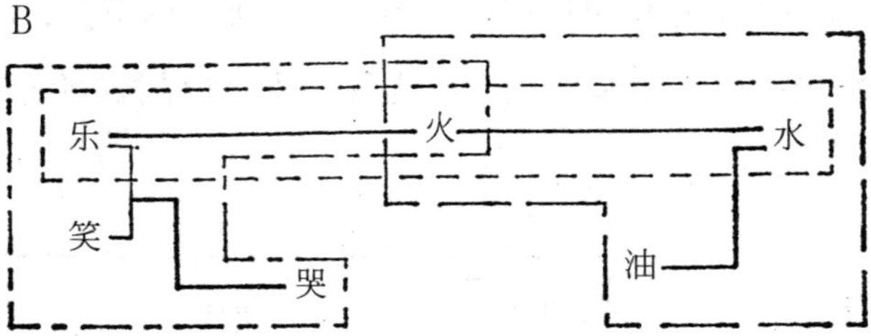

9.6 反义组的类别

9.6.1 结构简单的、复杂的和复合的三类反义组，是依结构关系的繁简情况而划分出的类别。它们的区分，对于反义组结构特征、范围的了解，对于反义辞典编纂方法和编纂体例的确定来说，是具有很大意义的。

除了这一分类，按照另外不同的准则，汉语反义组还有两种主要的类别划分。

依进入反义组中的成员属于什么词汇单位这个方面，全部反义组可分为三类：

(一)反义词组。进入反义结构关系中来的只是词；彼此对立的成员互为反义词。这种反义组比较常见。如：

强大——弱小　粗大——细小　雌——雄　东——西
绝对——相对　草本——木本　早——晚/迟
绝路/死路——活路/生路　内行/行家/里手——外行/门外汉
特地/特意——顺便/乘便/捎带

(二)反义语组。进入反义结构关系中来的只是固定语;彼此对立的成员互为反义语。如:

百花齐放——一花独放　不露圭角——锋芒毕露
本科出身——半路出家　失道寡助——得道多助
厕身其间——置身事外　生气勃勃——死气沉沉
全心全意——半心半意　真心实意——假情假意
同心同德/一心一德——离心离德
近在咫尺/近在眼前——远在天边/十万八千里
故步自封——更上一层楼/百尺竿头,更进一步

(三)反义词语组。成员包含有词和固定语。其中必出现相互有着反义关系的词和固定语,彼此互为对方的反义词、反义语。如:

细致——粗枝大叶　顾忌——肆无忌惮　济事——无济于事
自谦——自夸/王婆卖瓜　佳肴/肴馔/大鱼大肉——粗茶淡饭
俊美/俊/俊俏/俊秀/标致/美貌——其貌不扬
实话/真话/老实话——假话/瞎话/谎话/谎言/假言假语
歉收/荒歉——五谷丰登/丰收/丰登
失信——守信/言而有信/信守诺言　根除/剪草除根——扬汤止沸

进入反义组中的固定语,绝大多数是惯用语和成语。惯用语的复杂意义有什么构成成分,成分间的组合关系如何,总是比较清楚的。而具有双重意义的成语,其整个意义内涵显然又比惯用语和词的丰富很多——主要具有较多的意味和色彩。因此,反义词语组中,惯用语同词的反义对立(如"肆无忌惮"——"顾忌";"无济于事"——"济事")、成语同词的反义对立(如"粗枝大叶"——"细致","扬汤止沸"——"根除"),和反义词组中词与词的反义对立比较起来,有较大、较明显的差异表现;而反义语组中固定语之间的反义对立,特别是成语与成语或惯

用语之间的反义对立,在比照内容上就比词与词之间的反义对立远为丰富。这些差异的存在,决定了反义词组、反义语组、反义词语组三种类型具有不完全一致的修辞作用。

9.6.2 按照反义关系特性上的差异,汉语的反义组有另一种重要的类别划分。这是各种语言里普遍存在的类别,对它们的研究和论述已经不少。然而划分中的层次似较模糊,须在汉语的具体划分中加以明确。

从一个方面来看,互有反义关系的词语,若彼此在语义上绝对地相反(参见9.5.1小节),所形成的反义组是一种类型,若彼此相对地相反(参见9.5.1小节),则相应的反义组是另一种类型。前者是绝对反义组,后者是相对反义组。

从另一方面看,两个对立项意义相反之中,有的存在过渡项,有的没有过渡项(参见9.5.1小节)。据此,全部反义组可以划分为两大类。一类是有过渡项的,如"冷——凉、温——热""大——不大不小——小""上等——中等——下等"之类,表现为A(非B)——(x)——B,B(非A)——(x)——A;一类无过渡项,如"死——活、生""买——卖""男性——女性"之类,表现为A(非B)——B,B(非A)——A。后一类包括全部绝对反义组和性质上的相对反义组;前一类则只是程度上的相对反义组(参见9.5.1小节)。反过来说,相对反义组区别为程度上的(有过渡项的)和性质上的(无过渡项的)两个次类;而绝对反义组则清一色地全属无过渡项一类。

可见,依反义关系具有绝对性还是相对性和是否存在过渡项而作的两种划分,各处于不同的层面,而且都进一步有不同的次类。但是彼此密切相关地交错着。从使用的角度看,反义组按关系特性的准则并存两种互相纠缠的类别划分,未免繁复而不实际。对此,可有两种改善的处理。其一是综合关系特性两个方面的准则,把反义组分为平行的三类:(一)绝对相反而没有过渡项;(二)相对相反而有过渡项;(三)相对相反而没有过渡项。另一处理是只按“绝对——相对”的准则划分为两类,然后在相对反义组中再区分为程度相对和性质相对的两个次类。

后一种处理更为可取。因为这样可以清楚地显示划分的层次,并且能突出比较重要的绝对性和相对性的区别。

绝对反义组内,可以按照是否在某个对立方面出现否定成分而划分出两个次类。关于带否定成分的对立项能不能是反义词语的问题,曾有截然对立的两种意见。如果大家承认,概念的矛盾关系是绝对反义关系的逻辑基础,进入反义关系中来的又需是词或固定语而不能是言语单位的自由词组,那么问题应能取得一致的认识。既然某种事物与这事物的否定之间是矛盾关系的明显表现,那么体现矛盾关系的绝对反义关系自然可以在一端的结构项上出现否定成分,只要这结构项确实是语言中的词或固定语就行。这样,可以看到现代汉语存在不少出现否定成分的即有所谓否定式的反义组。如:

幸运——不幸/不走运	规则——不规则	方便/便——不便
像话——不像话/不成话	得当/适当——不当	道德——不道德
端正/正派——不端	平凡——不凡/不同凡响	
好意思——不好意思	合情合理——不近情理	
有利/利——不利	落套——不落俗套/不落窠臼	
满意——不满	缺乏——不乏	有——没有/无
有望——无望	有理——无理	有为——无为
有余——无余	有益——无益	对抗性——非对抗性
党员——非党员		

没有否定成分的绝对反义组,矛盾关系不以否定式的直接形式表现出来,是含蓄的,不那样显豁的,须从任何一个对立方面的否定(即

加上否定词)等于另一对立方面来认识。如:

静止——运动　　死——活/生　　死亡——生存
开——闭/关　　正——误/错　　直——曲/弯/弯曲
真——假/伪　　是——非　　内——外
女性——男性　　雌——雄　　表层——里层/深层
正面——反面/负面　　热色/暖色——冷色

9.6.3　按照反义关系的某种特殊表现,可以划分出反义组的三个类别:

(一)互补的。互相补充指表现出矛盾关系,互为对方的否定方面:A 是非 B,B 是非 A,非 A 即为 B,非 B 即为 A。这种 A 与 B 从相反方面互相依存和互相制约,被称作"互补现象"(plementarity)①,其相应的组织整体,就是第 9.6.2 小节提出的无否定成分的绝对反义组。

(二)逆反的。A 是甲方施向乙方的行为,而同时这行为从乙的方面看,是乙方作用于甲方的行为 B。如"借——贷""进口——出口""输出——输入""讲课——听课"之类。这种逆向相反的反义聚合关联,被称为逆反现象(converseness)②。

(三)方向相反的。A 的方向和 B 的方向刚好相反。如"上去——下去""上楼——下楼""推开——拢来""登/上——下""到达——离开"之类。方向相反的反义聚合关联,被称为"方向的对立"(directional opposition)③。

在语言学家 J. 莱昂斯(John Lyons)看来,只有分等级的(gradable)对立所形成的聚合体,即本节所说的程度相对反义组,才是反义聚合,互补

① John Lyons:Semantics,第 279 页,1977 年,剑桥大学出版。
② 同上注,第 281 页。
③ 同上注。

现象、逆反现象和方向的对立都不是反义现象①。这种见解把反义现象规定在较狭窄的范围内,并没有充足的理由,连喜欢介绍和采用 J. 莱昂斯不少基本观点的帕默(F. R. Palmer)也对此表示怀疑和否定②。但是,应该指出,逆反的和方向相反的反义组,在汉语里数量很少,每组所含的词语成员很有限。就连互补的反义组,也是较少的。而且逆反的、方向相反的和互补的三类,各自的特点及彼此的区别一般又较难掌握。因此,在关系特殊性平面上作出的逆反反义组、方向相反反义组和互补互义组这种类别划分,实际意义较小。

9.7 现代汉语反义组的特点

9.7.1 民族特点在反义组上是有所表现的。现代汉语某些反义组类别的划分就同民族特点有密切关联。

首先,反义词组、反义语组、反义词语组三类的划分,尤其是后两类占有比重不少的分量,就是现代汉语反义组的一大特色。成语、惯用语的极其丰富,是汉语在世界语言中比较突出的一种素质表现。而有相当多一部分成语、惯用语能进入反义组,就不仅导致反义的对照方式和对照的内涵复杂多样、丰富多彩,而且使划分出反义语组和反义词语组成为必要;从而这些类别就表明了自身在构成上和意义对照关系上,成语和惯用语影响浓厚与色彩繁复的民族特点。

9.7.2 其次,更有意义一些,有的反义组类别表现出了成员单位形式上的民族特点。

反义语组,绝大多数对立的固定语成员具有相同的音节数——以

---

① John Lyons:Semantics,第 272 页、第 279—281 页,1977 年,剑桥大学出版。

② F. R. Palmer:Semantics,第 80—81 页、第 84 页,1976 年,剑桥大学出版。

同是四字格为多,形式整形对称,其中相当一部分甚至在语法构造上也一致,有的连相应结构位置上的词都大多相同。如:

流芳百世——遗臭万年　　无的放矢——有的放矢
先知先觉——后知后觉　　先发制人——后发制人
力争上游——甘居中游　　后继无人——后继有人
表里如一——表里不一　　大恩大德——小恩小惠
宏观世界——微观世界　　多口相声——单口相声
朝气蓬勃——暮气沉沉　　先下手为强——后下手遭殃
半信半疑/疑信参半——深信不疑
真情实意/真心实意/诚心诚意——虚情假意/假心假意

反义词组中,大多数对立的词也是音节数相等的,其中以同是双音节的情形最多见。如:

报喜——报忧　　昂首/抬头——俯首/低头
得势——失势　　合作——分工/单干　　开幕——闭幕
崇敬——鄙夷/鄙视/鄙薄　　顺眼——碍眼
失当/不当——得当/恰当/适当　　高大——矮小
正常——失常/反常　　冷——热
枯瘦——丰润　　开水——生水
春播——秋播/春耕　　客运——货运
手——脚/足　　巨人——侏儒　　横坐标——纵坐标

整齐、对称的形式,是汉语词语、结构的一种特色,表现着汉族人民喜爱对称、平衡的民族心理。汉语相当大一部分反义组在成员构成形式上的整齐对称,既可加强相反对照的效果,又有利于造成语句的鲜明节奏。这是汉语互有反义关系的单位往往有较强修辞作用的一个重要因素。

9.8　同义组和反义组的复杂交错

9.8.1　反义组无论在内部结构关系上还是构造上,和同义组显然存在着巨大的差异。有的研究者认为同义和反义现象都是有同有异,都只是一个义素有别,并无实质不同①。这种意见根据的是部分表面现象或某种接近的方面。从上面较为深入地对如何有同有异以及结构项之间的所有关系的考察来看,把同义组和反义组实质上混同起来的提法是难以使人赞同的。有的语言学家已正确指出,"同义现象和反义现象是逻辑性质极为不同的语义关系"②。不仅逻辑性质,语义关系本身的内涵、条件及相应的结构项的组成等方面,都是极为不同的。

但是,同义现象和反义现象又并不相反,或者并不像有的著作说的彼此"相对立"③。"同义"和"反义","同义词语"和"反义词语",都不互为反义词语;"同义组"和"反义组"之间并没有反义关系。另一方面,同义组和反义组往往还密切地互相牵连、纠缠在一起,形成两种结构组织纷然交错的情况。一般把同义现象和反义现象连在一起或相并而提,不是偶然的。

9.8.2　同义组和反义组的交错纠缠,表现在复杂反义组中对立一方的不同词语之间同时存在着同义关系,而复合反义组中和共同的"轴"有反义关系而分属不同对立方面的诸单位则不互为同义词语。另外,一个同义组也并不必然全部成员都同时成为反义组某个对立方面的反义词语。这样,同义组和反义组的交错是相当复杂的,并不一定整齐地套叠。如:

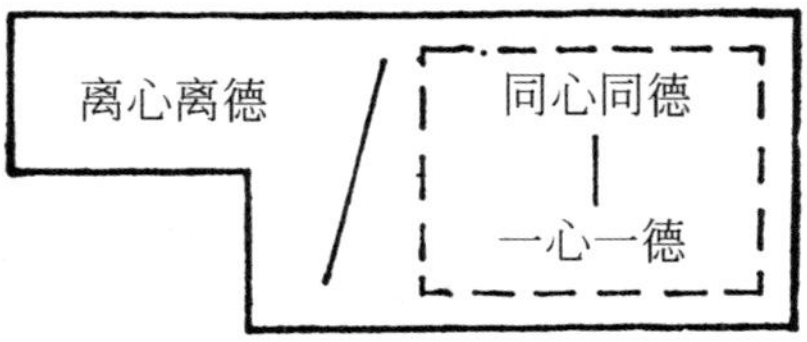

① 王德春:《词汇学研究》,第149页,1983年,山东教育出版社。

② John Lyons: *Introduction to Theoretical Linguistics*,第407页,1968年,剑桥大学出版。

③ 张永言:《词汇学简论》,第112页,1982年,华中工学院出版社。

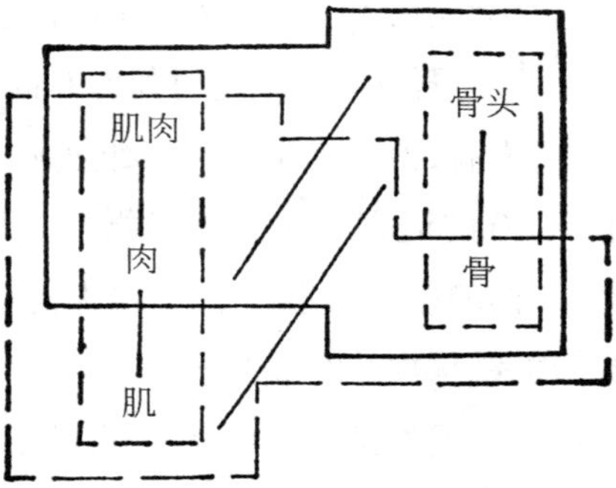
肌肉
肉
肌
骨头
骨

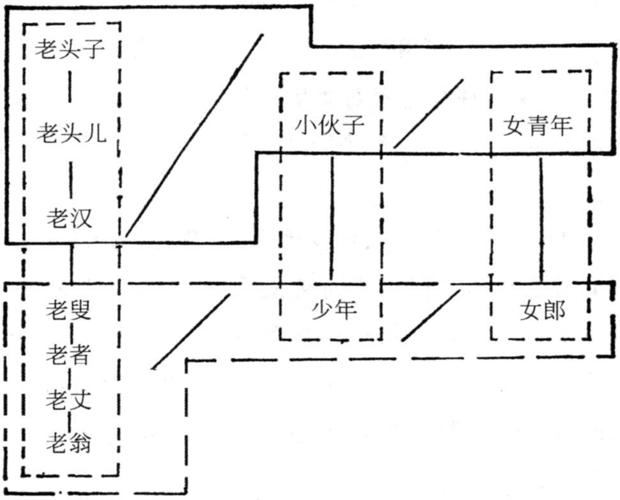
老头子
老头儿
老汉
小伙子
女青年
少年
女郎
老叟
老者
老丈
老翁

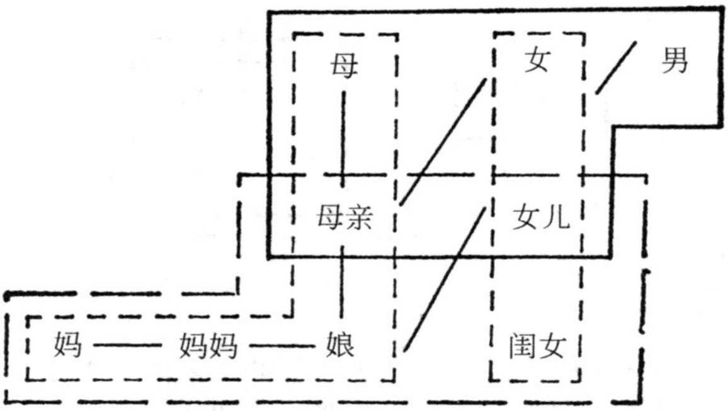
母
女
男
母亲
女儿
妈
妈妈
娘
闺女

可见,从一个同义组未必就能相应地看到另一个同义组完整地同它有反义关系,一个反义组的不同对立方面未必都是完整的同义组。把相互间存在同义关系的词语简单地都看做某个词语或某组同义词语的反义单位,是很容易犯错误的。

10. 结构组织(中)

10.1　分割对象组

10.1.1　两个或多个词语单位,若个别的意义把一样事物整体的各个不同部分分别加以反映,相互之间就在意义范围上彼此制约着,或者更准确些说,其中每一个词语单位的意义范围都被其他相关词语的意义所限定,彼此互相对立又互为条件。这样一些词语单位,凭着相互在意义范围上的制约、对立关系,理所当然地作一种结构的聚合,形成一种结构组织。如:

树根——树干——树枝——树叶
公猪——母猪——小猪
高等教育——中等教育——初等教育
教授——副教授——讲师——助教

"树干"只能指树的地面上大体粗直向上的主干部分,不能指分枝或地面下连着主干的由粗硬至细软的部分,因为它们已分别属于"树枝""树根"的意义所反映的对象范围。同样,"公猪"只能指显出雄性特征的猪;其他的猪——显示雌性特性的猪和未长成而仿佛中性的猪,已分别是"母猪""小猪"的意义所反映的对象,"公猪"的意义要反映它们自然就被限制而不得"染指"。"高等教育"只能指高等学校所进行的教育,其意义不反映中等专业学校的教育,是被"中等教育"的意义范围所限定了的。其余可以类推。

这种结构组织,仿佛其各个成员共同把一个对象加以分割,分别同割得的部分相关联。因此,它可称为分割对象组①。H. A. Gleason 以英语表示光谱颜色有 purple(紫)、blue(蓝)、green(绿)、yellow(黄)、orange(橙)、red(红)六个词,而 Shona 语、Bassa 语表示光谱颜色只分别是三个词、两个词为例,说明不同语言有不同的所谓内容结构和表达结构②;他所举的三种语言的三组词,就都是分割对象组。这种结构组织普遍存在于各种语言。但是同一种事物整体,不同的语言往往用不同数目的词语单位对它作不同形式的"分割"。

现代汉语表示光谱或虹的颜色,用七个词,比英语多一个,其中少数单位的意义范围自然就和英语相应的单位不一样。如下图所示:

赤(红)	橙	黄	绿	青	蓝	紫

<table>
<tr><td>red</td><td>orange</td><td>yellow</td><td>green</td><td colspan="2">blue</td><td>purple</td></tr>
</table>

对于同胞的子女这类亲属,汉语分割的方式及用多少词来分割,和英语差别更大:

侄　子	侄　女	外　甥	外　甥　女

<table>
<tr><td colspan="2">nephew(侄子,外甥)</td><td colspan="2">niece(侄女,外甥女)</td></tr>
</table>

分割对象组同外语的相比较所存在的类似差异,能鲜明显示汉语词汇结构组织的民族特点。不过,对少数个别事物对象的分割,汉民族共同语和方言之间也可能不同。如:

---

① 二十多年前,拙文《论词汇体系问题——与黄景欣同志商榷》已提出了"分割对象组"这一术语,对有关现象作了简略分析。见《中国语文》1964 年第三期第 205 页。

② 参看 H. A. Gleason 著的 *An Introduction to Descriptive Linguistics*,第 3—5 页,1961 年,纽约修订版。

<table>
<tr><td>共同语(现代汉语)</td><td colspan="2">公　鸡</td><td colspan="2">小　鸡</td><td colspan="2">母　鸡</td></tr>
<tr><td>粤方言</td><td>鸡公</td><td>骟鸡</td><td>鸡公仔</td><td>鸡仔</td><td>鸡项</td><td>鸡乸</td></tr>
<tr><td>北京方言</td><td colspan="2">公　鸡</td><td colspan="2">小　鸡</td><td>草鸡</td><td>母鸡</td></tr>
<tr><td>共同语(现代汉语)</td><td>石板凳</td><td>长板凳</td><td>凳子</td><td>竹凳子</td><td>小板凳</td><td>小竹凳</td></tr>
<tr><td>粤方言</td><td>石凳</td><td>条凳</td><td colspan="2">凳</td><td colspan="2">凳　仔</td></tr>
</table>

10.1.2　现代汉语的分割对象组,依对象的性质可分为两类:

(一)具体的。分割的对象是有具体的空间形式或感觉形式的,因而为结构项——组织成员所指称的每个分割出的部分,也是具体而可感知的,每个成员意义范围的区分界线很明显、很固定。这其中,又可分为两种情形:A. 对象是个具体的整体;B. 对象是个具体单位综合的类集。前一种情形的“分割”自然更加具体、明晰。如:

A. 头部(头)——颈部(颈项)——四肢——躯干　　胸腔——腹腔
心房——心室　　手掌——手背　　大肠——小肠
植物神经——运动神经——感觉神经　　动脉——静脉
树根——树干——树枝——树叶　　果皮——果肉
花蕊——花瓣——花托——子房　　上游——中游——下游
赤(红)——橙——黄——绿——青——蓝——紫

B. 小学生——中学生——大学生　　硕士生——博士生
助教——讲师——副教授——教授
助理编辑——编辑——副编审——编审
侄子——侄儿——外甥——外甥女　　雄狮——母狮——小狮
山羊——绵羊　　黄牛——水牛——牦牛
公鸡——母鸡——小鸡　　海鱼——淡水鱼　　芭蕉——香蕉
国光——红玉——金帅——香蕉苹果
水饺——蒸饺——锅贴(煎饺)　　热——温——凉——冷
走(行)——跑——跳　　朗读——默读

(二)抽象的。分割的对象是没有具体的空间形式或具体感觉形式的现象,显得抽象;而为组织成员所指称的每个分割出的现象部分,也就没有具体性,每个成员意义范围的区分界线随之而不十分明显或不很确定。如:

工——农——兵——学——商　　自然科学——社会科学
文科——理科——工科——农科——林科——法科——商科——医科——艺术科——体育科　德育——智育——体育——美育
内科——外科——皮肤科——骨科——脑科——泌尿科——耳鼻喉科——儿科——产科　　悲剧——喜剧——正剧
抒情诗——叙事诗　　长篇小说——中篇小说——短篇小说
大前提——小前提——结论　　资方——劳方
上等——中等——下等　　高档——中档——低档
超级——高级——中级——低级　　发展——停滞——倒退

分割对象组的存在,是事物现象被划分为不同组成部分的必然反映。而能被划分的事物现象及其划分开的不同部分,通常是适于用名词或名词性的词组来指说的,因而分割对象组以其成员都是名词或名词性词组的情形为常见。由其他类别的词或词组组成的分割对象组,数量很少。

对于那些仅止共有某种抽象的上位概念而像是"分割"该抽象概念,但是实际上并非划分开某一事物整体并分别称说其不同部分的词语,不能把它们看做彼此有分割对象的关系。如"暴躁""温和""不苟言笑""直爽""开朗""沉郁""吃软不吃硬"等,从意义所体现的概念方面看,共有个上位概念"性情",但是这些词语并不是由分割性情而产生和存在的。"怀疑""顾虑""犹疑不定""惊慌""害怕""思索""回忆""想像""难过""愤懑""悔恨""悲喜交集"等,虽然共有个上位概念"心理活动",却不能说它们是分割心理活动并分别反映分割出的部分的产物。"心理活动"的概念倒是由概括抽象"惊慌""害怕"等较具体的内心活动而得出的。指各种开花供观赏的具体植物的"牡丹""芍药""玫瑰""蔷薇""菊""兰""海棠""水仙""百合""含笑""迎春""吊钟”等等，也不可能由分割它们上位概念相应的抽象物类“花”而得出，因为“花”的概念反而是由概括、抽象许许多多具体的开花植物而后才产生的，况且不少具有观赏价值的野生开花植物可能将陆续被人们赏识和命名。因此，像“牡丹”“芍药”“玫瑰”……等、“暴躁”“温和”“不苟言笑”……等、“怀疑”“顾虑”“犹疑不定”……等，都不能构成分割对象组。

10.1.3 如果从成员构造上的异同着眼，现代汉语的分割对象组又可分为三类：

（一）各成员含有同样意义的相同语素的。这共同的语素甚且往往处在相同的位置上。这种分割对象组的每个成员都呈现出“整体中某一特定部分”的性质，成员间的分割对象关系较显豁。如：

树根——树干——树枝——树叶
耕牛——奶牛——牛（肉用牛） 暖色（热色）——冷色①
合唱——重唱——独唱 高等——中等——初等

（二）各成员之间没有相同语素的。分割对象关系不能从成员的构造形式上表现出来。如：

头部（头）——颈项（颈部）——躯干——四肢
赤（红）——橙——黄——绿——青——蓝——紫
发展——停滞——倒退 老——弱——病——残

（三）介于上面两类之间，部分成员有相同语素的；或者某部分成员共有语素甲，而另一部分成员又共有语素乙的。如：

上午——中午——下午——晚上
花蕊——花瓣——花托——子房
大前提——小前提——结论
侄子——侄女——外甥——外甥女

① “暖色（热色）——冷色”也是个反义组。这里，分割对象组可以同反义组重合。

10.1.4　由于分割对象组的成员可以有同义的单位,某些分割对象组不能整齐地都以一个词语单位来同对象分割出的各个部分相因应。如:

公羊——母羊——小羊/羊羔子/羔羊
公牛——母牛——小牛/牛犊子
赤/红——橙——黄——绿——青——蓝——紫
水饺——蒸饺——锅贴/煎饺

这是分割对象关系和同义关系的不可避免的交合。现象的复杂性还在于,个别成员的同义单位并不见得都能和其他成员存在分割对象的关系,即不见得习惯上都能和其他成员以共同分割一个事物整体为背景而相提并论地用在一起。这里出现的情形,不是一个分割对象组(在个别成员位置上)包容了整个同义组,而是和同义组互相交错。如:

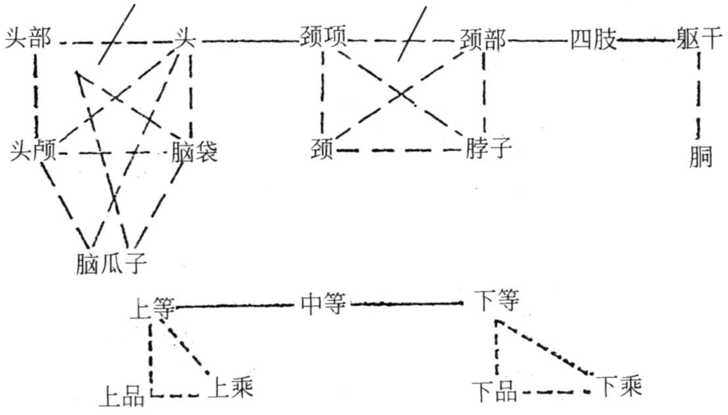

10.1.5　同一种对象,有时可从不同的维度作不同的分割或划分。因而相应地存在成对或更多个彼此有共同的对象而关系较为接近的分割对象组。如:

A. a.　山羊——绵羊　　b.　公羊——母羊——小羊/羊羔
B. a_1.　黄牛——水牛——牦牛
　b_1.　耕牛——奶牛——菜牛/肉用牛

c_1. 公牛——母牛——小牛/牛犊子

C. a_2. 大学生——中学生——小学生

b_2. 男生——女生　　c_2. 新生——旧生

a 和 b 两组之间，a_1、b_1 和 c_1 之间，a_2、b_2 和 c_2 之间，虽然有某种关联，彼此却是不同层面上的结构组织，不容混淆，也不能混合为一个组织。把“山羊”放到 b 组里来，或者把“公羊”置于 a 组，都是错误的，不能容许的。同样，若把“黄牛”“水牛”加到 b_1 组里来，或者把“耕牛”“奶牛”放进 a_1 组里，或者把 a_1 和 b_1 混合为一组，就不伦不类，只能使作为分割对象组的 b_1 和 a_1 都遭到破坏而瓦解。

当组内某个成员单位所指的对象部分又可被若干词语按另一种维度加以“分割”时，就形成一个大的分割对象组带出小的分割对象组的不同层级。如：

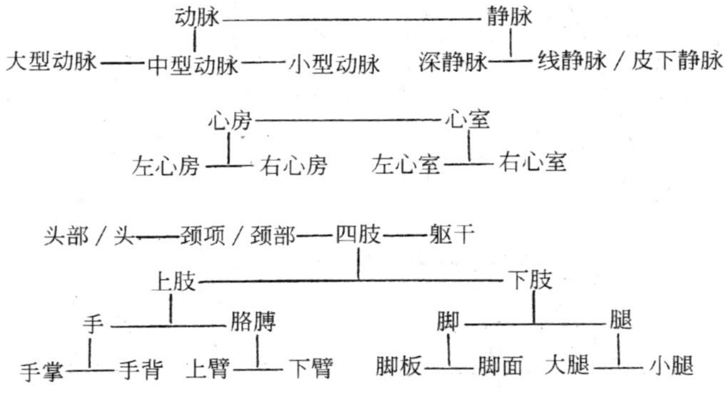

分割对象组可能有的层级性，对于认识或确定什么词语单位构成一个分割对象组来说，是不可忽视的重要制约因素。一个词语单位如不放在应处的特定层级上的分割对象组内，而随便置于别的层级，其结果就会使实际情况被扭曲，得出虚假的、现实中不存在的结构组织来。

10.2　固定搭配组和特定搭配组

10.2.1　在词汇范围内,词语的结构组织除了一般是聚合状态者外,也有呈线性的组合状态的,即成员单位彼此在时间先后上接续关联。这就是词与词在习惯上的一定搭配所构成的两种结构组织——固定搭配组和特定搭配组。

词与词的自由搭配,虽然毫无疑义地也发生意义的线性组合关联,但是这种搭配及其产物,都属于言语现象,不是语言词汇内的问题,不应该也无须在此探讨。

若不同的词不仅互相发生(可能在不止一个层次上发生)意义的组合,而且彼此固定地紧密结合,形成一个定型的整体,如"意气风发""文质彬彬""映入眼帘""戴高帽""穿小鞋"之类,就产生一个固定搭配组。每个固定语由于正是不同的词固定地结合一起而互相在意义上组合,因而都成为固定搭配组。

现代汉语的固定搭配组非常之多。其类别就是固定语所包括的成语、惯用语、歇后语、专名语、专门用语、准固定语等。从词汇内的一种结构组织的角度来说,固定搭配组的特点不仅在于结构的线性以及本身成为固定的词汇单位这种性质,而且在于成员之间直接发生意义的固定组合。这固定组合,实质上就是彼此派给对方的意义以一种特定的用场、并使对方以这种方式而稳定地存在,因此是一种特殊的互相制约关系。现代汉语固定搭配组除了具有结构上和意义关系上的一般特点,以及数量上较多和拥有歇后语、准固定语等特别类型的特殊之处,其特色还在于结构中往往掺有历史上遗留的、现代不能独立存在的结构项——黏着性的词语,并且经常会出现古词语的结构项。如:

A. 美轮美奂　首鼠两端　高屋建瓴　居心叵测
栉风沐雨　茕茕大端　孜孜不倦　赤地千里
一蹴而就　冥顽不灵　春寒料峭　咄咄逼人
迷离扑朔　功亏一篑　刚愎自用

B. 罄竹难书　姑妄言之　举国若狂　俭可养廉
按图索骥　指顾倏忽　居安思危　甚嚣尘上
赴汤蹈火　如此等等　岂有此理　友于甚笃
匹夫之勇　今吾非故吾　出淤泥而不染

A组中加浪线的词是黏着性的,这些词不能离开了固定搭配而存在;B组中加浪线的,都是不能独自用于现代口语的古词。

10.2.2　如果某两个或更多几个词习惯上总是搭配着一起出现(但是并不构成一个固定的整体单位),也关联牵合起来,组织成另一类线性结构组织,就是特定搭配组。

在现代汉语词汇中,特定搭配组有两种不同的类型。一个词若与某个词或很有限的几个词搭配时,才出现它的某个意义,那么这些制约着一个词的某个意义的出现和存在的词,就同被制约的词构成一种特定搭配组。如:

头发该理一下
理完发再洗澡　:理——头发/发

"理"在此搭配环境中,含"修剪"的意义,不是一般的"整理"义。

战争遂于月初勃发
谈判虽尚进行,战争却已勃发　:战争——勃发

"勃发"与"战争"搭配,表示"突然发生"。

群鸭戏水,生机勃发
少年英姿勃发　:生机/英姿——勃发

"勃发"与"生机"或"英姿"搭配,表示焕发、旺盛。

又闯了什么祸吧
这一下闯了大祸　:闯——祸

"闯"与"祸"搭配,含"由于大意、鲁莽而引起"的意义,不是一般的"猛冲"义。

这几年闯出来了
闯条路子再说
:闯——出来/路子

“闯”与“出来”或“路子”搭配,含“勇于磨炼和实践而可取得成果”的意义,也不是一般的“猛冲”义。

他不会耍手段
你还耍什么花招
:耍——手段/花招

“耍”与“手段”或“花招”搭配,含“出于某种不正当的谋划而玩弄”的意义。

街头有人在耍把戏
用猴子耍的把戏好看
:耍——把戏

“耍”与“把戏”搭配,表示变弄。

耍一回枪要几个钱
小伙子作了揖就耍刀
两个人一起耍剑
:耍——枪/刀/剑

“耍”与“枪”或“刀”或“剑”搭配,表示舞弄。

这是一部灰色的作品
他摒弃了灰色的人生观
无人了解她灰色的心情
:灰色——作品/人生观/心情

“灰色”在同“作品”、“人生观”或“心情”搭配的情况下,含“颓废、消极”义,不是一般的指某种颜色的意义。

另一种特定搭配组,是由前后相配合而不直接接连的两个词或两个片段的若干词所构成的。如“东…西…”“一…就…”“不由…不…”。它们像是一种凝固的格式,可以套用在不同的词上。不过本身以实词为组织成员,有一定词汇意义(虽然往往变得比较“虚”)的相互配合、制约的关系,并非语法性质的结构。而由于相配合的前后两部分不相连接,其间嵌入的成分既形形色色,又长短无定,这种搭配组就和固定搭配组明显地不同。结构项出现的意义并不必由搭配的词所制约这一点,加上结构中间必被其他成分分隔开,也使它们和前述那种特定搭配组有不少的差异。下面为表明如何显出搭配的惯常性及其间嵌入成分的多式多样，再列出一些实例：

左——右（左…右…）：

左思右想　左挑剔右挑剔　左劝右劝　左推右推
左转右拐　左一瘸右一拐　左一摊右一摊
左一巴掌右一巴掌

前——后（前…后…）：

前有阻敌，后有追兵　前松后紧　前紧后松
前避枪火，后躲警犬　前是高山，后是大水

东——西（东…西…）：

东逛逛西逛逛　东看看西看看　东起西落　东串西联
东拉西扯　东一档西一档　东一池西一塘

千——万（千…万…）：

千不该万不该　千请万请　千呼万唤　千家万户
千花万木　千滴血万把汗

一——就（一…就…）：

一试就灵验　一出来就不烦闷了
一开口就说个没完　一计划好就行动

三——四（三…四…）：

三推四挡　三请四请　三催四催　三劝四劝
三讲四讲

一——不如一（一…不如一…）：

一年不如一年　一日不如一日　一代不如一代
一朝不如一朝

不是——所（不是…所…）：

不是人们所预料的　不是我所想像的　不是她所需要的
不是他们所追求的　不是体弱所导致

不由——不（不由…不…）：

不由你不信　不由我们不答应　不由大家不信服

不由他们不佩服　　不由校方不答应

无——不(无…不…):

无一不爱　　无书不读　　无话不谈　　无时不想
无一娱乐场不留足迹

爱——不(爱…不…):

爱去不去　　爱吃不吃　　爱看不看　　爱住不住
爱写不写　　爱穿不穿

断续——不止(继续…不止):

断续出血不止　　断续呕吐不止　　断续腹泻不止
断续高烧不止　　断续倾雨不止　　断续呼啸不止

10.3　互向依赖组

10.3.1　不同的客观事物之间,往往存在着互为条件、互相依赖的关系。这在指称事物对象的词语里会有所反映。互有反义关系的词语在意义上也互为前提,就是这种反映的一部分。不同的词语单位,如果相互没有反义关系,但是在意义上彼此互相依存,A 依赖于 B,B 反过来也对 A 同样地依赖①,即明显地互为存在的条件而互相制约,那就聚合为一种结构组织——互向依赖组。

例如,人们喜欢提出一个有趣的问题:先有母鸡还是先有鸡蛋?这个不能简单地给予肯定或否定回答的问题,至少表明了母鸡和鸡蛋是互相依存的东西,没有母鸡不可能有鸡蛋,不存在鸡蛋也无所谓母鸡。于是相应地,“母鸡”和“鸡蛋”这两个词在意义上就互相依赖。“母鸡”指能生蛋(鸡蛋)的鸡,“鸡蛋”则指母鸡生下的蛋。离开“鸡蛋”,“母

---

①　本节以及下一节里提出的依赖关系,和 Geffrey Leech 在其著作 *Semantics*(1974 年,英国版)里提的依赖关系(p. 119—p. 122)不是一回事。后者指的是种属概念的依赖。

鸡”的意义就残缺而不能完整地成立；离开了“母鸡”，“鸡蛋”义更是难以存在。“母鸡”和“鸡蛋”显然既互为条件又互相制约，构成一个互向依赖组。“武器”和“杀伤力”，前者指一定杀伤力的器具，后者指武器致人伤亡的威力，彼此无疑在意义上互相依赖；“字母”和“拼音文字”，前者指拼音文字的符号单位，后者指由若干字母组成的文字体系，彼此须仰赖对方而有其含义，存在互为条件和互相制约的关系也是无可置疑的。它们都分别构成互向依赖组。

词语间的依赖，根本上是由一方成为另一方含义的重要成分所决定的。如“武器”一词的义素为“一种器具”“有杀伤力”，而“杀伤力”则有“一种威力”“武器的”“用于致人伤亡”“能致人伤亡的”“器具功能大小的主要表现方面”等义素。“杀伤力”成为“武器”重要义素的主要成分，而“武器”也成为“杀伤力”一个重要义素的主要成分。因此“武器”和“杀伤力”互相依赖。

10.3.2 现代汉语的互向依赖组，通常只有两个词语成员。大多数情况下，这样两个互为条件而又互相制约的词语单位，是名词或名词性的词组。它们可以共同包含有相同的语素，也可以彼此在语素上全不相同。如：

法律⇌立法机关	土地⇌庄稼	报纸⇌新闻报道
运动⇌时间	植物⇌光合作用	
铁路⇌火车	海军⇌舰艇	钟表⇌钟点
祖辈⇌孙辈	旋律⇌音乐	资本主义⇌劳动市场
商品⇌买卖	社会主义⇌生产资料公有制	

两个互向依赖的单位都不是名词或名词性词组的情形，是有的，但很少见。可以举出“种植⇌浇灌”、“打雷⇌闪电”这样的实例。由名词和动词构成的互向依赖组，则较不那么难以遇到。如“军队⇌作战”“政府⇌施政”“乐队⇌合奏”“画（作品）⇌绘画”等，是大家实际上常常接触到的。

10.4　单向依赖组

10.4.1　一个词语单位 A 若在意义上依赖于别的单位 B,但是不存在反过来的情况,即 B 在意义上并不依赖于 A,而只是作为 A 存在的条件制约着 A,那么 A、B 两方面所形成的结构组织,不再是互向依赖组,而是单向依赖组。如:

嫂子——>哥哥　　女婿——>女儿

嫂子是哥哥的妻子;没有哥哥,不会有嫂子。但是不管有没有嫂子,不影响哥哥的存在。女婿是女儿的丈夫,有女儿,才能有女婿;有没有女婿,也不影响女儿的存在。因此,"嫂子"的意义依赖于"哥哥","哥哥"却无依赖于"嫂子"之处,倒是制约着"嫂子"的意义,同样,"女婿"在意义上依赖于"女儿","女儿"只是制约着"女婿"。

单向依赖组在词语成员的词性或语法功能上,约束较小。依赖与被依赖的成员彼此各有不同的词性或语法功能的情形,比较多见,尽管成员同是名词和名词性短语的单向依赖组仍占较大数量。例如:

动词/动词性词组——>名词:

扫——>扫帚　写——>笔　垂钓——>鱼　侦察——>敌情
扬帆——>风　飚——>风　唱——>歌　炒菜——>油
烫——>热水

形容词/形容词性词组——>名词:

枯——>草木　低落——>情绪　低廉——>价格
彬彬有礼——>礼貌　浅显易懂——>文字
赏心悦目——>景色　锐不可当——>气势

名词——>动词/动词性词组:

士兵——>打仗　教师——>讲课　商人——>做生意
器乐——>演奏　箭——>射　鞭炮——>点燃

名词/名词性词组——→名词/名词性词组：

耳环——→耳珠　　盆景——→风景　障——→屏障　小秋收——→秋收
菜脯——→萝卜　　果脯——→水果　　冬菜——→白菜帮子
马车——→马　　高架路——→汽车　　岳父——→妻子
小叔子——→丈夫　　眼镜——→眼睛　　蝌蚪——→青蛙
寒带——→气温　　岭南——→五岭　　晴天霹雳——→事件

所依赖的词语，有时不是仅有一个，而是两个或两个以上意义一致或相近的单位，依赖其中任何一个都行。如：

说——→话/话语　　豆浆——→大豆/黄豆
狼心狗肺——→恶毒/狠毒　　帮凶——→作恶/行凶
学生——→学习/上课　　滗——→汤/药汤/水/酒

有时，被依赖的两个或多个词语，是分别在不同方面一一依赖的。这形成复合的单向依赖组。如：

饺子——→面粉
　　　——→馅儿

麦浪——→麦田
　　　——→麦子
　　　——→波浪

驰驱——→骑马
　　　——→奔跑

解禁——→解除 / 废除
　　　——→禁令

一衣带水——→相互
　　　　——→距离
　　　　——→很
　　　　——→近

有时，被依赖的两个或多个词语，所指的对象都是需要依赖的词语所指对象整体的个别部分，相应的每个词语是需要同时合起来在同一个方面上被依赖的。这形成复杂的单向依赖组，不过它仍然只有单一依赖关系。如：

氮族——→氮、磷、砷、锑、铋

谷类作物——>稻、麦、谷子、高粱、玉米
夫妻——>丈夫、妻子
兄弟姐妹——>哥哥、弟弟、姐姐、妹妹
悲欢离合——>悲哀、欢乐、离别、团聚
琴棋书画——>弹琴、弈棋、书字、绘画

现代汉语有很多复杂的单向依赖组,其需要依赖的词语用上了一个数字,指明所综合的即同时一一被依赖的成员项数目。这是在单向依赖组上的一种突出的民族特色。如:

两广——>广东、广西
二陆——>陆机、陆云
两汉——>西汉、东汉/前汉、后汉
两宋——>北宋、南宋
三峡——>瞿塘峡、巫峡、西陵峡
三春——>孟春、仲春、季春
三谢——>谢灵运、谢惠连、谢朓
三苏——>苏洵、苏轼、苏辙
三代——>夏、商、周
三礼——>仪礼、周礼、礼记
四季——>春、夏、秋、冬
四大镇——>景德镇、朱仙镇、佛山、汉口
四公子——>孟尝君、平原君、春申君、信陵君
四书——>大学、中庸、论语、孟子
四部——>经部、史部、子部、集部
五行——>金、木、水、火、土
五经——>诗经、书经、礼记、易经、春秋
五音——>宫、商、角、徵、羽
五岳——>泰山、华山、恒山、衡山、嵩山/东岳、西岳、北岳、南岳、中岳
五官——>耳、鼻、目、唇、舌
五脏——>心、肝、脾、肺、肾
五代——>后梁、后唐、后晋、后汉、后周
六畜——>马、牛、羊、猪、狗、鸡
六朝——>东吴、东晋、宋、齐、梁、陈
六书——>象形、指事、会意、形声、假借、转注
六甲——>甲子、甲寅、甲辰、甲午、甲申、甲戌

六艺——→礼、乐、射、御、书、数

六腑——→胆、胃、小肠、大肠、三焦、膀胱

战国七雄——→齐、楚、秦、燕、韩、赵、魏

八节——→立春、春分、立夏、夏至、立秋、秋分、立冬、冬至

九流——→儒家、道家、阴阳家、法家、名家、墨家、纵横家、杂家、农家

二十四史——→史记、汉书、后汉书、三国志、晋书、宋书、南齐书、梁书、陈书、魏书、北齐书、周书、隋书、南史、北史、唐书、新唐书、五代史、新五代史、宋史、辽史、金史、元史、明史

10.4.2　不同的单向依赖组，如果被依赖的词语单位完全一致，它们就在一致的结构项上交合起来，形成同一构成部分重叠的交合。如：

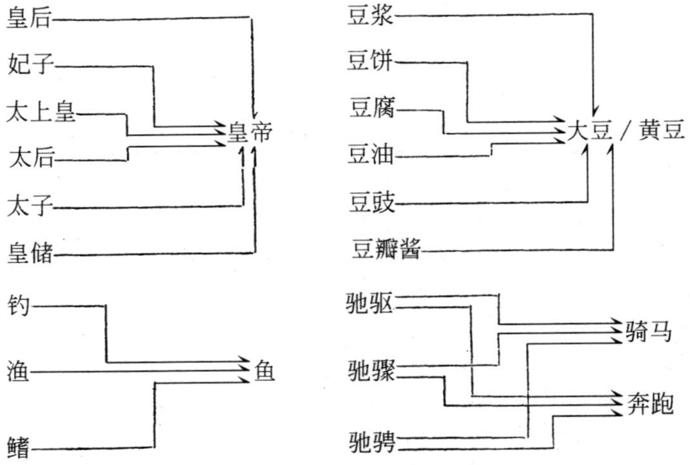

如果一个单向依赖组的被依赖的词语，本身在意义上又须依赖一定的词语，即成为另一个单向依赖组的须依赖的一方，也形成两个单向依赖组的交合。这是在各自不同的构成部分上重叠的交合。如：

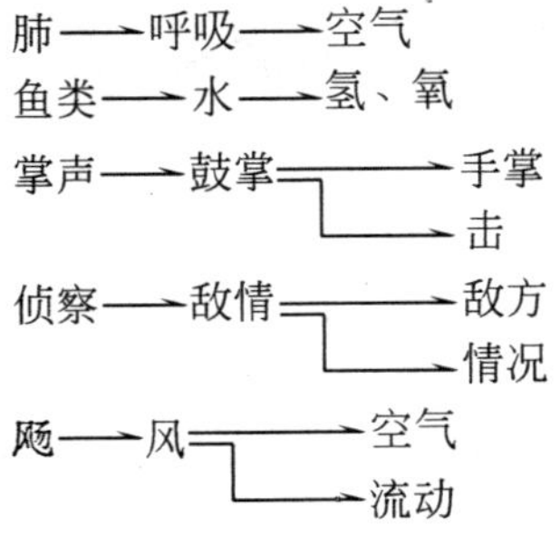

10.4.3 确定一个单向依赖组的依据,是某个词语单位成为另一个词语单位的重要意义成分。这有如下多种情形。

(一)B 成为 A 的意义中被限定或被修饰的中心成分:

橡皮圈——>救生圈
"橡皮圈"的意义:供人学游泳用的救生圈
限额——>数额
"限额"的意义:规定的数额
象牙之塔——>小天地
"象牙之塔"的真实意义:文学艺术家脱离现实生活的小天地
鹅黄——>黄色
"鹅黄"的意义:像小鹅绒毛一样的黄色
翻印——>重印
"翻印"的意义:照原样重印
相约——>约定
"相约"的意义:相互约定
久仰——>仰慕
"久仰"的意义:久已仰慕(您)

(二)B 成为 A 的意义中限定或修饰的成分,体现了也规定了 A 所指对象的区别性特点:

骁骑——>勇猛
"骁骑"的意义:勇猛的骑兵
限额——>规定/限定
"限额"的意义:规定(限定)的数额
口才——>说话
"口才"的意义:说话的才能
空耗——>白白
"空耗"的意义:白白地消耗
相约——>相互/互相
"相约"的意义:相互(互相)约定
诬告——>无中生有
"诬告"的意义:无中生有地控告

(三)B 成为 A 义中限定成分或修饰成分的重要组成部分,成为 A

所指对象的区别性特点的决定因素：

马车——>马

"马车"的意义：马拉行的车

像章——>人像

"像章"的意义：带有人像的胸章

桃红——>桃花

"桃红"的意义：像桃花一样的红色

回味——>回忆

"回味"的意义：从回忆里体会

回落——>上涨

"回落"的意义：经上涨而下降

环视——>周围

"环视"的意义：向周围看

（四）B 成为 A 义所表示的活动行为的施动成分：

心跳——>心脏

"心跳"的意义：心脏较快地跳动

目击——>眼睛

"目击"的意义：亲眼（用自己的眼睛）看到

目不暇接——>眼睛

"目不暇接"的意义：眼睛看不过来

骨折——>骨头

"骨折"的意义：骨头折断、成为碎块或产生裂纹

（五）B 成为 A 义中被某种性质所说明的成分：

年轻——>年纪

"年轻"的意义：年纪不大

心旷神怡——>心情
　　　　└——>精神

"心旷神怡"的意义：心情舒畅，精神愉快

手快——>动作
　　└——>做事

"手快"的意义：动作敏捷，做事迅速

文从字顺——>文章/文字

“文从字顺”的意义:文章(文字)通顺

(六)B 成为 A 义中判明属性的成分:

地震——→震动

“地震”的意义:地壳震动。

皮开肉绽——→破伤

“皮开肉绽”的意义:皮肉破伤

心慌——→惊慌

“心慌”的意义:心里惊慌

心旷神怡——→舒畅
　　　　└——→愉快

“心旷神怡”的意义:心情舒畅,精神愉快

(七)B 成为 A 义判明属性的成分中的主要组成部分或决定因素:

人才辈出——→出现

“人才辈出”的意义:人才一批接着一批出现

门庭若市——→市场

“门庭若市”的意义:门口和庭院好像(热闹的)市场

浮生若梦——→梦境

“浮生若梦”的意义:空虚的人生像梦境

铁证如山——→山

“铁证如山”的意义:确凿的证据(无法动摇)就像山一般

人定胜天——→战胜
　　　　└——→自然

“人定胜天”的意义:人力能(一定可以)战胜自然

(八)在 A 指一种及于某种事物的活动现象的情况下,B 是 A 义中表示活动本身和活动所及的整个事物的成分:

消气——→平息
　　└——→怒气

“消气”的意义:平息怒气

向阳——→向 / 朝 / 对
　　└——→太阳

“向阳”的意义:向(朝、对)着太阳

悔婚——→推翻
　　└——→婚约

“悔婚”的意义:(一方)推翻婚约

无稽——→没有/毫无
　　└——→根据

“无稽”的意义:没有(毫无)根据

(九)在A指两种并列的活动行为或性质状态的情况下,B是A义中的两个并列成分:

救助——→拯救
　　└——→帮助

“救助”的意义:拯救和帮助

诬陷——→诬告
　　└——→陷害

“诬陷”的意义:诬告陷害

消长——→减少
　　└——→增长

“消长”的意义:减少和消长

慌乱——→慌张
　　└——→混乱

“慌张”的意义:慌张而混乱

缓急——→和缓
　　└——→急迫

“缓急”的意义:和缓和急迫

凡不属上列情形,一个词语单位不论怎样成为另一词语的意义成分,都不能成为被依赖的单位。例如“相称”的意义是“(不同事物)配合起来显得合适”;这里,成为“相称”的意义成分的所有词语单位“不同”“事物”“配合”“起来”“显得”“合适”,就都难以说被“相称”的意义所依赖。因为它们不论哪一个,在“相称”义中所处的地位,无一符合上列九种情形的任何一种。再如,“接替”的意义是“把别人做着的工作接过来,由自己替换别人继续去做”,成为这一意义的成分的各个词,除了“接”“替换”和“别人”可以是“接替”义所依赖的单位,其余由于不处于上列九种情形的地位,都不可能是被依赖的。

每个词语单位的意义,诚然都要用若干其他的词语来表示。换言之,进入释义语中的词语单位,总会是所释意义的某种成分。但是并非只要是词语某种意义的成分,就会被该词语所依赖。这里存在着意义成分同意义的基本形成直接攸关还是无直接、重要关联的区别。如果把但凡进入释义语(即成为词语意义某种成分)的词语都看成被依赖的单位,那么单向依赖组就多得难以计数,而且彼此极端地纠缠交错,也无从整理、分析。这不仅使得单向依赖组的确定和描写变得毫无意义,而且根本上是不符合于客观实际情况和人们的语感的。

还须指出,上面(一)(三)两种情形具有一定的限制。体现一个词语意义中被限定或被修饰的中心成分的词语单位,须确实是该中心成分固定用它来表示的,才能成为被依赖的单位。另外,该中心成分在相互意义的解释中又须是必定出现的,这个被依赖的单位才能确立。比如,“玫瑰”的意义,可以表述为“一种广为栽培的、花朵既色香兼备而又可用来熏茶、做香料和制蜜饯的植物”,也可表述为“枝干直而有密刺、叶子羽状奇数互生、花较香而多为紫红色和白色的落叶灌木”,或者说成“一种多开较大朵紫红色或白色的花而又花香馥郁的、普遍培植的观赏植物”“一种观赏价值很高而又有制香料、熏茶和制蜜饯等用途的、枝茎上带密刺的花”。可以清楚看到,意义的中心成分可以表现为“植物”“落叶灌木”“观赏植物”或“花”等词语,显得不固定。因而这些词语的任何一个,都很难说是“玫瑰”所必然依赖的。再如,“宣誓”的意义,可以表述为“一种在一定仪式下公开说出自己履行职责或义务的决心的行为”,也可以表述为“担任某个任务或参加某个组织时，在一定仪式下当众说出表示决心的话”①。可知“宣誓”义并不必定有个带某种限制、修饰的中心成分，因而就难以说，作为中心成分体现者的“行为”是“宣誓”所依赖的。

成为意义中限定成分或修饰成分的重要组成部分的词语，如果对于对象（意义所反映的）的区别性特点不起决定因素的作用，就不能是被依赖的。比如，“像章”的意义是“带有人像的胸章”，这其中，“带有”可以认为也是限定成分中的重要组成部分，但它并不是像章区别性特点的决定性因素，因而不能成为“像章”意义所依赖的词。再如“桃红”的意义“像桃花一样（那样）的红色”里，作为限定成分的必要组成部分的“像”“一样/那样”，却不是桃红区别性特点的决定性因素，因而也不成其为被依赖的词。有时，有的词语的意义被简单地解释为指一种属于某一大范围事物的东西，如“桉”——“一种常绿的树”，“鲩”——“一种淡水鱼”。这里，限定成分中的“一”或“种”，当然都同对象的区别性特征无必然关联，不可能是“桉”或“鲩”的意义所依赖的单位。

可以看出，上面从（一）至（九），无论哪一种情形，都得有一个先决条件：词语意义的解释和表述准确完善。这是单向依赖组的确定能够如实反映客观现象的一个必要前提。

---

① 中国社会科学院语言研究所词典编辑室编《现代汉语词典》（1979年，商务印书馆）“宣誓”条的释义语。

11. 结构组织(下)

11.1 挨连组

11.1.1 汉语中,人们很熟悉一些成顺序的词语列。同一序列中的词语单位,不仅由于意义上同属一种事物范畴又互相有别而彼此平行并列,而且每一个在意义上都处于和序列中别的特定词语单位相挨连的地位,甲在意义上和乙相挨连,乙又和丙相挨连,丙和丁相挨连,……绝不错乱,其中也绝无隔断。如:

初一/初二/初三/初四/初五/初六/初七/初八/初九/初十

一月/正月/元月/二月/三月/四月/五月/六月/七月/八月/九月/十月/十一月/十二月

立春/雨水/惊蛰/春分/谷雨/清明/立夏/小满/芒种/夏至/小暑/大暑/立秋/处暑/白露/秋分/寒露/霜降/立冬/小雪/大雪/冬至/小寒/大寒

春/夏/秋/冬

春季/夏季/秋季/冬季

春天/夏天/秋天/冬天

星期日/星期一/星期二/星期三/星期四/星期五/星期六

礼拜日/礼拜天/礼拜一/礼拜二/礼拜三/礼拜四/礼拜五/礼拜六

甲/乙/丙/丁/戊/己/庚/辛/壬/癸

子/丑/寅/卯/辰/巳/午/未/申/酉/戌/亥

鼠/牛/虎/兔/龙/蛇/马/羊/猴/鸡/狗/猪

夏/商/周/秦/汉/三国/晋/南北朝/隋/唐/五代/宋/元/明/清

宫/商/角/徵/羽

这样的词语列，其中任一个处在前头的成员在意义上要求其后一个成员相接续，而任一个处在后头的成员在意义上又必是其前面一个成员的顺次发展。如"初一"，意义是"农历每个月的第一日，由次日初二相承接"；"立春"，意义是"农历称春季的第一个节气，紧处在第二个节气雨水之前"；"商"的意义是"中国第一个有史据的朝代，子姓，约从公元前1562年至1066年，为周朝所取代"。而"初二"须解释为"农历称每个月初一以后的第二日，由其次日初三所承接"；"雨水"应解释为"农历称紧排在立春之后的春季第二个节气，处在惊蛰之前"；"周"的意义是"中国古代商朝之后的朝代，姬姓，约从公元前1046年至公元前256年，为秦朝所取代"。"初一"和"初二"之间，"立春"和"雨水"之间，"商"和"周"之间，在意义上因彼此顺次挨连而互相制约，又互以对方为自身意义的条件。可见，上列那样有一定顺序的词语列，其中任何两个相邻接的单位之间都是互相限制、互为条件的，而所有单位就是以这种关系而有顺序地一一挨连贯接成整体。这样的词语系列，无疑形成词汇中一种结构组织。可称之为挨连组。

大部分挨连组还可以首尾循环：顺序最末一项词语，又可以和首项词语挨连，挨连关系变得循环不断。如"星期六"之后，可以同样连上"星期日"或"星期天"；"大寒"之后，很自然地会接上"立春"；十二属相序列最后的"猪"，并非完全的终点，因为起首的"鼠"又可紧挨在其后出现；天干和地支搭配，天干到序列末项"癸"，须接着出现首项的"甲"，同样，地支末项"亥"之后要让首项"子"跟上；如此等等。少数挨连组，末项就是挨连的终止，其后不能又跟着出现首项。如"初十"之后，不仅不会有"初十一"，而且也不能有"初一"；"清"之后不可能又出现"夏"。

11.1.2　挨连组各个结构项的挨连，虽然都有一定的先后，却不是意义的固定组合，不成线性的结构关联，根本上只是聚合性的关系。不过这种聚合比较特殊。一方面和各种聚合性的结构组织一样，各成员依一定关系而聚合，仍是各自独立地散离开，不是彼此粘连而形成一个固定的、不可分离的结构体;另一方面,各成员是依一定的排列顺序而聚合的,在大多数情形下,这种排列顺序成了单一走向的圈状,少数情形下是首尾清楚而彼此不衔接相遇的线状,都有某种程度的线性因素。如:

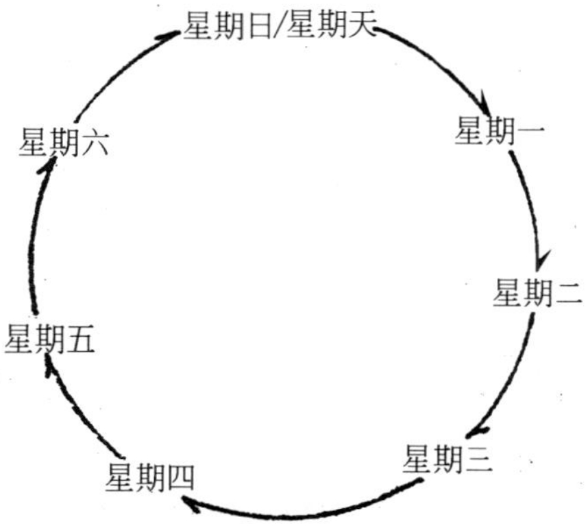

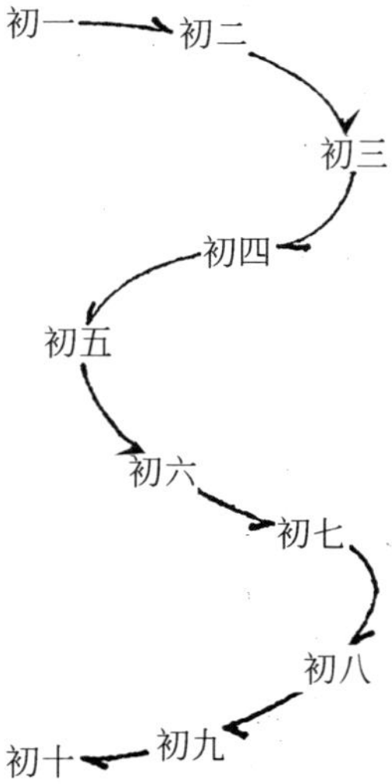

不少挨连组也同时是分割对象组。如"宫/商/角/徵/羽",不仅有挨连的关系,而且本身也是一个五声音阶切分成的五级音:

宫(1)	商(2)	角(3)	徵(5)	羽(6)

再如"春天/夏天/秋天/冬天",是一年季候划分成的四个季节:

春　天	夏　天	秋　天	冬　天

但是挨连组并不必然可以同时有分割对象的关系。如"夏/商/周……清",就不是分割对象组,不能认为每个具体的朝代是某种历史朝代系列切分的结果。同样,"初一/初二/初三……初十"也不是分割对象组,因为一个月的上旬被分为"一日、二日、三日……十日"等十天,并不是由"初一""初二"等分割的。反过来看,彼此有分割对象关系的词

语单位并不必然同时存在挨连的关系。很多分割对象组，其成员间是没有一定顺序的。如"黄牛——水牛——牦牛"，可以是"水牛——黄牛——牦牛"或"牦牛——水牛——黄牛"；"悲剧——喜剧——正剧"，可以是"正剧——悲剧——喜剧""喜剧——悲剧——正剧"；"资方——劳方"也可以是"劳方——资方"；等等。这里，没有一定的排列顺序，并不影响分割对象关系的性质。在所含成员有一定顺序的分割对象组中，有一些也仅只是在说法上形成了某种习惯的顺序，并非相邻单位间在意义上有挨连关系，如"德育——智育——体育——美育"、"工——农——兵——学——商"、"东——南——西——北"等。

11.2　级次组

11.2.1　有的不同事物，彼此形成严格的级次，一类是另一类若干单位之和，或倒过来说，一类隶属于并组成了另一类。反映了这种情况，语言词汇中相应有一些内部级次分明的词语组。如：

军<师<(旅<)团<营<连<排<班

一个军必由几个师所构成，师是隶属于军的组成单位，"军"这个词自然处于"师"的上一级次；同样，几个团组成师，"师"是"团"的上一级次("师"和"团"之间，有时存在一个"旅"的层级)；几个营组成团，"团"是"营"的上一级次。如此类推下去，最低一级的军队单位是班，"班"便处于这个军队单位名称组中的最低一个级次。这里，居前面的任何一个级次都在意义上统括并依赖于其后的级次，居后面的任何一个级次也反过来在意义上作为前一级次的组成部分而依赖于其前一级次。截取任何两个相接的级次来看，其间的关系可以说也是一种互向依赖关系。但是从整个级次系列看，不仅一个一个互向依赖关系在某一结构项上交叠重合而连贯下去，而且一级统括一级，每一级由下级所构成，这样的相互关系是很特别的，应有别于互向依赖组而独成一类。可以称这种词语结构组织为级次组。

汉语的级次组不多。除上面举出的“军<师<……班”之外,还可举如下实例:

> 全国<省/自治区<地区/地级市<县/县级市<乡/镇<村
> 国务院<部/委员会<司/局<处<科
> 总行<分行<支行/办事处<储蓄所
> 全书<章<节(<小节)<段<句<词语
> 套/函<册/卷<页
> 多幕剧<幕<场

表示度量衡单位的词语,形成了最严整的级次组。如:

> 里<丈<尺<寸<分<厘
> 公里<公尺<公寸<公分<公厘
> 千米<百米<十米<米<分米<厘米<毫米
> 顷<亩<分
> 平方公里<公顷<平方米<平方分米<平方厘米
> 石<斗<升<合<勺
> 斤<两<钱<分<厘<毫<丝
> 吨<公斤<百克<十克<克<分克<厘克<毫克

11.2.2　同有的级次组相联系,在它旁边有一个相应名称层级的系列,每级名称所指的对象是级次组相应一级所指事物的主脑或领导部门。如:

> 军 < 师 < (旅 <) 团 < 营 < 连 < 排 < 班
> 军长 → 师长 → 旅长 → 团长 → 营长 → 连长 → 排长 → 班长
> 全国 < 省/自治区 < 地区/地级市 < 县/县级市 < 乡/镇 < 村
> 党中央 → 省委/区委 → 地委/市委 → 县委/市委 → 乡委/镇委 → 村支部
> 国务院 < 部/委员会 < 司/局 < 处 < 科
> 总理 → 部长/主任 → 司长/局长 → 处长 → 科长

这种旁边的名称层级系列,同所关联的级次组是相近似的:它的每一个前头的名称在意义内涵上总是跟着在后面的那个名称所指对象的直接领导或上级,每一个后头的名称则成为其前一名称意义中的“直接下一级或直接下属”的成分。这意味着名称系列中，任何两个相邻的单位也都彼此互向依赖，而且一个是另一个的上一级，层层而下，层层相属，相邻的两个互相制约、互为条件的环节都在一个结构项上交叠、重合。只是每个上一级所指的对象不由下一级所指事物所组成，这一点与级次组有别。不妨把这种名称层级系列看做级次组的一种特殊类别，可以称为准级次组。

11.3 同语素词语族

11.3.1 除了上面所述的各种词语结构组织，最后还不应忽略词汇中一种普遍的词语意义关联现象。这就是成群的或若干个不同的词语单位，由于含有同样一个语素，即含有同一材料的共同意义成分，而彼此在意义上相互因应。应该承认，这种相互因应也是词语单位间的聚合关联，使相应的词语单位形成一种聚合的组织。这当中，尽管聚合起来的诸单位之间的因应关联只具有微弱的结构关系的性质，仍可勉强造成一个结构组织。如：

地/地面/地底/地下/地道(dào)/地洞/地窖/
地坪子/地段/地衣/地府/地铁/地产/地皮/
地堡/地球/地势/地形/地温/地雷/地沟/
地狱/地摊/地下室/地下水/地下茎/地上茎/地黄/
地梨/地物/地鳖/地黄牛/地铺/地勤/平地/
低地/高地/谷地/盆地/山地/大地/落地/
坠地/脚踏实地/一败涂地/肝脑涂地/五体投地/
死心塌地/落地生根/落地风扇/平地一声雷

过去，有的学者提出了“词族”这一术语，用来指含有相同语素的一群词或若干个词。其实，含有相同语素的单位不能只限于词，而应把固定语也包括进来。像上面同样含有表陆地义的语素“地”的单位，除了“地、地面、地底……大地、落地、坠地”等四十三个词之外，“脚踏实地……平地一声雷”等固定语无疑没有理由不同列。这样的由于具有同样一个语素而聚合在一起的成群、成组词语,可称为同语素词语族。下面为行文简便,再把它简称为同素族。

11.3.2　现代汉语由于利用单音语素来构造双音复合词和三音重复合词,而两种复合词加在一起,数量又极大,比单音语素多得多,这就必然使单音语素有高度的构词利用率,一般能出现在很多复合词之中。而极其丰富的成语、惯用语,又绝大多数是由几个单音语素直接构成的。因而同素族不仅非常之多,而且所包含的词语单位往往也比较多。不同的词素族绝少能够分得清清楚楚而不彼此交错或者在部分成员上重合。比如“地铁”,既是共含语素“地”(“陆地”义)的一个同素族的成员,又是共含语素“铁”的另一个同素族的成员。

对于确定同素族来说,须得辨清语素的意义,使共同带有的那个语素确实含同一种意义。如“地点”的“地”含“某一区域或某个空间部分”的意义,若把这个词置于上面“地、地面、地底……平地一声雷”的同素族中,便有问题;它只能进入下面所列的另一个同素族:

地　地方　地区　地带　地域　地点　地盘　地痞
地头　地位　地址　地主(指住在本地的人)
地方病　地方税　地方戏　地方志　本地　边地
产地　空地　当地　坟地　墓地　腹地　福地
工地　故地　基地　禁地　绝地　锚地　内地
外地　异地　胜地　境地　就地　随地　洼地
隙地　险地　要地　野地　营地　陈地　重地
驻地　策源地　发祥地　根据地　太阳地儿　殖民地
立锥之地　设身处地　英雄无用武之地

一个多义的语素,它的不同语义变体大多能分别成为不同的同素族的共同成分。这些由一个语素所控制的若干个同素族,彼此自然比较接近,可以认为联结一起形成一个更大的复合同素族。例如在所有成员中都含有语素“考”的某一语义变体的同素族,有下面三个,它们彼此不同而相接近,合起来形成一个更大的复合组织:

考	考试	考场	考官	共含语素变体“考$_1$”的同素族	含语素“考”的复合同素族
考卷	考题	考取	报考		
补考	期考	大考	监考		
应考	招考	主考			
考察	考查	考勤	考核	共含语素变体“考$_2$”的同素族	
考问	考验	考语	考绩		
考古	考据	考证	考订	共含语素变体“考$_3$”的同素族	
考释	考虑	考究	查考		
思考	参考	备考			

“考$_1$”义:考查知识或技能的方式。

“考$_2$”义:检查。

“考$_3$”义:推求,研究。

11.4 关于语义场

11.4.1 词汇的结构组织,既然其内部组成单位之间存在意义的相互关系,就同语义场的问题密切关联。上面分析了十一类结构组织——正需要而且可以就它们同语义场的关系作个小结。

语义场的性质、范围等各方面是语义学研究的课题,不能在词汇学著作中专门论述或探讨。但是关于什么是语义场,语义学界迄今也还没有统一的认识,并没有提出一个能让大家都同意和满意的解释。较多见到的,是十分宽泛的理解。如认为不同的词之间只要有某种意义的关联,哪怕只是联想上的,就构成语义场①。有的学者将体现在词与词之间的概念关系看做足以形成语义场的条件。如存在于上位词与下位词之间(例如“家畜”与“牛”之间、“行为”与“款待”之间)的所谓属义关系或属义现象(hyponymy),实质上是种属概念关系(关于这一点,

① S. Ullmann 在其 1973 年出版的 *Meaning and Style* 一书中,提出语义场可划分出一种联想的场,是由一个词联想到的许多词所形成的。见该书第 23 页及以下。

下面在最后一章再细论），也被认为能形成词汇中的语义场。J. Lyons 就表示过，"属义现象的相互关系派给词汇及词汇内特殊的场以层级结构"①，"类别的包括（class inclusion）"（按即属义现象）是词汇场中词语间的相互关系之一②。而语义场和词汇结构研究者 Adrienne Lehrer，在同意 J. Lyons 的见解的同时，还认为一种语言的全部象声词也形成一个语义场③。有的研究者甚至认为不同的词语只要含有共同的意义成分或义素，就彼此意义相关，形成语义场，换言之，"语义场根据某一个共同的义素就可以组成"④。

所有这些观点，对语义场的构成条件的理解似乎都失之过宽，或者对词语间的意义关系的理解有欠妥善，没有足够的说服力。

从"场"的本义或场赖以构成的因素来考虑，语义场的形成，须得以若干词语彼此在意义上互有影响作用为条件；换言之，若干词语若彼此的意义有互相影响的关系，才能形成语义场，或者说，才能构成词汇中的"特殊的场"——词汇场。而这里，词语在意义上互起影响作用，就是互相对立、制约或互相对比、映衬的意义关系。只有存在这种真正是语言意义相互之间的、互起影响作用的意义关系，才能有语义场或词汇场的存在。

如果这样的理解，符合于场的特点和条件或实质而恰当合理，那么，现代汉语词汇中的每个同义组、反义组、分割对象组、固定搭配组、特定搭配组、互向依赖组、单向依赖组、挨连组、级次组以及对比组，就都形成语义场。而且，从另一方面来说，现代汉语词汇中，也只有上列的十种结构组织可以是语义场；其他词语意义关联所形成的组织及所

---

① J. Lyons：*Semantics*，第 1 卷，第 295 页，1977 年，剑桥大学出版。

② 据 Adrienne Lehrer 在其 *Semantic Fields and Lexical Structure*（1974 年，北荷兰出版公司出版）一书中对 J. Lyons 关于词语相互关系的观点的介绍。见该书第 22 页。

③ 见 Adrienne Lehrer：*Semantic Fields and Lexical Structure*，第 35—41 页，1974 年，北荷兰出版公司出版。

④ 王德春：《词汇学研究》，第 155 页，1983 年，山东教育出版社。

有各种词语类集都不可能有语义场的存在。同素族由于只勉强算作一种结构组织，其中各成员之间仅有某种因应关系而并不存在对立制约或对立映衬，是不能认为形成语义场的。

有的词语结构组织，可能有大小相套或上下连属的层次；不同的词语结构组织又往往交错而部分重合或完全重合。因而相应地，语义场会出现一个场套着比它小的子场或带出低一层语义场的情况，也会有不同的场彼此地位相当地纠连错合或重合为一的复杂现象。如：

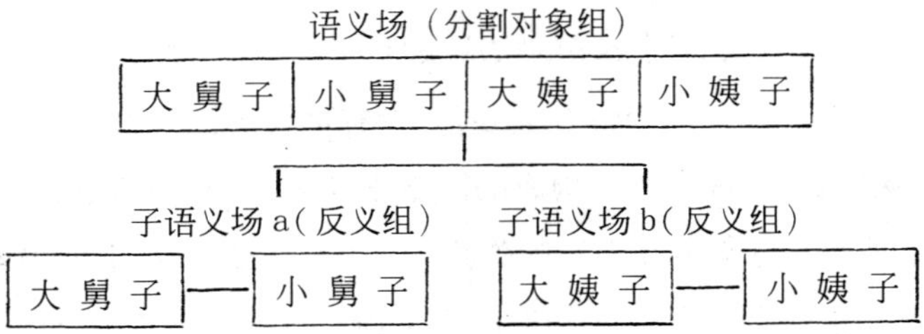

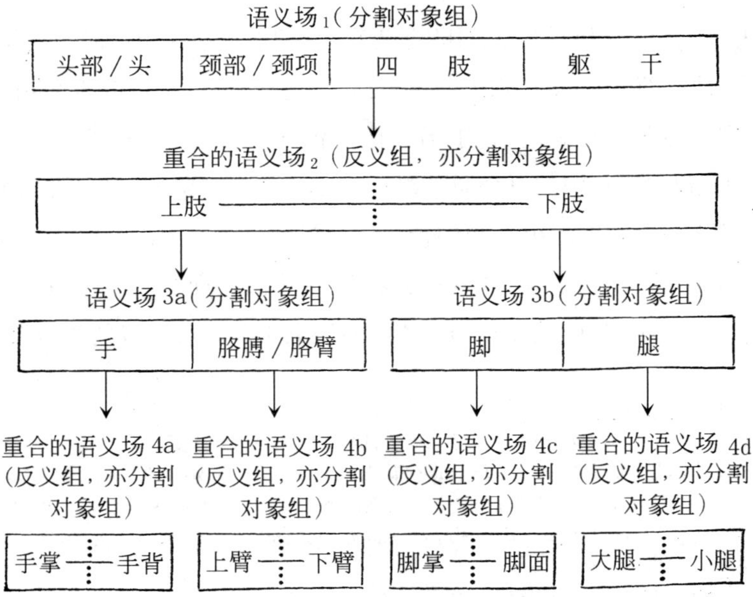

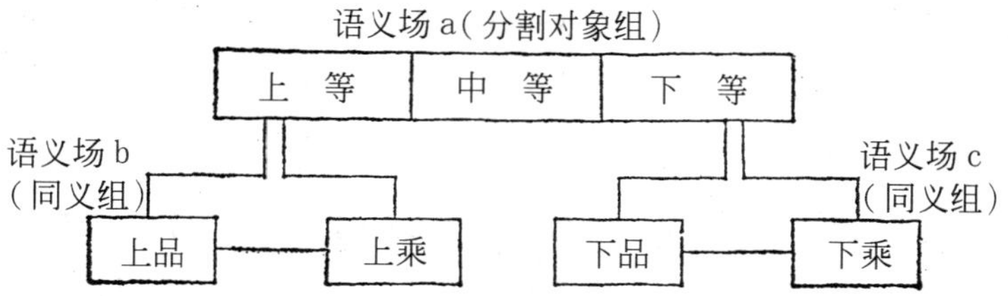

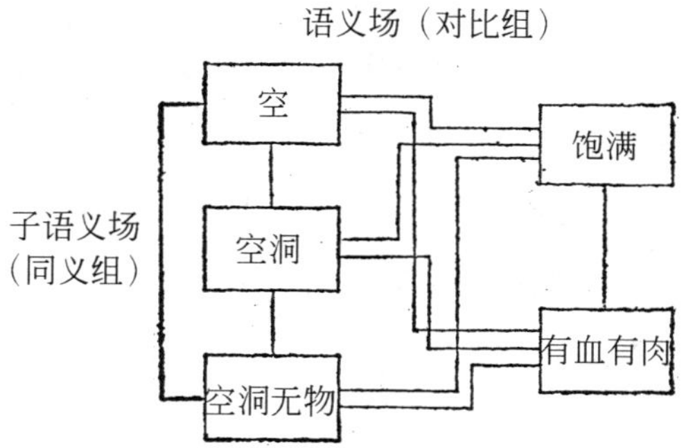

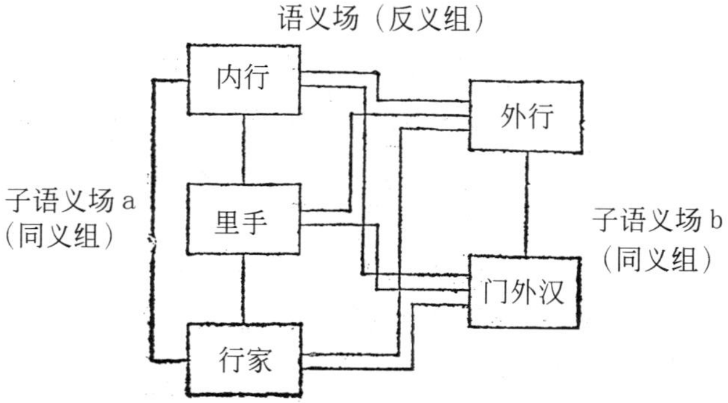

11.5　亲属称谓

11.5.1　在汉语里,词语结构组织之间(也是语义场之间)种种层次的、错综的、重合或部分重合的复杂关联,比较集中地出现在亲属称谓的词语群中。因此对这个词语群作结构关系或结构组织的观察、分析，是饶有意义的，可以揭示词语结构组织间的复杂关联及回答所有亲属称谓是否构成一个庞大的结构组织或语义场的问题。

汉族人民从上古以来就十分重视家庭伦常关系和亲属关系，因此亲属称谓不仅赋有精确含义，而且数量繁多。有亲属关系和亲戚关系的人，从己身向上论到第五辈，向下也推及第五代，加上平辈，形成所谓九族，而男性亲戚和女性亲戚固然不同，父系亲戚和母系亲戚也有区别，又有直系和旁系之分，近亲和远亲之异。范围的广阔，区分的细致，在世界各民族中是比较突出的。自然，亲属称谓也相应地多而复杂。这种情形，为现代欧美各种民族语言所不能比拟。

首先，从分割对象关系来观察，现代汉语的亲属称谓群中有如下主要的分割对象组：

兄——弟——姐/姊——妹
哥哥——弟弟——姐姐——妹妹
堂兄/堂哥——堂弟/堂兄弟——堂姊/堂姐——堂妹
叔伯哥哥——叔伯弟弟/叔伯兄弟——叔伯姐姐——叔伯妹妹
表哥/表兄——表弟/表兄弟——表姐/表姊——表妹
伯——叔——姑——舅——姨
伯父/大伯——叔父——姑母——舅父——姨母
伯伯——叔叔——姑姑——舅舅——姨儿
堂伯——堂叔——堂姑——堂舅——堂姨
表伯——表叔——表姑——表舅——表姨
伯祖——叔祖——姑奶奶
侄/侄子——侄女——外甥——外甥女
孙/孙子——孙女——外孙/外孙子——外孙女
大伯子——小叔子——大姑子——小姑子
大舅子——小舅子——大姨子——小姨子

若从反义关系来考察，有如下主要的反义组：

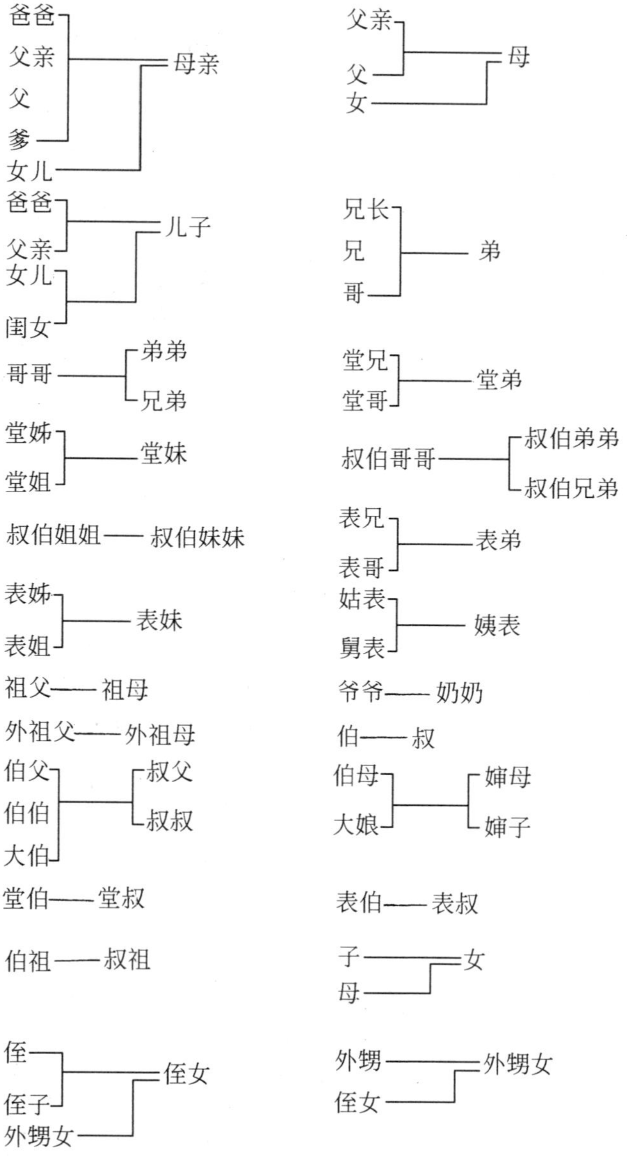
爸爸
父亲
父
爹
女儿
母亲
父亲
父
女
母
爸爸
父亲
女儿
闺女
儿子
兄长
兄
哥
弟
哥哥
弟弟
兄弟
堂兄
堂哥
堂弟
堂姊
堂姐
堂妹
叔伯哥哥
叔伯弟弟
叔伯兄弟
叔伯姐姐
叔伯妹妹
表兄
表哥
表弟
表姊
表姐
表妹
姑表
舅表
姨表
祖父
祖母
爷爷
奶奶
外祖父
外祖母
伯
叔
伯父
伯伯
大伯
叔父
叔叔
伯母
大娘
婶母
婶子
堂伯
堂叔
表伯
表叔
伯祖
叔祖
子
母
女
侄
侄子
外甥女
侄女
外甥
侄女
外甥女

孙 孙子 —— 孙女	外孙 外孙子 —— 外孙女
大伯子 —— 小叔子 —— 大姑子	大姑子 —— 小姑子 —— 大伯子
小姨子 —— 大姨子 —— 小舅子	小舅子 —— 大舅子 —— 小姨子

同一种亲人或亲戚，有两个或更多个称谓的情形也很多，因此有相当多同义组的存在。如：

母亲 母 娘 妈 妈妈	父亲 父 爹 爸 爸爸	兄 兄长 哥哥 哥	祖父 祖 爷爷	伯 大伯 伯父 伯伯
妹 妹妹	叔伯兄弟(dì) 堂兄弟(dì)	叔伯姐妹 堂姐妹	祖母 奶奶	外祖母 姥姥
叔父 叔叔 叔	姑母 姑 姑姑	舅父 舅 舅舅	姨母 姨 姨儿	姨丈 姨父 姨夫
女儿 女 闺女	堂兄 堂哥 叔伯哥哥	堂姐 堂姊 叔伯姐姐	弟 兄弟 弟弟	姊 姐姐 姐
内兄 大舅子	内弟 小舅子			

可以发现，够不上反义关系但确实彼此互相对比的亲属称谓，是存在的，这形成一些对比组。如：

父——女　母——子　兄——妹

姐——弟　兄——姐/姊　弟——妹

弟弟——妹妹　祖父——父亲

祖——曾祖　祖母——外祖母

姑——嫂　妯娌——连襟　侄子——外甥

公公——岳父/丈人/岳丈

婆婆——岳母/丈母/丈母娘

姑夫/姑父——姨夫姨父　　姑丈——姨丈

大伯子——大舅子　　小叔子——小舅子

大姑子——大姨子　　小姑子——小姨子

从单向依赖关系来考察,某个亲属称谓在意义上依赖于另一亲属称谓,但并不反过来依赖的情形,是比较多见的。这形成不少单向依赖组。如:

嫂—→兄/哥　　嫂子—→哥哥

弟妇/弟妹—→弟/弟弟

姐夫—→姐姐/姐　　妹夫—→妹/妹妹

姑夫/姑父/姑丈—→姑/姑姑

伯母/大娘—→伯父/大伯/伯伯

婶母/婶子—→叔父/叔叔　　婶—→叔

姨夫/姨丈/姨父—→姨母/姨/姨妈

舅母—→舅父/舅/舅舅

女婿/姑爷—→女儿　　儿媳妇—→儿子

曾祖——父亲　　祖父—→父亲

　　└——祖父

孙子—→儿子　　孙女—→儿子

外孙/外孙子—→女儿　　外孙女—→女儿

侄子—→兄弟(dì)　　外甥—→姐妹

公公—→丈夫　　叔父/叔—→父亲

舅父—→母亲　　堂叔—→父亲

表叔—→父亲　　表舅—→母亲

可以看出,现代汉语亲属称谓群包含着多种类别的、内部成员间相互作用明显的结构组织,而且每一种都有相当多的数量。这也就是说,包含着繁多的种种语义场。另一方面,这些结构组织之间,因某个结构项的成员相同而互相牵联,往往部分叠合、交错,有的甚至完全重合(如“姑表/舅表——姨表”既是反义组,又是分割对象组)。但是,除了有的分割对象组包含两个反义组(如:“兄——弟——姐——妹”包含

“兄——弟”“姐——妹”；“侄子——侄女——外甥——外甥女”包含“侄子——侄女”“外甥——外甥女”）或若干不同的结构组织（如“伯——叔——舅——姑——姑——姨”包含反义组“伯——叔”，对比组“伯/叔——舅”、“姑——姨”，互向依赖组“舅——姑”），以及有的同义组被包含进反义组或对比组之中（如“姐姐/姐/姊——妹妹/妹”这一不整齐的复杂反义组，就包含了两个同义组；对比组“婆婆——岳母/丈母/丈母娘”包含了一个同义组）等层次相属的情形，亲属称谓群内大多数结构组织是看不出彼此在意义上有任何层次关系的。除了有的单向依赖组相互之间有某种对比关系（如：“姨父/姨夫/姨丈⟶姨母/姨/姨妈”与“姑父/姑夫/姑丈⟶姑母/姑/姑姑”；“大娘⟶大伯”与“婶子⟶叔叔”；“嫂子⟶哥哥”与“弟妹⟶弟弟”；“儿媳妇⟶儿子”与“女婿/姑爷⟶女儿”；“侄子⟶兄弟”与“外甥⟶姐妹”），以及有的同义组之间存在反义关系（如：“兄——兄长——哥哥”与“弟——弟弟——兄弟（di）”；“姐——姐姐——姊”与“妹——妹妹”）或对比关系（如：“堂兄——堂哥——叔伯哥哥”与“表兄——表哥”；“堂姊——堂姐——叔伯姐姐”与“表姊——表姐”），多数情形下，亲属称谓群中不同的结构组织相互并没有必然的意义影响关系。

上述情况表明，现代汉语亲属称谓群，由于内部所有和语义场相因应的结构组织远非都能相互有意义上的影响关系及形成不同层次，是不成其为一个大的词语结构组织的，或者说，不能构成一个大的语义场。这个词语群内部，无疑存在着多种按照不同关系准则的清楚划分。如依亲近程度，可把全部亲属称谓划分为近亲的和非近亲的两类；依是否有血缘关系，划分出血亲的和姻亲的；依双亲各自血统的不同，划分出父系的和母系的；依亲代的区别，划分出长四辈的、长三辈的、长两辈的、长一辈的、平辈的、低一辈的、低两辈的、低三辈的、低四辈的;依性别的差异,区分为男性的、女性的。但是同一划分准则分出的不同称谓类别,彼此之间实际上只存在着某种概念的或习俗观念的对立关联或差别关系,并没有意义上的必然影响关联。同一个类的成员,也只依某种共同的概念或亲属关系而合在一起,彼此并不必然都有意义上的关系。至于不同准则分出的类别之间,更不可能必然同互相的意义影响有瓜葛。可见整个亲属称谓群是个内部存在种种概念和观念联系的严整体系,但是它还不能成为语言的词语结构组织。应该说,它是个概念的类集;其内部的组织性以及同各种词语结构组织有牵涉的复杂性,在各种类集中是比较特别的。

12. 现代汉语词汇的体系性

12.1 关于上位词与下位词以及对称系列、同源词族

12.1.1 上面三章描写了现代汉语词汇存在的各种结构组织。这种描写,自然导致要给下列问题作出回答:现代汉语词汇是否成为一个体系?或者说,有没有体系性?

三四十年以前,在一些语言学论著中就出现了"词汇体系"或"词汇系统"的术语。但是,一般只是想当然地认为词汇理应和语音、语法一样是个体系或系统。有的人根据任何词都处在与其他词的关系之中这一泛泛论断,而肯定词汇是系统,但是并没有对具体语言词汇作全面的考察,以充分有力的语言材料来证明。有的人很理解,凭着基本词汇、古词语、外来词等等类集的划分,根本找不到词汇内部的结构关系,不能建立起词汇系统,加上同义词、反义词也还是不可能,于是转而求助于语法、逻辑。一种语法的办法是,完全从词的语法功能形式出发,同一词类的词依其能与何种语法类别、何种语法变形的词相搭配及搭配方式的同异,而逐层地分类,最后语法功能完全相同的词便组成最低的层次;以分布和转换的公式作为各层次类别的标记,词汇即可由一些逐层孳生的公式表明其树枝状的层级

结构①。这种层级结构“没有以词在词汇方面的功能为建立的基础，显示不出词与词在词汇组织上的对应关联；它表明的只是词的语法结构关系和词的语法功能类别的层次”，显然“不能认为属于真正词汇本身的组织”②。另一种语法的办法，是从几个实词词类出发，每个词类按照词汇—语法标准逐层分析下去，直到不能分析为对立单位的那些词就是最下一个词汇层③。词类是词的语法分类，把支配词汇的语法因素当做词汇本身结构层次的经纬，得出的自然绝不会是词汇本身的体系组织状态。这种词汇的语法组织简单图解，在词汇内部结构关系和体系问题的研究实践中，已被证明完全不能解决问题。

企图从概念逻辑关联来找出路，开头有些人寄希望于主题义族。这个主观性很强、方法论上有许多问题的松散类集，距体系结构准确精严的要求未免太远。作为似乎有力得多的替换手段，另一种概念逻辑关系的途径被提出来。这就是所谓上位词与下位词的属义关系。

按照 John Lyons 的意见，一个比较特殊的或者下位的词位同一个较为一般的或上位的词位之间，存在着范例性的意义关系，如“母牛”：“兽”，“玫瑰”：“花”，“诚实”：“德行”，“买”：“得到”，“深红”：“红”④。这是把概念间的逻辑关系看做语言词语中的意义关联现象，因而也径直使用和“同义关系”“反义关系”类同的术语“属义关系”来称说它。尽管“属义关系”已在语义学界使用开，但是实际上以概念间的逻辑关系充作意义关系，总难有说服力。在理论上和做

① 见 Ю. Д. Апресян：*К Вопросу о Структурной Лексикологии*，载 Вопросы Языкознания，1962 年第 5 期。参见笔者的汉译《关于结构词汇学问题》，《语言研究译丛》第一辑，1984 年，南开大学出版社。

② 刘叔新：《论词汇体系问题——与黄景欣同志商榷》，《中国语文》1964 年第 3 期第 213 页。

③ 见黄景欣《试论词汇学中的几个问题》，《中国语文》1961 年第 3 期第 19 页。

④ 见 John Lyons：*Semantics*，第 1 卷第 291 页，1977 年，剑桥大学出版。

法上使概念混同于词义,将思维的逻辑同语言的内部关系等同起来,是成问题的。

所谓上位词,是词义体现了一个上位概念或种概念的词;而下位词是词义体现了一个下位概念或属概念的词。因而上位词与下位词的关系,实质上是上位概念与下位概念的关系,是概念上的种属关系。种概念和属概念的关系之只属于逻辑,是没有疑问的。把它看做语义关系(甚至是范例性的!)未免有违于理,至少也是误解。

实词和固定语的意义虽然体现着概念,但两者毕竟各属于语言和思维的范畴,各有不同的特质、范围和反映内容,并非一回事。语言词语间的意义关系,是作为语言建筑材料单位彼此在各自的特定内容上的关联,它只能是意义的互相对立、制约、对比或因应。概念(它并非语言建筑材料单位的内容!)之间的上下种属关系,自然不符合词语意义关系的特质、内涵和条件要求,只能是词语意义关系之外的东西。这种逻辑关系不过凭靠语言形式——词语或自由词组来表达罢了。若概念上的种属关系成了语言词汇中的意义关系,那会导致模糊乃至取消意义关系的结果。如“酱油”,表示其上位概念的词可以是“液体”,而表示“液体”的下位概念的词,除了“酱油”,还可以是“酒精”“水”“果汁”“花生油”“醋”等等,若它们中的每一个同“液体”之间的概念种属关系都是意义关系(所谓属义关系),那么势必要承认,与同一个上位词有同样一个(同样维度,同样内涵)“意义关系”的“酱油”“酒精”“水”“果汁”“花生油”“醋”,相互也有某种意义关系。然而,这能是什么样的意义关系?另外,表示“酱油”的上位概念的,还可以是自由词组“深色的液体”“味浓的液体”“混合几种原料制成的调味品”等,它们各与“酱油”之间的概念种属关系似乎无例外地也是意义关系,而这样一来,词语的意义关系就被扩张到非语言的、更非词汇单位的言语单位上去，是否还能表明词汇内部的关系组织的特点？同样，表示“花”的下位概念的单位，除“玫瑰”之外，还可以有“剑兰”“芍药”“菊”“牡丹”“吊钟”“百合”“含笑”“茉莉”“海棠”等等。包括“玫瑰”在内的这一系列下位词，相互之间能有什么样的意义关系？而表示“玫瑰”的上位概念的单位，除了“花”，可以是“制造天然香料的植物”，后者与“玫瑰”之间若存在的是意义关系，那么这“意义关系”跨到言语单位的自由词组上去，同真正词语间的意义关系自然并无共同之处，而且并不相干。

很清楚，所有这里由概念种属关系充作的意义关系及由之带来的其他意义关系，都不可能是真实的，有的还明显地没有意义关联的因素（如说“花生油”与“液体”两词之间有意义关系，会使人觉得怪诞；而“酱油”与“酒精”，“果汁”与“花生油”，“水”与“醋”，在意义上是彼此毫不相干的）。因此，把概念上的种属关系混作语义关系来看待，只能模糊词语意义关系的性质和出现的地方和范围，同时也使这种意义关系失去其自身的特性、作用或价值，成为泛泛的、对语言词汇分析或词义分析来说没有用处的东西，也就是说，取消了它自身。

凭借上位词与下位词的关联，同凭靠其他概念的逻辑关系一样，企图直接用来说明词汇内部的结构关联和论定词汇的体系性，乃是一种由莫大的误解所导致的歧途，不可能取得真正符合语言实际的成效。

上位词与下位词的关系，是逻辑学须要分析的问题。汉语描写词汇学在考察、确定现代汉语词汇的内部结构组织及体系性时，没有必要也不应该去描写“属义关系”，去论列大批的上位词与下位词。但是部分的上位词与下位词（还有上位的、下位的固定语），其间却存有某种语义关联，它不是属义关系，而是单向依赖关系或同素族中的因应关系。如：

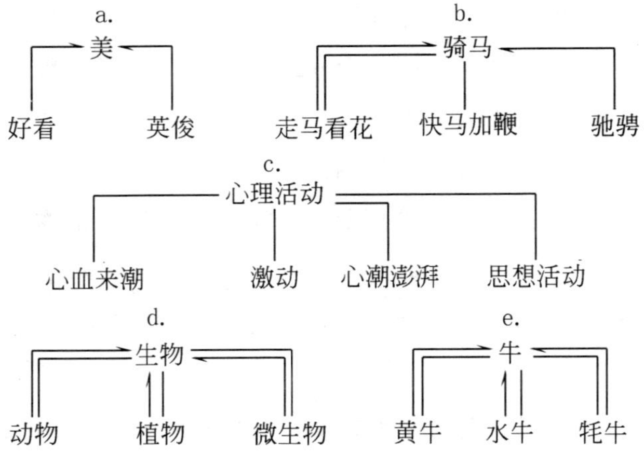

a、b、c、d、e 五例中，处于上头的词语都是上位的，而处于下头的词语则都是下位的。这里，a 中的“好看”、“英俊”分别依赖于“美”。b 中的“驰骋”也依赖于“骑马”；而“走马看花”不仅依赖于“骑马”，而且和“骑马”有同素族的因应关系；“快马加鞭”则只因应于而不依赖于“骑马”（意义解释中可不使用“骑马”这个意义成分）。c 的各下位词语都同上位的“心理活动”有同素族的因应关系，但是并无单向依赖关系。d、e 的每个下位词在意义上都依赖于其上位词，同时和上位词共属于一个同素族而彼此因应。

另外，同作为某个词的诸下位词，有的情况下（恰好把某种事物完整地加以“分割”），彼此会有分割对象的关系。如：

戏　剧

悲 剧	喜 剧	正 剧

旧体诗

古 体 诗	近 体 诗

饺　子

水 饺	蒸 饺	煎饺／锅贴

档　次

高 档	中 档	低 档

星　体

恒星	行星	卫星	流星

血　脉

动　脉	静　脉

可见,词语间具有概念种属关系的现象中,可能寓含着的真正词语意义的相互关系及其有关结构,都会在描写单向依赖组、同素族及分割对象组时分析整理出来。

12.1.2 在词汇体系组织的探索当中,有人提出了对称系列(proportional series)的组织①。这不失为很有意义的摸索,但是深入到实际中去检验,特别是结合到现代汉语较多词语事实和语感来看,还难以认为对称系列是一种客观上存在的结构组织。

根据 D. A. Cruse 的意见,对称系列最简单的是一个包含四个成分的"小室"。见下例:

```
A —— B
|    |
C —— D
2 —— 3    mare(母马) —— stallion(种马)
|    |       |               |
4 —— 6    ewe (母羊) —— ram(公羊)
```

其对称关系表现为:A 之对于 B 一如 C 之对于 D,B 之对于 A 一如 D 之对于 C,A 之对于 C 一如 B 之对于 D,C 之对于 A 一如 D 之对于 B。"小室"在一定时间内可横向扩展或纵向扩展,得出较大的对称系列的组织。如:②

```
mare(母马)———filly(小母马)
   |              |
stallion(种马)——colt(小公马)
   |              |
cat(猫) ———— kitten(小猫)
   |              |
dog(狗) ———— puppy(小狗)
```

① D. A. Cruse:*Lexical Semantics*,p. 118—p. 135,1986 年,剑桥大学出版。

② 下面举的实例,见 D. A. Cruse 的 *Lexical Semantics*,p. 118、p. 119、p. 121、p. 123 及 p. 125。

mare —— filly —— ewe(母羊)—— cow(母牛)
|　　|　　|　　|
stallion —— colt —— ram(公羊)—— bull(公牛)

stallion —— mare
|　　|
lion(狮子)—— lioness(母狮)
|　　|
usher(领票员)— usherette(女领票员)

university(大学)—— lecture(讲师)—— student(大学生)
|　　|　　|
prison(监狱)—— warder(狱卒)—— convict(囚犯)

这里,不少对称关系是十分奇怪的,或者说,牵强的程度已使其存在本身极为可疑。如果把这种关系模式套用到现代汉语的词语中,并且参照其英语的实例来拟造,那么会有如下的“对称系列”:

母马 —— 公马　　羊 —— 羊羔子
|　　|　　|　　|
母猴 —— 公猴　　牛 —— 牛犊子
|　　|　　|　　|
女人 —— 男人　　大人 —— 小孩子

马 —— 母马　　大学 —— 讲师 —— 大学生
|　　|　　|　　|　　|
狮子 —— 母狮　　军营 —— 教官 —— 士兵
|　　|　　|　　|　　|
司机 —— 女司机　　工厂 —— 工头 —— 工人

一般人可能从“羊——羊羔子”联想到“牛——牛犊子”,从“牛——牛犊子”联想到“羊——羊羔子”,或者从“羊——牛”联想到“羊羔子——牛犊子”,从“羊羔子——牛犊子”联想到“羊——牛”,因而可以勉强认为,“羊——羊羔子”和“牛——牛犊子”之间或“羊——牛”和“羊羔子——牛犊子”之间,存在着对称关联。但是除此而外,上面四个汉语例子中的其他所有对称关系就有很大问题。“母马”与“母猴”,“马”与“狮子”,并没有必然的关联,没有现实的联想关系;自然“母马——公马”与“母猴——公猴”之间,“马——母马”与“狮子——母狮”之间,都不可能建立起对称关系。至于“母猴——公猴”与“女人——男人”之间,“牛——牛犊子”与“大人——小孩子”之间,“狮子——母狮”与“司机——女司机”之间,“大学——讲师——大学生”与“军营——教官——士兵”之间,“军营——教官——士兵”与“工厂——工头——工人”之间,要说存在对称关系或某种必然的联想,就更是不可能,更加远离客观实际而显得怪诞。总的来看,汉语里由这种“对称关系”建立起的“组织”,大多不过像设想出的文字游戏图。可以说,它由于至少下面两个原因而不能成为词语结构组织:第一,所谓对称关系,实质上并非词语意义间的相互影响关系,而是不同事物现象间一种平衡的类比,是观念上的一种逻辑关系。它可以由比例式来表现和推演,如 a ∶ b = c ∶ d,c ∶ d = e ∶ x? 互相对称的任何一方,如“母马——公马”“大学——讲师”或“军营——教官——士兵”,都不是单个词语,不是以一个意义来同对方发生对称联系。另外,对称的一方中,不同的词往往还没有任何意义上的必然关系,并不形成结构组织。双方的对称关联,显然谈不上是意义结构关系。第二,两对词彼此对称,须建立在联想的基础上,而这种联想往往只是分析者个人主观上认为存在,不见得一般人都会产生,即未必是客观事实。每个对称关系都须要辨别其是否具有客观真实性,而进行这种辨别又缺乏客观的依据。

因此,从现代汉语词汇结构组织的发掘和结构体系性的揭示来看,对一个个对称系列进行事理的分析并没有任何作用。

12.1.3　为了考察清楚现代汉语词汇中可能有什么样的结构组织以及什么样的体系性因素,最后还不应忽略同源词族的问题。

同源词族是现代词汇中彼此有共同来源或互有源生、派衍关系的词所形成的集合体。王力先生的《同源字典》(1982 年,商务印书馆出版)考证出大量有同源关系的汉语单音语素,其中相当大的一部分是现代汉语中的单音词。这对于弄清许多单音词的渊源和来龙去脉来说,无疑起了很大作用。但是同源的一组组单音词,如“分——半”“冒——雾”“耐——能——忍——任”“沽——酤——贾——估——雇——价”“家——居——嫁”①,是否可以算现代汉语词汇中的结构组织?回答应该十分慎重。

同源关系是历史沉积下来的,根本性质上是历时现象或古代事实的反映。从汉语现代时期来看,词与词(特别是单音词之间)的同源关系基本上是隐晦不显的,不为一般人所察觉,即并没有成为一般人的语感。只有经词源学家进行考证,才能被少数知识分子所认识。因此,同源关系从基本部分上看,也不好肯定为现实存在的关系,就是说,同源词族大多不是现代一般人都能意识到的、现实存在的组织。即便在少量的、现实存在的同源词族里,词与词之间的同源关系也只是历史渊源上留下的印迹,并非意义上相互影响的结构关系。这决定了,同源关系基本上是历时语言学(如历史词汇学,词源学)的研究对象,同源词族不是现代语言词汇共时平面上的组织,不是词汇中的结构组织,不能成为词汇共时状态体系性的构成因素。

但是,部分有同源关系的词,相互之间在意义上却可以有单向依赖关系或同素族的因应关系。如:

A. 负→背　　扫→帚　　渔→鱼

飐→风　　掖→腋②　　向导→道/道路

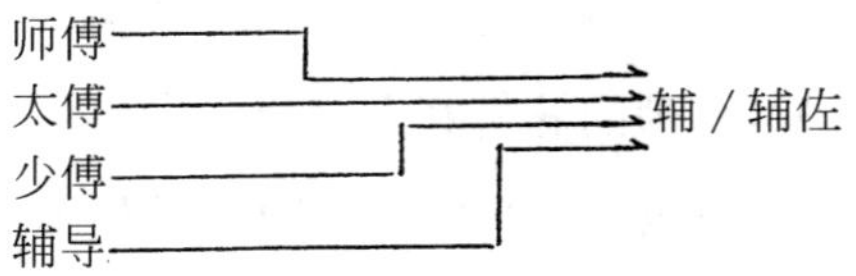

① 根据王力《同源字典》(第48、49页,第91、92页,第124—128页,1982年,商务印书馆)对有关单字有共同来源的考证论定而来。

② 以上几对词有同源关系,是依据王力《同源字典》来确定的。

B. 道理 道德 道家 道教 得道 失道 闻道
天道 道
树木 花木 果木 草木 林木 木本 木材
木头 木料 木板 木器 木匠 木屋 木楼
木桥 木纹 木然 啄木鸟 木

A 各组词是有同源关系的,同时每组左边的单位意义上依赖于右边的单位,因而应作为单向依赖组或交合一起的单向依赖组而被描写。B 的两群词虽也各有同源关系,但同时它们都分别含有同一意义的语素,可作为同素族的成员而加以描写。

可见,同源词族尽管不应作为词汇共时组织状态的分析对象,但是在其中可能包含着的意义结构关系,不会被结构组织的发掘、描写所遗漏。

12.1.4 上面三个小节的论述,可综合起来作出一个适当而简单的小结:从上位词与下位词,从对称系列及同源词族,都不能找到相应的词语意义相互影响的关系,不可能分别得出相应的词语结构组织。依凭类似的在概念逻辑关系上的词语联结及其他非词汇共时现实的关联,都不可能发现和描写出现代汉语词汇本身的体系,都理所当然地提供不出词汇体系性的真正因素或线索。要论定现代汉语词汇是否成为体系,只能而且必须以它自身确实存在的各种词语结构组织为根据;舍此而另寻其他途径,是徒劳无功的。

12.2 现代汉语词汇体系性的表现

12.2.1 逻辑的、语法的、词语历史渊源的组织关系,都不能成为现代汉语词汇本身组织的经纬;各种词语类集,都不可能是这个词汇的体系性的因素。一个事物成为体系,须得其所有成分或组成员都进入一定结构关系的网络,形成自身有条理的组织状态。因此,现代汉语词汇是否成为体系,取决于它当中的同义组、反义组、对比组、分割对象组、固定搭配组、特定搭配组、互向依赖组、单向依赖组、挨连组、级次组以及同素族等十一种真正词汇本身内部的词语结构组织的综合情况如何。要看这些词语结构组织是否把全部词语都容纳进去;还要看各结构组织及它们相互的关系,能否使词汇形成层次。

每一种词语结构组织,装容下的所有词语单位都不是词汇的全部成员。汉语异常丰富的同义组、反义组,固然仅只把部分词语组织进去,就是铺盖面最广的同素族也仍然不能网罗尽所有词语。例如“噼啪”“的嗒”“滴沥”“飕”“訇”“砰”等象声词,“啊”“噢”“哦”“嚄”“欸”等感叹词,“憔悴”“唐突”“孑孓”“尴尬”“篦簌”“蜈蚣”“蚰蜒”“蟋蟀”“蚯蚓”“鸬鹚”“犰狳”“莴苣”“辘轳”等等双音单语素的形容词、名词,就不同其他词语有共同的语素,即不是任何一个同素族的成员。至于铺盖面不及同素族的单向依赖组、固定搭配组,数量上大大少于同义组、反义组的对比组、分割对象组、特定搭配组、挨连组、级次组等,自然更要让许许多多词语处于组织的大门之外。

但是,所有词语结构组织加连起来,却成了一个巨大的密网,把现代汉语全部词语都网罗了。这里,主要是单向依赖组及同素族起了“补漏”的作用。如“噼啪”“的嗒”等象声词不能进入同义组、反义组、对比组等一系列结构组织,甚至与同素族也不相干连,但在意义上却依赖于“声音”或“响声”,进入了单向依赖组。再如“憔悴”“唐突”“孑孓”等双音单语素词,似乎难与其他词语有意义关系,其实对这些词的意义作一个准确的表述,便可看出它们都分别依赖于其他一些特定的词。某些意义内容抽象程度很高或异常深刻复杂的词,如“物质”“空间”“维度”“平衡”等,很难说在意义上依赖于别的某个词或被别的词所依赖,但是它们却都可进入一定的同素族中。

这样,现代汉语没有一个词语单位处在结构组织之外,即没有一个词语不被一定的意义结构关系所勾连和组织。所谓任何词(或词汇单位)都处在与其他词(或词汇单位)的关系之中的说法,其实正是而且只是在这种背景下才能得以成立。既然全部词语都被相互的意义结构关联安排在一定的结构组织之中,而且各种结构组织既各有不同的特点,各自拥有一定数量,又彼此这样或那样地联系着,因而就可以认为,现代汉语词汇形成一个体系。尽管这个体系还缺少像电码、货币、军队、政府机关等体系事物的明晰条理和严整层次,但是它毕竟不是万千词语的杂乱堆砌,而是全部词语按相互的意义结构关联所构成的复杂组织系列,贯串其中有一定的内部关系和集约区分,有一定的组织条理,因而它具备体系的基本特征,基本上取得体系的资格①。可以简括地说,现代汉语词汇的体系性,主要就体现在全部词语按照相互的意义关系而确定地置于十一种互有关联的结构组织之中。

12.2.2　应该看到,现代汉语词汇作为一个体系,是从体系较宽的衡量尺度来说的。它并不很完善或充分。原因在于这个体系的层次性相当薄弱,或者说,层次少而又不很明显。

现代汉语词汇中,全部由若干词构成而大于词的固定语,并不就处于全部词的上一层次,因为进入了固定语的词只是语言中的一部分,即全部固定语不过仅仅处于一部分词的上一层。另外,还应看到,固定语中又往往含有一些不能独立存在的词。因此,从词汇单位和层次的角度看,全部的固定语和全部的词是基本上平行地或地位同等地处于同一个层次上的。

---

①　二十多年前,拙文《论词汇体系问题——与黄景欣同志商榷》(《中国语文》1964年第3期)曾提出,就"目前所能看出的词汇内部的组织关联"说,"不可以认为词汇是一个体系"。近些年,由于几种新的结构组织,特别是单向依赖组,为笔者发掘出来,以前的结论就须要大大更改。

如果说，全部词语形成词汇最低的一个层次，那么其上只有第二个层次——十一种词语结构组织。在这两个层次之间，不可能存在每一种结构组织的所有组织单位这一层次。因为除了部分反义组相互间、部分对比组之间及很少的单向依赖组之间有结构关联，除了某些分割对象组可以彼此形成上下层次的关联，一般情况下，同类结构组织的不同组织单位之间，如两个同义组之间、两个固定搭配组之间等等，并没有必然的意义关系或结构关系。倒是不同种类的两个结构组织单位之间，往往或有意义上的关系（如一个同义组与一个反义组之间，一个反义组与一个对比组之间，等等），或因共有同样的词语成员而有结构上的关系（如一个分割对象组与同义组之间，一个单向依赖组与同义组或同素族之间，等等），情形纠连错综，纷繁复杂（一些具体的表现，在上面有关的节段里已附带叙述过）。而十一种词语结构组织，彼此在地位上又无疑相当，都处于词语之上的同一结构平面。因此它们共同形成一个层次。

词语层上仅有的这个高层次，由于种类不同的词语结构组织之间的关联极其复杂多样，形成一种什么样的错合交连的具体状态尚难弄清，因而它作为一个层次，还不那么明显，与全部词语之间存在的高低层次的关系并不很明晰。

严格来说，体系不仅要求所含的成分全部处于相互影响或相互因应的一定关系的状态，而且应该具有若干明晰的组织层次。从这个角度看，现代汉语词汇就不是完善的体系。这种情况，大概适应于词汇较易变动发展的特质。体系性强，可能会对新词语、新意义的不断大量产生，起消极的妨碍作用。

体系状态并不是描写词汇学的根本研究目标。它只是研究词语的各种意义关系和组织结构的一种可能的结果。对于现代汉语词汇的共时研究来说，最要紧的还是要弄清楚词语可能在什么样的相互关系中存在，由之形成什么样的结构组织。因此，词语间的结构关系的研究，十一种结构组织——尤其是作用突出而覆盖面较广的同义组、反义组、分割对象组、单向依赖组、特定搭配组及对比组——的研究，是比体系性的探讨远为根本和重要的，应占据描写词汇学中最受重视的位置。

主要参考书目

Adrienne Lehrer: Semantic Fields and Lexical Structure, North Holland Publishing Company, 1974.

О. С. Ахманова: Очерки по Обшей и Русской Лексикологии, УЧПЕДГИЗ, 1957.

А. А. Уфимцева: Опыт Изучения Лексики как Системы, Издательство Академии Наук СССР, 1962.

刘叔新:《词汇学和词典学问题研究》,天津人民出版社,1984。

张永言:《词汇学简论》,华中工学院出版社,1982。

刘叔新:《语义学和词汇学问题新探》,天津人民出版社,1993。

叔新、晓虹:《词汇学简说》,语文出版社,2005。

D. A. Cruse: Lexical Semantics, Cambridge University Press, 1986.

Geoffrey Leech: Semantics, Penguin Books, 1977.

F. R. Palmer: Semantics, Cambridge University Press, 1976.

John Lyons: Semantics, Cambridge University Press, 1977.

John Lyons: Introduction to Theoretical Linguistics, Cambridge University Press, 1968.

符淮青:《现代汉语词汇》,北京大学出版社,1985。

陆国强:《现代英语词汇学》,上海外语教育出版社,1983。

А. Л. Семенас: Лексикология Современного Китайского Языка, Издательства "Наука", 1992.

Э. В. 库兹涅佐娃:《俄语词汇学》,汉译,上海外语教育出版社,1988。

伏尔诺等:《英语词汇学》,彭京译,商务印书馆,1959。

Howard Jackson, Etienne Zé Amvela: Words, Meaning and Vocabulary——An Introduction to Modern Lexicology, Cassell Publishing House, 2000.

А. И. Смирницкий: Лексикология Английского Языка, Издательство Литературы на Иностранных Языках, 1956.

И. В. Арнольд: Лексикология Современного Английского Языка, Издательство Литературы на Иностранных Языках 1959.

A. Iskos, A. Lenkowa: Deutse Lexicologie, 2. Auflage, Leningrad, 1963.
梁守锵:《法语词汇学》,商务印书馆,1964。
王力:《汉语史稿》下册,科学出版社,1958。
王力:《词源字典》,商务印书馆,1982。
中国社会科学院语言研究所词典编辑室编:《现代汉语词典》,商务印书馆,1979。
刘叔新主编:《现代汉语同义词词典》,天津人民出版社,1987。